하등한 창조물의 피가 자신의 혈관에 흐르고 있다는 것을 안다면,
우리 주변에서 야만인을 보더라도 그렇게 수치스럽게 여기지는 않을 것이다.
동족의 생명을 구하기 위해 두려운 적과 맞섰던 용맹스런 작은 원숭이나,
산에서 내려와 성난 들개로부터 젊은 동족들에게 승리를 안겨다 준 늙은 원숭이,
그리고 적에게 고문하기를 즐기며 피 묻은 제물로 제사를 지내고
무자비하게 유아를 학살하며 아내를 노예 다루듯 하고,
예의를 모르며 미신에 홀려 있던 야만인의 후손이
바로 나 자신인 것이다.

- 찰스 다윈, 《인간의 유래와 성선택》 -

인간은 살인자라는 점에서 동물과 다르다.
인간은 자기 종족인 동료를
아무런 생물학적, 경제적 이유도 없이 죽이고 괴롭히며
또 그렇게 함으로써 만족감을 느끼는 유일한 영장류인 것이다.

- 에리히 프롬, 《파괴란 무엇인가》 -

만물을 창조하는 신의 손으로부터 나올 때 모든 것은 선했으나,
인간의 손에 넘겨졌을 때부터 모든 것은 타락한다.

- 장 자크 루소, 《에밀》 -

인간은 자신의 본성을 변화시킬 수 없다.
인간이 기껏 할 수 있는 것이라고는 자신들의 상황을 변화시켜
정의를 준수하는 것이 당사자들의 직접적 이익이 되도록 하고,
정의의 규칙을 위반하는 자가 이익에서 멀어지도록 하는 것이다.

- 데이비드 흄, 《인간 본성에 관한 논고》 -

알아두면 잘난 척하기 딱 좋은

인간 딜레마의
모든 것

알아두면 잘난 척하기 딱 좋은

인간 딜레마의
모든 것

EVERYTHING ABOUT HUMAN DILEMMAS
A Perfect Book for Humblebrag

이
용
범
지음

nomad
노마드 ∼

인간에 대한
절망 또는 희망

1970년대 중반, 사회생물학이 처음 출현했을 때 많은 사람들이 경악을 금치 못했다. 이들은 인간의 내면을 생물학적으로 해석하는 것이 인간에 대한 모독이라며 불쾌감을 감추지 않았다. 특히 인간이 이기적 유전자를 실어 나르는 생존 기계에 불과하다는 생물학자들의 주장에는 혐오감까지 드러냈다. 사실 이들의 불편한 감정은 오해와 편견에서 비롯된 것이다. 인간이 지독한 맹수인 것은 의심할 여지가 없지만, 인간 자체가 이기적 존재라는 해석은 잘못된 것이다.

우리는 이기적 성향과 이타적 성향을 함께 가지고 태어난다. 이타적 성향은 이기적 충동만큼이나 오랜 진화를 통해 우리 마음에 새겨졌다. 이타심은 생존에 이익을 안겨준다. 이익이 있는 한, 그리고 그것이 유전적 토대를 이루고 있는 한 이타심은 사라지지 않을 것이다.

특히 인간은 언어를 통해 의사소통과 합의를 이루어낼 수 있으며, 상호 거래를 통해 이득의 기회를 확대해왔다. 이러한 협력체계는 이타주의

4

자들을 수탈하려는 이기주의자들에 맞서 성공적으로 인간 사회에 정착했다. 동정, 연민, 감사, 죄의식, 분노, 복수심 같은 감정 역시 사기꾼에게 이용당하지 않고 협력을 통해 이익을 얻도록 진화한 감정이다. 이러한 감정 덕분에 인류는 악한 자를 처벌하고 선한 자를 보호하며 공동의 이익을 추구할 수 있었다.

인간이 유전자의 꼭두각시라면 어떤 행동에도 도덕적 책임을 묻지 못하게 될 것이라는 두려움도 기우에 지나지 않는다. 자연선택은 도덕적으로 중립적인 과정이다. 선과 악은 인간의 문제이지 자연의 문제가 아니다. 자연은 아무것도 책임지지 않으며 선과 악을 구분하지도 않는다.

생물학적으로 좋거나 유리한 것이 도덕적으로 선하다는 것을 의미하지도 않는다. 진화는 인간이 선한 존재가 되어야 한다든지, 신을 닮아야 한다는 따위의 목표를 가지고 있지 않다. 또 이기적 유전자가 이기적 존재를 의미하는 것도 아니다. 유전적 특성이 영원히 고정되어 있다는 생각은 그릇된 생각이다. 유전자와 환경은 서로 보완관계에 있다. 인간은 선악의 개념을 가진 유일한 생물이며, 반성할 줄 아는 유일한 존재다. 바로 이 때문에 우리는 자유의지가 부정되더라도 개인에게 책임을 물을 수 있다.

인간을 생물학적 관점으로 바라보면 삶의 의미와 목적이 사라질 것이라는 허무주의적 두려움도 과장된 것이다. 인간이 살아야 할 이유는 자연의 어디에도 기록되어 있지 않다. 모든 생물은 멸종에 이른다. 자연에는 잘못된 진화도 없고 잘된 진화도 없다. 다만 특정 시기에 성공을 거둔, 그러나 언젠가는 사라질 생물 종이 존재할 뿐이다.

삶의 목적이나 의미 같은 것은 인간의 작품이다. 수많은 생물 종처럼 인간 역시 언젠가 멸종할 것이다. 멸종의 시기가 조금 앞당겨진다면 탐욕스런 인간에게도 어느 정도 책임이 있겠지만, 자연은 우리가 사라지는 것에 아무런 의미도 부여하지 않는다.

인류에게 도덕적 희망이 없다면, 이는 얼마나 불행한 일인가? 이 고통에 찬 절망에서 벗어나기 위해 인류는 세계의 설계자가 있다는 믿음을 발전시켜왔다. 그러나 신이 인간의 문제를 해결해주지는 않을 것이다. 신은 해결해야 할 문제들이 너무 많고, 특별히 인간만 챙기지는 않을 것이다. 만약 신이 자신을 믿는 존재에게만 구원을 약속했다면, 이는 그가 창조한 피조물들에 대한 배신행위다. 신을 숭배하는 인간이 아무리 고상한 체해도 그들만큼 빠른 시간 안에 자연계에 심각한 영향을 끼친 종은 없다. 인간은 모든 것을 먹어 치운다. 인간 자신이 최대의 자연재앙인 것이다.

그럼에도 인간은 미래를 예측할 수 있는 존재이며 동시에 문화적 존재이다. 생물학자들이 인간을 유전자를 운반하는 기계라고 말하는 것은 하나의 비유일 뿐이다. 유전이냐 환경이냐를 논하는 이분법적 사고는 무의미하다. 문화는 생물학적 현상과 결부되어 있다. 인간의 정신이 뇌의 신경회로에서 생겨나는 것은 분명하지만, 그렇다고 우리 마음이 물질만으로 구축된 성城은 아니다. 문화는 생존과 번식의 효율성으로만 설명할 수 없는 요소를 포함하고 있다. 인간만이 체계적이고 고차원적인 문화를 통해 학습한다.

이기적 본성을 뛰어넘어 이타적인 세상을 만드는 것은 쉬운 일이 아니다. 하지만 우리는 자신을 통제할 수 있는 비범한 능력을 가지고 있다. 우리가 작은 지구에 모여 살면서 비교적 오랫동안 살아남을 수 있는 길은 협력이 폭력을 몰아내고, 공격성을 관용으로 대체하는 것뿐이다. 물론 문화도 우리의 본성을 완전히 바꾸지는 못한다.

인간의 본성에 대한 탐구 없이는 어떤 유토피아도 가능하지 않다. 우리가 기억하고 있듯이, 인간 본성에 대한 처절한 이해 없이 시도되었던 모든 유토피아는 실패로 끝났다. 그러므로 우리는 다윈의 선구적 외침에 귀 기울여야 한다.

> 하등한 창조물의 피가 자신의 혈관에 흐르고 있다는 것을 안다면, 우리 주변에서 야만인을 보더라도 그렇게 수치스럽게 여기지는 않을 것이다. 동족의 생명을 구하기 위해 두려운 적과 맞섰던 용맹스런 작은 원숭이나, 산에서 내려와 성난 들개로부터 젊은 동족들에게 승리를 안겨다 준 늙은 원숭이, 그리고 적에게 고문하기를 즐기며 피 묻은 제물로 제사를 지내고 무자비하게 유아를 학살하며 아내를 노예 다루듯 하고, 예의를 모르며 미신에 홀려 있던 야만인의 후손이 바로 나 자신인 것이다.
>
> – 찰스 다윈Charles Darwin, 《인간의 유래와 성선택 *The Descent of Man and Selection in Relation to Sex*》

차례

제3부
남자와 여자의 딜레마

제1부

제2부

제3부

도덕적 딜레마

제 1 부   도 덕 적   딜 레 마

01

딜레마에 빠진
인간

출근길의
딜레마

당신은 아침마다 교통지옥을 경험한다. 세상에는 왜 이렇게 부지런한 사람들이 많은가. 자동차들은 꼬리에 꼬리를 물고, 트럭이나 버스 같은 대형차들이 위협적으로 틈새를 비집으며 끼어들기를 시도한다. 위협을 느낀 당신은 양보하기로 결심한다. 그러나 아침 8시에 중요한 회의가 예정되어 있고, 이번에도 지각하면 당신은 상당한 불이익을 감수해야 한다. 결국 당신은 더 이상 양보하지 않기로 결심하고, 손바닥 하나 들어갈 공간도 내어주지 않은 채 앞차와의 거리를 좁힌다.

　그런데 오늘은 재수가 옴 붙은 날이다. 왜 하필 내 차로만 막히는가! 당신은 한참 동안 고민하다가 옆 차로의 자동차들이 빠르다는 확신을 굳히고 재빨리 차로를 변경한다. 하지만 재수가 옴 붙은 날이란 것을 명

심하라. 새로 옮긴 차로는 그때부터 막히기 시작한다. 자신의 선택을 후회하며 다시 차로를 변경해도 마찬가지다. 당신의 입에서 희미한 신음이 터져 나온다.

"머피의 법칙!"

대중교통을 선택하더라도 '머피의 법칙'은 어김없이 적용된다. 버스 승강장에 도착하는 순간 버스가 출발하는 것은 다반사다. 버스 승객 중 누군가가 헐레벌떡 뛰어오는 당신을 발견하고 운전기사에게 그 소식을 전해주리라는 기대는 하지 않는 게 좋다. 그들은 모두 바쁜 사람들이고, 당신에게 비좁은 공간을 내어줄 만큼 아량 있는 사람들도 아닐 것이다.

버스는 10분마다 오기 때문에 당신은 10분을 기다리기로 작정한다. 하지만 10분이 지나도 버스는 나타나지 않는다. 1분만, 1분만…… 이윽고 20분이 지났을 때 당신은 택시를 세운다. 다행히 택시를 잡았으니 지각은 면할 것이다. 그러나 당신이 택시에 오르는 바로 그 순간 그토록 기다리던 버스가 텅 빈 채, 두 대나 연이어서 당신이 타고 있는 택시를 뒤쫓는다.

마음의 고통을 덜 겪으려면 당신은 차로를 변경하지 말았어야 했고, 첫 번째 버스를 놓쳤을 때 바로 택시를 잡았어야 했다. 사실 이런 경험은 너무나 흔하다. 야구경기장 매표소 앞이나 은행 ATM 앞, 공중화장실 앞이나 대형 슈퍼마켓 계산대 앞에서 순서를 기다릴 때, 당신은 수도 없이 줄을 바꾸고 싶은 욕망을 느꼈을 것이다. 일어날 가능성이 높은 행동을 선택했는데 바람직하지 못한 상태가 되어 진퇴양난의 상황에 빠지는 것을 '행동 함정behavior trap'이라고 한다.

가장 흔한 예가 ARS 전화다. 휴대폰 요금이 잘못 부과되어 통신회사에 전화로 문의한다고 하자. 아마 십중팔구는 통화 중일 것이다. 여러 차례 시도한 끝에 운이 좋아서 고객만족센터와 연결되었다. 그러나 귀에 들려오는 것은 녹음된 기계음이다. 상담원이 연결될 때까지 잠시 기다려달라는 음성이 들린 후 세상에게 가장 긴 음악이 흘러나온다. 시간은 흘러가는데 상담원은 전화를 받지 않는다. 벌써 다섯 번째 똑같은 음악을 들은 당신은 이번 음악이 끝날 때까지 상담원과 통화가 안 되면 전화를 끊기로 결심한다. 그때부터 갈등이 시작된다. 만약 전화를 끊으면 처음부터 다시 시작해야 한다. 그래서 당신은 '한 번만 더, 한 번만 더'를 되뇌다 마침내는 욕설을 퍼부으며 전화기를 내동댕이치고 말 것이다.

당신이 단번에 전화를 끊지 못하고 망설인 것은 그때까지 들인 시간과 노력이 아깝기 때문이다. 경제학에서는 이를 '매몰비용 오류sunk cost fallacy'라 부른다. 당신이 오지 않는 버스를 10분 더 기다린 것도 초과해서 기다린 시간이 아까웠기 때문이다. 택시를 탄 뒤에 한꺼번에 몰려온 버스를 원망할 필요도 없다. 당신이 두 대의 버스를 목격한 것은 그만큼 충분히 기다렸기 때문이다. 《왜 버스는 세 대씩 몰려다닐까Why the toast always butter side down: the science of Murphy's law》의 저자 리처드 로빈슨Richard Robinson에 따르면 버스가 몰려다니는 이유는 다음과 같다.

첫 버스가 첫 승강장에서 승객을 태우고 출발한다. 첫 버스는 승강장마다 멈춰 승객을 태우기 때문에 많은 시간을 잡아먹는다. 그때 두 번째 버스가 첫 승강장에서 출발한다. 첫 버스가 시간을 지체했기 때문에 두 버스 사이의 간격은 조금씩 줄어든다. 더구나 첫 버스가 많은 승객을 태웠으므로 두 번째 버스를 기다리는 승객은 많지 않다. 따라서 두 번째 버스는 각 승강장에서 더 빨리 출발할 수 있고, 승강장을 거칠수록 그 거리는 더 좁혀진다. 그때쯤 세 번째 버스가 첫 승강장에서 출발한다. 세 번째 버스도 같은 방식으로 두 번째 버스와의 간격을 줄인다. 따라서 어느 순간에는 버스 세 대가 한꺼번에 나타나는 일이 일어날 수 있다.

옆 차로가 덜 막히는 것처럼 보이는 것은 옆 차량이 움직일 때 차량들 사이에 거리가 생기면서 행렬이 길어지기 때문이다. 차량 10대가 움직이면 벌어진 간격 때문에 20대의 길이만큼 줄이 길어져 더 많이 움직인 것처럼 느껴진다. 반면 당신의 자동차는 앞차가 움직여도 출발 후에 금세 멈춰버리기 때문에 10대의 옆 차량을 지나쳤어도 잠깐 움직인 것처럼 느껴진다. 즉 당신은 다른 차로의 '길이'를 당신 차로의 '시간'과 비교하기 때문에 옆 차로가 빠르다고 느끼는 것이다. 사실은 모든 줄이 느린 줄이다. 다른 사람도 당신과 같은 생각을 하기 때문에 서로 끼어들기를 하면서 속도는 점점 같아진다.

매트리스의 딜레마

첫머리에 출근길을 예로 든 것은 '매트리스의 딜레마'를 소개하기 위해서다. 앞서 '행동 함정'이라는 용어를 사용했는데, 이런 상황에서 두 명 이상의 당사자가 개입하면 '집합적 행동 함정'이 된다. 예컨대 어떤 사람이 자신의 이익만 추구하면 집단에 악영향을 미친다. 끼어들기 때문에 발생한 교통체증은 도로 위에 서 있는 모든 차량의 운전자에게 영향을 미친다. 미국의 경제학자 토머스 셸링Thomas C. Schelling이 소개한 '매트리스의 딜레마'를 보자.

당신은 주말에 여행을 갔다가 교통체증을 감안해 고속도로로 귀가하기로 했다. 그런데 자동차 행렬이 꼼짝도 하지 않아 앞을 살펴보니 고속도로 한가운데 매트리스 한 장이 놓여 있다. 차량들이 매트리스를 피하느라 차로를 옮기는 바람에 교통체증이 일어난 것이다. 당신은 한시라도 빨리 이 구간을 벗어나고 싶을 것이다. 이윽고 오랜 기다림 끝에 문제의 매트리스가 있는 곳에 이르렀다. 이제 그곳만 벗어나면 휑하게 뚫린 고속도로가 눈앞에 펼쳐질 것이다.

당신은 안도의 한숨을 내쉬며 룸 미러를 통해 뒤에 뒤엉켜 있는 차량들을 바라본다. 그러고는 아주 편안한 마음으로 휘파람까지 불며 그곳을 지나칠 것이다. '아니!'라고 당신은 이의를 제기할 수도 있다. 그렇다면 나는 당신의 윤리의식을 과소평가한 것이다. 당신처럼 올곧은 사람은 조용히 갓길에 차를 세우고 도로에 떨어져 있는 매트리스를 치운 후 다시 운전을 시작할지 모른다. 당신이 아니라면 과연 누가 그 매트리스를 치울 것인가?

매트리스의 딜레마는 '누가 고양이 목에 방울을 달 것인가?'라는 질문과 관련되어 있다. 아마 대부분의 사람들은 고속도로에 떨어진 매트리스를 외면하고 지나칠 것이다. 당신 역시 매트리스를 지나친 순간부터 고통에서 벗어나 도로를 달릴 수 있을 것이다. 이제 고통을 겪어야 할 사람들은 무슨 일이 일어났는지도 모른 채 무작정 기다려야 하는 당신 뒤편에 있는 운전자들이다. 이미 매트리스를 지나친 사람들은 아무런 부담을 느끼지 않는다. 언제 그랬냐는 듯 사람들은 매트리스를 잊을 것이며, 오직 눈앞에 펼쳐진 도로에 또 무슨 일이 일어나지 않을까 걱정하게 될 것이다.

물론 내일 아침이면 매트리스는 치워져 있을 것이다. 그것이 바로 국가가 해야 할 일이라고 당신은 생각할 것이다. 만약 내일 아침에도 매트리스가 그대로 있다면 고속도로 통행료나 세금을 꼬박꼬박 내고 있는 당신은 무척 화가 날 것이다. 어쩌면 도로를 지나가던 누군가가 당신 대신 매트리스를 치웠을 수도 있다. 만약 그렇다면 그는 타인을 위해 자신을 희생한 이타적 인간이다.

'집합적 행동 함정'에서는 누군가의 희생이 타인에게 도움을 준다. 출근길의 교통체증을 생각해보자. 만약 모든 사람이 버스를 이용한다면 버스는 교통체증 없는 도로를 빠르게 달릴 것이다. 이렇게 되면 모두에게 이익이다. 하지만 많은 사람이 자동차를 운전해 출근한다. 도로에 자동차가 많다면 당신이 버스를 타도 별 이익이 없다. 버스가 자동차보다 더 늦을 것이기 때문이다. 따라서 당신은 충분한 수의 사람이 버스를 이용할 때만 버스를 탈 것이다.

'집합적 행동 함정'을 해결할 유일한 수단은 이타심이다. 그러나 당신은 이타심을 발휘하기가 망설여질 것이다. 이타심을 발휘하는 순간 누군가 그것을 이용할 것이기 때문이다. 당신이 버스를 이용하면 자동차를 타는 인간들은 쾌재를 부를 것이다.

진화의 역사에서도 이런 일은 비일비재하다. 이타심을 가진 존재가 점점 많아진다 해도 이를 이용하려는 소수의 이기주의자들은 뻔뻔하게 살아남는다. 이기주의자들이 발을 붙일 수 없는 경우는 이기주의자들만 살아남아 더 이상 이득을 얻을 수 없게 되거나 이타주의자들이 그들을 응징할 수 있을 만큼 숫자가 많아지는 것뿐이다.

이쯤에서 우리는 스스로에게 물어야 한다. 나는 선한 존재인가? 만약 악마가 당신에게 뿌리칠 수 없는 유혹을 한다고 가정하자. 예컨대 악마가 찾아와 당신에게 영생永生을 약속한다. 영원히 젊음을 유지할 수 있다는 것은 얼마나 매력적인 제안인가. 그러나 그 대가는 가혹하다. 악마는 영생을 얻는 길은 흡혈귀가 되는 길뿐이라고 말한다.

당신은 곧 딜레마에 빠질 것이다. 흡혈귀가 된다는 것은 자신의 삶을 바쳐 영생을 얻는 아이러니를 안고 있다. 흡혈귀는 생명력을 소유한 존재인 동시에, 그것을 유지하기 위해 타인의 생명을 파괴해야 한다. 비록 타인의 생명에 기생해 살아가지만 그는 영원히 살 수 있으며, 낮에 누릴 수 있는 자유 외에는 모든 자유를 누린다.

하지만 영화에서처럼 그리 로맨틱한 것은 아니다. 그들은 영생을 꿈꾸지만 희망은 없다. 언젠가 그들은 세계를 지배하게 될 것이다. 따라서 모든 것이 죽음으로 전환할 것이다. 죽은 자가 산 자들에게 영원한 승리를 거두는 것이다. 여기에 모순이 있다. 산 자가 없으면 흡혈귀의 세계도 종말을 고하기 때문이다.

그럼에도 흡혈귀가 되고자 욕망하는 자는 계속해서 나타날 것이다. 만약 당신이 불치의 암에 걸려 내일 죽을 몸이라면 또는 자살하기 위해 다리 난간에 서 있을 때 악마의 손길이 다가왔다면, 그래도 당신은 악마의 제의를 거절할 수 있을 것인가?

02

자원자의
딜레마

눈먼 자들의
도시

그날은 공교롭게도 13일에다 금요일이었다.

1964년 3월 13일 금요일 새벽 3시 15분, 뉴욕 퀸스 지구의 기차역 인근 주차장. 한 여성이 주차장에 차를 세우고 밖으로 나섰다. 캐서린 제노비스라는 28세의 이 여성은 술집에서 지배인으로 일하고 있었다. 그녀는 새벽까지 근무하다가 귀가하는 중이었다. 그때 어둠 속에서 수상쩍은 남자가 그녀를 향해 다가오기 시작했다. 두려움을 느낀 그녀는 재빨리 경찰 호출 전화가 설치된 부스로 걸어갔다. 그녀가 살고 있는 아파트는 주차장에서 불과 30미터 거리에 있었다.

낯선 남자는 그녀가 부스 앞에 다다르기도 전에 들고 있던 칼을 그녀의 등 깊숙이 찔러 넣었다. 공포에 질린 눈으로 그녀가 돌아서는 순간,

남자는 다시 한 번 배에 칼을 꽂았다. 그녀는 배를 움켜쥐며 살려달라고 소리쳤다. 건너편에 있는 10층짜리 아파트 창문에 하나둘 불이 켜지기 시작했다. 그녀가 공격을 당한 곳은 가로등 밑이었기 때문에 아파트에서 내려다보면 두 사람의 행동을 확인할 수 있었다. 불이 켜진 아파트 창문에서 한 남자의 목소리가 흘러나왔다.

"그 여자를 가만 내버려두시오!"

경고의 목소리가 흘러나오자 낯선 남자는 재빨리 여자에게서 물러서 뒷걸음치기 시작했다. 칼에 찔린 제노비스는 가까스로 몸을 움직여 길가에 있는 서점 문 앞에 누웠다. 주변이 조용해지자 켜져 있던 아파트 불빛은 하나둘 꺼졌다. 잠시 몸을 숨겼던 낯선 남자는 자신의 자동차로 돌아가 스타킹을 얼굴에 뒤집어쓴 후 다시 나타났다. 그는 쓰러져 있는 여자를 난도질하기 시작했다. 그가 칼을 들어 목과 아랫배를 찌를 때마다 제노비스는 비명을 내지르며 살려달라고 소리쳤다. 거리가 소란해지자 다시 아파트 창문에 불이 켜지기 시작했다.

낯선 남자는 범행을 멈추고 자신의 자동차가 있는 쪽으로 사라졌다. 제노비스는 치명적인 상처를 입었지만 간신히 몸을 움직여 아파트 입구로 향했다. 막 아파트 계단으로 올라섰을 때 다시 한 번 범인의 칼이 그녀의 몸을 찔렀다. 결국 그녀는 계단 위에서 숨을 거두고 말았다. 범인의 이름은 윈스턴 모즐리였다. 그는 제노비스의 속옷을 찢고, 그녀의 몸 위에서 오르가슴을 느낀 후 유유히 사라졌다. 범행은 새벽 3시 15분부터 50분까지 35분 동안 일어났다. 35분 동안 범인은 세 차례에 걸쳐 흉기를 휘두른 것이다.

이 사건은 《뉴욕타임스》에 네 줄짜리 기사로 처음 보도되었다. 기사에 따르면, 그날 새벽 아파트 창가에서 이 사건을 목격한 사람은 모두

38명이었다. 충격적인 것은 사건이 일어나는 동안 38명의 목격자 중 아무도 경찰에 신고하지 않았다는 사실이다. 사건이 일어난 지 30분 후에 한 사람이 경찰에 신고했지만 피해자는 이미 숨진 상태였다. 그리고 새벽 4시쯤 아파트 창가의 구경꾼들은 다시 침대로 돌아가 잠자리에 들었다. 이 사건을 취재한 《뉴욕타임스》는 분석 기사를 시리즈로 연재했고, 사건의 내막을 알게 된 미국인들은 엄청난 충격에 휩싸였다.

그러나 신문 보도는 사실이 아니었다. 제노비스의 남동생 빌 제노비스가 2004년부터 12년 동안 추적한 결과, 사건을 목격한 사람은 소수였고 적어도 두 명 이상이 피해자를 돕기 위해 나섰다.

2016년에는 사건의 진실과 왜곡 보도를 다룬 다큐멘터리 〈목격자〉가 미국에서 개봉된 데 이어 《뉴욕타임스》도 오보를 인정하는 기사를 실었다. 진실은 왜곡되었지만 이 사건은 심리학계에 중요한 영향을 미쳤다. 이 사건이 더욱 유명해진 것은, 젊은 심리학자 존 달리John Darley와 빕 라테인Bibb Latane이 목격자들의 행동에서 중요한 심리현상을 찾아냈기 때문이다. 이후 이 사건은 각종 심리학 교과서에 중요한 사례로 실렸다.

이웃 주민이 무참하게 살해되는 동안 38명이나 되는 목격자들이 아무런 조치도 취하지 않았다는 것은 분노를 불러일으키기에 충분하다. 당신이라면 비록 잠옷 바람으로 뛰쳐나가지는 않았을지라도, 창가에서 고래고래 고함을 질러 범인을 쫓았을 것이다. 하지만 당신 곁에 배우자나 자녀가 있었다면 이런 소리를 들었을지도 모른다.

"아빠, 범인이 우리 집을 알면 안 되잖아요. 소리 지르지 마세요. 나중에 우리 집에 찾아오면 어떻게 해요!"

당신은 사건을 목격한 순간에 경찰에 신고하는 것만으로도 도덕적 비난에서 비켜설 수 있을 것이다. 창가에 서서 고래고래 소리를 지르는 것보다는 거실에 있는 전화기를 드는 것이 훨씬 안전하고 부담도 없다. 하지만 경찰서에 들락거리거나 법원에 증인으로 불려가는 것이 귀찮아서 신고조차 하지 않는다면 도덕적 비난을 면하기 어려울 것이다. 그렇다면 목격자들은 증인이 되기 싫어서 신고하지 않은 것일까? 인간사회는 털끝만큼의 희망도 가질 수 없을 만큼 비정한가?

당초 심리학자들은 목격자들의 심리 상태를 일종의 '작동 거부'라고 보았다. 작동 거부는 심리적 충격으로 육체적·정신적 마비를 일으켜 아무런 행동도 취하지 못하는 현상을 말한다.

이 사건에 관심을 가진 뉴욕 대학교의 존 달리와 컬럼비아 대학교의 빕 라테인은 곧바로 연구에 착수했다. 그들은 뉴욕 대학교의 학생들을 대상으로 심리 실험에 참가할 지원자를 모집했다. 첫 실험에는 여학생 59명과 남학생 13명이 참가했다. 실험에 참가한 학생들은 격리된 방으로 안내되었다. 그들의 역할은 간단했다. 격리된 방에 앉아 대학 생활의 어려움을 2분 동안 토로하면 되었다. 하지만 대학 생활에 대한 인터뷰는 학생들을 속이기 위한 미끼에 지나지 않았다. 연구자들은 학생들의 인터뷰를 듣는 것이 아니라 미리 녹음한 다른 사람의 목소리를 그들에게 들려주는 게 목적이었다.

학생들은 격리된 방에 있기 때문에 녹음된 목소리를 다른 학생이 발표하는 목소리로 알아듣는다. 처음에는 평범하고 담담한 목소리를 들려준다. 하지만 다음 차례가 되면 뇌전증으로 발작을 하는 듯한 음성이 흘러나온다. 이 음성은 뇌전증 연기를 하면서 녹음한 것이다. 녹음된 목소리의 주인공은 갑자기 고통스러운 신음을 쏟아내며 절박하게 도움을 호소하기 시작한다. 이 목소리는 격리된 방에 앉아 있는 학생 모두가 들을 수 있다. 이 가짜 발작은 6분 동안 지속된다.

만약 당신이 실제로 그런 상황에 처했다면 어떻게 행동했을까? 옆방에서 누군가 고통스런 신음을 쏟아내며 도움을 요청하고, 목소리로 미루어 짐작할 때 뇌전증 발작이 틀림없다는 확신이 들면 당신은 자리를 박차고 일어나 그를 도우러 갈 것이다. 하지만 실험실에서는 31퍼센트의 학생만이 녹음된 목소리의 주인공을 도우려는 행동을 보였다. 왜 소수의 사람들만이 돕겠다는 의지를 보였을까?

존 달리와 빕 라테인은 두 번째 실험에 착수했다. 연구팀은 학생들을 몇 개의 그룹으로 나눈 후 실험자가 혼자 격리되었을 때와 다른 사람과 함께 있을 때 어떤 차이가 있는지 알아보았다. 실험 결과 자신 외에 네 명이 더 있다고 믿을 때는 뇌전증 환자를 위해 도움을 청하지 않았다. 반면 자신만 있다고 믿을 때는 85퍼센트가 뇌전증 환자를 위해 도움을 요청했고, 3분 안에 조치를 취했다. 하지만 어떤 규모의 집단이든 3분 안에 보고하지 않으면 6분이 지나도 도움을 요청할 가능성이 전혀 없었다. 위기상황이 발생했을 때 3분 안에 행동하지 않으면 앞으로도 그럴 가능성은 거의 없다는 것이다. 첫 실험에서 31퍼센트의 학생만이 도움을 요청한 것은 다른 학생들도 그 목소리를 모두 듣고 있을 거라고 판단했기 때문이다.

또 다른 실험도 있다. 자그마한 구멍이 뚫린 방에 연구자의 지령을 받은 조교 두 명과 실험 참가자 한 명을 들여보낸다. 그러고는 대학 생활에 관한 설문지를 나눠주고 문항을 작성하도록 한다. 잠시 후 연구팀은 구멍을 통해 방 안으로 가짜 연기煙氣를 투입한다. 하지만 두 명의 조교는 아무렇지도 않은 듯 태연하게 행동한다. 시간이 흐르면서 연기는 방 안을 가득 메우고 마침내 사람들은 기침을 하기 시작한다.

만약 당신이 연기가 가득한 방에 있다면 어떻게 행동했을까? 당연히 불이 났는지 확인할 것이다. 하지만 함께 방 안에 있는 사람들은 아무렇지도 않은 표정으로 일에 열중하고 있다.

눈치챘겠지만 실험 참가자는 같은 공간에 있는 사람들의 영향을 받는다. 혼자 방에 있던 참가자들의 경우 4분의 3은 연기가 난다고 신고했고, 그중 절반이 2분 안에 신고했다. 하지만 태연하게 행동하는 조교들과 함께 있던 참가자들은 그렇지 않았다. 몇 명은 구멍을 들여다보고 무슨 일인지 확인하려다가 태연한 공범자를 보고는 다시 제자리로 돌아갔다. 열 명 중 한 명만이 4분 만에 문제가 있음을 보고했으며, 실험이 끝날 때까지 연기가 난다고 보고한 사람은 단 세 명이었다.

책임 분산 효과: 당신이 나서야 한다

이제 우리는 '누가 고양이 목에 방울을 달 것인가?'라는 딜레마로 되돌아왔다. 문제를 해결하려면 누군가 먼저 나서야 한다. 하지만 실험에서 보았듯이 같은 상황을 동시에 겪는 사람이 많으면 많을수록 개인의 책임감과 의무감은 점점 약해진다. 특히 함께 있는 사람이 방관자적인 태도를 취할 때 책임감은 거의 사라져버린다. 심리학자들은 이를 책임 분산에 의한 '방관자 효과bystander effect'라 부른다. 사람이 많을수록 두려움이 적어져 위험을 무릅쓰고 용기를 낼 것 같지만, 실제로는 책임이 분산되어 남을 돕지 않는 것이다.

이런 상황은 주변에서도 쉽게 볼 수 있다. 대여섯 명의 선량한 시민이 흉악하게 생긴 폭력배 한 사람을 당해내지 못하고 굴복하는 것이 그렇다. 함께 있는 일행이 모두 방관자가 되어 그 부당한 상황을 수긍해버리면, 아무도 그 폭력배의 강압을 거부하지 못하는 상황이 된다. 목격자가 많을수록 오히려 도움을 받기 어렵다.

빕 라테인은 1970년대 초 조지아 주립대학교의 심리학자 제임스 댑스James Dabbs와 공동 연구를 통해 책임 분산 효과에 확신을 갖게 되었다. 그들은 건물의 엘리베이터 안에 있는 사람들을 대상으로 책임 분산 효과가 어떻게 구현되는지 실험했다.

먼저 엘리베이터 문이 닫히면 뒤쪽에 있던 한 사람이 연필이나 동전을 여러 개 떨어뜨린다. 길을 가다가 행인과 마주치는 바람에 서류 뭉치를 길바닥에 떨어뜨린 경험이 있을 것이다. 아마 주변에 행인이 많다면 책임이 분산되어 도와주려는 사람이 적을 것이다. 그러나 엘리베이터는 다르다. 서로의 얼굴을 볼 수 있고, 목격자가 한정되어 있으며, 힘들이지 않고 허리만 굽혀도 남을 도울 수 있다.

연구팀은 미국의 도시 세 곳에서 1497번이나 실험을 반복했다. 이 실험 조건에서 엘리베이터 안에 있던 목격자들은 총 4813명에 달했다. 연구팀은 동일한 결론을 얻었다. 사람이 많을수록 도와주지 않는다는 것, 또 혼자 있는 사람이 더 많은 도움을 준다는 것이다. 중요한 사실은, 한 사람이 나서서 도와줄 경우 방관자적 태도를 보이던 사람들도 하나둘 따라 한다는 것이다. 이는 사회심리학자 메리 해리스Mary B. Harris의 실험에서도 확인되었다. 디스켓을 땅에 떨어뜨렸을 때 공모자가 도움을 주는 경우 행인의 50퍼센트가 도와준 반면, 공모자가 그냥 지나쳤을 때는 23퍼센트만이 도움을 주었다.

그러므로 여러 명이 길을 가다가 험악한 폭력배를 만났을 때 가장 좋은 방법은 누군가 먼저 폭력배에게 도전장을 던지고 나서는 것이다. 만약 도전장을 3분 내에 던지지 못하면 당신이 속한 무리는 끝까지 굴복 당할 수밖에 없다. 만약 당신이 혼자서 폭력배에게 당하고 있다면, 지나 가던 행인 중 한 사람의 바짓가랑이를 붙잡고 늘어지는 것이 효과적이 다. 입장을 바꾸어서, 어떤 폭력배가 선량한 사람을 괴롭히고 있다면 당 신이 먼저 나서야 한다. 굳이 주먹을 쥐고 싸울 필요는 없다. 지나가는 행인들을 붙잡아둔 다음, 그들 앞에서 선량한 사람을 구하겠다는 의사 표시만 해도 효과가 있다.

사회적 증거 효과:
당신이 하면 따라 한다

대부분의 사람들은 누군가 먼저 움직여야 비로소 행동한다. 무관심한 군중 속에 있는 정의로운 개인은 고독할 수밖에 없다. 당신에게 먼저 위 험을 무릅쓰라고 말할 권한은 없지만, 당신이 타인의 도움이 필요할 때 대처할 수 있는 방법 한 가지는 알려줄 수 있다. 최선의 방법은 다수의 대중에게 '도와달라'고 소리치지 말고, 무리 중 한 사람과 눈을 마주친 후 그에게 직접 도와달라고 말하는 것이다. 그렇게 해야만 다른 사람으 로부터 도움을 받을 가능성이 높아진다.

　　미국 애리조나 주립대학교의 로버트 치알디니Robert B. Cialdini는《설득 의 심리학Influence: Science and Practice》에서 '사회적 증거'를 세 번째 설득 의 법칙으로 제시한 바 있다. 이 법칙에 따르면, 얼마나 많은 사람들이 행동하느냐에 따라 자신의 행동이 결정된다.

함께 있다는 것, 같은 길을 걷고 있다는 것, 같은 공간에 있다는 것, 같은 곳을 바라본다는 것 그리고 함께 감시받고 있다는 것만으로도 사람들의 행동이 달라질 수 있다. 우리는 타인의 시선에 민감한 것이다.

우리가 다른 사람의 행동에 영향을 받는 예는 쉽게 찾아볼 수 있다. 동네마다 쓰레기를 버리는 장소가 있을 것이다. 하지만 그곳은 구청에서 미리 정해준 곳이 아니라 대부분 자연적으로 생겨난 곳이다. 쓰레기 분리수거를 하기 이전에도 암묵적인 쓰레기 처리 장소가 있었다. 그래서 구청에서 쓰레기장을 만들어주어도 사람들은 예전에 버리던 장소에 쓰레기를 버린다. 그곳이 쓰레기장이어서가 아니라 누군가 그곳에 이미 쓰레기를 버렸기 때문이다. 그래서 담배꽁초를 함부로 버리지 않는 사람도 하수구에 담배꽁초가 수북이 쌓여 있으면, 양심의 가책을 느끼지 않고 담배꽁초를 던진다. 그러나 당신이 그곳을 깨끗이 청소해놓는다면 담배꽁초를 버리는 사람은 훨씬 줄어들 것이다.

거리에서 구걸을 하는 걸인들도 유능한 심리학자들이다. 그들은 자신의 깡통에 지폐 몇 장을 미리 넣어둔다. 걸인의 깡통에 쌓인 지폐는 그 앞을 지나친 수많은 사람들이 남긴 '사회적 증거'다. 전철 안의 잡상인조차 당신의 심리를 꿰뚫고 있다. 물건을 사는 사람이 없는데도 그는 "감사합니다. 조금만 기다려주세요. 곧 거슬러 드리겠습니다."를 연발한다. 전철이 몹시 붐비므로 당신은 누가 물건을 사는지 알 수 없다. 하지만 그 소리를 듣는 순간에 많은 사람들이 잡상인의 물건을 사고 있다고 믿게 될 것이다.

능력 있는 장사꾼들 역시 뛰어난 심리학자들이다. 그들은 자신이 운영하는 레스토랑 앞에 일부러 사람들을 기다리게 하고, 광고업자들은 연일 문제의 상품이 매진되었다고 떠벌린다. 또 방송 프로듀서들은 코미디 프로그램이 진행되는 동안 별반 웃기지도 않는 대목에 가짜 웃음을 집어넣고, 고용한 박수부대를 방청석 곳곳에 앉힌다. 출판사는 저자 사인회에 사람들을 동원해 길게 줄을 세우고, 인터넷 쇼핑몰 운영자는 근사한 사용 후기를 올린 사람에게 혜택을 제공한다.

사회단체나 봉사단체도 마찬가지다. 그들은 기부한 사람의 명단과 금액을 공개한다. 신문사들 역시 연말 불우이웃돕기 성금을 낸 사람들의 명단을 공개하고, 방송국은 성금을 내려는 사람들을 카메라 앞에서 줄을 서게 한다. 사람들은 다른 사람을 보고 그 행동의 원인을 추론하며, 그것을 모방한다. 혹시 앞서 달리던 자동차가 불법으로 유턴했을 때 당신도 따라 한 적이 있는가? 당신이 따라 했다면 당신의 뒤에 있는 운전자도 당신을 따라 할 것이다. 그러므로 모든 사람은 일종의 '사회적 신호등'인 셈이다.

자원자의 딜레마

위험에 처하거나 곤란한 상황에 놓였을 때 다른 사람들을 위해 궂은일을 도맡아 하는 자원자가 있다. 그들은 타인 또는 공동체의 이익을 위해 스스로 위험을 무릅쓰기도 한다. 미국의 저널리스트 윌리엄 파운드스톤 William Poundstone이 《죄수의 딜레마Prisoner's Dilemma》에서 예로 든 '자원자의 딜레마'를 보자.

시골 마을에 폭풍이 몰아치고 있다. 세찬 폭풍으로 마을에 정전 사태가 발생했고, 때마침 전화도 불통이 되어버렸다. 그런데 나이 든 노인이 쓰러져 생명이 위독한 상태다. 도로는 막혀 있고 외부로 연락할 수 있는 방법은 5킬로미터 떨어진 이웃 마을까지 걸어가서 911에 전화를 거는 것이다.

이런 상황에서 누군가는 폭풍 속을 걸어갈 것이다. 하지만 "그게 당신인가?"라는 질문에는 선뜻 대답하기 어려울 것이다. 젊은 사람이 당신밖에 없다면 피할 도리가 없지만, 마을에는 당신 말고도 여러 명의 젊은이가 있다.

어린 시절 교실에서 물건이 없어지거나 유리창이 깨져 담임선생님으로부터 단체로 벌을 받은 경험이 있을 것이다. 물론 범인은 학생들 중에 있다. 그리고 몇몇 학생은 범인이 누구인지 알고 있다. 하지만 고자질하기가 쉽지 않다. 고자질을 하면 친구들로부터 비겁한 인간으로 낙인찍혀 따돌림을 당할 것이기 때문이다.

담임선생님도 학생들의 심리를 잘 알고 있다. 그래서 선생님은 공동책임을 물어 단체로 벌을 준다. 사실 담임선생님에게는 누군가 범인을 고자질하게 만들려는 의도가 없다. 진짜 의도는 모든 학생을 고통스럽게 만듦으로써 범인의 양심에 호소하는 것이다. 범인이 자수하면 상황은 끝난다. 하지만 범인이 자수할 의사가 있다고 해도 공개적인 자리에서 자백하기란 쉽지 않다. 선생님은 그 점도 잘 안다. 그래서 이렇게 말하는 것이다.

"모두 눈을 감는다."

학생들이 눈을 감으면 선생님은 너그러운 목소리로 말한다.

"이번 일을 저지른 사람은 조용히 손을 들어라."

하지만 모두가 눈을 감고 있으리라는 보장이 없기 때문에 범인은 망설일 수밖에 없다. 따라서 벌은 더 오랫동안 지속된다. 아이들이 점점 힘들어지면 여기저기서 볼멘소리가 튀어나온다. 범인을 알고 있는 학생은 당장이라도 고자질하고 싶을 것이다.

이것이 바로 딜레마다. 고자질하면 범인만 처벌받고 모두가 고통에서 벗어나지만, 유독 내가 먼저 나서서 고자질할 이유가 없다. 나 말고도 범인을 알고 있는 아이가 또 있지 않은가? 내가 최초의 자원자가 될 필요는 없는 것이다. 최악의 경우는 당신이 자원했을 때 결과에 아무런 영향도 미치지 못하는 것이다. 예컨대 폭풍을 헤치고 이웃 마을에 도착했는데 마을의 전화가 복구되었다는 소식을 듣는다면 당신은 헛수고를 한 것이다.

자원자의 딜레마는 '내부 고발자의 딜레마'이기도 하다. 누군가 조직의 비리를 발견하고 외부에 공개하면, 그는 용기 있는 사람으로 칭송을 받는다. 그러나 조직 내에서는 따돌림을 당하고 심지어는 배신자로 낙인 찍힌다. 용기를 내어 고발했는데 전혀 달라지는 것이 없다면 그는 헛수고를 한 것일 뿐 아니라 엄청난 불이익을 당한 것이 된다. 만약 내부 고발자의 폭로를 사회가 진지하게 받아들이지 않는다면 우리는 그에게 폭력을 가한 것과 다를 바 없다. 이것이 우리 사회에 내부 고발이 드물고 조직이 투명하지 않은 이유다.

중대장의 딜레마

우리는 부하들을 위해 자신의 목숨을 던진 장교 한 사람을 기억하고 있다. 그는 부대원들에게 수류탄 투척하는 법을 교육하다가 부대원이 안전핀을 뽑은 수류탄을 떨어뜨리자 자신의 몸을 던져 부대원들의 생명을 구했다. 안전핀이 뽑힌 수류탄이 터지기까지는 몇 초의 시간밖에 없기 때문에 자원자가 몸을 던진 것은 반사적인 행동이라 할 수 있다. 아무리 선한 사람도 상황을 접한 즉시 몸을 던지는 것은 쉬운 일이 아니다. 그는 오래전부터 마음의 준비를 해왔거나 불의를 보면 즉각 행동에 나서는 사람이었을 것이다.

여러 사람이 모여 있는 곳에 수류탄이 떨어졌을 때 최악의 결과는 아무도 나서지 않고 지켜보는 것이다. 이 경우 그 자리에 있던 사람 대부분이 희생당할 것이다. 반면 최선의 결과는 영웅적인 성격을 가진 누군가가 몸을 날려 당신을 구하는 것이다. 차선의 방법은 당신이 몸을 던져 희생하는 것이다.

이제 좀 더 복잡한 '캡틴captain의 딜레마'를 보자. 이 딜레마는 인지심리학의 개척자 중 한 사람이자 하버드 대학교 교수였던 로런스 콜버그Lawrence Kohlberg가 《도덕 발달의 심리학The Psychology of Moral Development》에서 제시한 아홉 개의 딜레마 중 하나다.

한국전쟁에서 미국의 해병 중대가 중공군을 맞아 중과부적으로 후퇴하고 있는 중이었다. 중대는 중공군의 남하를 저지하기 위해 다리를 폭파하라는 명령을 받았다. 자신들이 무사히 탈출하기 위해서라도 다리는 꼭 폭파해야 한다. 하지만 다리 저편에는 이미 적군이 당도해 있다. 중대장은 고민에 빠졌다. 다른 대원들을 후퇴시키고 누군가 남아서 다리를 폭파한다면 대원들은 무사할 수 있다. 그러나 다리를 폭파한 병사는 살아 돌아오지 못할 것이다. 따라서 다른 대원들을 위해 목숨을 버릴 자원자가 없는 한, 임무를 수행할 병사를 지목하거나 중대장이 자원해야 한다. 하지만 중대장은 대원 전체가 어떻게 후퇴해야 할지 가장 잘 알고 있는 유일한 사람이다.

중대장은 자원할 병사를 모집하지만 아무도 나서지 않는다. 중대장은 자신이 희생하면 다른 대원들을 구할 수 있다. 하지만 자신이 죽으면 대원 전체의 목숨을 보장할 수 없다. 그렇다면 중대장은 자신이 다리를 폭파해야 하는가? 아니면 누군가에게 임무를 수행하도록 명령해야 하는가?

이 딜레마를 좀 더 극적으로 재구성해보자. 대원 중에 평소 이기적으로 행동하는 병사가 있다. 그는 중대에 별로 도움이 되지도 않으며, 후퇴 중에 부상당한 동료를 버리고 온 경험도 있다. 대원들은 그를 '인간 쓰레기'로 취급하고 있다. 만약 투표를 해서 결정한다면 대원들은 모두 그를 선택할 것이 확실하다. 하지만 그에게 임무를 맡기는 것은 미덥지가 않다. 그는 임무를 완수하지 않고 탈영할 수도 있다.

반면 중대에 배치받기 전 폭파 전문 특수훈련을 받은 대원이 있다. 그는 대원들의 존경을 받고 있으며 이 임무를 맡을 적임자다. 게다가 그는 평소 남을 돕는 일을 좋아했다. 하지만 그를 희생시키는 것은 앞으로 벌어질 전투를 위해서도 바람직하지 않다. 당신이 중대장이라면 어떤 선택을 하겠는가? 물론 정답은 없다. 그래서 딜레마다.

03

무임승차의
딜레마

공유지의
비극

1968년 미국의 생물학자 개릿 하딘Garrett Hardin은 《사이언스》에 '공유지의 비극'을 다룬 논문을 실었다. 마을 사람들이 공동으로 소유한 초지가 있다. 공동으로 소유했다기보다는 주인이 없다는 표현이 더 적절하겠다. 그곳에서 자라는 풀은 질이 좋아서 아침마다 목동들이 양 떼를 몰고 와 풀을 먹인다. 그리고 저녁이 되면 목동들은 다시 양 떼를 몰고 집으로 돌아간다.

그러던 어느 날 목동 하나가 몇 마리의 양을 더 사들여 초지에 풀어 놓았다. 양들은 게걸스럽게 풀을 먹어 치우기 시작했다. 이를 본 이웃 사람들도 더 많은 양과 소를 사들이기 시작했다. 이제 공유지에는 점점 더 많은 양과 소들이 들어차게 되었다. 시간이 흐르자 질 좋고 풍성하던 초지는 마침내 황폐해지고 말았다.

개릿 하딘이 전하려던 메시지는, 자연자원은 언젠가 한계에 이를 것이므로 인구 증가를 억제해야 한다는 것이다. 오늘날 '공유지의 비극'은 생태학보다는 경제학에서 공공재公共財의 문제를 다룰 때 더 많이 인용된다.

풍부한 초지는 소와 양들의 숫자가 적었을 때 모두에게 이익을 주었다. 마을 사람들은 공동의 초지를 이용해 양털과 우유를 생산할 수 있었고, 각 가구가 소유한 가축도 일정한 수준을 유지했으므로 이익을 공평하게 나눌 수 있었다. 그러나 한 사람이 불문율을 어기면서 문제가 발생하기 시작했다. 그가 더 많은 가축을 풀어놓자 이웃 사람들도 더 많은 가축을 풀어놓기 시작한 것이다.

공유지의 비극을 언급한 학자는 개릿 하딘이 처음은 아니다. 경제학자 스콧 고든Scott Gordon은 1954년에 이와 유사한 문제를 제기했다. 그는 만인의 재산은 누구의 재산도 아니라고 주장했다. 모두에게 개방된 부는 아무 가치도 없다는 것이다.

공공재산이 적절하게 사용될 때까지 고지식하게 기다리는 사람은 바보다. 그 사람은 다른 사람이 공공재산을 차지하는 모습을 멀거니 바라볼 수밖에 없다. 따라서 목동이 훗날을 위해 남겨놓는 풀 한 포기는 그에게 아무 가치도 없다. 내일이면 다른 목동의 소가 그 풀을 뜯어 먹을 것이기 때문이다. 마찬가지로 석유 채굴업자가 땅속에 남겨놓는 기름은 다른 사람이 곧 그것을 채굴할 것이기 때문에 아무런 가치가 없다. 바다의 물고기 역시 오늘 잡지 않고 남겨둔다고 해서 내일 그 자리에 있으리라는 보장이 없다.

목동이 합리적으로 사고한다면 소를 한 마리씩 불려나가는 것이 이익이라고 판단할 것이다. 그러나 그 목동만 합리적으로 사고하는 것이 아니다. 합리적으로 사고하는 모든 목동들이 도달한 결론은 같다. 소의 숫자를 늘리는 것이다. 누군가 합리적 생각을 하는 순간부터 초지는 점점 황폐해지고 결국 모두 손실을 입는다.

이러한 파국은 공유지에 무임승차를 하려는 사람 때문에 생겨난다. 그는 다른 사람들이 지키고 있는 규칙을 어김으로써 개인의 이익을 얻으려고 한다. 여기에 비극이 존재한다. 각자가 최선의 이익을 추구하려 할 때 결승선에 기다리고 있는 것은 모두의 파멸이기 때문이다.

공공재
게임

무임승차의 욕망은 갖가지 사회문제를 일으킨다. 어느 마을에 어두운 골목길이 있다고 하자. 이 골목길은 너무 어두워서 마을 주민들도 야간에 통행을 꺼리는 곳이다. 주민들은 회의를 열고 시청에 가로등을 설치해달라고 요구한다. 하지만 시청은 예산도 부족할 뿐 아니라 다른 마을과의 형평성 문제 때문에 가로등 설치에 난색을 표한다. 가로등을 설치하려면 주민들이 십시일반 비용을 부담해야 한다. 하지만 대부분의 사람들은 돈을 내려 하지 않기 때문에 가로등 설치는 불발된다.

가로등 같은 시설을 공공재라 부른다. 공공재는 개인이 소비한다 해도 다른 사람들에게 전혀 영향을 주지 않는다. 또 어떤 사람이 대가를 지불하지 않고 소비하더라도 막을 수 없으며, 당신만 소비하고 싶어도 다른 사람에게 혜택이 돌아가는 것을 막지 못한다. 가로등을 비롯해 등대, 일반도로, 공원 등이 여기에 해당한다. 반면 다른 사람의 이용을 막을 수 있는 서비스도 있다. 관람료를 지불해야 하는 국립공원이나 이용료를 내야 하는 고속도로 같은 것들이다.

모든 사람이 무임승차하려고 하면 공공재를 적절히 공급할 수 없다. 심리학자들은 무임승차의 해법을 찾기 위해 다양한 심리 실험을 해왔다. 바로 '공공재 게임public goods game'이다. 이 게임에서는 네 명 또는 다섯 명이 하나의 그룹을 이룬다. 먼저 각 개인에게 초기 자금을 지급한다. 참가자들은 이 돈의 일부를 추렴해 공동기금을 만들어야 한다. 주최자는 각 개인이 낸 기부금을 합해 액수를 두 배로 불린 뒤 전원에게 똑같이 분배한다.

따라서 모든 사람이 돈을 많이 낼수록 모두에게 이익이다. 만약 다섯 명 중에서 한 명이라도 돈을 내지 않으면 무임승차가 발생한다. 즉 자신은 한 푼도 내지 않고 다른 사람들이 낸 기금을 나눠 갖게 되는 것이다. 또 모든 사람이 한 푼도 내지 않으면 개인들에게 돌아가는 이익은 제로다.

당신에게 최상의 결과는 당신이 한 푼도 내지 않는 대신 다른 사람들이 많은 돈을 내는 것이다. 그러면 당신은 돈을 내지 않고도 다른 사람들과 같은 금액을 나눠 가질 수 있다. 물론 다른 사람들도 그렇게 생각하기 때문에 당신처럼 무임승차의 유혹을 떨치기 힘들다. 모두에게 최상의 결과는 참가자 모두 가진 돈을 전부 걸고 두 배로 돌려받는 것이다. 하지만 당신은 상대방이 전액을 기금에 출자한다고 믿을 수 있는가?

실험을 해보면 처음에는 모든 사람이 가진 돈의 30~40퍼센트를 기부하는 것으로 나타났다. 하지만 게임이 반복되면서 기부 금액은 점차 줄어든다. 금액이 줄어들면 누군가 무임승차했음을 의미한다. 따라서 자신도 무임승차의 유혹을 느끼기 시작한다. 누가 무임승차했는지 알 수 없기 때문에, 이런 상황이 오면 당신은 돈을 내야 할지 말아야 할지 딜레마에 빠질 것이다. 이 게임이 10회 차에 이르자 기부금액은 10퍼센트 정도까지 줄어들었다.

심리학자들은 이를 방지하기 위해 무임승차를 처벌하는 제도를 도입했다. 즉 참가자들에게 무임승차한 사람의 이익을 삭감할 수 있는 권한을 주었다. 삭감한 금액은 공공기금으로 출자되어 모든 사람이 나누어 갖는다. 하지만 다른 사람을 처벌하려면 자신도 희생을 감수해야 한다. 예컨대 상대방의 이익 중 10만 원을 삭감하려면 자신도 5만 원을 내야 한다.

실험 결과 누가 무임승차했는지 모르는 상황에서는 보복이 무차별적으로 이루어지고 그 효과도 낮았다. 이를 방지하기 위해 연구자들은 참가자들에게 개인이 낸 기부금 액수를 공개했다. 누가 얼마를 기부했는지 알면 구체적인 인물에게 보복할 수 있다.

네 명으로 팀을 구성한 한 실험에서 개인의 기부금을 공개하고 처벌제도를 도입했다. 그러자 첫 게임에서 70퍼센트가 기부금을 냈고, 게임을 반복할수록 점차 그 비율이 높아졌다. 이는 참여자들이 이타적으로 변했기 때문이 아니라 배신보다 협력이 이익이라는 사실을 알았기 때문이다.

문제는 보복을 하는 사람이 있어야 한다는 것이다. 하지만 보복에는 비용이 든다. 보복하는 사람은 5만 원을 내고 무임승차한 사람에게 벌금 10만 원을 받아 다섯 명이 나눠 가져야 한다. 5만 원을 내고 보복했을 때 자신에게 돌아오는 보상은 2만 원밖에 안 되기 때문에 보복하는 사람은 늘 손해일 수밖에 없다. 바로 이것이 이 게임의 딜레마다.

무임승차를 보복하는 것이 개인적으로는 희생이지만 사회적으로는 이익이다. 하지만 당신은 손해를 보면서까지 무임승차를 처벌할 것인가? 당신으로서는 다른 사람이 대신 보복해주는 것이 최선이다. 하지만 다른 사람들이 보복에 참여하리라는 보장이 없다. 아마 그들도 서로 눈치를 보면서 누군가 대신 보복해주기를 바랄 것이다. 게임을 반복하더라도 아무도 보복을 감행하지 않으면 무임승차를 막을 수 없다. 따라서 효과를 최대화하려면 무임승차를 한 사람뿐 아니라 보복에 참여하지 않은 사람들을 공개하고, 그들을 처벌하는 제도를 도입해야 한다.

그래도 딜레마는 여전히 존재한다. '보복에 참여하지 않은 사람을 보복하는 행위'에 동참하지 않을 수도 있기 때문이다. 따라서 영원히 계속되는 보복 게임을 고안하지 않는 이상 무임승차를 처벌할 가능성이 없다. 그런데 놀랍게도 사람들은 자신의 비용을 들여 무임승차를 처벌한다는 사실이 밝혀졌다. 한 실험에서는 여섯 번의 게임을 실시한 결과 84퍼센트가 최소한 한 번 이상 무임승차한 사람에게 보복을 가했으며, 다섯 번 이상 보복한 사람도 34퍼센트나 되었다. 사람들은 자신이 약간 손해를 보더라도 사기꾼을 가만두지 않는 것이다.

우리는 자신의 이익을 극대화하려는 방향으로만 행동하지 않고 다른 사람의 반응을 보고 행동을 결정한다. 즉 상대방이 호의적으로 나오면 협력하지만 사기를 치면 기꺼이 손해를 감수하면서 보복한다. 더구나 우리에게는 '언어'라는 강력한 무기가 있다. 게임을 시작하기 전에 서로 입을 맞출 수 있는 경우 기부 금액은 상승한다. 의사소통이 가능한 것만으로도 징계를 도입하는 것과 유사한 효과를 내는 것이다.

모든 사람들이 이기적인 것도 아니고, 모든 사람이 이타적인 것도 아니다. 분명한 것은 타인이 협력하면 나도 협력하지만, 협력하지 않는 사람에 대해서는 자진해서 응징한다는 것이다.

저녁 식사의
딜레마

당신도 무임승차의 유혹을 느낀 적이 있지 않은가? '저녁 식사의 딜레마'를 예로 들어보자. 당신은 동창회에 나오라는 초대장을 받았다. 10년 만의 모임이기 때문에 가장 멋진 옷을 입고 평소 아껴두었던 명품 액세서리로 눈에 잘 띄는 곳을 장식했다.

약속 장소에 도착해보니 소위 잘나간다는 동창들만 나타났다. 약속 장소도 시내에서 가장 음식 값이 비싼 레스토랑이다. 음식 값은 계산서에 나온 총액을 사람의 머릿수로 나누어 계산하기로 이미 정해져 있다. 이제 종업원이 메모지를 들고 주문을 받으러 다닌다. 음식은 1만 원짜리부터 10만 원짜리까지 다양하다.

만약 당신이 첫 주문자라면 상당한 고민에 빠질 것이다. 어차피 음식 값은 똑같이 나누어 낼 것이므로 당신이 가장 비싼 음식을 시키고, 다른 사람들이 모두 싼 음식을 시키는 것이 최선이다. 반면 최악의 선택은 당신이 가장 싼 음식을 주문하고, 다른 사람들이 모두 비싼 음식을 주문하는 것이다. 이 대목에서 당신은 잠시 고민하다가 다른 친구에게 첫 주문을 양보한다. 하지만 그 역시 똑같은 딜레마에 빠질 것이다.

만약 다른 사람들이 비싼 음식을 주문한다면 당신은 싼 음식을 선택할 이유가 없다. 당신은 다른 사람들보다 비싼 음식을 시켜야 이득이다. 하지만 그런 생각을 하는 사람은 당신만이 아니다. 그렇다면 참석자 모두가 점점 비싼 음식을 주문하고, 맨 나중 사람이 가장 비싼 음식을 주문할까?

그렇지는 않을 것이다. 그런 점에서 우리 사회는 아주 좋은 문화를 갖고 있다. 동창회 총무가 기준을 제시해주기 때문이다. 친구들이 망설이고 있을 때 그는 자리에서 일어나 이렇게 말할 것이다.

"전부 2만 원짜리로 통일해!"

이렇게 해서 당신의 딜레마는 해결되었다. 하지만 동창회가 아니라 낯모르는 사람들과 함께 있고, 기준을 제시하는 사람이 없을 때도 이 딜레마를 해결할 수 있을까?

예컨대 어떤 콘서트의 입장료가 좌석에 상관없이 5만 원이라고 하자. 극장의 좌석은 모두 100개이고, 매표소 앞에는 정확히 100명이 모여 있다. 입장객들은 같은 요금을 냈지만 먼저 입장하는 사람은 원하는 좌석을 선택할 수 있다. 이때도 당신은 느긋하게 입장할 수 있을까?

저녁 식사의 딜레마는 비용을 지불하기 때문에 엄밀한 의미에서 무임승차는 아니다. 하지만 비싼 가격과 싼 가격의 차액에 무임승차하는 것이다. 극장에 입장하는 문제도 마찬가지다. 각자 입장료를 지불하지만 공유지처럼 모든 사람들에게 주어진 조건은 같다. 따라서 '좋은 좌석'이라는 인센티브에 무임승차하는 것이다.

이 문제를 해결하는 방법은 규칙을 정하는 것이다. 가령 선착순으로 입장하는 규칙을 정할 수도 있다. 그렇게 하면 의욕적인 사람은 맨 앞자리를 차지하기 위해 전날 밤부터 매표소 앞에서 노숙을 할 것이다. 하지만 도덕적 문제가 발생하는 것은 바로 이 지점이다. 예외자가 되고 싶어하는 사람이 있기 때문이다. 그들은 암표를 사거나 극장 관계자에게 뇌물을 주고 좋은 좌석을 선점할 수 있다. 그들은 규칙을 따르는 수많은 사람들이 표를 사기 위해 길게 줄을 서는 동안 유유히 정문으로 입장할 것이다.

방공호의 딜레마

다음은 미국 프린스턴 대학교의 석좌교수이자 저명한 윤리학자인 피터 싱어Peter Singer가 《실천윤리학Practical Ethics》에서 제시한 것이다.

1990년대 말 부동산업자들은 핵전쟁을 예상해 지하에 거대한 방공호를 구축하고 시민들에게 분양했다. 이 시설은 20년 동안 1만 명을 수용할 수 있는 식량과 숙박시설을 갖추었으며, 주민들은 민주적 절차를 거쳐 여분의 사람을 받아들일지 말지를 결정할 수 있다.

마침내 예상했던 핵전쟁이 일어났다. 피해 상황을 점검한 결과 향후 8년 동안 방사능 오염도가 높아 방공호에 대피한 사람만 안전하게 살아남을 수 있다. 8년 동안만 견디면 되기 때문에 방공호에 대피한 사람들은 매우 기뻐했다. 그들은 미래를 내다보는 안목을 지닌 사람들이었고, 또 방공호를 분양받을 만큼 경제적으로도 여유가 있는 사람들이었다.

그러나 방공호를 분양받지 못한 수많은 사람들은 핵전쟁 뉴스를 접하자마자 방공호로 달려가 안으로 들여보내 달라며 아우성을 쳤다. 물론 이들에게는 선택의 기회가 없다. 딜레마에 빠진 사람은 방공호를 분양받아 그 안에 들어가 있는 사람들이다. 이들은 피난민들의 요구를 수용할 것인지 거부할 것인지를 놓고 장시간 토론을 벌였다.

양심적인 사람들은 피난민들 중 일부를 받아들이자고 제안했다. 8년이면 방사능이 감소해 다시 밖으로 나갈 수 있고, 방공호 안에는 20년 동안 버틸 수 있는 자원이 있으므로 일부를 받아들여도 문제가 없다는 입장이었다. 특히 이타적인 사람들은 방공호가 수용할 수 있는 최대 인원을 받아들이자고 제안했다.

하지만 반대자들도 많았다. 반대자들의 논리는 밖에 있는 사람들이 대부분 가난하기 때문에 그들이 방공호에 들어오면 온갖 사회적 문제를 일으킬 것이며, 추가 부담이 발생할 것이라고 주장했다. 한 푼도 투자하지 않은 이들의 무임승차는 정의롭지 못하다는 것이다. 또 피난민들을 받아들인다면 아직 방공호 앞에 도착하지 못한 사람들과의 형평성에도 어긋난다.

한편 온건주의자들은 생활에 불편을 주지 않고 외부로부터 도덕적으로 비난받지 않을 정도인 1000명만 받아들이자고 제안했다. 이윽고 방공호에 대피한 사람들은 1만 명 수용, 수용 거부, 1000명 수용 등 세 가지 안을 놓고 투표를 실시하기로 했다. 당신이라면 어디에 투표할 것인가?

설령 세 가지 방안 중 하나를 선택했다고 하자. 수용 거부를 결정하면 딜레마는 사라진다. 하지만 1만 명이든 1000명이든 수용을 결정했을 때는 또다시 딜레마에 빠진다. 누구를 어떻게 선발할 것인가? 이 딜레마는 전쟁 난민이 발생했을 때 이웃 나라가 국경을 폐쇄하는 상황과 유사하다. 국가에 양심을 기대하는 것은 무리다. 우리는 늘 침략자를 비난하지만 조국이 전쟁을 일으키면 기꺼이 총을 들고 전장에 나간다.

난민이 국경으로 몰려오면 이웃 나라는 양심과 도덕적 비난 사이에서 갈등한다. 난민을 받아들이지 않으면 난민들은 십중팔구 죽게 될 것이고, 국경을 폐쇄한 국가는 국제적인 비난을 피할 수 없다. 그러나 난민을 받아들이면 더 많은 난민이 국경으로 몰려올 것이고, 나중에는 감당할 수 없는 지경이 되어 국가도 치명적인 손실을 입을 것이다. 그래서 대부분의 국가는 정치적 망명객과 같은 일부 인원만 선별적으로 받아들임으로써 도덕적 비난을 피하거나, 국경에 난민 캠프를 설치함으로써 자국민이 피해를 입는 것을 최소화한다.

익명성의
딜레마

공중화장실은 대개 불결하다. 휴지가 지저분하게 널브러져 있고, 사방 벽은 낙서로 도배되어 있다. 화장실뿐 아니라 무료입장이 가능한 공공 장소는 대부분 더러운 환경에 노출되어 있다. 동네를 가로지르는 하천이 그렇고, 철도와 고속도로 주변이 그렇다.

비용을 지불하지 않고 이용할 수 있기 때문에 사람들은 아무렇게나 행동한다. 이는 일종의 '사회적 태만'이다. 사람들은 집단에 속해 있을 때 혼자 있을 때보다 성의를 다하지 않는다.

줄다리기를 한다고 생각해보자. 줄을 당기는 사람이 늘어나면 늘어난 사람의 수만큼 당기는 힘이 증가할 것 같지만 사실은 그렇지 않다. 심리학자들의 실험에 따르면, 눈을 가린 채 혼자 밧줄을 당기게 하면서 다른 사람들이 함께 밧줄을 당기고 있다고 속인 경우에도 당기는 힘은 감소했다. 다른 사람의 노력에 무임승차하려고 하기 때문이다.

군 복무를 한 사람은 이 대목에서 무릎을 칠 것이다. 군대에서 하는 훈련 중 '목봉체조'라는 것이 있다. 전봇대처럼 생긴 기다란 통나무를 여러 사람이 함께 움직이며 몸을 단련하는 것인데, 말이 체조지 실제로는 벌을 줄 때 더 많이 사용한다.

지휘자는 병사들을 키 순서대로 일렬로 세운다. 키 순서를 정하는 것은 매우 중요하다. 열 명이 통나무를 들었을 때 키 큰 사람들 틈에 있는 키 작은 사람은 무임승차한 것과 같다. 나머지 아홉 명의 어깨에만 통나무 무게가 전달되기 때문이다. 키 순서대로 일렬도 세우는 것은 무임승차를 사전에 방지하기 위해서다.

그러나 여러 사람이 모이면 반드시 얌체 짓을 하는 사람이 있기 마련이다. 얌체 짓을 하는 사람은 겉으로 고통스런 표정을 짓고 있지만, 실제로는 무거운 봉에 어깨를 살짝 대고 있을 뿐이다. 누군가 무임승차를 하면 팀은 더 힘들고 통나무도 일사불란하게 움직일 수 없다. 이런 팀은 더 오랫동안 벌을 받는다. 무임승차하는 사람은 다른 사람들에게 고통을 전가하고 벌칙까지 받게 하는 셈이다.

고통을 최소화하는 방법은 열 명 모두 똑같은 양의 힘을 쓰는 것이다. 아니면 순서를 정해 아홉 명이 전력을 다하고 한 명씩 돌아가며 쉬는 것이다. 하지만 이 약속이 지켜질 수 있을까?

팀원들은 자신이 가장 많은 힘을 쓰는 척 표정을 위장하기 때문에 각자 얼마만큼의 힘을 사용하는지 판단하기 어렵다. 또 한 명씩 번갈아 쉬기로 약속했을 때도 봉을 들고 있는 아홉 명 중에서 무임승차가 발생할 수 있다. 무임승차가 발생하면 손해를 보는 것은 성실하고 양심적인 사람이며, 이득을 보는 것은 이기주의자다.

한 집단에 속해 있을 때 윤리의식을 마비시키는 것은 익명성이다. 예컨대 예비군 교육장에 소집된 사람들은 어느 정도 익명성을 보장받는다. 그들 중에는 사회에서 존경받는 변호사, 의사, 대학교수도 있지만 일단 제복을 입으면 신분이 은폐된다. 그래서 그들은 집단과 제복이라는 은폐물 뒤에 숨어 사회적 명망과 상관없이 아무 데서나 용변을 보고, 새치기를 하며, 지나가는 여성을 향해 휘파람을 분다. 만약 그가 변호사 사무실이나 연구실에 있었다면 그런 행동은 하지 않을 것이다.

군인들은 얼굴에 위장크림을 바른다. 위장크림은 피부에 반사되는 빛을 차단함으로써 적에게 노출될 확률을 줄여준다. 하지만 위장크림의 진짜 목적은 익명성을 확보하는 데 있다. 적이나 주변 사람들이 자신을 알아보지 못하도록 하는 것이다.

익명성이 보장될 때 군인들은 더 잔혹해진다. 익명성은 양심의 가책을 엄폐하는 심리적 방어벽 역할을 한다. 그래서 범죄자들은 가명을 사용하거나 얼굴을 가린다. 가명은 인간의 본능에 숨어 있는 적대적 충동을 해방시킨다. 특히 집단은 익명성을 숙성시키는 숙주며, 적대적 충동의 해방구다.

익명성이 얼마나 윤리의식을 굴절시키는지는 스탠퍼드 대학교의 필립 짐바르도Philip Zimbardo 교수의 실험이 잘 보여준다. 짐바르도 교수는 스탠퍼드 대학교가 있는 팰로앨토와 뉴욕 브롱크스 거리에서 흥미로운 실험을 진행했다. 캘리포니아 서부에 있는 팰로앨토는 6만여 명이 사는 도시다. 이 도시는 처음에는 규모가 작은 마을이었으나 1885년에 스탠퍼드 대학교가 들어서면서 인구가 크게 늘어났다. 6만여 명 중 1만 1000여 명이 학생이며, 이들은 주로 대학교 주변에 모여 산다. 반면 뉴욕은 팰로앨토와 달리 익명성이 완전히 보장되는 도시다.

연구자들은 두 도시의 길거리에 자동차 한 대를 방치했다. 자동차를 방치한 곳은 뉴욕 대학교 브롱크스 캠퍼스 건너편과 팰로앨토의 스탠퍼드 대학교 건너편이었다. 실험 조건을 비슷하게 하기 위해 양쪽 모두 대학가 인근에 자동차를 방치한 것이다. 그들은 버려진 차라는 것을 행인들이 알아볼 수 있도록 자동차의 보닛을 열고 번호판을 없앴다. 대신 자동차는 사람들의 이목을 끌 수 있도록 꽤 값나가는 것으로 골랐다. 뉴욕에서는 연구자 한 사람이 몰래 숨어 사진을 찍었고, 팰로앨토에서는 몰래카메라를 설치했다.

실험 결과 두 도시에서 보여준 행인들의 행동은 판이했다. 뉴욕에서는 카메라를 설치하기도 전에 한 가족이 나타나 약탈을 시작했다. 아버지로 보이는 남자는 아내로 짐작되는 여성에게 트렁크 속의 물건을 꺼내라고 지시하고, 아들에게는 앞좌석의 서랍을 뒤지라고 말했다. 그리고 자신은 자동차 배터리를 떼어냈다. 그 가족이 약탈행위를 끝내자 거리의 행인들이 자동차에 달려들어 돈이 될 만한 모든 것을 떼어냈고, 뒤이어 파괴행위가 이어졌다. 며칠 사이에 자동차에서 벌어진 도난행위와 파괴행위는 23건이나 되었다. 그들은 평범한 시민들이었으며 모두 백인이었다.

그러나 팰로앨토에서는 일주일이 지나도록 단 한 건의 파괴행위도 일어나지 않았다. 비가 내리는 날에는 한 신사가 열려 있는 보닛을 닫아주기까지 했다. 실험을 끝내기 위해 짐바르도 교수가 자동차를 운전해서 캠퍼스 뒤쪽으로 몰고 갔을 때는 이웃 주민 세 명이 경찰에 차량 도난 신고를 하기도 했다.

뉴욕과 팰로앨토의 차이는 결국 익명성이 어느 정도 보장되는가의 차이였다. 특히 한 사람이 일탈행위를 하면 다른 사람들도 따라 한다. 미국의 범죄학자 제임스 윌슨James Q. Wilson과 조지 켈링George L. Kelling은 이를 '깨진 유리창 이론'이라 명명했다. 도심에 있는 어느 빈집의 유리창이 깨져 있으면 나중에는 그 집의 유리창들이 모두 깨지고 마을에 빈집도 점차 늘어나 결국에는 마을 전체가 슬럼가로 변한다는 것이다. 누군가 유리창을 깨뜨리면 다른 사람들도 그 곁에 남아 있는 멀쩡한 유리창을 깨뜨린다. 즉 사회적 무질서는 범죄 소양을 가진 이의 범죄를 유도하는 촉매 역할을 한다.

04

도덕적
딜레마

《한비자》〈오두五蠹〉편에 다음과 같은 이야기가 있다.

초나라에 정직한 소년이 있었다. 아버지가 이웃집 양을 훔치자 소년은 관아에 아버지를 고발했다. 그러자 재상은 소년의 고발이 군주에게는 정직한 일이지만 아버지에게는 옳지 않은 일이라고 판단해 그 소년을 죽이라고 명했다.

노나라 사람이 군주를 따라 전쟁에 나갔는데 세 번의 전투에서 세 번 모두 도망쳤다. 공자가 그 까닭을 묻자 노나라 사람이 대답했다.

"나에게 늙은 아버지가 있는데 내가 죽으면 봉양할 사람이 없습니다."

공자가 효자라고 여겨 그를 중앙에 천거했다.

두 이야기는 이율배반적이다. 국가를 위해 아버지를 고발한 소년은 불효라 하여 죽임을 당했고, 국가를 배신하고 아버지를 위해 도망친 자식은 효자라 하여 상을 받았다. 한비자는 두 이야기를 비교하고는 이렇게 평했다.

재상이 소년을 처벌해 초나라 백성들은 죄를 고발하지 않게 되었고, 공자가 상을 주어 노나라 백성들은 전쟁에서 쉽게 항복하고 달아났다.

그 행위를 어떤 입장에서 판단하느냐에 따라 도덕적 잣대가 달라진다. 삶은 이러한 선택과 판단의 연속이다.

구명정의 딜레마

'공유지의 비극'으로 잘 알려진 개릿 하딘은 1974년 〈구명정에서 살아남기Living on a Lifeboat〉라는 논문에서 생존게임에서 벌어질 수 있는 몇 가지 상황을 제시했다.

많은 승객을 태운 여객선이 바다를 항해하던 중 거대한 파도를 만났다. 배가 침몰 위기에 처하자 선장은 구명정을 내렸다. 그러나 여객선에 준비된 구명정은 승객들을 모두 태우기에는 너무 작았다. 다행히 몇 사람은 구명정에 몸을 실을 수 있었지만 대부분의 승객들은 파도가 넘실대는 바다 위를 표류했다. 아직 구명정에는 몇 사람을 더 태울 수 있는 공간이 있다. 자, 이제 어떻게 할 것인가?

몇 가지 경우의 수를 생각해보자. 먼저 운이 좋아 구명정에 탄 사람들이 표류하는 사람 모두를 구명정에 태우는 것이다. 하지만 여기에도 딜레마가 있다. 모든 사람을 태운다면 구명정이 무게를 이기지 못하고 전복될 수 있다. 그럴 경우 구명정에 탄 사람들마저 모두 죽게 될 것이다.

두 번째 선택은 구명정에 태울 수 있는 정원까지만 태우는 것이다. 이 같은 선택은 언뜻 합리적 해결책처럼 보이지만 여전히 딜레마에 부딪힐 수밖에 없다. 바다에 떠 있는 사람들 중 누구를 골라 구명정에 태울 것인가? 또 그들을 선발할 권한을 누구에게 줄 것이며, 선발 기준을 어떻게 정할 것인가? 아마 이런 토론은 바다에 표류하는 승객들이 다 죽을 때까지 끝나지 않을 것이다.

설령 그들이 합리적인 결정을 통해 선발 권한을 누군가에게 위임했다고 하자. 그가 아무리 지적이고 양심적인 인물이라도 당장 눈앞에서 죽어가고 있는 자신의 부모나 자식을 외면하고 다른 사람을 구명정에 태우기는 힘들 것이다. 누군가에게 선발의 권한을 위임했다고 해서 구명정까지 애써 헤엄쳐온 자신의 가족을 노로 밀어내지는 않을 것이다.

이런 경우에 대비해 우리는 도덕 시간에 어떤 기준을 선택할 것인지 교육받았다. 노약자와 여성을 우선시하라는 것이다. 하지만 이 기준을 적용하는 데도 한계가 있다.

이 상황을 좀 더 극적으로 구성해보자. 당신이 타고 있는 구명정에 추가로 태울 수 있는 인원은 세 명이다. 그때 구명정 가까이에 60대의 남자 노인과 30대 남성, 40대 여성과 젊은 여성 그리고 남녀 어린이 한 명씩이 있다. 이들 여섯 명 중 누구를 살려야 하는가?

도덕주의자는 노인과 어린이를 먼저 태우자고 주장할 것이다. 그러나 생물학자는 어린이를 먼저 태우자고 말할 것이고, 두 명의 여성 중에서 임신 가능한 여성을 먼저 태워야 한다고 주장할 것이다. 우리는 도덕주의자가 옳은지 생물학자가 옳은지 판단할 수 없다. 그러나 이런 상황에서는 판단이 빠를수록 좋다. 만약 30대 남성이 흉악한 심성을 가진 인물이라면 다른 사람들을 바다 속으로 내던지고 가장 먼저 구명정에 오를 수도 있다. 이때 당신은 그 남자를 살인자로 취급할 수 있는가?

어떤 경우든 구조가 질서정연하게 이루어지리라고는 상상하기 어렵다. 누구든 물귀신처럼 구명정에 매달릴 수 있고, 그것은 곧 모든 이의 죽음을 의미한다. 설령 원칙을 정하고 그 원칙에 따라 선발과 구조가 이루어진다 해도 바다에 표류하는 수많은 승객들의 동의를 받을 수는 없다. 그들은 외칠 것이다. 왜 내가 제외되어야 하는가? 그들은 오직 자신이 살아야 할 이유만을 알고 있다. 따라서 구명정이 계속 지체하는 한 그들은 구명정을 향해 필사적으로 헤엄칠 것이다. 그때 인간의 본성을 잘 알고 있는 어떤 심리학자가 '다른 이를 구조하는 것은 자살행위'라고 주장하며, 노를 저어 표류하는 승객들로부터 구명정을 멀리 떼어놓았다면 그를 비양심적인 인간이라고 말할 수 있을까?

세 번째 경우는 사람들의 양심에 호소하는 것이다. 더 생존할 가치가 있는 사람을 구하기 위해 그렇지 못한 사람의 양보와 희생을 호소하는 것이다. 그러나 이 방법은 가능하지 않다. 양보하고 희생하라는 것은 스스로 물속으로 가라앉으라고 요구하는 것과 마찬가지기 때문이다. 하딘 역시 이 방법이 가장 어리석은 방법이라고 지적한다.

설령 승객들의 양심에 호소해 누군가 어린이와 여성들을 구명정에 태운 후 자신은 손을 흔들며 조용히 물속으로 가라앉았다고 하자. 이때 희생되는 것은 양심적인 사람들이다. 반면 비양심적인 인간들은 끝까지 살아남으려 발버둥질할 것이다. 우리는 양심적인 사람이 살아남는 것을 정의로 여긴다.

이런 상황에서 남에 대한 배려를 기대하기는 어렵다. 그렇다면 상황은 어떻게 전개될까? 하딘은 결국 경쟁을 인정할 수밖에 없을 거라고 말한다. 힘이 세고 재빠른 사람들이 먼저 구명정에 타고는 사람을 더 이상 태우지 않는 길밖에 없다는 것이다.

이런 결론에 도달할 수밖에 없는 것이 절망스럽지만, 세계는 그렇게 굴러간다. 낯모르는 사람들과 함께 생명의 위협에 직면했을 때 도덕이 개입할 여지는 없다. 당신이 순서를 기다리며 양보한다면 당신은 이 세상에 존재하지 않게 된다.

하딘이 '구명정의 딜레마'를 예로 든 것은 약육강식의 세계를 설명하기 위해서다. 이 논리에 따르면 부자는 가난한 사람이 굶어 죽도록 내버려두어야 한다. 그렇게 하지 않으면 가난한 사람들이 부자들을 붙들고 함께 익사할 수도 있기 때문이다.

하딘이 이런 논리를 전개한 것은 인구과잉에 대한 지나친 걱정 때문이었다. 인구가 늘어나면 구명정의 윤리가 적용될 수밖에 없다는 것이다. 구명정의 윤리에 따르면 선진국들은 가난하고 희망 없는 제3세계 국가들을 방치해야 한다. 그들을 돕는 것은 가라앉는 구명정에 함께 올라타는 것과 같다. 그렇다면 우리는 기아와 질병, 부질없는 전쟁의 소용돌이 속에서 죽어가는 아프리카 사람들을 방치해야 하는 것인가?

아마도 하딘은 맬서스처럼 인구 급증에 대한 걱정 때문에 밤잠을 이루지 못했을 것이다. 진화론에 적자생존의 아이디어를 제공한 토머스 맬서스는 《인구론*An Essay on the Principle of Population*》에서 영국의 빈민구호법에 반대하는 입장을 밝히면서 이렇게 썼다.

개인적으로는 가혹한 일이 될지 모르지만 의존심이 강한 빈민은 굴욕적인 대우를 받아야 한다. 이러한 자극이 전 구성원의 행복을 도모하는 데 반드시 필요하다. 이러한 자극을 주지 않으려는 태도는 인정 많고 자비로운 것처럼 보이지만 결국 나쁜 결과만을 가져올 것이다. 만약 사람들이 구호만을 기대해 자신의 가정을 독립적으로 부양할 의사 없이도 결혼한 다면, 자신과 가족에게 불행과 의존심만을 가져올 것이며, 자신도 모르는 사이에 같은 계층의 모든 사람들에게 해를 끼치게 된다. 즉 가정을 부양할 능력도 없이 결혼하는 노동자는 어떤 점에서 모든 동료 노동자의 적으로 간주될 수도 있다.

오늘날 맬서스의 논리는 시장원리주의자들의 논리와 일맥상통한다. 맬서스는 빈민구호법이 두 가지 점에서 상황을 악화시킨다고 주장했다.

첫째, 식량 공급이 늘지 않는 상태에서 빈민의 숫자만 늘리는 결과를 가져온다. 인구의 증가로 국민에게 분배되는 재화의 양이 감소하기 때문에 빈민구호법의 지원을 받지 못하는 노동자의 구매력이 감소하고, 이에 따라 점점 더 많은 사람들이 지원을 요구한다는 것이다.

둘째, 빈민구호소에서 사용하는 재화의 양만큼 좀 더 근면하고 귀중한 구성원들에게 돌아갈 수 있는 분배의 양이 줄어든다는 것이다. 그 결과 더 많은 사람들이 추가로 지원을 받아야 하는 상황에 빠지게 되고, 이 때문에 재화의 가격이 상승해 다른 구성원들의 삶의 수준을 떨어뜨린다는 것이다. 쉽게 말하면 가난한 자들을 방치하는 것이 사회적으로 이익이라는 것이다.

시장원리주의자들은 시장에 도덕이 없다고 주장한다. 하지만 사회에는 분명 도덕률이 존재한다. 당신 가족이 아침 밥상에 둘러앉아 하얀 쌀밥을 먹고 있을 때, 이웃집에서는 가장이 실직해 그 가족이 굶주리고 있다고 하자. 구명정의 윤리에 따르면 이웃집 가족은 도태되어야 한다. 그들은 당신에게 위협적인 존재다. 국가는 당신이 낸 세금으로 이웃의 생계를 지원한다. 맬서스의 지적대로 그에게 돌아가는 자원 때문에 노동을 통해 근근이 살아가는 다른 노동자들에게 돌아갈 재화의 양은 줄어든다. 따라서 다른 노동자들의 생활도 피폐해지고 이들까지 국가에 지원을 요청한다. 결국 당신의 세금만 늘어나는 셈이다.

그렇더라도 당신은 가난한 이웃을 탓하며 그들이 세상에서 사라져야 한다고 저주를 퍼붓지는 않을 것이다. 아마 당신의 아내는 남몰래 이웃집의 쌀독을 채워주고 있을지도 모를 일이다.

의사의
딜레마 1

1995년 콩고민주공화국에서 발생한 에볼라 바이러스를 치료하기 위해 국제 의료팀이 파견되었다. 당시 에볼라 바이러스는 244명의 인명을 앗아갔는데, 당시 의료팀에 포함되어 있던 간호사 한 명이 바이러스에 감염되는 사고가 발생했다. 간호사를 살릴 수 있는 방법은 바이러스에 감염되었다가 치유된 생존자들의 혈액을 이용하는 것이었다. 생존자들은 바이러스에 대한 항체가 형성되었을 가능성이 있었고, 이들의 혈액을 간호사에게 수혈하면 목숨을 살릴 가능성이 있었다.

그러나 국제 의료팀의 의사들은 현지 의사들의 제안을 단호히 거부했다. 제공자의 혈액이 다른 질병에 감염되었을지도 몰랐기 때문이다. 만약 간호사가 에볼라 바이러스에 감염된 것이 아니라 다른 질병에 감염되었다면, 수혈 행위가 오히려 간호사를 에볼라 바이러스에 감염시킬 수도 있었다. 게다가 동물실험에서 이 방법은 실패했다.

그럼에도 현지 의사들은 다른 방법이 없다고 판단하고 간호사의 동의하에 수혈을 실시했다. 결국 그녀는 회복되었고, 이 같은 방법으로 여덟 명의 환자 중 일곱 명이 회복되었다. 그러나 국제 의료팀의 의사들은 이 방법의 실효성을 인정하지 않았다.

이 사례는 피터 싱어가 《생명윤리학A Companion to Bioethics》에서 소개한 것이다. 현지 의사들의 판단은 결과적으로 옳았다. 하지만 당신이 국제 의료팀에서 파견한 의사였다면 그들의 제안을 수락했을까? 만약 국제 의료팀 의사들의 우려대로 간호사가 에볼라 바이러스가 아니라 다른 질병에 감염되었고, 생존자가 에이즈에 감염된 상태였다면 결과는 전혀 달라졌을 것이다. 간호사는 엉뚱한 질병 때문에 에이즈에 감염되어 사망할 수도 있었다.

타인의 생명을 다루는 의사들은 매 순간 선택의 딜레마에 직면한다. 특히 다수의 중상자가 생긴 대형사고 현장에서 의료행위를 할 때 의사들의 선택은 매우 중요하다.

전쟁 상황을 가정해보자. 전쟁터의 야전병원이야말로 의사들이 매 순간 선택의 딜레마에 직면하는 곳이다. 군의관들은 부상자들을 세 부류로 분류한다고 한다. 첫째, 의사의 의료적 지원 없이도 살아날 수 있는 사람, 둘째, 의료적 지원이 없으면 죽고 치료를 하면 살아날 수 있는 사람, 셋째, 의료적 지원을 해도 가망이 없는 사람 등이다.

의료적 지원 없이도 살아날 수 있는 사람들에게는 아무런 치료 행위도 이루어지지 않을 것이다. 다리나 팔이 부러진 골절상이나 둔부가 총검에 찔린 경우가 여기에 해당한다. 이들은 불구가 될 수도 있지만 죽지는 않는다.

두 번째 경우, 의료적 지원이 없으면 죽지만 치료하면 살 수 있는 경우에는 군의관들의 치료가 집중된다. 야전병원이 보유한 최소한의 의약품과 시설만으로도 부상자를 살릴 수 있기 때문이다. 이들은 살아나더라도 불구가 될 수 있다.

세 번째 경우는 치료를 해도 가망이 없기 때문에 고통을 줄여주는 응급처치만 행한 뒤 그대로 방치된다. 만약 두 번째 환자의 상황이 긴박하고 의약품이 턱없이 부족한 상황이라면 세 번째 경우의 환자는 진통제조차 처방받지 못하고 방치될 수 있다.

전시가 아닌 평상시라면 이런 상황은 상상할 수 없을 것이다. 하지만 전시에는 환자 한 사람에게 자원을 투자할 경우 적은 투자로 살아날 수 있는 사람들이 사망할 수도 있다. 따라서 가망이 없는 사람에게 매달리기보다는 살아날 가능성이 있는 다수의 환자에게 투자하는 편이 낫다.

당신이 야전병원의 책임자라고 가정하자. 막사에 두 사람의 부상자가 실려 왔다. 한 사람은 대대장이고 한 사람은 사병이다. 대대장은 지휘소에서 부대를 지휘하다 계단에서 넘어져 발목이 부러졌고, 사병은 적군과 교전하다가 총상을 입어 팔을 절단해야 한다. 대대장은 발목이 부러진 상태로는 작전을 지휘할 수 없다. 그가 지휘하는 작전에 이번 전투의 승패가 달려 있기 때문에 그는 즉각 지휘소로 복귀해야 한다. 그의 손에 부대원 수백 명의 목숨이 달려 있는 것이다.

반면 사병은 피를 너무 많이 흘렸다. 더구나 상처는 이미 세균에 감염되어 조금이라도 지체하면 온몸이 썩어 들어가 목숨을 잃을 수도 있다. 만약 대대장보다 그를 먼저 치료하면 팔 하나를 절단하는 것으로 생명을 구할 수 있다. 당신은 어떤 결정을 내릴 것인가?

이 같은 상황에 한 가지 경우를 추가하자. 당신이 망설이고 있을 때

부상자 한 명이 막사로 급히 뛰어든다. 그는 의과대학 선배이자 사단 야전병원의 책임자다. 그는 사단 야전병원이 폭격을 당하는 바람에 혼자 간신히 살아남았으나 왼손 검지와 엄지에 포탄 파편이 박혀 있다. 그는 능력 있는 외과수술 전문의로, 그의 손으로 살려낸 병사만 수백 명에 이른다. 더구나 사단 야전병원의 의료진들이 모두 사망했으므로 중환자 수술은 모두 그가 담당할 수밖에 없다. 상처는 크지 않으나 당장 파편을 제거하는 수술을 하지 않으면 두 손가락을 영원히 사용하지 못할 수도 있으며, 그렇게 되면 다시는 수술대 앞에서 메스를 잡지 못할 것이다. 대대장과 병사와 군의관, 당신이라면 누구를 먼저 치료하겠는가?

윤리학자들은 대규모 사상자가 발생했을 때 의사의 고통을 먼저 덜어 줘야 한다고 충고한다. 그가 더 많은 환자들을 돌볼 수 있기 때문이다.

이제 전쟁터를 떠나 피터 싱어가 《실천윤리학》에서 든 예를 살펴보자. 두 명의 환자가 있다. 한 사람은 이미 다리 하나를 잃었고, 다른 쪽 다리의 발가락 한 개도 잃을 위험에 처해 있다. 또 한 사람은 한쪽 다리를 다치긴 했지만 치료하면 다리를 구할 수 있다. 그런데 의사는 단 한 사람만 치료할 수 있는 의약품을 가지고 있다. 누구를 치료해야 할까?

첫 번째 환자의 경우 이미 다리 하나를 잃은 상태이므로 의사가 아무리 노력해도 발가락 한 개만 구할 수 있다. 하지만 두 번째 환자의 경우 치료를 하면 다리를 구할 수 있다. 의사가 방치할 경우 첫 번째 환자는 다리 하나와 발가락 한 개를 잃고, 두 번째 환자는 다리 하나를 잃는다. 만약 의사가 첫 번째 환자를 선택할 경우 그는 다리 하나를 잃고, 두 번째 환자도 다리 하나를 잃는다. 또 두 번째 환자를 선택하면 첫 번째 환자는 다리 하나와 발가락 한 개를 잃고, 두 번째 환자는 아무것도 잃지 않는다.

최선의 선택은 무엇인가? 두 사람을 완전히 공평하게 만들려면 두 사람 모두 다리 하나씩을 잃게 해야 한다. 하지만 이것이 정당한가? 첫 번째 환자는 다리 하나를 이미 잃은 상태이므로 잃은 다리를 복원할 수 없다. 따라서 첫 번째 환자의 발가락 하나를 구하기 위해 두 번째 환자의 다리를 잃게 하는 것은 도덕적으로 옳지 않을 것이다.

의사의 딜레마 2

조지 버나드 쇼의 희곡 중에 〈의사의 딜레마*The Doctor's Dilemma*〉가 있다. 1906년에 공연된 이 작품은 의사가 누구를 먼저 구할 것인가에 대한 딜레마를 다루고 있다.

한 의사가 기적적인 결핵 치료제를 개발했다. 하지만 이 치료제는 아직 실험 단계이기 때문에 우선은 한 사람만을 치료할 수 있다. 그때 결핵으로 죽어가는 예술가의 아내가 의사에게 자신의 남편을 살려달라고 부탁한다. 그녀의 남편은 천재적인 재능으로 많은 사람의 존경을 받고 있다. 하지만 의사에게는 반드시 살려야 할 또 한 명의 결핵 환자가 있다. 가난하지만 정직하고 성실하며 이웃을 돕는 동료 의사다.

이때 의사는 새로운 사실을 알게 된다. 예술가는 천재적인 재능을 가지고 있긴 하지만 실제로는 악착같이 돈을 밝히는 비열한 인간이며, 이미 다른 여성과 결혼했다가 여러 차례 이혼한 전력이 있다. 이제 의사는 둘 중 누구를 살릴지 선택해야 한다. 파렴치한 천재 예술가를 살릴 것인가, 아니면 가난한 사람을 돕는 무일푼의 의사를 구할 것인가? 우리가 오늘날 흔히 볼 수 있듯이 의사들은 자선사업가가 아니다. 그들은 치료비를 확실하게 부담할 수 있는 환자를 선택할 것이다.

또 한 가지 사례를 보자. 익명의 사회사업가가 병원에 100만 달러를 기부했다. 기부자가 제시한 조건은 유익한 일에 써달라는 것뿐이다. 이 병원에서 가장 시급한 일은 간이식을 기다리고 있는 어린이를 살려내는 일과 낡아빠진 암 검진 장비를 첨단 장비로 교체하는 것이다. 간이식은 매우 어려운 수술이라서 외부의 전문의를 초빙해야 하며 그 비용이 100만 달러라고 하자. 새로 개발된 첨단 암 검진 장비도 100만 달러다. 그동안 이 병원에서는 낡은 검진 장비 때문에 오진이 잦았으며, 그 때문에 적지 않은 암 환자들이 치료 시기를 놓쳤다. 당신이 이 병원의 의사라면 100만 달러를 어디에 쓸 것인가?

때로 의사는 의료행위와는 전혀 관련 없는 상황에 처하기도 한다. 교통사고를 당한 남자 환자가 병원에 실려 왔다. 그 환자는 작은 트럭을 몰고 골목길을 다니며 채소를 팔았다. 양심적인 의사는 그가 치료비를 부담할 능력이 있는지 의심스러웠지만 최선을 다해 환자를 치료했다.

얼마 후 가해 차량의 운전자가 가입한 보험회사에서 사고 경위를 확인하러 나왔다. 보험회사 직원은 가능하면 환자의 상태를 경미한 것으로 판단하려 한다. 그러면 환자는 치료비 부담 때문에 상당한 고통을 겪을 것이다. 보험회사 직원은 의사에게 앞으로 필요 이상의 의료행위를 행한다면 본사 차원에서 철저한 조사에 착수할 것이며, 치료비가 과다 청구될 경우에는 소송도 불사할 것이라는 언질을 준다.

당신이 의사라면 보험회사 직원에게 어떻게 답변하겠는가? 당신의 말 한마디에 따라 환자는 보험 혜택을 충분히 받지 못하고 치료비를 마련하느라 생활이 더 곤궁해질 수 있다. 또 보험료가 충분히 지급되지 않을 경우 의사는 환자로부터 치료비를 받지 못할 수도 있다. 하지만 환자의 상태를 과장하는 것은 거짓말을 하는 것이 된다. 환자를 곤경에 처하게 할 것인가, 보험회사를 속일 것인가? 또 환자를 위해 보험회사를 속였다고 하자. 그렇다면 의사의 거짓말은 환자를 위한 것인가, 아니면 환자로부터 치료비를 받기 위한 것인가?

의사의 딜레마 중에는 지금까지도 법리적·윤리적 논쟁이 계속되고 있는 것들이 많다. 낙태, 뇌사, 안락사 같은 문제들이 대표적이다. 이러한 이슈들이 복합적으로 적용되는 예도 있다. 즉 약물중독으로 뇌사 상태에 빠진 환자가 임신 중일 경우가 그렇다. 이 경우에는 뇌사 판단 문제, 뇌사자를 안락사시키는 문제, 약물중독으로 인한 기형아 출산 가능성에 대한 낙태 문제가 동시에 적용된다.

1993년 4월 19일 미국에서 끔찍한 사건이 발생했다. 네 자녀를 둔 28세의 여성 트리샤 마셜이 약물중독 상태에서 한 아파트에 침입했다. 그녀는 흉기를 휘두르며 돈을 요구했다. 집주인은 60대 초반의 두 다리가 없는 장애인이었는데, 이런 일에 대비해 집에 총을 준비해두고 있었다. 이윽고 그는 방아쇠를 당겨 침입자의 이마에 명중시켰다. 마셜은 병원으로 옮겨져 뇌사 판정을 받았다. 불행히도 마셜은 임신 17주째였다.

가족들은 아이가 태어나기를 원했으나 병원의 윤리위원회는 선뜻 결정을 내리지 못했다. 담당 의사들은 아이가 태어날 때까지 생명을 연장하기로 결정했으나 뇌사 상태에서 임신을 유지하는 데는 20만 달러의 비용이 필요했다. 또 미숙아로 태어난 아이를 보살피는 데도 20만 달러가 필요했다. 오랜 논란 끝에 8월 3일 제왕절개로 남자아이가 태어났다.

이 사건은 갖가지 논란을 일으켰다. 뇌사자의 태아를 살리기 위해 의사와 변호사들이 헌신적으로 매달리는 동안, 그 옆의 산부인과 병동에서는 그 미숙아보다 훨씬 성숙한 태아들을 낙태시키고 있었기 때문이다. 가난 때문에 태아를 낙태시키는 여성들이 많음에도 불구하고, 병원은 엄청난 비용을 들여가며 범죄자이자 뇌사자인 여성의 태아를 살리는 것이 정당한가?

이번에는 콜버그가 제시했던 아홉 개의 딜레마 중 하나를 살펴보자. 악성종양을 앓고 있는 여성이 있다. 그녀를 구할 의학적 처방은 아무것도 없다. 그녀의 주치의는 그녀의 생명이 불과 6개월 남짓 남았다는 것을 알고 있다. 그녀의 허약한 몸 상태로는 모르핀 같은 진통제도 견뎌낼 수 없다. 그녀는 헛소리를 지르며 고통스러워하고 몸을 가누지도 못한다. 잠시 고통에서 벗어나면 그녀는 주치의에게 고통을 이겨낼 수 없을뿐더러 어차피 수개월 안에 죽을 목숨이니 모르핀을 놓아 조용히 죽게 해달라고 간청한다. 주치의는 안락사가 법에 저촉된다는 것을 알고 있지만 그녀의 요청을 들어주려고 한다.

여기까지는 안락사에 대한 딜레마다. 하지만 이야기는 계속 이어진다. 주치의는 그녀를 안락사시킨다. 그때 동료 의사가 병실 앞을 지나가다가 우연히 그 광경을 목격한다. 그는 주치의를 제지하려 했지만 이미 투약을 마친 상태였다. 그는 동료를 고발해야 할지를 고민한다. 마침내 동료 의사는 주치의를 고발한다. 주치의는 기소되어 배심원들로부터 유죄 평결을 받았다. 이제 재판관은 의사의 형량을 결정해야 한다.

당신이 고민해야 할 딜레마는 안락사를 목격한 동료 의사의 입장이다. 당신이 목격자라면 주치의를 고발할 것인가? 목격자는 당신뿐이며, 당신만 눈감는다면 주치의는 무사하다. 그리고 국가는 안락사를 불법으로 규정했지만 당신은 안락사가 필요하다고 생각한다.

철도원의
딜레마

트롤리 전차가 선로를 달리고 있다. 그런데 전차가 커브를 도는 순간 선로에서 다섯 명의 인부가 보수작업을 하고 있는 모습이 눈이 띄었다. 브레이크를 걸기에는 이미 늦었다. 하지만 방법이 전혀 없는 것은 아니다. 바로 앞에 분기점이 있고, 선로를 간선으로 옮기면 다섯 명의 목숨을 살릴 수 있다. 하지만 선로를 옮기려는 순간 간선에 앉아 도시락을 먹고 있는 인부 한 명이 보였다. 분기점에서 선로를 바꾸면 다섯 명을 살릴 수 있는 대신 간선에서 도시락을 먹고 있는 인부는 사망할 것이다. 당신이 선로를 바꿀 수 있는 철도원이라면 선로를 바꾸겠는가?

이제 또 다른 상황을 가정해보자. 선로 위를 가로지르는 육교가 있다. 육교 위에서 60킬로그램 이상의 물체를 떨어뜨리면 철로 위의 센서가 작동해 자동으로 전차가 멈춘다. 육교 위에 콘크리트 기둥 따위의 물체가 있다면 당연히 그것을 떨어뜨려 인부들을 구할 것이다. 하지만 문제는 육교 위에 있는 물체가 일몰을 구경하는 뚱뚱한 남자라는 것이다. 이 경우에도 다섯 명의 목숨을 구하기 위해 육교 위에 앉아 있는 사람을 희생시킬 것인가? 두 경우 결과는 모두 같다. 즉 다섯 명을 살리고 한 명을 희생하는 것이다.

이 사고 실험을 '트롤리 문제trolley problem'라 부른다. 하버드 대학교의 심리학 교수 조슈아 그린Joshua D. Greene의 연구에 따르면, 실험 참가자 거의 모두가 첫 번째 시나리오에는 공감했으나 두 번째 시나리오에는 반대하는 것으로 나타났다.

눈치 빠른 독자라면 두 가지 상황의 차이를 단박에 알아차렸을 것이다. 다섯 명을 살리기 위해 트롤리의 선로를 바꿀 수는 있어도 사람을 선로 위로 떨어뜨릴 수는 없다고 대답한 것이다. 미국인뿐 아니라 문명과 차단된 중앙아메리카에 사는 원시부족의 대답도 마찬가지였다. 이 딜레마의 본질은 다수의 생명을 구하기 위해 다른 생명을 '수단으로 사용'할 수 있느냐는 것이다.

좀 더 이해하기 쉬운 사례를 들어보자. 병원에서 다섯 명의 환자가 죽어가고 있다. 이들은 각기 다른 장기에 심각한 손상을 입은 사람들이다. 당장 장기이식을 하면 다섯 명 모두 살릴 수 있지만, 지금까지 장기를 기증하겠다고 나선 사람이 없다. 그런데 환자 대기실에 건장한 남자가 진료를 기다리고 있다. 의사는 그 남자를 죽여 다섯 명의 환자를 살려도 되는 것인가?

아무리 선한 목적이라도 무고한 사람의 생명을 수단으로 사용하는 것을 정당화할 수는 없다. 육교 위의 뚱뚱한 남자를 떨어뜨려 전차를 세우는 것은 다섯 명을 살리기 위해 한 사람의 목숨을 수단으로 사용하는 것이다. 하지만 선로를 바꾸는 것은 사람을 수단으로 사용하는 것이 아니다. 단지 또 다른 선로를 선택했을 뿐인 것이다. 사람들은 선로를 바꾸어 한 명이 희생되더라도 도덕적으로 용납한다. 하지만 다섯 명을 살리기 위해 사람을 '사용'하는 것은 용납하지 않는다. 마찬가지로 사람들은 육교 위에서 일몰을 감상하고 있는 뚱뚱한 남자를 '사용'해서 다섯 명의 생명을 구하는 것에 동의하지 않는다.

1998년에 개봉한 영화 〈라이언 일병 구하기Saving Private Ryan〉는 이와 유사한 딜레마를 보여준다. 제2차 세계대전이 발발하자 미국의 한 집안에서 네 형제가 모두 전쟁에 참전한다. 첫째부터 셋째까지 전사하자 미국 정부는 막내를 적지에서 구조하기로 한다. 이 임무를 맡은 밀러 대위는 상부의 명령을 받고 사지에 뛰어든다. 하지만 병사 한 사람을 구하기 위해 밀러 대위와 대원들의 목숨이 희생되어도 괜찮은 것일까?

이 문제는 판단하기가 매우 어렵다. 정부는 라이언 형제의 노모에게 더 이상 전쟁의 상처를 주지 않기 위해 막내를 구하려 하지만, 그 이면에는 전쟁에 대한 국민 여론이 악화되는 것을 방지하려는 정치적 목적이 숨어 있다.

한 사람의 목숨을 구하기 위해 다수의 병사들이 희생되는 것은 전쟁터에서 흔한 일이다. 하지만 그럴 경우 구하려는 인물이 다수를 희생시켜도 좋을 만큼 매우 중요한 인물이어야 한다. 예컨대 핵무기 제조 기술이 있는 물리학자를 구출하지 못하면 적이 그를 이용해 수십만 명의 아군을 죽일 수도 있다. 이 경우 그를 구출하기 위해 다수의 군인들이 목숨을 걸고 적진에 침투할 것이다.

밀러 대위는 우여곡절 끝에 라이언 일병과 조우한다. 하지만 라이언은 마지막까지 남아서 싸우겠다고 말한다. 결국 밀러 대위와 대원들은 그의 뜻에 따르기로 하고 적군이 주둔한 마을을 폭파할 계획을 세운다. 마을을 폭파하는 것은 생존을 위한 최선의 방법이지만, 마을에는 무고한 사람들이 적군의 포로로 잡혀 있다. 그들이 살기 위해서는 무고한 사람을 죽여야 하는 것이다. 그것이 전쟁이다. 역사적으로 볼 때 정의로운 전쟁 따위는 존재하지 않았고, 앞으로도 존재하지 않을 것이다.

철도원의 딜레마에서 보듯이 사람들은 가르쳐주지 않은 원초적인 도덕 기준을 가지고 있다. 리처드 도킨스Richard Dawkins는《만들어진 신The God Delusion》에서 도덕은 종교와 상관이 없으며, 인간은 진화 과정에서 도덕법칙을 승계했다고 주장했다. 인류는 문화, 인종, 종교, 교육과 무관하게 보편적인 도덕감각을 가지고 있다.

미국의 심리학자 필립 테틀록Philip Tetlock이 미국 대학생들에게 도덕적으로 지탄받을 수 있는 몇 가지 사례를 제시했을 때도 학생들은 도저히 용납할 수 없는 도덕적 기준을 가지고 있음이 확인되었다. 그가 제시한 비도덕적 사회제도는 장기 매매를 허용하는 제도, 고아들을 입양할 때 경매를 도입하는 제도, 시민의 권리를 매매할 수 있는 제도, 투표권을 매매할 수 있는 제도, 돈이 많은 사람이 자신의 의무를 회피하기 위해 사람을 고용해 대신 감옥이나 군대에 보낼 수 있는 제도 등이었다.

장기 매매의 경우를 보자. 어떤 남자가 심근경색으로 죽어가고 있다. 그에게는 홀어머니와 아내 그리고 첫돌이 지난 딸아이가 있다. 그는 가정의 유일한 수입원이며, 병을 치료하느라 상당한 빚을 지고 있다. 그가 이대로 죽으면 가족의 생계는 막막해지고 어린 딸이 엄청난 빚을 대신 짊어지게 될 것이다. 그가 죽어가면서 가족을 위해 마지막으로 할 수 있는 일은 심장을 제외한 장기를 팔아 빚을 갚는 것이다.

한편 옆 병실에는 벌써 5년째 신장이식을 기다리는 환자가 있다. 이 환자는 부모로부터 많은 유산을 물려받았고, 건강만 회복한다면 그 유산으로 사회사업을 펼칠 꿈에 젖어 있다. 하지만 건강은 날로 악화되고 있으며 이대로 3개월만 지나면 생명까지 위태로워진다. 그는 신장을 기증하는 사람에게 기꺼이 돈을 지불할 용의가 있다. 문제는 장기 매매가 법으로 금지되어 있다는 것이다. 그는 옆 병실에 대가를 받고 신장을 기증할 뜻이 있는 환자가 있다는 것을 알고 있다. 그는 중개인을 고용해 비밀리에 협상을 진행했고, 마침내 장기 기증자의 빚을 모두 갚아주는 조건으로 이식수술을 하기로 했다. 그렇다면 두 사람은 도덕적으로 비난받아야 하는가?

이번에는 고아 입양의 예를 보자. 어느 고아원에서 입양 신청자들을 대상으로 경매를 하기로 했다. 더 좋은 조건을 제시하는 신청자에게 아이를 입양할 권리를 주기로 한 것이다. 마침 두 사람의 신청자가 경매에 참여했다. 두 사람 모두 아이 입양을 간절히 원하고 있으며, 그동안 이루어진 면담과 서류 심사 결과 아이를 양육하는 데 큰 문제가 없다는 판단을 받았다. 차이가 있다면 한 사람은 백만장자이고, 한 사람은 골목길에서 구멍가게를 운영하고 있다는 점이다.

이 경우 고아원 측은 특별한 하자가 없는 한 백만장자에게 더 높은 점수를 줄 것이다. 우리는 백만장자가 아이를 입양하는 편이 아이의 장래를 위해 더 낫다고 추측할 수 있다. 실제로도 고아원 측은 백만장자에게 아이를 입양시킬 가능성이 높다. 문제는 아이에게 선택권이 없다는 것이다.

그 아이는 사리를 판단하기에는 너무 어리며 제대로 의사표현도 할 수 없다. 물론 아이에게 선택권이 있다면 우리는 그 아이가 백만장자를 더 선호하리라고 예상할 수 있다. 결국 백만장자는 승리하게 될 것이다. 하지만 재산이 많은 사람에게 유리한 장기 매매, 입양 경매, 투표권 매매, 대리 복무나 대리 수감 같은 제도는 모든 사람이 거부한다. 그것이 인류의 보편적인 도덕감각이다.

하인즈의 딜레마

콜버그가 제시한 아홉 개의 딜레마 중 하나를 더 예로 들어보자. 어떤 여성이 암으로 죽어가고 있다. 같은 도시에 사는 약제사가 최근 발명한 약이 그 여성을 살릴 수 있다. 하지만 약제사는 약값을 원가의 10배인 4000달러로 책정한 상태다. 병든 여성의 남편인 하인즈는 돈을 빌리려고 백방으로 뛰어다녔으나 겨우 2000달러밖에 구하지 못했다. 하인즈는 약제사를 찾아가 약을 싸게 팔든지, 모자라는 돈을 외상으로 해달라고 애원했지만 거절당했다. 결국 하인즈는 몰래 약방에서 약을 훔쳐 아내를 구했다.

다음 날 신문에 약방 절도 기사가 실렸다. 하인즈와 알고 지내는 경찰관이 그 기사를 읽고 하인즈가 약방에서 뛰쳐나와 도망가던 장면을 기억해냈다. 경찰관은 하인즈를 고발해야 할지 말지 고민에 빠졌다. 결국 경찰관은 하인즈를 고발했다. 하인즈는 체포되어 법정에 섰다. 배심원들은 하인즈가 유죄라고 평결했다. 이제 재판관이 선고를 내리는 일만 남았다.

하인즈는 벌을 받아야 하는가? 약제사는 터무니없이 비싼 약값을 요구할 권리가 있는가? 약제사가 그 여성을 죽인 것이나 다름없다고 비난하는 것은 정당한가? 만약 정당하다면, 그리고 여성이 사회적으로 매우 중요한 인물이었다면 약제사를 더 심하게 처벌해야 할까? 약제사에게는 자신이 발명한 의약품에 대해 지식재산권이 있으며, 그가 얼마를 받든 법으로 처벌하기가 곤란하다.

자본주의 사회에서 약제사의 독점과 횡포를 해결할 수 있는 방법은 하루빨리 경쟁자를 양성해 적절한 시장가격이 형성되도록 하는 것뿐이다. 현실에서 하인즈는 분명 법에 따라 처벌받을 것이다. 사정이 어떻든 그는 절도범이기 때문이다. 단지 우리는 약제사의 윤리의식을 비난할 수 있을 뿐이다. 하지만 약제사는 정말 죄를 지었는가?

'장발장의 딜레마'로 알려진 콜버그의 딜레마 하나를 더 짚고 넘어가자. 유럽의 어느 나라에 가난한 남자가 일자리를 찾지 못하고 있었다. 그의 누이나 형제들도 일자리를 찾았지만 일할 곳이 없었다. 결국 그는 형제들을 먹여 살리기 위해 식량과 의약품을 훔쳤다. 그는 체포되어 6년의 징역형을 선고받았다.

몇 년이 지난 후 그는 감옥을 탈출해 다른 도시로 가서 새로운 이름으로 살았다. 그는 돈을 모아 큰 공장을 세우고, 직원들에게 최고의 임금을 주고, 이익금으로 선량하고 가난한 사람들을 위한 병원을 지었다. 20년 후 한 양복점 주인이 그가 바로 경찰이 찾고 있는 탈옥수라는 사실을 알아냈다. 당신이 양복점 주인이라면 그 탈옥수를 경찰에 고발해야 할까?

05

선택의
딜레마

인어공주의
딜레마

당신은 지금 밀실에 갇혀 있다. 그리고 당신이 가장 사랑하는 사람도 다른 밀실에 갇혀 있다. 두 밀실에는 각각 버튼이 하나씩 있다. 그런데 60분 이내에 어느 밀실에서도 버튼을 누르지 않으면 두 사람은 모두 살해된다. 그리고 60분 이내에 먼저 버튼을 누른 사람은 상대방의 목숨을 구하는 대신 자신은 즉사한다. 당신은 어떻게 하겠는가?

- 그레고리 스톡Gregory Stock, 《질문의 책The Book of Questions》

누가 살아남아야 하는가? 당신인가, 당신이 사랑하는 사람인가?

경우의 수는 다음과 같다. 첫째, 당신이 죽는다. 둘째, 상대방이 죽는다. 셋째, 함께 죽는다. 두 사람이 동시에 당신이 죽어야 한다고 생각한다면 당신이 먼저 버튼을 누를 것이다. 또 두 사람이 동시에 당신의 연인이 죽어야 한다고 생각한다면 연인이 먼저 버튼을 누를 것이다. 또 스스로 희생하기로 동시에 결심했다면 서로 버튼을 먼저 누르기 위해 경쟁할 것이다. 따라서 누구든 한 사람은 살아남는다.

그러나 동시에 상대방이 죽어야 한다고 결론을 내렸을 때는 매우 골치 아프다. 자신이 살아야 한다고 똑같이 결심했다면, 아무도 버튼을 누르지 않을 것이다. 따라서 60분 후 두 사람은 모두 죽는다. 이것은 함께 죽자는 것과 다를 바 없으므로 최악의 결과다. 최선의 전략은 한 사람이 희생하는 것이다. 하지만 누가 희생할 것인가? 분명한 것은 상대방이 버튼을 누르기를 기다리는 것은 최악의 결과를 가져온다는 사실이다.

동화의 주인공 인어공주 역시 유사한 딜레마에 처해 있다. 인어공주는 불행히도 인간 세상의 왕자와 사랑에 빠진다. 이루어질 수 없는 사랑에 가슴 아파하던 인어공주는 마녀의 힘을 빌려 인간이 되지만, 그 대가로 아름다운 목소리를 잃는다. 그토록 꿈에 그리던 왕자를 만나는 행복도 잠시, 왕자는 말 못하는 인어공주 대신 이웃 나라 공주를 배필로 정한다.

이를 안타깝게 여긴 인어공주의 언니들은 자신들의 머리카락을 잘라 마녀에게 바친 후 동생이 다시 인어로 돌아올 수 있는 비법을 알아낸다. 그 비법은 마녀가 준 칼로 왕자를 찔러 그 피를 발에 묻히는 것이다. 만약 해가 뜨기 전에 왕자의 피를 묻히지 못하면 인어공주는 물거품이 되어 영원히 사라지고 만다.

'사랑하는 사람을 죽이느냐, 아니면 내가 죽느냐'가 바로 인어공주의 딜레마다. 동화 속의 주인공들은 늘 자기희생적이다. 인어공주는 잠든 왕자의 얼굴을 보며 갈등하다가 결국 스스로 물거품이 된다.

가로되, 칼을 내게로 가져오라 하니 칼을 왕의 앞으로 가져온지라. 왕이 이르되 살아 있는 아들을 둘로 나눠 반은 이 여인에게 주고, 반은 저 여인에게 주라. 그 아들의 어미 되는 여인이 그 아들을 위하여 마음이 불붙은 것 같아서 왕께 아뢰어 가로되 "청컨대 내 주여, 아들을 저 여인에게 주시고 아무쪼록 죽이지 마옵소서." 하니 한 계집이 말하기를 '내 것도 되게 말고, 네 것도 되게 말고 나누라' 하는지라. 왕이 대답하여 가로되 "살아 있는 아들을 이 여인에게 주고, 결코 죽이지 말라. 이 여인이 그 어미니라."

-《열왕기 상》3:23-27

고대 이스라엘의 왕 솔로몬은 타고난 모성애를 이용해 딜레마를 해결했다. 하지만 핏줄 때문에 고통스런 선택을 해야 하는 경우도 있다. 배우 메릴 스트리프가 열연한 〈소피의 선택Sophie's Choice〉은 1982년에 개봉한 영화다.

나치즘의 물결이 유럽을 뒤덮고 있던 제2차 세계대전 당시, 소피의 가족은 폴란드에 살고 있었다. 소피의 아버지와 남편은 나치에게 끌려가 총살당하고, 소피는 아우슈비츠 수용소로 이송된다. 수용소로 가는 도중 한 독일인 장교가 두 아이를 데리고 있는 소피를 유혹한다. 독일인 장교는 살려달라고 애원하는 소피에게 아이들 중 한 명만을 살려주겠다고 제안한다. 가스실로 보낼 아이를 직접 선택하면 나머지 아이는 살려주겠다는 것이다. 둘 중 하나를 선택하지 못하면 두 아이는 모두 죽는다.

그녀는 선택을 피할 방법이 없다. 선택을 거부하면 두 아이가 모두 죽기 때문이다. 결국 그녀는 아들과 딸 중에서 딸을 가스실로 보내기로 하지만 결국 아들도 구하지 못한다. 이 선택은 그녀에게 씻을 수 없는 상처를 안겨주었고, 마침내 전쟁이 끝난 후 그녀는 죄책감에서 벗어나기 위해 자살을 선택한다.

수사반장의
딜레마

2002년 9월, 독일 프랑크푸르트에서 11세 소년이 납치되었다. 범인은 28세의 법학도 마그누스 개프갠이었다. 유괴된 소년의 아버지는 은행가였고, 유괴범은 아이의 몸값으로 100만 유로를 챙겼다. 하지만 유괴범은 아이를 납치하자마자 살해한 상태였다.

경찰은 즉각 유괴범을 추적해 몸값을 지불한 다음 날 범인을 체포했다. 당시 경찰은 아이가 사망했다는 사실을 모르고 있었다. 경찰은 아이가 있는 곳을 대라며 유괴범을 심문하기 시작했다. 하지만 범인이 자신의 범죄 사실을 숨기기 위해 허위로 자백하자 경찰은 폭력과 고문을 가할 것이라고 위협했다. 위협을 느낀 범인은 그제야 아이의 시체를 숨겨둔 장소를 자백했다.

2003년 1월, 검찰은 범인에게 고문 위협을 지시한 프랑크푸르트 경찰서 부서장과 직접 심문을 맡았던 경찰관에 대한 조사에 착수했다. 그리고 2004년 11월에 두 경찰관은 협박 혐의로 법정에 섰고, 그해 12월 20일 프랑크푸르트 지방법원은 두 사람에게 벌금형 및 집행유예를 선고했다.

유괴된 소년이 있는 곳을 알아내기 위해 범인에게 고문 위협을 가한 것이 법정에 설 만큼 무거운 죄일까? 만약 유괴된 소년이 살해당하지 않고 외딴 곳에 감금되어 있다고 하자. 소년은 심한 탈진 상태에 빠져 목숨이 위태로울 수도 있다. 소년의 생명은 유괴범이 협박당한 고통보다 더 가벼운가?

유괴 사건과 비슷한 상황을 만들어보자. 인구 100만의 도시에 어떤 테러범이 반경 1킬로미터를 초토화할 수 있는 폭탄을 설치했다. 만약 도심 한가운데서 폭탄이 폭발하면 적어도 1만 명이 넘는 인명이 희생될 것이다.

다행히 경찰은 테러범이 폭탄을 설치한 직후 그를 체포할 수 있었다. 경찰이 심문을 통해 알아낸 것은 폭탄이 한 시간 후에 터진다는 것뿐이다. 한시라도 빨리 폭탄을 찾아내지 않으면 수많은 사람이 목숨을 잃을 것이다. 하지만 테러범은 폭탄을 어디에 설치했는지 자백하지 않고 있다. 유일한 해결책은 테러범을 고문해 입을 열게 하는 것이다. 이때 경찰의 고문 행위는 정당화될 수 있을까?

많은 사람들이 어떠한 경우에도 고문을 허용해서는 안 된다는 데 동의한다. 그러나 테러범이 인질을 붙들고 위협적인 행위를 한다면 경찰에게는 발포할 권리가 있다. 살해와 고문 중에서 살해는 더 큰 타격을 가하는 것이다. 그런데도 경찰관의 총격보다 고문이 더 지탄받는 것은 고문이 비인간적인 행위이기 때문이다.

딜레마는 바로 여기에 있다. 범인을 고문하지 않는다면 수만 명이 목숨을 잃을 텐데 괜찮다는 것인가? 사실 이런 경우는 특별한 상황이다. 대부분의 고문은 인명을 구하기 위해서가 아니라 누군가의 신념을 무너뜨리기 위해 악용된다. 그런 의미에서 고문은 어떠한 경우라도 허용되어서는 안 될 것이다. 한번 물꼬를 튼 논둑은 점점 구멍이 커지기 때문이다.

유괴범의
딜레마

'스톡홀름증후군'은 포로로 잡힌 인질들이 범인에게 호감을 느껴 심리적으로 동조하는 현상을 말한다. 이 증후군은 1973년 8월 스웨덴 스톡홀름에서 발생한 은행 강도 사건에서 비롯되었다. 무장 강도들은 은행 직원들을 인질로 잡고 6일 동안 경찰과 대치했다. 인질들은 사건 초기에 인질범들을 두려워했으나 시간이 흐르면서 점차 그들에게 호감을 갖기 시작했다.

강도들이 체포된 후에도 인질들은 경찰관들을 적대시하며 인질범들을 호의적으로 생각하는 이상심리를 나타냈다. 더구나 인질로 붙잡혀 있던 한 여성은 은행 강도 중 한 사람과 사랑에 빠지기도 했다.

심리학자들은 인질들이 극한상황에 처했을 때 범인을 두려워하기보다 호감을 보이는 게 살아남을 확률이 높기 때문에 이런 심리적 현상이 나타난다고 설명한다. 독재자 밑에서는 반항하는 것보다 아부하는 게 생존에 도움이 되는 것과 같다.

캐나다의 심리학자 아서 아론Arthur Aron은 한 가지 흥미 있는 실험을 수행했다. 연구팀은 남녀 학생들을 모집한 후 남학생들에게는 포로 역할을, 여학생들에게는 심문자 역할을 맡겼다. 여학생들은 남성 포로를 고문하고 군사기밀을 캐묻는 역할을 수행했다. 고문 도구는 물이지만 실험 참가자들에게는 염산이라고 말해주었다.

심문자 역할을 맡은 여학생들은 포로들의 눈에 염산을 떨어뜨리며 위협한다. 염산을 떨어뜨리면 눈이 타 들어가 매우 고통스러울 뿐 아니라 마침내는 뇌까지 타 들어가 비참한 죽음을 맞이한다고 위협하며 자백을 강요한다. 한편 포로 역할을 맡은 남학생들에게는 염산이 눈에 떨어질 때마다 고통스런 비명을 지르게 했다.

연구팀은 실험 참가자들에게 실제 상황인 듯 연기하도록 요구했다. 그러자 참가자들은 점점 자신의 역할에 몰입하기 시작했다. 일부는 식은땀을 흘렸고 공포를 느끼기까지 했다. 여학생들에게는 매일 여섯 명의 포로를 고문하고, 고문이 끝난 후에는 따뜻한 말로 위로하도록 했다.

실험 결과 고문의 강도가 심했던 포로들은 대조 집단보다 심문자에게 더 매료되었고, 실험이 끝난 후 작성한 글에서도 훨씬 더 에로틱한 분위기가 배어 나왔다. 자신을 혹독하게 괴롭힌 뒤 따뜻하게 위로해준 사람에게 매력을 느낀 것이다. 이러한 결과는 왜 매 맞는 아내들이 집을 떠났다가도 폭력적인 남편에게 다시 돌아가는지를 설명해준다.

경제학자 토머스 셸링이 제시한 '유괴범의 딜레마'를 보자. 어떤 유괴범이 뒤늦게 겁을 먹고 유괴한 것을 후회하기 시작했다. 그는 인질에게 신고하지 않겠다는 약속을 하면 풀어주겠다고 제안한다. 그러나 풀어주면 인질이 약속을 어기고 경찰서로 갈지도 모른다. 인질은 결코 그러지 않겠다고 약속하지만 범인의 입장에서는 그 약속을 믿을 수 없다. 그래서 유괴범에게는 인질을 살해하고자 하는 유인誘因이 생긴다.

유괴범의 딜레마는 인질을 믿을 것인가, 말 것인가를 선택하는 문제다. 이 선택에 따라 인질을 살해할 수도, 풀어줄 수도 있다. 그러나 정작 딜레마의 당사자는 인질이다. 목숨이 걸린 게임에서 유괴범이 자신을 믿도록 설득해야 하기 때문이다. 유괴범에게 믿음을 주려면 경찰에 신고하지 않겠다는 말만으로는 부족하다. 따라서 인질은 유괴범에게 호의를 보이고 연민과 공감을 보여주어야 한다. 그래야만 살아남을 가능성이 조금이라도 높아진다. 바로 여기에서 스톡홀름증후군이 발생한다.

토머스 셸링은 인질의 입장에서 최선의 방책은 자신이 과거에 저지른 끔찍한 범죄를 고백하는 것이라고 말한다. 즉 빼도 박도 못할 자신의 약점을 유괴범과 공유하라는 것이다. 양자가 비밀을 공유하면 상호 억제력이 생기므로 거래의 안정성이 보장된다. 이는 자신을 유괴범과 같은 처지로 낮추는 것과 같다. 그러나 흉악한 고백거리를 가진 사람이 얼마나 되겠는가? 결국 인질의 입상에서는 범인의 동정심을 사기 위해 최대한 불쌍하게 보이고, 자신도 도움이 필요한 인간임을 공감하게 만드는 방법밖에 없다.

인지언어학자이자 진화심리학자인 스티븐 핑커Steven Pinker는 《마음은 어떻게 작동하는가How the Mind Works》에서 좀 더 끔찍한 방법을 해결책으로 제시한다. 유괴범이 인질을 죽이려 하면 인질은 자신의 눈을 멀게 하라는 것이다. 그러나 최근의 범죄자들은 인질을 살해하지 않아도 되는 몇 가지 방법을 깨우쳤다. 인질의 부끄러운 비밀을 범인 자신이 보유하는 것이다. 그래서 범죄자들은 인질이 경찰에 신고하지 못하도록 인질의 가장 부끄러운 장면을 사진으로 남긴다.

경찰은 유괴범이나 인질범들과 협상하기 위해 협상 전문가를 양성한다. 교도소에서 죄수들이 교도관 두 명을 인질로 붙잡고 석방 협상을 요구하는 상황을 상상해보자.

죄수의 입장에서는 네 가지 경우의 수를 상상할 수 있다. 첫 번째는 인질을 해치지 않은 상태로 석방되는 것이고, 두 번째는 인질을 해치고 석방되는 것이다. 또 세 번째는 인질을 해치지 않았으나 석방이 좌절되는 것이며, 네 번째는 인질을 해치고 석방도 좌절되는 것이다. 죄수의 입장에서 최선의 결과는 인질을 해치지 않고 석방되는 것이다. 반면 최악의 결과는 인질을 해치고 석방도 좌절되는 것이다.

반대로 교도소장의 입장에서도 네 가지 경우의 수를 상상할 수 있다. 첫 번째는 인질이 무사하고 죄수도 탈옥하지 못하는 것이고, 두 번째는 인질이 다치고 죄수는 탈옥하지 못하는 것이다. 세 번째는 인질이 무사하고 죄수가 탈옥하는 것이며, 네 번째는 인질이 다치고 죄수도 탈옥하는 것이다. 교도소장에게는 인질이 무사한 상태에서 죄수를 체포하는 것이 최선이며, 인질이 다치고 죄수마저 탈옥하는 것이 최악의 결과다.

이 상황에서 협상 전문가는 교도소장에게 어떤 충고를 할 수 있을까? 아마 그는 교도소장에게 죄수들과 협상을 거부하라고 충고할 것이다. 결정권은 교도소장이 갖고 있으며, 선택의 폭도 교도소장이 제시할 수 있다. 즉 협상을 거부하면 석방 가능성이 완전히 차단된다. 따라서 죄수가 선택할 수 있는 경우의 수는 두 가지로 줄어든다. 즉 죄수는 인질을 해칠 것인가, 아니면 해치지 않을 것인가로 선택의 폭을 한정할 수밖에 없다. 선택의 가능성을 넓혀놓으면 그만큼 협상도 어려워지기 마련이다.

06

거짓말의
딜레마

중국 강남 지역에서는 매실을 '조공曹公'이라 부른다. 조조가 일찍이 군사들에게 매실이 앞에 있다는 거짓말로 갈증을 해소시킨 일이 있었기 때문이다. 《세설신어世說新語》〈가휼假譎〉편에 따르면, 조조가 군대를 이끌고 장수張繡를 정벌하러 나섰을 때 날씨가 더워 병사들이 심한 갈증에 시달렸다. 그러나 사방을 둘러보아도 마실 물을 찾을 수가 없었다. 그때 조조가 병사들을 향해 소리쳤다.

"조금만 더 가면 앞에 큰 매화나무 숲이 있다. 열매가 많이 달렸는데, 그 맛이 달고 새콤하다. 이제 곧 갈증을 풀 수 있을 것이다."

병사들은 매실이라는 말에 입안에 곧 침이 돌았다. 모두 정신을 가다듬고 다시 행군을 해서 얼마 가지 않아 물이 있는 곳에 다다랐다. 조조는 병사들에게 거짓말을 했지만 그 거짓말은 병사들이 갈증을 해소하는 데 도움이 되었다. 그렇다면 이런 거짓말은 해도 괜찮은 것일까?

거짓말쟁이의
딜레마

어느 형제가 큰 난관에 부딪혀 비밀리에 마을을 빠져나가야 했다. 그들은 돈이 필요했으므로 형은 가게에 들어가 1000달러를 훔쳤고, 동생은 마을 사람들을 잘 도와주기로 소문난 노인을 찾아가 자신이 병에 걸렸는데 수술비 1000달러를 빌려주면 회복하는 대로 갚겠다고 약속했다. 사실 동생은 노인에게 돈을 갚을 생각이 전혀 없었다. 노인은 그런 줄도 모르고 돈을 빌려주었다. 형제는 각자 1000달러씩 가지고 마을을 빠져나갔다. 둘 중 누가 더 나쁜가?

이 이야기 역시 콜버그가 제시한 아홉 개의 딜레마 중 하나다. 남을 속이는 일과 절도 행위 중 어느 쪽이 더 나쁜지를 판단하는 것은 우리의 법 감정과 관련이 있다. 두 행위의 결과는 같다. 즉 남으로부터 1000달러를 빼앗은 것이다. 하지만 우리는 남을 속인 일보다 절도 행위를 더 큰 범죄라고 생각한다. 이는 피해자의 고통과 관련이 있는 듯하다. 1000달러를 도난당한 사람은 당장 마음의 고통이 크다. 반면 사기꾼에게 돈을 빌려준 사람의 고통은 장기간에 걸쳐 분산된다.

인간은 거짓말을 하게끔 진화해왔다. 이는 동물도 마찬가지다. 거짓말은 중요한 생존 수단 중 하나다. 모든 생물은 생존과 번식을 위해 자신의 몸을 변형하고 꾸미면서 진화해왔다. 동물들은 자연과 닮은 보호색을 만들고 서로 군비경쟁을 한다. 때로 어미 새는 새끼를 지키기 위해 포식자 앞에서 상처 입은 것처럼 연기함으로써 포식자의 시선을 자신에게로 돌린다.

침팬지도 속임수를 쓴다. 어느 실험에서 침팬지에게 음식이 든 상자와 뱀이 든 상자를 보여주자 침팬지는 동료 침팬지들을 뱀 쪽으로 끌고 가 달아나게 만든 다음 혼자 먹이를 꺼내 먹었다.

우리는 남을 속이는 수법뿐 아니라 사기꾼에게 속지 않는 기법들도 함께 진화시켰다. 우리 뇌는 거짓말을 생산하는 동시에 거짓말탐지기 역할도 수행한다. 인간은 남을 속일 뿐 아니라 자신도 속인다. 즉 인간은 자신을 기만할 수 있는 유일한 동물이다. 심리학자들은 자기기만이 남에게 더 그럴듯한 거짓말을 하기 위해 진화한 결과라고 설명한다. 자신이 자신의 거짓말을 진짜라고 믿을 때 더 효과적으로 거짓말을 할 수 있기 때문이라는 것이다.

> 잔인한 사회에서 살아남기 위해 인간은 타고난 독심술사로 진화해왔다. 자연계에서는 먹이가 될 상대에게 위험을 경고할 의무가 없다. 승리가 중요한 목적일 때 속임수는 일종의 윤리다. 거짓과 속임수는 생존 게임의 일부인 것이다.
>
> - 제러미 캠벨Jeremy Campbell,
> 《거짓말쟁이 이야기The Liar's Tale: A History of Falsehood》

언어는 진리를 유포하기 위해서가 아니라 생존 게임에서 이기기 위한 수단으로 진화했다. 모든 형태의 속임수가 거짓말은 아니다. 정신병 환자의 거짓말은 거짓말이라 할 수 없다. 환자 스스로 사실이라고 믿기 때문이다. 거짓말에는 의도가 있는 것이 있고, 없는 것도 있다. 회사에 지각한 사람이 교통사고가 나서 늦었다는 거짓 핑계를 댔을 때 절반은 사실이고 절반은 거짓일 수 있다.

예컨대 출근길에 건너편 도로에서 일어난 교통사고를 목격했다면 사고가 난 것은 사실이지만 지각의 원인은 될 수 없다. 거짓말에는 어떤 의도가 있어야 한다. 그래서 다른 사람을 속이기 위한 진실은 거짓말에 속한다.

거짓말을 거짓말, 새빨간 거짓말, 선의의 거짓말(하얀 거짓말)로 분류한다. 미국의 정신의학자 찰스 포드Charles V. Ford는 《거짓말의 심리학LIES! LIES! LIES!: The Psychology of Deceit》에서 정교한 거짓말, 선의의 거짓말, 방어적 거짓말, 공격적 거짓말, 병적 거짓말, 몸으로 하는 거짓말 등으로 구분한 바 있다.

정교한 거짓말은 정치인, 전도사, 세일즈맨, 도박꾼, 사기꾼들이 주로 사용한다. 선의의 거짓말은 속이려는 의도가 없는 거짓말이다. 약속 시간에 늦은 사람이 상대방의 화를 풀어주기 위해 집에 급한 일이 있었다고 둘러대는 것이 선의의 거짓말이다.

방어적 거짓말은 자신이나 타인을 보호하기 위한 거짓말이다. 예컨대 게슈타포가 레지스탕스 활동을 하는 아들을 체포하러 왔을 때, 집을 나가 연락이 끊긴 지 오래되었다고 거짓말을 하는 것이 방어적 거짓말이다. 공격적 거짓말은 자신의 이익을 위해 남을 속이는 거짓말이다. 면접 시험에서 자신의 경력을 과장하는 것도 공격적 거짓말이다. 병적 거짓말은 정신적 질환 때문으로 거짓말을 하는 사람에게 전혀 이익이 되지 않는다. 이들은 진실을 말하는 것이 훨씬 나은 상황에서도 거짓말을 하며, 심할 경우에는 거짓말 때문에 정상적인 생활이 방해를 받거나 파괴되기도 한다.

마지막으로 몸으로 하는 거짓말이 있다. 투수가 홈런을 맞고 마운드를 내려오면서 팔을 문지르거나 여러 번 들어 올리는 행위가 여기에 속한다. 홈런을 맞은 것은 실력이 모자라서가 아니라 팔의 상태가 좋지 않기 때문임을 은연중에 드러내는 것이다.

단순히 심리적 요인 때문에 거짓말을 하는 경우도 있다. 친구와 싸울 때 아이들은 어머니가 뒤에 있다는 이유만으로 기세등등해서 거짓말을 하거나 아빠의 사회적 신분과 지위를 과장한다. 딜레마에 처할 수 있는 경우는 대부분 선의의 거짓말을 해야 하거나 방어적 거짓말을 해야 할 때다. 이때 거짓말은 상대방에게 거의 피해를 주지 않지만, 거짓말 자체가 비윤리적이라는 사실 때문에 딜레마에 빠진다.

사기꾼 프랭크 애버그네일 주니어의 생애를 영화화한 〈캐치 미 이프 유 캔Catch Me If You Can〉은 사기꾼의 거짓말이 얼마나 정교한지 보여준다. 이 사기꾼은 항공기 조종 훈련을 받은 적이 없는데도 조종사로 위장해 직접 비행에 참여하기도 한다. 사기꾼들은 상대방의 삶 속에 들어가 그 심리를 움직이는 교묘한 재능이 있다.

어린이들에게 가장 잘 알려진 거짓말쟁이는 양치기 소년이다. 그는 거짓말을 반복하는 바람에 이웃들의 신뢰를 잃는다. 그는 거짓말의 대가로 자신이 돌보는 양은 물론, 이웃 사람들의 양에게도 피해를 끼친다. 거짓말쟁이에게 주어지는 가장 큰 벌이 바로 그것이다. 그가 진심을 말했을 때도 사람들이 믿지 않는 것이다.

방어적
거짓말

1998년 제51회 칸영화제에서 심사위원 대상을 수상한 영화 〈인생은 아름다워La Vita E Bella〉는 아빠의 거짓말을 주요 모티브로 삼고 있다. 제2차 세계대전이 일어나자 아빠와 아들은 유대인 수용소에 감금된다. 아빠는 고통스럽고 두려운 이 상황을 어린 아들이 알아차리지 못하게 하고 싶었다. 그래서 아들에게 자신들이 처한 상황은 현실이 아니며, 사실은 신나는 게임에 지나지 않는다고 속인다. 아빠는 점수를 먼저 따는 사람이 상으로 진짜 탱크를 받는다고 거짓말을 한다. 장난감 탱크를 좋아했던 어린 아들은 귀가 솔깃해 아빠의 거짓말을 사실로 믿게 되고, 이후부터 벌어지는 수용소에서의 숨 막히는 생존 게임은 점수를 따기 위한 놀이로 전환된다.

이윽고 전쟁이 끝나지만 탈출을 시도하던 아빠는 독일군에게 발각되어 사살당하고 만다. 그러나 마지막 숨바꼭질 게임에서 독일군에게 들키지 않으면 된다고 믿는 어린 아들은 나무 궤짝에 숨어 날이 밝기를 기다린다. 다음 날, 정적만이 가득한 포로수용소에 연합군의 탱크가 나타난다. 그에게 주어진 1등 선물인 것이다.

영화에서 아버지의 거짓말은 눈물겹도록 아름답다. 수용소 생활을 실제 상황으로 인식했다면 어린 아들은 깊은 절망감에 사로잡혔을 것이다. 아빠의 거짓말이 아름다운 것은 어린 아들을 사랑하는 마음이 거짓말에 녹아 있으며, 결과적으로 아들이 상처받지 않고 살아남았기 때문이다. 하지만 아빠의 거짓말 때문에 아들이 목숨을 잃었다면, 그때도 아빠의 거짓말은 아름다울 수 있을까? 예컨대 아들은 전쟁을 단순한 놀이라 믿고 부주의하게 행동할 수도 있었을 것이다. 놀이에서 규칙을 어기거나 실수하면 술래가 되면 그만이지만 전쟁에서 실수나 부주의는 죽음으로 이어진다.

아빠의 거짓말은 방어적 거짓말이라 할 수 있다. 푸치니의 오페라

〈토스카La Tosca〉의 여주인공 토스카의 거짓말 역시 방어적 거짓말이다. 화가인 카바라도시는 정치범으로 투옥되었던 친구가 탈옥하자 그를 도와준다. 이 때문에 그는 부패한 경찰서장에게 체포된다. 경찰서장은 그의 아름다운 연인 토스카를 차지할 음모를 꾸민다. 그때 나폴레옹이 큰 승리를 거두었다는 소식이 전해지자 카바라도시는 환호성을 지른다. 이 소리에 경찰서장은 매우 화가 나 그를 반역자로 몰아 사형선고를 내린다.

이때부터 경찰서장은 토스카에게 자신과 잠자리를 함께하면 카바라도시의 목숨을 살려주겠다고 제안한다. 딜레마에 빠진 토스카는 연인을 구하기 위해 이 제안을 수락한다. 경찰서장은 토스카가 들을 수 있도록 병사들에게 거짓 총살 집행을 지시하고, 이 명령을 들은 토스카는 경찰서장이 다가오자 칼로 찔러 살해한다.

한편 카바라도시는 사형집행을 기다리며 애절한 음성으로 아리아 〈별은 빛나건만〉을 부른다.

별은 빛나고 땅은 향기를 뿜건만

문의 흔들림, 흙을 스치는 발자국 소리

향기로운 그녀, 들어와 두 팔에 쓰러져 안기네

아! 달콤한 입맞춤, 부드러운 손길

내가 떨고 있는 사이

그 아름다운 것들은 베일에 가려지듯 사라지고

내 사랑의 꿈도 영원히 사라지는가

모든 것이 떠나가고

절망 속에 나는 죽어가네

절망 속에 나는 죽어가네

내 생애 전부만큼 난 사랑하지 못하였네

내 생애 전부만큼 난 사랑하지 못하였네

경찰서장을 살해한 토스카는 연인에게로 달려가 총살에 사용될 총에 공포탄이 들어 있을 거라고 귀띔한다. 하지만 경찰서장의 지시는 거짓이었다. 사격수들의 총에 실탄이 장전되어 있었던 것이다. 연인은 끝내 총살당하고, 토스카는 경찰서장을 살해한 혐의로 경찰에게 추적당한다. 결국 그녀는 성 위로 올라가 몸을 던진다.

〈토스카〉에서는 두 사람이 거짓말을 한다. 경찰서장은 토스카의 연인을 살려주겠다고 거짓으로 말하고, 토스카는 연인을 돌려주면 경찰서장이 원하는 것을 들어주겠다고 거짓말한다. 우리는 경찰서장이 나쁜 의도를 가지고 거짓 약속을 했기 때문에 그의 거짓말이 악의적이라는 것을 안다. 반면 토스카는 자신의 연인을 살리기 위해 방어적 거짓말을 한다. 그렇다면 나쁜 인간에게 거짓말을 하는 것은 옳은 일인가?

우리는 매일 거짓말을 하며 살지만, 누군가에게 피해를 주지 않는 한 죄책감을 느끼지 않는다. 때로는 거짓말이 상대방에게 도움이 될 때도 있다. 의사들의 거짓말이 대표적이다. 의사들은 곧잘 플라시보 효과placebo effect로 알려진 위약僞藥 효과를 이용한다. 그들은 가짜 약을 처방해 환자의 상태를 나은 상태로 유도한다. 병에 효과가 있을 것이라는 기대가 실제 약효로 나타나는 것이다. 이런 경우 거짓말은 상대방에게 이익이 된다.

플라시보 효과와는 반대로 노시보 효과nocebo effect라는 것도 있다. 앞으로 더 나빠질 것이라는 절망감이 병을 악화시킨다. 이 효과를 이용하는 사람들은 흉기를 사용하지 않고도 사람을 죽일 수 있다. 이런 직업을 가진 사람은 성직자, 의사, 점쟁이들이다. 이들은 어떤 사람의 미래를 암울하게 진단하거나 부정적으로 단언함으로써 그 사람의 생명을 단축시킬 수 있다.

지키지 못할 약속을 하는 것도 거짓말이다. 갚지 않을 의도를 가지고 돈을 빌리는 것과 같이 깨뜨릴 의도를 가진 채 약속을 하는 것은 사기 행위다. 의도적으로 남을 속이는 것뿐만 아니라 마땅히 알아야 할 정보를 의도적으로 감추는 것도 거짓말에 포함된다. 예컨대 의사가 말기 암 환자에게 병명을 숨기는 경우가 그렇다. 이때 의사의 거짓말은 늘 논란이 되어왔다. 환자가 실제 병명을 알면 실망해서 병이 악화될 수도 있을 것이다. 그러나 삶의 마지막을 준비해야 하는 환자에게 갑작스런 죽음을 맞게 할 권리가 의사에게 있는가?

윤리학자의 딜레마

선善은 행위의 결과로 파악해야 하는가, 아니면 과정으로 파악해야 하는가? 윤리학에서도 이 문제는 딜레마가 아닐 수 없다. 전자를 주장하는 사람을 '결과론자'라 하고, 후자를 주장하는 사람을 '의무론자'라 부른다.

결과론자는 행위의 결과에 따라 어떤 상황에서는 거짓말이 나쁘고, 어떤 상황에서는 거짓말이 정당하다고 판단한다. 즉 어떤 거짓말이 결과적으로 이익을 가져다주었다면 그 거짓말은 정당한 것이다. 하지만 결과를 판단하기가 쉽지 않다.

홍수가 마을을 덮쳐 사람들이 2층 건물 지붕에 피난해 있다. 그때 한 무리의 사람들이 나무판자를 타고 와 도움을 요청한다. 하지만 지붕에 피해 있던 사람들은 난민들이 몰려오면 자신들도 위험에 처할 것을 염려해 그들에게 이렇게 말한다.

"이곳은 곧 무너집니다. 조금만 더 내려가면 5층짜리 건물이 있습니다."

물론 거짓말이다. 나무판자에 매달린 사람들은 5층 건물을 찾다가 모두 물에 빠져 사망했다. 만약 2층 건물에 있던 열 명이 살아남고 나무판자 위에 있던 아홉 명이 죽었다면 결과적으로 그들의 거짓말은 정당하다.

반면 의무론자들은 도덕법칙을 반드시 준수해야 한다고 주장한다. 정의는 결과에 있는 것이 아니라 도덕법칙을 준수하는 데 있다. 따라서 결과가 나쁘더라도 선의를 가지고 정직하게 행동했다면 그것은 정당한 행위가 된다. 의무론의 관점에 보면 2층 건물에 있는 사람들은 절대 거짓말을 해서는 안 된다. 만약 2층 건물에 있는 사람이 이렇게 말했다고 치자.

"이 건물은 언제 무너질지 모릅니다. 하지만 이 근방에서 피할 곳은 이곳밖에 없습니다."

나무판자에 있던 사람들은 그 말을 믿고 2층 건물로 대피했다. 그러나 그들이 나무판자에서 내리자마자 홍수가 덮쳐 2층 건물이 물에 잠겼고, 19명 모두 사망하고 말았다.

선택적 행위는 결과에 영향을 미친다. 만일 결과에 아무런 영향을 미치지 않았다면 당신은 아무 행위도 하지 않은 것이다. 넓은 의미에서 보면 아무 일도 하지 않은 것은 그것 자체가 하나의 행위다. 다시 말해 방관은 '아무런 행위도 하지 않은 행위'를 한 것이다.

당신이 범죄자의 살인 현장을 목격했다고 하자. 당신은 살인자의 행위를 저지하거나 신고하거나 또는 피해자를 도울 수 있다. 더 극적인 상황에서는 살인자에게 못 본 척하겠다고 약속할 수도 있고, 오히려 살인자의 강요로 범죄에 협조할 수도 있다. 하지만 당신이 살인 사건을 목격하고 아무 일도 아닌 듯 그냥 지나쳤다면, 당신은 아무것도 행하지 않은 것이 아니라 '방조 행위'를 한 것이다.

1973년 존 달리와 대니얼 뱃슨Daniel Batson은 프린스턴 대학교 신학과 학생들을 대상으로 흥미로운 실험을 진행했다. 연구팀은 학생들에게 다른 건물로 이동해 신약성서에 나오는 '선한 사마리아인'에 대해 발표해야 하며, 이 발표는 녹음될 것이라고 말해주었다. 학생들이 이동하는 구간 중간에는 성서에 묘사된 것처럼 강도를 당해 신음하는 역할을 맡은 연기자를 배치했다. 그는 초라한 행색을 하고 매우 고통스런 표정으로 길가에 주저앉아 있었다.

조교는 학생들이 이동할 때 걸음을 빨리하도록 재촉했다. 조교의 재촉은 단계별로 진행되어, 가장 급한 조건에서는 1분 안에 가야 한다고 독려했으며, 덜 급한 조건에서는 몇 분의 시간적 여유가 있지만 미리 가는 게 좋다는 식으로 채근했다. 실험 결과 많은 학생들이 환자 앞을 그냥 지나쳤다. 특히 급한 조건에 있는 학생들은 덜 급한 조건의 학생보다 도움을 줄 가능성이 낮았다.

우리 모두는 잠재적 방관자다. 뉴욕 밤거리에서 살인을 목격한 38명처럼 당신이 아무 일도 하지 않았다면 사회적으로 비난받을 것이다. 아무 일도 하지 않음으로써 누군가에게 나쁜 영향을 미쳤기 때문이다. 당신이 독재자의 폭력에 맞서 아무런 행위도 하지 않을 때 사회는 독재자의 부당한 폭력을 용인한 것이 되며, 그 폭력은 당신이 살아가고 있는 시대에 중요한 영향을 미친다.

이제 두 가지 질문이 남아 있다. 하나는 버지니아 대학교의 심리학 교수 조너선 하이트Jonathan Haidt가 제시한 것이다. A와 B는 남매간이며 대학생이다. 이들은 여름방학을 이용해 함께 여행을 하다가 시험 삼아 섹스를 하기로 합의했다. 만일을 위해 여동생은 피임약을 복용했으며 오빠는 콘돔을 사용했다. 두 사람은 섹스가 즐거웠지만 다시는 하지 않기로 결정하고, 이 사실을 영원히 비밀로 간직하기로 했다.

이 이야기를 들으면 대부분의 사람들이 심리적 거부반응을 보일 것이다. 근친상간이라는 민감한 금기가 포함되어 있기 때문이다. 그러나 왜 남매의 행위가 도덕적으로 옳지 않은지를 설명하라고 하면 이유를 대기가 쉽지 않다. 우리가 알고 있는 상식으로는 근친상간이 열성유전자의 발생 빈도를 높인다는 것뿐이다. 그러나 열성유전자를 만드는 것이 도덕적으로 나쁜 일인가?

남매의 행위를 비난하는 이유를 설명하는 논리 중 하나는 근친 번식의 위험이다. 그러나 이들 남매는 완벽하게 피임을 했다. 또 두 사람이 나이가 들면 죄책감에 시달릴 것이라는 지적이 있을 수 있다. 하지만 두 사람은 섹스에서 즐거움을 느꼈으며 정신적 상처도 입지 않았다. 사회적으로 해악을 끼친다는 지적에 대해서도 이들은 비밀을 유지하기로 했으므로 별문제가 없다. 물론 남매 관계나 가족 관계에 악영향을 미칠 수는 있다. 하지만 다시는 그런 행위를 반복하지 않기로 했으므로 심리적으로 약간의 껄끄러움을 제외한다면 그다지 심각한 문제를 일으키지는 않을 것이다.

이 질문은 우리를 당혹스럽게 한다. 우리에게는 근친상간을 비도덕적이라고 규정할 만한 근거가 없단 말인가? 만약 그렇다면 지금까지 인류가 간직해온 도덕률은 심각한 도전에 직면할 것이다.

두 번째 질문은 진화심리학자 레다 코스미데스Leda Cosmides와 인류학자 존 투비John Tooby가 던진 것이다. 태평양 한가운데 있는 섬에 빅 키쿠라는 추장이 있다. 그는 추종자들에게 충성의 표시로 얼굴에 문신을 새길 것을 요구했다. 어느 날 헐벗고 굶주린 남자 넷이 찾아와 음식을 구걸했다. 추장은 그들에게 얼굴에 문신을 새기면 내일 아침에 먹을 것을 주겠다고 말했다. 그 자리에는 원주민의 삶을 연구하는 경제학자와 인류학자도 있었다.

경제학자는 추장이 약속을 지킬지 궁금했다. 문신을 새기고 나서 먹을 것을 주지 않을 수도 있기 때문이다. 반면 인류학자는 추장이 관대한 사람인지 아닌지가 궁금했다. 추장이 관대한 사람이라면 문신을 새기지 않아도 배고픈 사람에게 음식을 줄 것이다.

다음 날 아침, 두 학자는 추장을 찾아가 네 남자가 어떻게 되었는지 물었다. 그러자 추장은 두 학자에게 다음과 같은 숙제를 내주었다.

"네 사람은 해가 뜨자마자 길을 떠났다. 당신들에게 문제 하나를 내겠다. 만일 맞히지 못하면 내 손으로 당신들의 얼굴에 문신을 새기겠다. 첫 번째 남자는 문신을 새겼고, 두 번째 남자는 아무것도 먹지 못했으며, 세 번째 남자는 문신을 새기지 않았고, 네 번째 남자는 먹을 것을 얻었다. 당신들은 네 사람 중 두 사람에 대해서만 나한테 물을 수 있다. 네 사람 중 누구에 대한 정보가 필요한가?"

경제학자의 관심은 추장이 약속을 지켰는가 하는 것이다. 따라서 그는 첫 번째 남자가 문신을 새기고 음식을 받았는지 물어야 하고, 아무 것도 먹지 못한 두 번째 남자가 문신을 새겼는지 물어보면 된다. 세 번째 남자는 문신을 새기지 않았으므로 그가 음식을 받았는지 못 받았는지는 약속의 준수 여부와 관련이 없다. 먹을 것을 얻은 네 번째 남자도 문신을 새겼는지 안 새겼는지는 약속의 준수 여부와 관련이 없다.

반면 인류학자의 관심은 추장의 성품이 관대한가, 아닌가 하는 것이다. 따라서 그는 약속에 관계없이 문신을 새기지 않은 남자에게도 먹을 것을 주었는지를 알아내면 된다. 첫 번째 남자는 문신을 새겼으므로 관대함과 관련이 없고, 두 번째 남자 역시 아무것도 먹지 못했으므로 거리가 멀다. 세 번째 남자는 문신을 새기지 않았으므로 그가 음식을 받았다면 추장이 관대한 것이다. 또 네 번째 남자는 음식을 얻었으므로 문신을 새기지 않았다면 추장이 관대한 것이다. 따라서 인류학자는 세 번째 남자와 네 번째 남자에 대해 물어야 한다.

레다 코스미데스와 존 투비는 스탠퍼드 대학교 학생 75명에게 이 문제를 풀도록 했다. 그 결과 경제학자의 수수께끼는 75퍼센트가 풀었으나 인류학자의 수수께끼는 대부분 풀지 못했다. 경제학자의 문제는 약속 준수 여부, 즉 사기꾼을 가려내는 것이다. 학생들은 이 문제를 쉽게 해결했다. 그 이유는 무엇일까? 연구자들의 대답은 이렇다. 인간에게는 호의를 베풀고, 그것에 대해 상대방이 보답하는지를 감시하는 본능이 있기 때문이라는 것이다.

그러나 인류학자의 수수께끼는 이타적인 인간을 찾아내는 것이다. 학생들은 이 문제를 매우 어려워했다. 여기에도 이유가 있다. 우리의 일상생활에서 이타주의자는 드물게 볼 수 있고, 그들이 우리에게 해를 끼치지 않으므로 그런 문제에 신경을 곤두세우지 않기 때문이라는 것이다.

제1부

제2부

제3부

선과 악의 딜레마

제 2 부   선 과   악 의   딜 레 마

01

너는 왜
'내'가 아닌가?

약탈자의
동굴

1983년 윌리엄 골딩William Golding에게 노벨문학상을 안겨준 《파리 대왕 Lord of the Flies》은 무인도에 고립된 아이들을 통해 인간 내면에 잠재해 있는 사악함과 권력에 대한 욕망을 그리고 있다.

핵전쟁의 위기 상황에서 영국 소년들을 후송하던 비행기가 무인도에 불시착한다. 다섯 살에서 열두 살에 이르는 한 무리의 소년들은 곧 절망을 딛고 나름대로의 질서를 만들지만, 성격이 다른 두 집단이 분열하면서 비극이 싹트기 시작한다. 한 집단이 익명의 섬에 버려졌을 때 어떤 일이 벌어질지 짐작하기란 어렵지 않다. 고립된 집단은 자신들만의 법칙을 만들 것이다. 그들에게는 감시자도 없을뿐더러 외부의 규칙 따위도 적용되지 않는다. 그 집단을 통솔하는 자가 바로 법인 것이다.

소설 속의 무인도와 비슷한 상황에서 진행된 연구가 있다. 1950년대 미국 오클라호마 대학교의 사회심리학자 무자퍼 셰리프Muzafer Sherif는 오클라호마에 있는 '약탈자의 동굴 주립공원Robbers Cave State Park'에서 실험을 진행했다.

연구팀은 주립공원의 여름캠프장에 여러 학교에서 선발된 백인 중산층 자녀를 수용했다. 캠프에 소집된 아이들은 대부분 열한 살짜리 소년들이었으며, 이들은 3주 동안 교관과 함께 생활해야 했다. 연구팀은 소년들을 두 팀으로 나누어 각각 다른 곳에 모이도록 했다. 이들 두 팀에는 '방울뱀'과 '독수리'라는 팀 이름을 붙였다.

소년들은 일주일 동안 캠프에서 생활하면서 줄다리기 등 각종 경기를 통해 경쟁하게 된다. 연구팀은 두 팀이 일주일 후에 서로 적대감을 보일 것으로 예상했다. 하지만 일주일이 되기도 전에 두 팀의 적대감이 노골적으로 표출되었다. 서로의 존재를 안 두 팀은 상대 팀의 시끄러운 소리에 민감하게 반응했다. 이윽고 이들은 일주일이 되기도 전에 상대 팀의 코를 납작하게 해줄 수 있는 경기를 하게 해달라고 졸랐다.

연구팀이 정한 경기는 야구였다. 방울뱀 팀은 경기장 공터가 자기들 구역이라며 공터 뒤쪽에 깃발을 세웠다. 그러나 방울뱀 팀이 경기에서 이기자 독수리 팀은 그 깃발을 쓰러뜨리고 불살라버렸다. 곧 두 팀은 서로의 숙소를 습격하고 집기를 부수거나 물건을 훔쳤다. 특히 독수리 팀은 대낮에 상대방 숙소를 공격하기로 결정하고 몽둥이와 야구방망이까지 준비하기에 이르렀다.

연구팀은 다음 단계의 실험을 진행하기 위해 서로를 화해시키기로 했다. 같은 곳에서 함께 식사를 하도록 함으로써 자연스럽게 화해의 자리를 만든 것이다. 하지만 두 팀은 식당에서 서로의 음식을 빼앗기 위해 몸싸움을 벌였다.

연구팀이 두 집단의 갈등을 해결하는 방법은 간단했다. 교관들이 팀을 이루어 두 팀이 묵고 있는 숙소의 식수를 오염시킨 것이다. 공동의 적이 나타나자 두 팀은 휴전을 하고 동맹을 이루어 공동으로 대응했다.

사람들은 다른 집단에 적대감을 보인다. 당신이 1학년 1반에 속해 있으면, 1학년 2반과 축구 경기를 할 때 강한 경쟁심을 느낄 것이다. 또 2학년과 경기를 할 때는 2학년 학생들을 경쟁자로 인식할 것이다. 이 경쟁심은 다른 학교 학생들과 경기할 때 더욱 고양되고, 다른 나라 학생들과 경기할 때는 적대감 수준에 이른다.

마찬가지로 우리는 같은 학교 출신인가 아닌가, 친족인가 아닌가, 사는 지역이 같은가 다른가, 종교가 같은가 다른가, 정치적 견해가 같은가 다른가, 피부색이나 민족이 같은가 다른가에 따라 내집단內集團과 외집단外集團으로 구분한다. 때로 이 구분은 너무나 완고해서 경쟁심을 넘어 극단적인 폭력과 대량 학살로 이어지기도 한다.

꼬리표 붙이기

꼬리표 붙이기labeling는 일종의 낙인찍기stigma effect다. 우리는 어린 시절부터 낙인찍기에 익숙해져 있다. 꼬마들은 놀이를 할 때 '우리 편'과 '다른 편'을 가른다. 대개 우리 편은 '좋은 편'이며, 다른 편은 '나쁜 편'이다. 우리가 본능적으로 편을 가르는 것은 낯선 사람에 대한 두려움이 뇌 깊숙이 새겨져 있기 때문이다.

태아는 자궁 속에서도 어머니의 목소리와 타인의 목소리를 구분한다. 낯선 사람에 대한 두려움은 생후 6개월 전후에 나타나기 시작해 생후 1년째에 가장 격렬하게 나타난다. 이 시기에 이르면 아이들은 낯선 사람의 출현과 엄마에게서 격리되는 것에 대한 불안감이 증폭된다. 그래서 가족이 아닌 사람이 잠시 바라보거나 어르기만 해도 자지러지게 울음을 터뜨린다.

인간은 집단을 만들고 사회를 형성한다. 하지만 자신이 속한 집단 내에서 정체성을 부여받기 때문에 낯선 이에게 편견을 갖고 다른 집단에 불편한 감정을 느낀다. 한 집단의 구성원들은 다른 집단의 구성원들에게 꼬리표를 붙임으로써 편을 가른다.

스탠퍼드 대학교의 심리학부 교수 앨버트 밴듀라Albert Bandura는 간단한 퀴즈 게임을 통해 외집단에 대한 편견이 어떻게 드러나는지 보여준 바 있다.

연구팀은 두 대학의 학생들을 모집해 세 명씩 팀을 이루게 한 다음 학생들에게 문제 해결 능력을 향상시키기 위한 프로그램을 연구한다고 거짓말을 했다. 이들에게 주어진 과제는 알쏭달쏭한 퀴즈를 푸는 것이다. 팀은 다른 대학 학생들로 구성된 팀이 틀릴 때마다 처벌할 수 있다. 즉 퀴즈를 내고 상대 팀이 맞히지 못하면 전기충격을 가하는 것이다. 문제를 낸 팀은 총 10회에 걸쳐 전기충격을 줄 수 있으며, 횟수가 늘어날수록 각 단계의 전기충격은 점점 강해진다.

편의상 A팀과 B팀이 있다고 하자. 조교는 A팀이 들을 수 있도록 마이크에 혼잣말을 중얼거린다. 조교가 중얼거린 내용은 B팀의 학생들이 '짐승 같은 놈들'이라는 것이다. 물론 B팀의 학생들은 그 말을 들을 수 없다. 조교는 실수로 마이크를 켜놓고 말을 하는 바람에 A팀 학생들만 우연히 그 말을 들은 것처럼 속인다. 반면 B팀에는 A팀에 있는 학생들이 '좋은 녀석들'이라는 말을 들려준다. 양 팀의 학생들에게 일종의 꼬리표를 붙여주는 것이다.

조교의 말을 듣지 않은 상태에서 시작한 게임에서 모든 팀이 2단계 수준의 충격을 가했다. 이후에는 조교로부터 어떤 이야기를 들었는지에 따라 차이가 나기 시작했다. 아무 이야기도 듣지 못한 경우 5단계 정도의 전기충격을 가했다. 그러나 '좋은 녀석들'이라는 말을 들은 팀은 3단계, '짐승 같은 놈들'이라는 말을 들은 팀은 8단계의 충격을 가했다. 즉 부정적인 꼬리표를 붙였을 때 외부에서 주입한 편견대로 행동한 것이다.

인간은 참으로 보잘것없는 존재가 아닌가? 누가 무슨 말을 하느냐에 따라 줏대 없이 흔들리는 존재인 것이다. 특히 문제가 되는 것은 정치인들이나 종교지도자들, 언론매체들이다. 이들은 한 치의 주저함도 없이 타인이나 외집단에 꼬리표를 붙인다. 방송에서 축구 경기를 중계할 때 아나운서나 해설자들의 태도는 이 점을 극명하게 드러낸다. 경쟁 국가의 선수들이 반칙을 하면 휘슬을 불지 않는 심판을 비난하고, 우리 팀이 반칙을 하면 적절한 때 좋은 기술을 구사했다고 평가하는 것이다.

모든 민족은 자신들이 세계의 중심에 있다고 믿는다. 그들의 부족신은 곧 세계를 관장하는 유일신이며, 자신들만 신에게 선택되었다고 확신한다. 이러한 집단 속에서 성장한 개인은 그 집단의 정체성을 물려받는다. 지나친 동질성은 낯선 이에 대한 배척으로 나타난다. 우리는 지난 역사에서 이러한 배타성이 얼마나 끔찍한 결과를 초래했는지 수없이 보아왔다. 외집단에 대한 편견은 윤리의식을 마비시킨다.

우리는 자신의 부족에게 통용되는 윤리를 외집단에 적용하지 않는다. 착취와 강간, 살인과 같은 범죄행위는 부족 내에서 처벌의 대상이지만 외집단에 그런 행위를 했을 때는 처벌하지 않는다. 오늘날에도 다른 종교, 다른 인종, 다른 부족, 다른 국가에 대한 테러나 학살행위가 묵인되거나 용인되는 경우가 많다. 그들에게 외집단은 잠재적이고 현실적인 적이며 언젠가 멸절되어야 할 대상이다. 인간은 먼 조상으로부터 이러한 습성을 물려받았다.

외집단에 대한 편견은 우리의 원초적 신경계에 깊숙이 자리 잡고 있다. 낯선 것이나 위험한 것을 접했을 때는 생존 반응이 먼저 나타난다. 원초적 신경계에 새겨진 편견 중 하나는 뱀에 대한 공포다. 사람들은 뱀처럼 생긴 막대기만 보아도 놀란다. 이는 우리의 뇌가 그렇게 진화했기 때문이다. 독이 있는 뱀에게 물리면 치명적이다. 따라서 뇌는 막대기를 뱀으로 착각했더라도 우선 도피하도록 명령한다. 화들짝 놀라 도망치는 것이 독사에게 물리는 것보다는 낫기 때문이다.

생존을 위해 형성된 원초적 신경계는 우리의 뇌에 뿌리 깊은 이분법적 사고를 새겨놓았다. 모든 대상을 흑과 백, 선과 악, 친구 아니면 적으로 바라보는 것이다. 이러한 이분법적 경향 때문에 우리는 낯선 것, 나와 다른 것, 공포의 대상이 될 가능성이 있는 것은 무조건 위험하다는 편견을 갖게 되었다.

선한 독일인의
딜레마

타인에 대한 무관심을 증오와 결부시켰을 때 소름 끼치는 결과를 낳을 수 있다. 나치처럼, '그것들'로 분류되는 이들을 죽이기 위한 작업 라인을 만드는 것이다. 이런 지옥 같은 도살장의 감독관들은 교대 시간이 되면 매일 밤 그들의 아내와 아이들이 있는 집으로 돌아간다. 이때 원초적 신경계는 그들의 인간성을 철저히 말살한다. 증오는 마치 도살장에 새로 들어온 젊은 일꾼이 소를 잡는 일을 습관처럼 하게 되듯이 이런 상상할 수조차 없는 죽음의 세계를 습관화하도록 촉진한다.

– 러시 도지어 주니어Rush W. Dozier Jr,

《나는 왜 너를 미워하는가?*Why We Hate*》

제2차 세계대전 당시 독일에 예비경찰 101대대라는 부대가 있었다. 이 부대에 소속된 500여 명의 병사들은 33세에서 58세의 기혼자들로, 대부분 함부르크에서 온 노동자 출신이었다. 이들은 군대를 경험한 적이 없었고, 이 중 다섯 명만이 나치 당원이었다.

1942년 여름에 부대원들은 폴란드로 파견되었다. 이들의 임무는 1800명의 유대인 중에서 일할 수 있는 남성을 골라낸 후 나머지는 죽이는 것이었다. 그들에게는 이 임무에 투입되기 전에 임무를 거부하거나 회피할 수 있는 기회가 있었다. 원하면 끔찍한 학살 현장에서 제외될 수 있었던 것이다. 그러나 500여 명 중 12명만이 주어진 임무를 맡지 않았고, 막상 임무가 주어지자 몇 명의 병사들만이 부대를 떠났다. 또 포로들을 사살하는 소총부대에 배속된 병사 가운데 10~20퍼센트만이 제대를 원하거나 그 임무를 회피했다. 목격자들의 진술에 따르면 오히려 많은 병사들이 서로 그 임무를 맡고 싶어 했다고 한다. 1년도 안 되어 이 부대는 적어도 3만 8000명의 유대인을 학살했다.

어떤 집단의 행위를 대상으로 개인의 심리적 근거를 판단하기는 어렵다. 이번에는 개인의 구체적인 예를 들어보자.

카를 아돌프 아이히만Karl Adolf Eichmann은 독일 나치의 친위대 중령으로, 부대 내에서 능력을 인정받아 동유럽의 유대인들을 학살하는 책임을 맡았다. 1942년 나치가 유대인 말살정책을 결정하자 아이히만은 유대인 수송을 담당했으며, 폴란드 점령지 내에서 죽음의 수용소로 향하는 열차를 통제하는 권한을 갖게 되었다. 아이히만은 1944년에 헝가리에 살고 있는 40만 명의 유대인들을 가스실로 보냈다.

1945년 나치의 친위대장 하인리히 힘러Heinrich Himmler는 패전 후 유대인 학살이 국제적인 이슈가 될 것을 우려해 각 부대에 유대인 처형을 중단하고 증거들을 모두 파괴하라고 지시했다. 하지만 아이히만은 유대인 처형을 멈추지 않았다. 패전이 가까워짐에 따라 전투에 동원될 것을 염려한 그가 시키지도 않은 일을 더욱 열심히 한 것이다.

전쟁이 끝나고 그는 미군에 체포되었지만 신분을 속여 풀려난 후 수년 동안 독일 각지에 은둔했다. 1950년에는 아르헨티나로 건너가 신분을 위장한 채 가족과 숨어 살다가 1960년 5월 11일 이스라엘 모사드 요원들에게 체포되었다. 1962년 6월 1일, 그는 교수형에 처해졌다. 재판정에 선 그의 모습은 지극히 평범해 보였다고 한다.

나치 범죄자들이 정신적으로 문제가 있는 사람들이 아님을 우리는 잘 알고 있다. 그들은 전쟁이 아니었다면 평범한 이웃집 남자로 살았을 것이다. 다정한 가장이자 능력 있는 남편으로 생활했을 것이다. 하지만 전쟁은 이들을 괴물로 만들었다.

나치 대원들을 떠올리면 몇 가지 의문이 고개를 든다. 평범한 이웃집 사람도 전쟁이 벌어지면 극악한 범죄를 저지를 수 있는 것일까? 매일 군복을 다려 입고 부대로 출근하는 이웃집 남자가 나치 대원들처럼 유대인들을 가스실로 보낼 수 있을까?

메릴랜드 대학교 교수이자 《인간은 왜 악에 굴복하는가*What Evil Means to Us*》의 저자인 찰스 프레드 앨퍼드Charles Fred Alford는 이러한 질문에 답을 찾고 싶었다. 그는 일반 성인들과 교도소 재소자들을 대상으로 다음과 같은 예시를 주었다.

제2차 세계대전 당시 어느 '선한 독일인'이 책상 앞에 앉아 열심히 일하고 있다. 그는 기차가 때맞춰 운행되도록 하고, 유대인들을 집단수용소로 실어 나를 화물차가 항상 충분한지 확인했다. 그는 수용소에서 무슨 일이 벌어지고 있는지 알고 있었다. 하지만 그것에 대해 곰곰이 생각해보지는 않았다. 그저 자기 일을 잘 해내고 싶을 뿐이었다.

그런 다음 이런 질문을 던졌다.

1) 어느 독일 장교가 유대인들을 검거해 총살하는 부대를 지휘했다. 그는 병사들에게 모범을 보이기 위해 직접 처형을 하기도 했다. 이 사람은 악한가? 다른 독일인보다 더 악한가?

2) 이 부대에 다른 장교가 들어왔다. 그는 총으로 유대인을 사살하는 일을 피하려고 갖은 변명을 늘어놓았다. 그는 그 일이 싫어서 복통, 궤양, 악몽에 시달릴 정도였다. 그러나 상관이 동부전선으로 갈지 총살

을 집행할지 양자택일하라고 강요하자 그는 총을 쏘기로 결정했다. 그는 사악한가? 다른 사람들과 똑같이 사악한가?

이 연구는 주로 면담을 통해 이루어졌다. '선한 독일인'이 자발적으로 학살에 참여했든 마지못해 학살에 참여했든 결과는 같다. 실제로 아이히만은 아무도 죽인 적이 없다. 단지 그는 수백만의 유대인들을 학살하도록 지시했을 뿐이다. 재소자들은 앨퍼드의 질문에 어떤 대답을 내놓았을까?

면담 조사 결과 일반인이든 재소자든 자발적으로 유대인을 처형한 사람이 결코 사악하지 않으며, 만약 학살을 진행하지 않았다면 명령 불복종으로 죽었을 것이라고 추측했다. 사람들의 생각은 엇비슷했다. 만약 그가 임무를 수행하지 않았다면 누군가는 했을 것이라고 믿었다.

이 질문을 우리 스스로에게 던져보자. 이런 임무가 주어졌을 때 당신에게는 선택의 여지가 있는가? 그렇다면 나치 대원들은 단지 자신의 임무를 수행했을 뿐인가?

전쟁은 살인을 하지 않으면 내가 죽는 특수한 상황이다. 꼭 전쟁이 아니더라도 사람들은 자신의 행동이 인류에게 어떤 영향을 끼치는지 생각하지 않는다.

광산에서 우라늄을 캐는 광부는 그것이 핵무기가 되어 수많은 사람을 살상하리라고는 상상하지 않는다. 마찬가지로 작은 나사를 만드는 노동자는 자신이 무기를 만든다고는 생각하지 않으며, 강판을 만드는 노동자 역시 그 파편이 누군가의 가슴에 박힐 것이라는 생각을 하지 않는다. 과학자들도 자신의 연구 결과가 인류의 문명을 파괴하리라고는 생각하지 않는다. 그들은 단지 일을 하고 있을 뿐인 것이다.

개구리의 딜레마

1999년 4월 20일, 미국 콜로라도주 리틀턴에 있는 콜럼바인 고등학교에서 평소 '트렌치코트 마피아'라 자칭했던 두 명의 학생이 교실에서 900여 발의 총알을 난사하는 사건이 일어났다. 이 사고로 학생 12명과 교사 한 명이 사망했으며 범인들은 스스로 목숨을 끊었다.

마이클 무어 감독은 이 사건을 소재로 다큐멘터리 영화 〈볼링 포 콜럼바인Bowling for Colombine〉을 제작했고, 이 영화는 2003년 3월 아카데미 장편 다큐멘터리상을 받았다. 마이클 무어 감독은 총기 난사 사건의 직접적인 원인이 총기 보유를 허가했기 때문이라며 강력한 총기 규제를 주장했다.

총기 규제에 대한 반론도 만만치 않다. 이들은 총기 보유가 개인의 자유와 신체의 보호를 위해 필요하다고 주장한다. 이들은 더 많은 사람들이 총기를 보유할수록 총기로 인한 살인 사건이 줄어든다는 논리를 편다. 무력 균형이 살해의 유혹을 억제한다는 것이다. 이는 아이러니인 동시에 딜레마다.

총은 적을 만들지 않는다. 적을 만드는 것은 사람이다. 이들의 주장이 맞을지도 모른다. 당신이 침대 밑에 총을 감추어두고 있다면 낯선 자가 함부로 침실을 기웃거리지 못할 것이다. 하지만 이런 주장은 설득력이 없어 보인다. 세계 어느 나라든 연쇄살인범과 집단살해 사건이 존재한다. 하지만 총기는 한정된 시간에 대량 학살이 가능하다는 점에서 위험하다. 또 총기는 다른 무기에 비해 우발적 범행에 사용될 가능성이 훨씬 높다.

도끼나 칼은 몸에 감추고 다니기가 매우 불편한 흉기다. 이런 무기로 무언가를 시도하려면 신중하게 범행 여부를 결정해야 할 것이다. 설령 품속에 교묘히 숨겼다 하더라도 상대방이 조심하면 충분히 피할 수 있으므로 범행이 실패한 후 치러야 할 대가도 고려해야 한다. 하지만 총은 다르다. 총은 상대방과 격투를 하지 않고 단지 손가락의 힘만으로 많은 생명을 앗아갈 수 있다. 그래서 총은 약자에게도 가공할 무기가 된다.

총기를 가지고 있을 때는 누가 강자인지 문제가 되지 않는다. 누가 먼저 해치려고 마음먹었는가, 누가 먼저 총기를 들었느냐가 승패를 결정짓는 요소가 된다. 물론 남을 해친 자는 가혹한 처벌을 받을 것이다. 하지만 범행 후 자살을 결심했다면, 그는 사람들이 상상하지 못하는 희생자를 만들 수도 있다.

콜럼바인 고등학교의 살인 기록을 갱신한 사건이 2007년 4월 16일에 일어났다. 미국 버지니아 공대에 유학하던 한국계 학생 한 명이 동료 학생들을 향해 총기를 난사했다. 이 사고로 범인을 포함해 33명이 숨지고 29명이 부상당했다. 집단살해 사건이 일어날 때마다 심리학자들은 폭력과 인종차별 같은 사회적 병리현상을 지적한다.

콜럼바인 고등학교에서 총기 난사 사건을 일으킨 딜런 클리볼드와 에릭 해리스는 일종의 아웃사이더들의 모임인 '트렌치코트 마피아'라는 그룹의 일원이었다. 이들은 잘나가는 운동부 학생들에게 괴롭힘을 당해왔다. 특히 해리스는 해병대에 지원했으나 우울증 치료제를 복용하는 것이 밝혀져 범행 일주일 전에 입대 불가 판정을 받은 상태였다.

버지니아 공대 총기 난사 사건의 범인인 조승희 역시 스스로를 남들에게 무시당하고 버려진 존재로 여겼다. 그가 누구에게 따돌림을 당했는지는 확실치 않다. 분명한 것은 스스로 그렇게 느꼈다는 것이다.

혼자 힘으로 대적할 수 없을 때 사람들은 동료들과 집단을 이루어 강자에게 대응한다. 인간에게 집단에 대한 소속감은 강렬하다. 인간이 집단을 이루어 살게 되면서 집단에서 추방당하는 것은 죽음을 의미했다. 그래서 인간은 집단에서 배척당하지 않으려고 피나는 노력을 기울였다. 배척에 대한 두려움이야말로 인간을 용감하게 만들며, 때로는 희생을 감수하게 한다. 하지만 대가도 따른다. 개인의 자발성과 자주성을 잃어버리는 것이다. 그래서 인간은 집단 앞에서 무력하다.

당신도 어린 시절에 친구들에게 따돌림을 당하거나 친구를 따돌린 경험이 있을 것이다. 따돌림은 집단에 의해 행해진다. 누군가를 따돌리는 다수에 속해 있을 때 당신은 안도감을 느낀다. 하지만 다수에게 따돌림을 당하는 처지가 되었을 때 당신은 불행한 시간을 보내야 한다.

그때 당신을 따돌리는 집단이 매혹적인 제안을 한다고 상상해보자. 당신의 친구인 A를 따돌리는 데 앞장서면 집단의 일원으로 받아들이겠다는 제안 말이다. 당신은 이 제안을 받아들일지, 거부할지를 결정해야 한다. 만약 이 제안을 받아들이면 당신은 친구를 괴롭히는 일에 앞장서야 한다. 하지만 그 대가는 달콤하다. 당신은 주류 집단의 일원이 될 수 있으며, 다시는 이들에게 괴롭힘을 당하지 않을 것이다. 만약 당신이 제안을 거절하면 더욱더 혹독한 괴롭힘이 기다리고 있을 것이다.

친구를 배신해 양심을 버릴 것인가, 계속되는 따돌림의 고통 속에서 살 것인가. 당신도 경험했겠지만, 대부분의 아이들은 자신이 선망하는 집단의 구성원으로 받아들이겠다는 유혹만으로도 쉽게 굴복한다. 아마 당신은 따돌림을 당하게 될 친구가 몹시 안쓰러울 것이다. 당신이 친구를 구할 수 있는 방법은 당신이 받았던 제의를 친구에게 똑같이 하는 것이다. 이런 방식으로 집단은 점점 배타적이 된다.

배타적 종교가 취하는 방법도 이와 유사하다. 이교도들은 신으로부터 따돌림당했다. 그들은 구원의 대상이 아니며 참 신도들과 함께할 수 없다. 하지만 신은 자비롭기 때문에 이교도가 참회할 기회까지 박탈한 것은 아니다. 하지만 그가 집단에 소속되려면 그 증거를 보여야 한다. 그 증거는 똑같이 배타적이 되거나 이교도를 회개시켜 집단으로 데려오는 것이다.

우리가 집단에 소속되기를 갈망하는 것은 개인적 이득 때문이다. 과학저술가 맷 리들리Matt Ridley는 《이타적 유전자The Origins of Virtue》에서 가족이 아닌 모든 동물 집합체는 이기적인 무리라고 말한 바 있다. 집단은 다수의 안전을 보장해준다. 생명의 보존은 어떠한 부도덕한 행위도 정당화한다. 정의나 윤리가 목숨만큼 소중하지는 않기 때문이다.

우물 안에 사는 개구리들이 있다. 어느 날 뱀 한 마리가 우물에 빠졌다. 뱀은 경쟁자가 없고 식량이 풍부한 우물이 마음에 들었다. 하루에 한 마리씩 개구리를 먹어 치우면 굳이 우물 밖으로 기어나가지 않아도 겨울이 오기까지 편안한 생활을 즐길 수 있을 것이다. 하지만 개구리들에게는 지옥이나 다름없다. 날마다 한 마리씩 뱀의 제물이 되어야 하기 때문이다.

만약 개구리들이 의사 결정 능력을 가지고 있다면 제비뽑기로 그날의 제물을 정했을 것이다. 또 개구리 집단에 강력한 지도자가 존재했다면 날마다 제물이 될 개구리를 지명했을 것이다.

하지만 개구리들은 그럴 수 없다. 개구리들이 선택할 수 있는 최선의 방법은 뱀의 공격을 피하는 것이지만, 우물 안은 피할 곳도 마땅치 않다. 혼자 우물 안을 배회하다가는 금세 뱀의 표적이 되기 십상이다. 따라서 개구리들은 숨을 죽인 채 옹기종기 모여 자신이 잡아먹힐 확률을 최소한으로 낮추어야 한다. 그들은 한 덩어리가 된 채 서로의 몸을 조금씩 밀어내면서 다른 개구리가 희생되기를 기도하는 수밖에 없는 것이다.

혼자 뱀의 주위를 돌아다니는 것보다는 무리 지어 있을 때 생존할 확률이 높다. 그래서 대부분의 동물은 집단에 의지해 살아간다. 초식동물들도 집단으로 이동할 때 포식자에게 희생될 확률이 낮다. 혼자 떨어져 있는 초식동물은 포식자가 노리는 첫 번째 표적이 된다.

집단사고증후군

당신은 비양심적이고 부도덕한 집단의 요구에는 절대 응하지 않을 것이다. 하지만 대부분의 사람들은 그렇지 않다. 사람들이 비양심적이기 때문이 아니라 집단에 동조하려는 심리 때문이다. 그들은 배척당하고 싶지 않은 것이다. 이 끈질긴 욕구가 얼마만큼 강렬한지는 1950년대에 이루어진 집단동조 실험이 증명하고 있다.

폴란드 출신의 심리학자 솔로몬 아시Solomon L. Asch는 방 안에 아홉 개의 의자를 반원 모양으로 늘어놓은 다음 실험 참가자들을 들여보냈다. 그는 방으로 들어선 피실험자를 아홉 번째 의자에 앉도록 했다. 그가 의자에 앉자 조교 여덟 명이 들어와 나머지 의자에 앉았다. 아시는 카드 두 장을 보여주었다. 한 장에는 한 개의 선이, 다른 한 장에는 세 개의 선이 그려져 있었다. 세 개의 선 중 하나는 첫 번째 카드에 그려진 선과 같은 길이였고, 나머지 두 개의 선은 길이가 달랐다. 나머지 두 개의 선은 길이가 2인치 이상 차이가 나기 때문에 누구든 쉽게 같은 길이의 선을 골라낼 수 있었다. 아마 유치원에 다니는 어린이들에게 같은 길이의 선을 골라내라고 해도 쉽게 맞힐 수 있을 것이다.

문제는 함께 실험에 참가한 여덟 명의 조교였다. 그들은 모두 틀린 답 하나를 대답하도록 지시를 받았다. 이제 연구팀이 문제를 낸다.

"A카드에 그려진 선과 길이가 같은 것을 B카드에 그려진 세 개의 선 중에서 고르시오."

당신이 실험 참가자라면 '이렇게 쉬운 문제를?' 하며 약간 놀랐을 것이다. 하지만 장담하지 말라. 당신의 왼쪽에 앉은 여덟 명의 조교가 길이가 다른 선 하나를 똑같이 정답이라고 대답한다. 이 실험은 18회나 반복되었다. 조교들은 18회의 질문 중 12회나 만장일치로 틀린 답을 골랐다. 12회의 질문 중에서 4회 정도는 피실험자도 틀린 답을 선택했다. 자신의 판단을 믿지 못하고 잘못된 다수의 의견에 동조한 것이다.

123명을 대상으로 한 실험에서 조교들이 틀린 답을 말했을 경우 70퍼센트가 집단의 선택에 굴복했으며, 25퍼센트만이 자신의 판단을 굽히지 않았다. 공모자의 수가 많을수록 잘못된 대답을 하는 경우가 많았다. 그러나 조교 중 한 명이 정답을 말했을 때는 피험자가 틀린 답을 말하는 경우가 4분의 1로 감소했다. 이는 자신의 의견을 지지하는 동조자가 출현했을 때 자신의 신념을 주장할 확률이 높다는 것을 의미한다. 따라서 집단이 잘못된 결정을 내릴 때는 한 명의 반대자만으로도 엄청난 효과를 볼 수 있다.

집단은 개인의 사고와 판단에 엄청난 영향을 미친다. 미국의 사회심리학자 어빙 재니스Irving L. Janis는 집단사고groupthink의 오류를 '만장일치의 환상'이라고 불렀다. 그는 케네디 정부의 피그만 침공 사건과 같은, 무모하거나 실패했던 미국의 외교정책을 대상으로 집단사고의 위험성을 연구했다.

우리는 이라크 전쟁의 배후에 네오콘neo-conservatives이라 불리는 관료 집단이 있었다는 것을 알고 있다. 이들의 생각이 옳은지 그른지를 따지는 것은 이 글의 핵심이 아니다. 우리가 주목해야 할 것은 전쟁을 선택하기까지의 의사 결정 과정이다. 집단사고는 주로 관료 집단에서 자주 발생하며, 의사 결정자나 그룹이 외부 세계와 단절되어 있을 때 발생 확률이 높다. 어빙 재니스는 집단사고의 특징을 간명하게 보여주었다.

집단사고에 물든 사람들은 자신은 절대 죽지 않을 것이라는 착각에 빠지며, 집단의 도덕성에 대한 믿음이 확고하다. 또 이들은 반대 의견을 줄이기 위해 집단적으로 노력하며, 반대자들의 의견을 노골적으로 무시한다. 그뿐 아니라 자신의 자아가 집단의 공감대에서 벗어나지 않도록 스스로를 제어하며, 모든 결정이 만장일치로 이루어질 것이라고 착각한다. 심지어 이들은 반대자들에게 직접적인 압력을 행사하고, 의사 결정권자에게 반대 의견을 담은 정보가 넘어가지 않도록 차단한다.

따라서 모든 정보는 집단사고에 유리하게 전개된다. 이들은 일이 잘 풀릴 것이라는 낙관적 사고에 지배당해 무모한 도전을 시도한다. 구성원들은 내부의 경고를 무시하고 자신들이 만들어낸 도덕 체계가 완전 무결하다고 믿는다. 이들이 상대해야 할 적은 말 그대로 적수가 되지 못한다. 적들은 협상할 가치도 없을 뿐 아니라 어리석은 존재들이다. 적을 설득하기 위해서는 무력을 사용하는 것이 유일한 방법이다. 집단의 신념 체계에 반대하는 사람들은 불순분자들이며, 국가와 민족을 사랑하지 않는 공산주의자들일 뿐이다. 따라서 이들의 목소리를 듣는 것은 시간 낭비이며, 따라서 의사 결정권자의 귀에 이들의 목소리가 들어가지 못하도록 철저히 차단해야 한다.

집단사고는 자기기만의 가장 위험한 형태라 할 수 있다. 집단사고증후군에 매몰된 사람들은 자신을 집단의 목적을 위한 도구로 인식하며, 다른 사람들 역시 이용할 수 있는 도구로 인식한다. 따라서 지도자들은 조직이 집단사고증후군에 빠지지 않도록 주의해야 한다. 지도자는 먼저 측근들을 조심할 필요가 있다. 역사가 증명하듯이 수많은 권력자들이 측근들의 농간 때문에 비참한 최후를 맞았다.

> 진시황이 죽자 환관 조고趙高는 권력을 장악한 후 반란을 꾀하고자 했다. 조고는 군신들이 자신을 따르지 않을까 염려해 먼저 시험해보기로 했다. 어느 날, 그는 사슴 한 마리를 끌고 와 새로 황제의 자리에 오른 호해胡亥에게 바치며 말했다.
>
> "이것은 말馬입니다."
>
> 호해가 웃으며 말했다.
>
> "승상이 잘못 알고 있는 것 아니오? 이것은 사슴입니다."
>
> "아닙니다. 이것은 말입니다."
>
> 호해가 고개를 갸우뚱거리며 주위 사람들에게 물었다.
>
> "이건 사슴이 아니오?"
>
> 호해의 물음에 신하들은 서로 눈치를 살폈다. 신하들 중에는 끝까지 침묵을 지키는 사람도 있었고, 조고에게 아첨하기 위해 말이라고 거짓말을 하는 사람도 있었으며, 간혹 사슴이라고 말하는 사람도 있었다. 그 후 조고는 사슴이라고 답한 자들을 모조리 죽여버렸다.
>
> - 《사기史記》〈진시황본기〉

집단사고를 방지하기 위해서는 비판의 목소리를 장려해야 하며, 조직

내에 다른 집단을 만들어 같은 문제를 다른 시각에서 다루도록 해야 한다. 대부분의 조직은 이런 문제를 해결하기 위해 토론 문화를 활성화하고 있다. 하지만 토론이 항상 균형 있는 사고를 독려하는 것은 아니다. 때로는 집단토론이 오히려 구성원의 편견을 증폭시키기도 한다. 인민재판의 경우가 그렇다. 토론을 주도하는 자가 배타적인 카리스마를 갖고 있다면 집단토론이 이루어진다 해도 균형 있는 의견 개진이 어렵다. 오히려 반대 의견을 말한 사람이 조직 전체에 노출됨으로써 불이익을 당할 수도 있다.

02

살인자의
딜레마

카인의
후예

마지막 살인자 집단은 아마도 사냥꾼의 일파였거나 사냥 문화의 새로운 차원, 다시 말해서 가장 위험한 게임이라고 할 수 있는, 인류를 효율적으로 처리하는 데 몰두한 이들이었다. 이런 전문 살인자들은 오늘날에도 여전히 우리 주변에 있다. 우리는 그들을 군인이라 부른다. …… 복잡한 사회조직 내에 존재하는 전문 살인자들은 섬뜩할 정도로 유능할 수 있다. 진보된 기술은 필요하지도 않다. 1994년 전통적인 칼과 곤봉 그리고 상대적으로 작은 총들을 이용한 종족 간의 잔학행위로 르완다 인구 80만 명을 죽이는 데는 겨우 100일밖에 걸리지 않았다.

- 러시 도지어 주니어,《나는 왜 너를 미워하는가?》

성서는 최초의 살인범으로 카인을 지목하고 있다. 아담과 이브가 에덴동산에서 추방된 후 인간은 죽음과 노동, 출산의 고통을 감수하게 되었다. 인간은 농사를 짓고 목축을 시작했으며, 마침내는 노동의 결과물에 대한 시기 때문에 최초의 살인 사건이 일어났다.

인류학자들은 이족보행을 했던 조상들의 두개골에 난 상처를 근거로 그들이 에덴동산에서조차 수많은 살인을 저질렀을 것으로 추측하고 있다.

1991년 등산가 에리카 시몬Erica Simon은 이탈리아와 오스트리아의 접경지대에 있는 알프스산맥의 빙하 속에서 한 구의 시체를 발견했다. 고고학자들은 시체의 주인공이 5300여 년 전에 사망한 것으로 추정했다. 과학자들의 분석 결과 이 빙하인간Iceman은 등 뒤에서 쏜 화살을 맞고 살해된 것으로 밝혀졌다.

또 고대 이집트의 게벨 자바하 공동묘지에서 발견된 59구의 유골도 오른손잡이 살인자들에게 살해된 것으로 밝혀졌으며, 미국의 아나사지에서 발견된 인디언의 배설물 화석에서는 인간의 근육 단백질인 미오글로빈이 발견되기도 했다. 미오글로빈은 인간의 근육이나 심장을 먹었을 경우에만 배설물에서 발견된다고 한다. 이는 식인 행위가 꽤 오래된 전통이었음을 증명하는 것이다.

더 멀리 거슬러 올라가 만약 카인과 아벨이 네안데르탈인이었다면 그들은 후손을 남기지 못했을 것이다. 네안데르탈인은 우리 조상들에게 멸종되었기 때문이다. 하지만 현생인류의 유전자에 네안데르탈인의 유전자가 섞여 있는 것으로 보아 어느 시점엔가 현생인류의 조상과 네안데르탈인 사이에 성적 접촉이 있었음을 알 수 있다. 네안데르탈인은 13만 년 전쯤 출현해 약 4만~2만 5000년 전까지 유럽에 남아 있던 것으로 알려져 있다. 네안데르탈인은 원시적 형태의 화로를 사용하고 매장하는 관습을 지니고 있었다.

해부학적으로 현대인과 동일한 호모사피엔스는 약 10만 년 전에 출현했다. 인류의 생물학적 진화는 이때 거의 마무리되었다. 이브가 탄생한 것도 이때다. 그로부터 5만 년쯤 후 후기 구석기 문화가 형성되면서 인류의 대이동이 시작되었다. 구석기인들은 약 4만 5000년 전 오스트레일리아에 도착했고, 이 시기에 유럽과 중동에도 새로운 문화가 출현했다. 이 시기의 인류는 큰 눈두덩과 튀어나온 얼굴, 육중한 구조의 골격을 갖추고 있었다. 따라서 오늘날 인간의 모습과는 차이가 있다. 당시 각 지역에 흩어져 살던 인간들도 여러 이형異形이 존재했다. 그중에는 오늘날의 난쟁이에 해당하는 인류도 있었다.

인류학자들은 10만 년 전에 살았던 최초의 조상을 찾아내는 데 성공했다. 지구에 존재하는 모든 사람의 세포 속에 존재하는 미토콘드리아 DNA를 추적한 결과다. 미토콘드리아 DNA는 모계유전이기 때문에 이를 추적해 최초의 이브, 즉 아프리카에 살았던 어느 여성까지 거슬러 올라갈 수 있다. 물론 미토콘드리아 이브는 수학적인 의미에서 최초의 조상이다. 그녀는 인간의 공통 조상 중 모계 혈통상 가장 최근의 공통 조상일 뿐 양성 모두의 공통 조상은 훨씬 나중에 출현했다.

현대 인류는 어떤 집단이든 놀랍도록 동일한 유전자를 갖고 있다. 수많은 인류가 각 지역에 흩어져 살았다면 인류가 동일한 유전자를 갖고 있기 어렵다. 따라서 학자들은 약 6만 5000년 전에 자연재해로 인구가 1만 명 선으로 급격히 줄었을 것으로 추정하고 있다. 그 후 아프리카에서 인구가 폭발적으로 증가해 다른 지역으로 이동하기 시작했으며, 이 과정에서 다른 초기 인류들과 교류가 이루어져 문화가 폭발적으로 발달했을 것으로 추측한다.

네안데르탈인은 왜 우리 조상들과의 경쟁에서 패배했을까? 콜린 텃지Colin Tudge는 《인간은 왜 농부가 되었는가?Neanderthals, Bandits and Farmers: How Agriculture Really Began》에서 두 집단의 전쟁을 농사꾼과 사냥꾼의 충돌로 설명하고 있다. 즉 농부였던 조상이 사냥꾼이었던 네안데르탈인에게 승리했다는 것이다. 이는 성서에 등장하는 카인과 아벨의 이야기와 유사하다. 농부는 사냥꾼보다 더 많은 식량을 생산할 수 있다. 문제는 토지를 확보해야 하기 때문에 불가피하게 사냥감의 서식지를 파괴한다는 점이다. 이동이 자유로운 사냥꾼은 농부와의 치열한 생존경쟁에서 패배할 수밖에 없었다.

농부는 환경에 적응하고 환경을 통제하면서 살아간다. 구석기시대의 농부들은 농업뿐 아니라 수렵과 채집을 병행했다. 이러한 농부의 조건은 한 가지 일만 하는 집단, 즉 사냥꾼에 비해 큰 규모의 집단으로 성장하는 바탕이 되었다. 부업으로 사냥을 하는 집단은 환경변화의 영향을 덜 받는다. 부업 농사꾼들은 어떤 동물 종이 희귀해지거나 멸종해도 집단의 크기가 줄어들지 않지만, 사냥꾼 집단은 사냥감이 멸종하면 위기에 처한다. 사냥꾼의 운명은 사냥감에 달려 있기 때문이다.

부업 농사꾼 중 일부는 목축농으로 전환했을 것이다. 하지만 농사꾼들은 목축농에게도 위협적인 존재였다. 목축농은 초원이 있어야 생존할 수 있지만 농사꾼은 초원을 개간해야 경작지를 늘릴 수 있다. 목축농들역시 농사꾼과 경쟁하다가 초원에서 쫓겨나 이동하며 살아갈 수밖에 없었다. 이에 반해 농사꾼들은 정착지를 개간함으로써 커다란 도시를 형성할 수 있었다. 이 과정이 평화롭게 진행되지는 않았을 것이다.

카인과 아벨은 농경과 목축이 시작된 이후에 살았다. 카인은 농사를 지었고 아벨은 양을 길렀다. 성서는 신이 아벨의 선물만을 받아들임으로써 카인이 시기와 질투심 때문에 살인을 저질렀다고 기록하고 있다. 하지만 성서의 내용을 비유로 이해하면, 카인의 살인은 목축농과 전업농의 갈등이거나 부모의 재산 분배를 둘러싼 갈등 때문에 일어난 것으로 볼 수 있다.

농경사회에서 가장의 재산은 맏아들이 물려받는다. 한정된 자원인 토지는 분할하기가 쉽지 않기 때문에 다른 자녀들은 재산 분배에서 소외된다. 이 때문에 형제간 살인은 유목민보다 농경사회에서 더 자주 발생한다. 반면 유목사회에서는 재산 분배가 훨씬 쉽다. 소와 양은 쉽게 나눌 수 있기 때문이다. 어쩌면 카인은 토지 분할 때문에 동생을 살해했을 수도 있다. 그가 농사꾼이었다는 점이 이러한 가설에 설득력을 제공한다.

> 우리의 문명은 아벨이 아니라 살인자 카인으로부터 비롯되었다. ……《창세기》에 따르면 최초의 도시는 카인이 세웠다고 한다. 카인은 농업의 발견자이고, 농업은 고정된 거처를 필요로 하는 기술이다. 그리고 카인의 후예이자 라멕의 아들들이 '청동과 철의 기술'과 악기를 발명했다고 한다. …… 그 이후로 살인과 발명 간의 끈끈한 관계는 오늘날의 우리에게까지 이어진다. 살인과 발명은 모두 농업과 문명의 산물이다.
>
> – 칼 세이건Carl E. Sagan, 《에덴의 용 The Dragons of Eden》

농부는 사냥꾼을 절멸시키고 나중에는 목축농들까지 척박한 토지로 밀어냈다. 안타깝게도 우리는 살인자, 즉 농부의 후예다. 그것이 당신과 나 그리고 인류의 원죄다.

살인
본능

인간에게 '살인 본능'이 있다면 그것은 우리의 먼 조상인 사냥꾼과 부업 농사꾼에게서 물려받은 것이다. 인류는 약 4만 5000년 전의 후기 구석기시대에 항해를 시작했다. 당시 제작된 배는 볼품없었으나 오늘날의 비행기 같은 역할을 했다. 동남아시아에서 살아가던 인류가 배를 이용해 오스트레일리아로 진출한 이래, 인류는 3만 년 전쯤 태평양 제도 곳곳에 정착할 수 있었다. 이 무렵 인류는 혁신적인 석기를 사용하기 시작했다.

1만 3000년 전쯤에는 시베리아에 있던 인류가 베링해를 건너 아메리카 대륙으로 이동했다. 빙하기였던 당시의 해수면은 지금보다 200미터 정도 낮았다. 인류는 발걸음을 재촉해 1만 1000년 전에 남아메리카에 도착했다.

아메리카로 이동한 인류는 사냥꾼의 기질을 유감없이 발휘했다. 그들이 발을 딛는 족족 동물들의 멸종이 시작되었고, 대형 동물일수록 급격하게 개체 수가 감소했다. 인류가 남아메리카에 도착했을 무렵에는 58개 속屬 중 46개 속의 동물이 멸종했다. 과거에는 대형 동물의 멸종을 기후변화 때문이라고 설명하는 학자들이 많았다. 하지만 지금은 기후 때문이 아니라 사냥꾼들 때문이라는 증거가 속속 드러나고 있다. 농사꾼들의 정착도 동물의 멸종을 가속화했다.

인간은 인간도 멸종시킨다. 네안데르탈인을 연상할 필요는 없다. 네안데르탈인은 10만 년의 세월에 걸쳐 조금씩 사라졌지만, 우리는 비교적 최근에 멸종당한 부족 하나를 알고 있다.

오스트레일리아 남동부 해안에서 320킬로미터가량 떨어진 태즈메이니아섬에 살던 태즈메이니아인Tasmanian들이다. 1800년경 이 섬에는 4000여 명의 원주민들이 살고 있었다. 원주민들의 불행은 섬의 존재가 서구인들에게 알려지면서 시작되었다. 서구인들은 다른 사람들이 사는 곳을 알아냈을 때 이를 '발견'이라고 부른다. 발견자들은 이 섬의 훌륭한 용도를 찾아냈다. 바로 감옥을 짓는 것이었다.

1803년 24명의 죄수와 12명의 이주 지원자, 8명의 병사가 도착했다. 이들은 섬이 원주민들과 함께 살기에는 비좁다고 느꼈거나 원주민들을 사냥감 정도로 여겼을 것이다. 그래서 이들은 섬에 도착한 이듬해 대학살을 저질렀다. 그들은 살해한 원주민들의 시신을 개의 먹이로 주거나 불태웠다. 특히 '캐러츠'라는 인물은 원주민을 살해한 후 그 아내에게 죽은 남편의 머리를 목에 걸고 다니도록 위협했다고 한다.

2년 뒤 강제노역장이 설치되면서 원주민들은 스스로 아이 낳기를 거부했다. 아이를 낳아보아야 노예로 살아갈 것이 뻔했기 때문이다. 1820년대에 이르자 원주민들이 사라진 자리를 백인 이주민들이 채우기 시작했다. 식민지 개척의 꿈에 부풀어 있던 기업들도 섬으로 들어왔다. 반디멘스 토지회사는 섬에 도착하자마자 식량원인 캥거루를 절멸시킨 후 양을 방목하기 시작했다. 그렇게 해서 원주민들의 생계 수단은 완전히 사라져버렸다. 원주민들이 살아갈 수 있는 방법은 백인들이 빼앗아간 것을 도둑질하는 수밖에 없었다. 그러자 백인들은 곳곳에 덫을 놓고 원주민들에게 총을 난사했다. 원주민들의 지도자는 1825년에 살인죄로 처형되었다.

1829년 백인들은 원주민들을 대규모 수용소에 가두었다. 원주민들을 잡아들이는 전문 사냥꾼도 등장했다. 원주민 하나를 잡아들이면 사냥꾼들은 1인당 5파운드를 받을 수 있었다. 사냥꾼들이 섬 전체를 수색했을 때 원주민은 불과 300명만 생존해 있었다. 이마저도 6개월 뒤에는 절반이 사망했으며, 결국 마지막 남은 45명의 원주민은 섬을 떠나 오스트레일리아 슬럼가로 이주했다.

《비글호항해기 The Voyage of the Beagle》에 따르면 찰스 다윈은 1836년에 태즈메이니아에 도착해 원주민이 사라진 섬을 목격했다. 그는 2월 5일 태즈메이니아의 주도인 호바트타운에 도착했는데, 당시 원주민들이 다른 섬으로 이주한 상태였기 때문에 그곳에는 한 사람도 남아 있지 않다고 기록했다.

찰스 다윈은 《인간의 유래와 성선택》에서도 서구 문명이 원주민들에게 심각한 해악을 끼칠 수 있음을 경고하며 태즈메이니아인을 예로 들었다. 다윈은 몇몇 문헌들을 인용하며 식민지 개척 당시 원주민 수가 7000명에서 2만 명에 달했다고 보고하고 있다.

이후 영국인과의 전투와 부족 간 전쟁으로 태즈메이니아의 인구가 급감했으며, 원주민 사냥이 끝난 후의 인구는 120명에 불과했다. 1832년 원주민들은 태즈메이니아와 오스트레일리아 사이에 있는 플린더스섬으로 이주했으며, 2년 뒤 이 섬에는 성인 남성 47명, 성인 여성 48명, 어린이 16명 등 111명이 생존했다. 1835년에는 생존자가 100명으로 감소했고, 이들은 1847년 태즈메이니아 남부의 오이스터만으로 이주했다. 그해 12월 20일 현재 이곳에 생존했던 원주민은 남성 14명, 여성 22명, 어린이 10명이었다. 1864년에는 남성 1명과 3명의 늙은 여성만 남았고, 1869년에 마지막 생존자인 남성이 사망했다.

오스트레일리아로 이주한 원주민의 숫자도 점점 줄어들었다. 1859년에 9명이 남아 있었으나 1869년에 순수 혈통을 지닌 마지막 남성 윌리엄 얀니가 숨을 거두었고, 1877년에는 마지막 여성 트루가니니가 사망했다.

현재 태즈메이니아인은 지구상에 존재하지 않는다. 그들의 유골은 이제 박물관에서나 찾아볼 수 있다. 1835년 여러 섬에 흩어져 살던 3만 6505명의 태즈메이니아인들이 불과 40여 년 만에 완전히 멸종된 것이다.

전쟁과 폭력

> 한 세기가 조금 넘는 기간(1830~1945)에 무려 6000만 명의 인간이 집단 간 충돌로 목숨을 잃었다. …… 우리는 이 살육을 두고 인간이 '짐승처럼' 행동했다고 묘사하지만, 설령 이런 식으로 행동하는 야생동물을 찾아낼 수 있다 해도 그 동물이 '인간처럼' 행동했다고 말하는 게 오히려 더 정확한 표현일 것이다. 사실은 이 세상에서 그런 동물은 단 하나도 찾아볼 수 없다.
>
> – 데즈먼드 모리스Desmond Morris, 《인간 동물원The Human Zoo》

한 조사에 따르면 지난 5600년 동안 약 3500번의 전쟁이 있었다고 한다. 하지만 이것은 문자로 기록된 수치일 뿐이다. 소규모 부족 간의 전쟁이나 문자가 존재하지 않았던 지역, 문자가 있었다고 해도 목격자나 기록자가 없었던 전쟁까지 계산에 넣으면 그 수는 엄청나게 증가할 것이다. 지금도 전쟁은 계속되고 있다.

모든 국가는 살인 기술을 다루는 전문가 집단, 즉 군대를 보유하고 있다. 이들은 조직적이고 체계적으로 살인 기술을 훈련하면서 다른 국가의 살인 전문가들과 경쟁한다. 전쟁은 정말 비효율적인 행위다. 인간은 대량으로 번식하는 동물이 아니라 극소수의 아이를 낳아 오랫동안 보살핀다. 그렇기 때문에 20여 년 동안 온갖 노력과 정성을 쏟아 키운 자식을 전쟁터에서 죽게 하는 것은 생물학적으로 끔찍하게 비효율적인 행위다.

인류 역사에서 학살의 흔적은 쉽게 찾을 수 있다. 캘리포니아 주립대학교 교수인 역사학자 빅터 데이비스 핸슨Victor D. Hanson의 《살육과 문명 Carnage and Culture》은 서구 문명의 전파가 비참한 전쟁을 통해 이루어졌음을 지적하고 있다.

예컨대 마케도니아의 알렉산드로스 대왕은 8년의 원정 기간 동안 공식적인 전쟁에서만 20여만 명을 살해했다. 도시를 파괴하면서 살해한 민간인도 25만 명에 이른다. 문명이 발달하면서 학살의 규모는 점점 커진다. 칼과 창이 최선이었던 원시적 무기들은 더욱 정교하고 과학적인 무기로 발전했다. 13세기 몽골의 칭기즈 칸은 아시아와 유럽을 정복하면서 수천만 명을 살해했고, 한 전투에서는 자신의 아들이 사망했다는 이유로 50여만 명의 주민을 학살하기도 했다.

선한 민족과 악한 민족을 구분하는 것은 아무런 의미가 없다. 1487년 아스테카 왕국의 왕 아우이초틀Ahuizotl은 테노치티틀란(오늘날의 멕시코 시티)의 신전에서 취임식을 거행하면서 나흘 동안 8만 400명의 죄수를 처형해 제물로 삼았다. 살육은 인종과 문명을 가리지 않는다.

1519년 11월, 에스파냐의 탐험가 에르난 코르테스Hernán Cortés가 500명의 병사를 이끌고 테노치티틀란에 입성했다. 당시 원주민들은 피부가 하얀 서구인들을 신이라고 믿었고, 그들이 타고 있는 말을 신성한 동물로 여겼다. 그러나 그들이 악마라는 사실을 깨닫기까지는 그리 오랜 시간이 걸리지 않았다. 코르테스가 자리를 비운 사이 100명도 안 되는 에스파냐 병사들은 원주민들의 축제를 반란으로 오인해 8000명을 살해했다.

이들이 침략하기 전에 2500만 명이던 멕시코 주변 인구는 50년 뒤에 270만 명으로 감소했고, 다시 50년 뒤 150만 명으로 줄었다. 인구의 90퍼센트 이상이 100년도 안 되는 기간에 절멸한 것이다. 이들이 서구인들과의 전투에서 희생된 것은 아니었다. 그들의 치명적인 적은 서구인들이 몸에 지니고 온 천연두, 볼거리, 백일해, 홍역 등과 같은 바이러스였다. 이와 더불어 기아와 비인간적인 노동 조건도 이들이 절멸하는 데 한몫했다.

미국 역사도 학살의 역사로 점철되어 있다. 1600년부터 1900년까지 300년 동안 아메리카 원주민들은 자신의 땅에서 추방당하거나 학살당하거나 전염병과 굶주림으로 죽어갔다. 백인들은 원주민만 살해한 것이 아니다. 들소 사냥에 나선 백인들로 인해 4000만 마리에 이르던 들소는 1883년에 1000여 마리로 줄었다. 원주민들의 식량자원을 아예 씨를 말려버린 것이다.

1867년 인디언 추장들은 남부 초원에 두 개의 보호구역을 설정하는 조약에 서명했다. 이미 그 땅은 다른 인디언들의 땅이었으나 그들이 남북전쟁 때 남부를 편든 죄로 그 땅을 빼앗아 보호구역으로 설정한 것이다. 보호구역에 사는 인디언들은 오직 정부가 보조하는 생필품만으로 살아가야 했다.

인디언들의 마지막 봉기는 1890년에 일어났다. 백인들은 그해 12월 29일 운디드니의 한 농촌에서 300명의 인디언들을 학살했다. 그것이 마지막 무장 전투였다. 백인들이 침략하기 전 미국에는 500만 명의 원주민들이 살고 있었다. 그러나 19세기 초에 50만 명으로 감소했고, 1891년 운디드니 전투를 마지막으로 25만 명이 살아남았다. 애초 인구에서 5퍼센트만이 생존한 것이다.

문명의 발달이 인류의 도덕심을 향상시켰다는 주장은 사실일까? 미국은 1968년 1월 20일부터 세 달 동안 북베트남 케산 지역을 공습했다. 이때 11만 22톤의 폭탄이 투하되었으며, 14만 2081발의 포탄이 사용되었다. 이 공습으로 1만 명 이상이 사망했다. 테트 대공세(베트남의 설날인 테트를 기점으로 베트남 전역에서 이루어진 미군의 공세)로 몇 주일 만에 4만 명이 살상되었다. 베트남전쟁으로 모두 400만 명이 사망한 것으로 추산되었다. 미군은 5만 7000명이 사망하고 30만 명이 부상당했으며, 남베트남군도 20여만 명이 사망했다. 북베트남군은 110만 명, 민간인 400만 명(미군 집계 100만 명)이 사망했다. 1965년부터 1973년까지 베트남에 투하된 폭탄은 800만 톤으로, 베트남인 1인당 300톤의 폭탄 세례를 받은 셈이다.

첨단무기는 인간을 무감각한 로봇으로 전락시킨다. 폭격기에서 버튼을 누르는 조종사는 화려한 불꽃놀이를 구경할 뿐 불구덩이 속에서 타 죽어가거나 파편에 다리가 썩어 들어가는 아이의 눈물을 볼 필요가 없다. 최근에도 전쟁은 계속되고 있다. 르완다, 소말리아, 보스니아, 팔레스타인, 코소보, 체첸, 이라크, 아프가니스탄 등에서 전쟁과 인종 청소가 자행되었다.

대부분의 전쟁에 종교가 개입되어 있다는 것은 놀라운 일이다. 전쟁 당사자들의 주장은 간명하다. '신이 원했다'는 것이다. 이 아이러니를 어떻게 설명할 것인가! 더구나 그들이 믿고 있는 신은 이름만 다를 뿐 대부분 같은 신이다.

병사의
딜레마 ───────────────────

2007년 겨울, 실화를 바탕으로 한 프랑스 영화 〈메리 크리스마스Joyeux Noël〉가 개봉되었다. 이 영화의 배경은 제1차 세계대전이 발발한 1914년 크리스마스 전야의 프랑스 북부 지역이다. 대치 중인 독일군과 프랑스·스코틀랜드 연합군은 각각 참호에 웅크린 채 크리스마스 전야를 맞는다.

밤이 깊어갈 무렵, 스코틀랜드 진영에서 백파이프 소리가 흘러나오자 각 진영의 병사들은 향수에 젖는다. 베를린 오페라하우스의 유명한 테너 가수였던 독일군 장교가 크리스마스캐럴을 부르기 시작하고, 이를 듣던 스코틀랜드 병사는 백파이프로 반주를 넣는다. 독일군 장교는 천천히 참호에서 나와 전장 한가운데로 나아가며 캐럴을 부른다. 이곳에 크리스마스트리가 세워지자 각 진영의 장교들은 이날 하루 동안 휴전하기로 뜻을 모은다. 이제 서로에게 총부리를 겨누기는 쉽지 않다. 다음 날 총격전 대신 국가 대항 축구대회가 벌어지고, 폭격이 있을 때는 정보를 공유하며 서로를 보호한다. 그러나 이들의 비공식적인 휴전은 오래지 않아 발각된다.

우리의 예상과 달리 병사들은 전쟁터에서 제대로 총을 쏘지 못한다고 한다. 병사는 자신의 생존을 위해 총을 쏜다. 하지만 전쟁터에 갓 배치된 병사는 막상 전투가 벌어지면 정신을 차리지 못한다고 한다. 이때 병사의 이성은 마비되고 '싸움도피 반응'에 따라 본능적으로 행동한다. 이 때문에 훈련 교관들은 병사들이 공포심을 극복할 수 있는 프로그램을 개발하기 위해 노력해왔다.

한국전쟁 당시 우리 아버지들은 국방군이나 인민군이 되고 싶었던 것이 아니라 한쪽을 선택하지 않으면 살아남을 수 없었기 때문에 그들에게 동조했다. 수많은 문학작품들이 보여주듯 선량하고 무지한 주민들은 양쪽 사이에서 갈등한다. 더러는 지식인이라는 가면을 쓰고 한쪽 진영의 선동자로 나서는 사람도 있었지만, 대부분은 생존하기 위해 한쪽을 선택했으며, 누구의 힘이 우월한가에 따라 변절도 감행했다. 전쟁 상황에서 벌어졌던 아버지 세대의 행위를 도덕적으로 평가하기는 어렵다. 나와 당신의 아버지가 누군가를 살해했다면, 살해된 누군가도 또 다른 누군가를 살해했거나 살해 행위에 동조했을 것이다.

전쟁터에서는 당신이 적을 죽이지 않으면 적이 당신을 죽일 것이다. 하지만 한바탕 총격전이 끝나면 당신은 이런 의문이 들 것이다. 왜 내 손으로 한 번도 만난 적도, 다툰 적도 없는 낯선 젊은이를 죽여야 하는가? 양심적인 사람도 전쟁터에서 이성적으로 행동하기는 힘들다. 아프리카의 부족 간 전쟁이 이를 잘 보여준다. 그들은 독재자의 지시만 있으면, 수십 년 동안 친절한 이웃으로 지내오던 사람일지라도 부족이 다르다는 이유 때문에 몽둥이로 때려죽인다. 이들은 집단 강간과 아동 살해, 집단 학살과 화형조차 마다하지 않는다.

당신이 살고 있는 마을의 인구가 100명이라고 치자. 이 중 45명은 A부족 출신이고 55명은 B부족 출신이다. 그동안 마을은 두 부족이 번갈아 추장을 맡아왔다. 그런데 어느 날 독한 인물 하나가 A부족에서 태어났다. 그는 남들보다 명민하고 지도력이 뛰어나 마을의 추장이 되었다. 그러나 권력의 균형을 요구하는 B부족 때문에 제대로 정치를 할 수가 없다. 그는 독재자가 되기로 결심한다.

그가 독단적으로 일을 처리할 때마다 B부족의 반발심은 깊어간다. 마침내 B부족은 그를 추장에서 끌어내리기로 결심하고 세력을 확대해

간다. 이때부터 양쪽 진영은 자신들의 입장을 공고하게 해줄 이데올로기를 생산하기 시작한다. 가장 원시적인 이데올로기는 상대 부족이 우리 부족을 다 죽이려고 한다는 것이다. 이쯤 되면 파국을 피할 수 없다.

이제 B부족인 당신이 살인자가 되어야 할 차례다. 어느 날 새벽, A부족으로 구성된 정규군이 찾아와 당신의 아버지를 살해하고 어머니를 윤간한다. 당신은 가까스로 목숨을 부지했다. 당신은 살인자의 얼굴을 알고 있다. 어제 저녁까지만 해도 멧돼지 고기를 안주 삼아 술자리를 함께하며 어린 시절의 추억을 이야기하던 이웃집 친구였던 것이다.

이제 당신의 선택은 무엇인가? 그가 친구이기 때문에 복수를 포기할 것인가? 당신은 같은 부족의 젊은이 세 명과 친구의 집을 습격하기로 결심한다. 당신이 집에서 잠자고 있는 살인자를 찾아냈다면 그를 잔혹하게 살해하는 것으로 충분할 것이다. 하지만 당신의 일행 역시 당신과 같은 경험을 갖고 있다. 그렇다면 훨씬 잔혹한 복수의 방법이 동원될 것이다. 당신은 친구를 죽일 때 갈등하지 않을까? 만약 당신이 갈등을 느꼈다면 그 친구도 당신의 가족을 해칠 때 갈등을 느꼈을 것이다. 그 친구뿐 아니라 모든 당사자들이 갈등을 느꼈을 것이다.

하지만 집단은 개인적 갈등을 무력화한다. 이런 상황에서는 단순한 선동 한마디도 광기 어린 폭력을 유발할 수 있다. 친구를 죽인 당신은 게릴라가 되어 살인 전문가로 다시 태어날 것이다. 돌아갈 곳이 없기 때문이다. 이것은 결코 선택의 문제가 아니다. 도대체 죽이는 일 외에 무엇을 할 수 있단 말인가? 당신에게 복수를 꿈꾸는 또 다른 자들과도 대적해야 하는 것이다.

전쟁터에 나간 병사들의 심리도 이와 같을 것이다. 국가는 상대가 사악한 집단이라고 당신을 교육시키지만, 당신은 상대국의 젊은이가 악마라고 여길 만한 근거를 가지고 있지 않다. 그렇더라도 당신이 적을 향해 총을 쏘아야 할 이유는 명백하다. 먼저 죽기 싫은 것이다. 당신은 생존이 보장되는 한 굳이 위험을 무릅쓰고 먼저 공격할 필요가 없다. 그래서 훈련 교관들은 이러한 심리를 꿰뚫고 당신을 잔인하고 공격적인 인간으로 양성하려 노력한다. 그들은 그것을 용기라 부른다. 국가가 수여하는 훈장이란 당신이 보여준 잔인성과 공격성에 대한 보답이다.

여러 연구 결과들은 참전한 병사들이 일반적으로 총 쏘기를 망설인다고 보고하고 있다. 제2차 세계대전 중 미국의 마셜 준장은 병사들의 전투 심리에 관한 광범한 조사를 벌였다. 연구팀은 400개가 넘는 보병중대 소속 병사 수천 명을 개별 면담한 후 1946년 〈총 쏘기를 거부하는 남자Men Against Fire〉라는 보고서를 냈다.

보고서에 따르면, 제2차 세계대전에서 적과 맞닥뜨렸을 때 적을 향해 제대로 총을 쏜 미군 병사는 15~20퍼센트에 지나지 않았다. 나머지 80~85퍼센트는 일부러 다른 곳에 쏘거나 아예 방아쇠를 당기지도 않았다. 마셜 준장은 인간은 천성적으로 살인자가 아니라는 결론에 도달했다.

이 보고서는 새로운 훈련 프로그램을 만드는 데 지대한 영향을 미쳤다. 이후 미군은 사격 표적을 실제 사람처럼 만들어 총탄이 명중하면 쓰러지도록 했다. 그 결과 미군의 조준 사격률이 크게 높아졌고, 특히 한국전쟁과 베트남전쟁에서 큰 효과를 발휘했다.

인간은 왜
살인자가 되었나?

> 인간은 살인자라는 점에서 동물과 다르다. 인간은 자기 종족인 동료를 아
> 무런 생물학적, 경제적 이유도 없이 죽이고 괴롭히며 또 그렇게 함으로써
> 만족감을 느끼는 유일한 영장류인 것이다.
>
> - 에리히 프롬Erich P. Fromm,
>
> 《파괴란 무엇인가*The The Anatomy of Human Destructiveness*》

인간은 참으로 놀라운 존재다. 인간은 동종을 살해할 뿐만 아니라 가장 가혹하게 고통을 줄 수 있는 방법을 고안하는 동물이다. 중국에는 고대시대부터 상상을 초월하는 갖가지 고문 방법이 있었다.

서양도 마찬가지다. 기원전 6세기 시칠리아 아크라가스의 참주였던 팔라리스Phalaris는 잔인하기로 악명이 높았다. 그때 페릴라우스Perilaus라는 인물이 황소 모양의 고문 기구를 발명했다. 청동으로 만든 황소의 몸통 안에 희생자를 가두고 그 밑에서 불을 피워 구워 죽이는 도구였다. 명성에 걸맞게 팔라리스는 고문 기구를 실험하기 위한 첫 희생자로 그 고문 기구를 발명한 페릴라우스를 선택했다. 페릴라우스는 뜨거운 청동 황소 안에서 짐승처럼 울부짖다가 고문 기구가 더럽혀질 것을 염려한 팔라리스의 명으로 반쯤 구워진 채 꺼내진 후 절벽에서 내던져져 죽임을 당했다고 한다.

기원전 2세기 스파르타의 폭군 나비스Nabis도 훗날 '처녀의 키스'라 불리는 고문 기구를 사용했다. 커다란 인형에 못을 박은 망網을 넣고 죄인을 형구 안에 넣고 닫으면 온몸이 못에 찔리는 고문 기구였다. 이 도

구는 중세의 마녀재판에도 등장한다.

인간은 왜 다른 동물과 구별되는 공격성을 갖게 되었을까? 이 질문에 많은 학자들이 대답을 시도했다. 문화인류학자인 마빈 해리스Marvin Harris는 그의 대표 저작들인 《식인과 제왕Cannibals and Kings》, 《작은 인간Our Kind》, 《문화의 수수께끼Cows, Pigs, Wars and Witches》에서 전쟁의 기원에 지대한 관심을 보였다. 그가 주장하는 내용의 핵심에는 인구문제가 있다.

그에 따르면 전쟁은 흙, 숲, 사냥감 같은 식량자원을 둘러싼 경쟁에서 비롯된다. 자원이 고갈되면 집단은 인구 증가를 억제하거나 식량 소비를 줄여야 한다. 이런 상황에서 전쟁은 매혹적인 해결책이다. 집단은 전쟁을 통해 이웃의 인구밀도를 강제로 줄임으로써 자신들의 생활 여건을 개선한다. 특히 토지를 필요로 하는 농업이 발달하면서 전쟁은 더 자주 일어나고 규모 역시 커질 수밖에 없다.

마빈 해리스는 《문화의 수수께끼》에서 돼지 숭배와 인구 증가 그리고 전쟁 간의 관계를 흥미롭게 기술하고 있다. 본래 돼지는 신성한 동물이었지만 잡식성이라는 점에서 인간과 먹이를 두고 경쟁한다. 돼지고기는 풍부한 기름기와 부드러운 육질 때문에 매우 사치스런 음식으로 취급되었다. 하지만 돼지가 너무 많이 증식해 인간과 먹이를 두고 경쟁하게 되면 부족은 돼지를 잡아 축제를 벌인다. 축제는 지방질과 단백질을 축적할 수 있는 기회를 제공함으로써 집단의 생존 능력과 방위 능력을 향상시킨다.

집단이 안정적이면 인구가 증가하고 소비도 늘어난다. 인구가 증가하면 부족의 힘이 다른 부족을 압도할 만큼 강해지는 데 비해 생존 환경은 점점 열악해진다. 전쟁이 일어나는 것은 이 시점이다. 전쟁은 인구 상승을 억제하는 메커니즘이며, 그 배후에는 단백질 공급원인 돼지가 존재한다.

전쟁 자체가 인구수에 영향을 끼치는 것은 아니다. 여성이 임신할 수 있는 기간은 25년에서 30년에 불과하고, 이 기간 내에 여성은 여러 명의 아이를 낳을 수 있다. 전쟁에서 희생되는 것은 여성이 아니라 주로 남성이며, 전쟁으로 잃은 남성의 수는 여성의 출산으로 쉽게 회복할 수 있다.

장래에 전투에 참여할 수 있는 남자아이는 매우 중요한 자원이기 때문에 전쟁에서는 유아 살해가 빈번하게 발생한다. 남자아이를 살해하는 것은 미래의 전사를 사전에 말살하는 것이며, 여자아이를 살해하는 것은 여성의 수를 줄여 적의 인적 자원을 제한하는 것이다. 따라서 전쟁으로 인한 인구 억제는 살상 때문이 아니라 미래의 번식자원을 파괴함으로써 효과가 발생한다.

남성들은 전투에 참여하기를 원하고, 특히 짝짓기를 하지 못한 젊은 이일수록 전투에 대한 의욕이 강하다. 젊은 남성들은 간통 외에 성적 교섭의 기회가 거의 없기 때문이다. 그래서 원시부족들은 형제끼리 여성을 공유하거나 이웃에게 빌린 여자와 성적으로 교섭한다. 여성의 약탈은 전쟁의 가장 큰 목적 중 하나다. 마빈 해리스는 이렇게 말한다.

사회가 인간을 야수로 만드는 데는 두 가지 전통적인 계략이 사용되고 있다고 생각한다. 하나는 가장 야수적인 인간에게 음식이나 위안 또는 신체적 건강을 상으로 주어 야수성을 불러일으키는 것이다. 또 하나는 가장 큰 성적 보상이나 특권을 주어 야수성을 자극하는 것이다.

진화심리학자 데이비드 버스David M. Buss는 인간의 공격성이 특별하게 진화한 원인을 자원의 약탈, 공격에 대한 방어, 동성 간 경쟁, 지위와 힘의 과시, 타인으로부터 입을 수 있는 피해나 공격성의 차단, 성적 배신과 약탈로부터 배우자 보호 등으로 제시했다.

누군가를 공격할 때는 자신에게도 그만큼 위험이 따른다. 따라서 공격은 투자해야 할 비용보다 더 많은 이득이 예상될 때 취할 수 있는 전략이다. 타인을 압도하는 공격성은 조직 내에서 좋은 평판을 듣는다. 즉 공격성은 지위와 명예를 얻을 수 있는 기회를 준다. 물론 집단의 문화에 따라 상반된 평가도 가능하다. 공격성이 효과를 얻으려면 피해자의 복수 의지와 능력을 무력화해야 한다. 그렇지 않으면 상대방이 언제 복수할지 몰라 늘 불안에 떨며 살아야 할 것이다.

유독 수컷의 공격성이 진화한 것은 번식 성공률 때문이다. 수컷과 암컷의 몸집은 차이가 있다. 수컷의 몸집이 암컷보다 큰 것은 수컷들 사이에 벌어지는 치열한 경쟁 때문이다. 자연에서는 가진 자와 못 가진 자의 차이가 번식률을 좌우하기 때문에 수컷들은 자신의 자손을 남기기 위해 치열하게 경쟁해야 하고, 이 때문에 수컷이 암컷보다 유달리 큰 몸집을 갖게 되었다.

번식률 차이가 클수록 수컷들은 더욱 위험한 전략을 선택한다. 경쟁에서 밀려나면 자손을 남길 수 없기 때문에 목숨을 걸고 경쟁하는 것이다. 번식률 차이가 가장 큰 동물은 수컷 하나가 다수의 암컷을 독점하는 종이다. 이런 사회에서는 목숨을 걸고 싸워볼 만하다. 모 아니면 도인 것이다.

바다표범의 경우 5퍼센트의 수컷이 85퍼센트의 자손을 번식한다. 번식률 차이가 큰 종은 암컷과 수컷의 모습이 다른 동종이형同種異形 현상이 심해진다. 인간의 경우 동종이형 현상은 크지 않아서 남성의 체중이 여성보다 조금 더 많이 나갈 뿐이다. 하지만 우리 조상들은 일부다처제의 환경에서 살았다. 그 사회에는 엄격한 위계질서가 존재했으며, 지위가 낮은 개체는 번식 기회를 얻기 힘들었다.

만약 어떤 개체가 번식 기회를 얻지 못하면 위험하고 공격적인 전략을 사용할 가능성이 높아진다. 살인이나 강간 같은 모험을 시도하지 않으면 번식에 실패하기 때문이다. 남성의 공격성은 이로부터 비롯되었다.

1975년 미국에서 실시한 표본조사에 따르면 남성이 20대 중반에 살해당할 가능성은 여성보다 여섯 배나 높았다. 그러나 20대 중반부터 이 비율은 급격히 감소하는데, 이는 남성이 신체적으로 위험한 행동을 회피할 나이가 되었음을 의미한다. 번식이 왕성한 시기가 지난 것이다. 75세가 되면 남녀의 비율 차이가 없어진다. 살인이 젊은이에게 집중되는 것은 짝짓기 경쟁 때문이다. 남성은 여성을 차지하기 위해 피를 흘리고, 사냥과 전쟁 등을 통해 기회를 얻으려 노력한다.

대부분의 경제학자는 인간이 합리적인 존재라고 가정한다. 합리적이라는 말은 인간이 어떤 선택을 할 때 손익을 계산한다는 의미다. 즉 합리적 인간은 투입한 비용과 그로 인해 얻는 편익을 계산한 후 비용보다 편익이 많을 때 행동으로 옮긴다.

만약 인간이 합리적 존재라면 전쟁에 따른 손실과 이익을 계산할 것이다. 전쟁의 패자는 거의 모든 것을 잃는다. 패자는 가족과 이웃을 잃거나 전 재산을 잃을 수 있으며, 승자의 노예가 되어 평생 절망 속에서 살아갈 수도 있다. 최악의 경우 목숨도 빼앗길 수 있다. 그렇다면 승자는 패자가 빼앗긴 것만큼 이득을 얻을 수 있을까?

겉으로 보면 승자는 전쟁 기간 동안 잃은 자원을 패자로부터 고스란히 보상받는 것처럼 보인다. 그들은 패자를 노예로 만들 수 있고, 몰수한 토지로 생산을 늘릴 수 있으며, 패배한 부족의 여자들을 소유함으로써 더 많은 자손을 번식시킬 수 있을 것이다. 하지만 전쟁 때문에 잃은 자원은 복구하기가 쉽지 않기 때문에 반드시 승자가 이득을 취한다고 보기는 어렵다. 정작 전쟁으로 이득을 보는 쪽은 지배 집단이다. 대부분의 전리품은 지배 집단이 독식하기 마련이고, 비천한 계급에게는 거의 돌아가는 것이 없다. 그들은 전쟁의 소모품일 뿐이다.

그럼에도 인간은 지배자의 선동에 동조해 전쟁을 벌인다. 영장류 중 침팬지와 인간만이 동맹을 형성해 다른 개체를 공격하거나 다른 집단에 조직적인 폭력을 행사한다. 전장에서 죽는 것은 유기체에게 회복 불가능한 손실이다. 유전적으로 더 많은 번식을 하도록 프로그래밍되어 있는 유기체가 왜 그토록 위험한 모험을 감행하는 것일까?

데이비드 버스는 《마음의 기원Evolutionary Psychology》에서 전쟁을 일으킬 수 있는 전제 조건으로 네 가지를 들었다.

첫째, 상처나 죽음 같은 손실보다 장기적인 번식 이득이 커야 한다. 단기적으로는 번식이 불리하더라도 장기적으로는 이득이 되어야 한다는 것이다. 당신이 전쟁터에서 죽더라도 당신의 아들이 살아남아 더 많은 자손을 남길 수 있는 경우가 여기에 속한다. 그래서 모든 전쟁은 집단과 가족을 보호한다는 명분을 내세운다. 집단과 가족의 유전자 풀을 지킴으로써 자신의 유전자를 남기는 것이다.

둘째, 동맹자들이 자기 집단이 승리할 것이라고 확신해야 한다. 이 전제는 두말할 필요가 없다. 전쟁에서 패할 것을 알면서도 전쟁에 뛰어드는 것은 불길 속으로 뛰어드는 부나비와 다를 바 없다. 이런 부족은 아무런 이득 없이 멸종의 위험에 처할 것이다.

셋째, 각 개인이 무릅쓴 위험과 성공에 기여하는 기여도에 따라 이득이 할당되어야 한다. 이는 전리품의 분배와 관련이 있다. 조상들은 이 부분에 민감했을 것이다. 특히 부족 내에 여성이 부족하다면, 타 부족의 여성을 강탈하는 것이야말로 최고의 번식 전략이었을 것이다. 하지만 오늘날의 병사들은 충분히 보상받지 못한다. 고작해야 쇠붙이로 만든 훈장과 약간의 연금을 받을 뿐이다. 충분치 못한 보상에도 불구하고 젊은이들이 전쟁에 뛰어드는 것은 국가권력의 강력한 통제 때문이다. 이들을 전쟁으로 유인하는 것은 보상이 아니라 처벌인 것이다.

넷째, 누구나 무지無知의 베일에 가려져 있어야 한다는 것이다. 즉 전쟁터로 나가는 병사는 누가 살고 누가 죽을 것인지 몰라야 한다. 만약 죽을 것이 분명하다면 그 병사에게 돌아오는 이득은 아무것도 없다. 그래서 병사들은 확률에 몸을 맡긴다.

전투기 조종사의 딜레마

토론토 대학교의 심리학과 교수를 지낸 아나톨 라포포트Anatol Rapoport는 일명 '맞대응 전략tit for tat(눈에는 눈, 이에는 이)'의 고안자로 잘 알려진 인물이다. 1984년 미시간 대학교의 로버트 액설로드Robert Axelrod 교수가 전 세계 게임이론가, 컴퓨터공학자, 경제학자, 심리학자 등을 대상으로 '죄수의 딜레마'에서 가장 높은 성공을 거둘 수 있는 전략을 공모했을 때, 라포포트는 이 전략을 제안함으로써 다른 전략과의 대결에서 모두 승리를 거두었다. 이 문제에 대해서는 '죄수의 딜레마'를 다룰 때 자세히 살펴보기로 하고, 여기에서는 그가 제안한 '전투기 조종사의 딜레마'를 짚고 넘어가자.

비행사 한 명이 전투기를 몰고 출격해 무사히 임무를 완수하고 귀환할 확률은 25퍼센트다. 100명의 조종사가 출격하면 25명만이 살아 돌아올 수 있다는 말이다. 만약 전투기에 평소보다 두 배 분량의 폭탄을 실을 수 있다면 전투기의 절반만 출격해도 주어진 임무를 완수할 수 있을 것이다. 그러나 전투기의 탑재량을 늘릴 수 있는 유일한 방법은 폭탄의 무게만큼 연료를 줄이는 것뿐이다. 하지만 연료를 줄이면 기지로 돌아오기 전에 전투기가 추락할 것이다.

당신이 전투기 조종사라고 가정해보자. 부대장은 기지에 있는 100명의 조종사에게 출격 명령을 내렸다. 당신이 살아 돌아올 확률은 25퍼센트다. 그래서 당신은 고민을 거듭한 끝에 전투기에 폭탄을 두 배로 싣게해달라고 부대장에게 건의한다. 그러면 50명만 출격해도 된다.

부대장은 한참을 망설이다가 이 제안을 수락한다. 조종사 50명은 죽지만 50명은 확실히 살릴 수 있기 때문이다. 이제 남은 문제는 죽으러 떠나야 할 50명의 조종사를 선발하는 것이다. 가장 공평한 선발 방법은 제비뽑기를 하는 것이다. 기준을 정해 조종사를 선발한다면 선발 기준을 정하는 문제부터 심각한 딜레마에 빠질 것이다. 이럴 때는 운에 맡기는 것이 가장 공평하다. 그래서 부대장은 100명의 조종사를 상대로 제비뽑기를 할 것이라고 공고했다. 이 경우 당신의 동료들은 기꺼이 제비뽑기에 동의할 것인가? 아마 동료들은 선뜻 동의하지 않을 것이다. 일단 출격할 조종사로 선발되면 살아 돌아올 확률이 제로이기 때문이다.

인간은 결코 합리적이지 않다. 합리적 인간은 제비뽑기를 하는 것이 생존 확률을 높인다는 것을 알고 있다. 전투에 나가면 사망할 확률이 75퍼센트지만 제비뽑기를 하면 50퍼센트로 줄어든다. 물론 두 가지 확률에는 중대한 차이가 있다. 제비뽑기로 선발된 조종사는 죽음이 거의 확정적이지만, 100명이 모두 출격했을 때는 살아 돌아오지 못할 75명은 누구일지 아무도 알지 못한다는 것이다. 즉 조종사들은 무지의 베일에 싸여 있다.

인간은 자신을 통제할 수 없는 상황에서 더 절망을 느낀다. 돌아올 연료가 없다는 것은 통제 불능 상태에 빠진다는 것을 의미한다. 이런 상황에서는 개인의 능력이나 자율성이 작동할 여지가 전혀 없다. 자신의 삶을 통제할 수 없는 인간은 쉽게 절망한다. 그래서 감옥에 갇힌 부자보다는 하루의 끼니를 걱정해야 하는 가난한 예술가의 만족도가 높다. 우리가 권력에 집착하는 것도 이 때문이다. 높은 지위는 통제의 기회를 더 많이 누리게 해준다.

사람들은 위험을 인식할 때도 자신이 상황을 통제할 수 있느냐 없느냐에 따라 위험도를 평가한다. 예컨대 수영장에서 익사할 확률은 총기 사고로 목숨을 잃을 확률보다 높고, 자동차 사고로 사망할 확률이 항공기 추락으로 사망할 확률보다 높다. 그런데도 사람들은 총기 사고나 항공기 추락의 위험에 더 민감하다. 수영이나 자동차 운전은 개인이 통제할 수 있다고 믿지만 총기 사고나 항공기 추락 사고는 개인의 통제 영역에서 벗어나 있기 때문이다. 즉 사람들은 통제할 수 있는 위험보다 통제할 수 없는 위험을 더 두려워하고, 그런 사고가 일어났을 때 더 분노한다.

전투기 조종사의 딜레마는 이 점을 확연히 보여준다. 전쟁은 누가 죽을지 모르는 무지의 베일에 싸인 채 치러진다. 조국을 위해 자발적으로 죽음을 감수하려는 사람일지라도, 그를 전쟁터에 내보내기 위해서는 언제 죽음이 닥칠지 모르게 해야 한다. 어깨에 총을 메자마자 총탄이 그의 가슴을 꿰뚫을 것을 안다면 그는 결코 전쟁터에 나가지 않을 것이다.

제2차 세계대전 중 일본군이 조직한 가미카제 특공대는 예외가 될 만하다. 하지만 젊은이들의 영웅적 희생 뒤에는 지배자들의 철저한 속임수가 감추어져 있음을 알아야 한다. 반복되는 교육과 정신적 마취, 먼저 죽어간 영웅들에 대한 숭배와 미화가 이들의 판단력을 마비시켰다.

03

인간 본성의
딜레마

성선설과
성악설

동양에서는 오래전부터 성선설과 성악설을 대표하는 두 명의 사상가가
있다고 가르쳐왔다.

> 사람은 누구나 불쌍히 여기는 마음을 갖고 있으며, 옳지 못함을 부끄러
> 워하고 착하지 못함을 미워하는 마음을 갖고 있으며, 공경하고 사양하는
> 마음과 옳고 그름을 가리는 마음을 가지고 있다. 불쌍히 여기는 마음은
> 인仁이며, 옳지 못함을 부끄러워하고 착하지 못함을 미워하는 마음은 의
> 義이며, 공경하고 사양하는 마음은 예禮이며, 옳고 그름을 가리는 마음은
> 지智이다. 이는 밖으로부터 온 게 아니라 내가 본래부터 가지고 있었던 것
> 이니 다만 생각하지 않을 뿐이다.
>
> -《맹자》〈고자장구 상告子章句上〉

맹자는 〈공손축장구 상公孫丑章句上〉 편에서 한 가지 예를 들었다. 어린아이가 깊은 우물을 향해 아장아장 걸어가고 있다. 아무리 심성이 흉악한 사람도 길을 가다가 그 모습을 본다면, 걸음을 멈추고 어린아이를 안아 우물에서 멀리 떨어진 곳으로 옮겨놓을 것이다. 설령 그가 방금 전에 사람을 살해하고 재물을 훔쳐 달아나는 중이라 해도 당장 누군가에게 쫓기지 않는 한 똑같이 행동할 것이다. 그가 이런 행동을 하는 것은 아이의 부모에게 대가를 얻거나 다른 사람에게 칭찬을 받기 위해서가 아니며, 비난의 대상이 될까 봐 두려워해서도 아니다. 이는 아무리 심성이 흉악한 사람이라 할지라도 심성의 밑바닥에는 선한 본성이 살아 있다는 증거다.

반면 순자는 인간의 본성이 악하다고 말했다.

사람의 본성은 악한 것이니, 선善이란 인위적인 것이다. 사람의 본성은 태어나면서부터 이익을 추구하기 마련이므로, 본성을 그대로 따르면 싸움이 생기고 사양하는 마음이 사라진다. 사람에게는 태어나면서부터 질투하고 증오하는 마음이 있으니, 이러한 본성을 그대로 따르면 남을 해치게 되고 성실과 신의가 없어진다. 또 사람은 태어나면서부터 감각적 욕망을 가지고 있으니, 이러한 본성을 그대로 따르면 음란하게 되고 예의와 규범이 없어진다. 그렇기 때문에 본성을 따르고 감정에 맡겨버리면 반드시 싸우고 다투게 되어 규범이 무너지고 사회의 질서가 무너져 마침내 천하가 혼란에 빠지게 된다.

– 《순자》〈성악性惡〉

순자에 따르면 인간은 근본적으로 이기적인 존재다. 인간은 자신의 이익을 위해 싸움을 그치지 않고, 남을 시기하고 질투하며 증오한다. 또 감각적 욕망 때문에 음란한 생각을 품는 존재이기도 하다. 순자는 이러한 본성을 그대로 두면 사회규범이 무너진다고 보았다. 그래서 순자는 교육을 무엇보다 중요하게 여겼다.

구부러진 나무는 도지개에 대고 불에 쬐어 반듯하게 잡아준 다음에야 비로소 곧게 되는 것이요, 무딘 쇠붙이는 숫돌에 간 뒤에야 비로소 날카로워진다. 마찬가지로 인간의 본성은 악한지라 반드시 스승과 법도가 있어야 바르게 되고, 예의가 있어야 비로소 다스려지는 것이다. …… 무릇 본성이란 타고난 것을 말하는 것이니 배워서 되는 것도 아니요, 행동해서 되는 것도 아니다. 그러나 예의는 성현이 인위적으로 만든 것이니 배우고 노력하면 되는 것이다. 배우지 않고 행하지 않아도 변하지 않는 것을 본성이라 하고, 배우고 노력해서 되는 것을 인위라 하니, 이것이 본성과 인위를 구분하는 것이다.

순자가 인간의 본성이 악하다고 한 것은 인간의 악함을 강조하기 위해서라기보다 교육의 중요성을 강조하기 위해서였다. 그는 인간의 본성이 교육을 통해 완전히 교정될 수 있다고는 믿지 않았다. 다만 악한 본성을 그대로 방치하면 사회규범 자체가 무너지기 때문에, 성현들이 세운 인위적 규범을 따르면 어느 정도 교정할 수 있으리라고 보았다.

두 사상가의 주장에도 불구하고 인간이 선천적으로 선한 존재인가, 악한 존재인가에 대한 물음에는 여전히 명징한 답이 준비되어 있지 않다. 이 문제는 아직도 논쟁 중이고, 그 논쟁은 이제 철학적이고 윤리적인 문제를 넘어 생물학으로까지 확장되고 있다.

만인에 대한
만인의 투쟁

장 자크 루소Jean Jacques Rousseau의 《에밀Émile ou De l'éducation》은 아주 유명한 문장으로 시작된다.

만물을 창조하는 신의 손으로부터 나올 때 모든 것은 선하나, 인간의 손에 넘겨졌을 때부터 모든 것은 타락한다.

루소는 사회가 인간이 타고난 선한 본성을 왜곡시킨다고 생각했다. 조상들이 살았던 자연 상태는 완전히 평등하고 자유롭기 때문에 인위적 제약과 그에 따른 공포로부터 자유롭다.

루소는 자연 상태의 인간이 '만인에 대한 만인의 투쟁'을 벌인다는 토머스 홉스Thomas Hobbes의 의견에 반대했다. 그는 《인간 불평등 기원론 Discours sur l'origine et les fondements de l'inégalité parmi les hommes》에서 인간이 본래 악하다는 홉스의 견해를 반박하며, 자연 상태는 '평화롭게 살아가는 데 가장 적합할 뿐 아니라 인류에게 가장 바람직한 것'이라고 지적했다.

그는 인간의 본성이 선하다는 근거를 '연민la pitié'에서 찾으려 했다. 루소에 따르면 '연민'은 인간의 모든 성찰과 반성에 앞서는 자연의 순수한 충동이며, 또 아무리 타락한 환경에 놓여 있더라도 파괴하기 어렵다. 연민은 아무리 포악한 자라도 불운한 사람의 불행을 보고 눈물을 흘리게 만든다. 자연은 인간에게 이성을 뒷받침하기 위한 연민을 주었다. 루소는 연민을 이렇게 정의한다.

남보다 유리한 상황에서 자신의 먹이를 다른 곳에서 발견할 가능성이 있는 한, 건장한 미개인이 약한 어린이나 노인이 힘겹게 획득한 먹이를 빼앗지 않도록 하는 것이 연민이다.

루소의 연민은, 같은 시대를 살았던 애덤 스미스Adam Smith가 《도덕정조론The Theory of Moral Sentiments》에서 말한 '동정sympathy'과 궤를 같이한다. 애덤 스미스가 든 예를 보자.

어느 날 중국에 거대한 지진이 일어나 수많은 사람이 희생되었다. 이 가공할 만한 소식은 중국과 아무런 관계도 없는 유럽의 어느 인도주의자에게 전해졌다. 그는 중국인들이 당한 불행에 애도를 표할 것이고, 인생의 변화무쌍함과 인간의 노동이 일구어낸 모든 것이 일순간에 파괴되었다는 허망함에 대해 우울한 성찰을 할 것이다. 이 모든 성찰이 끝났을 때, 그는 이전과 똑같은 마음가짐으로 자신의 사업에 몰두하거나 기분전환을 할 것이다.

중국의 불행한 사건은 그의 일상에 아무런 영향을 미치지 않는다. 오히려 그에게는 자신에게 일어날 수 있는 가장 하찮은 재난이 더 고통스러울 것이다. 만약 그가 내일 새끼손가락을 잃어야 한다면 오늘 밤 한숨도 자지 못할 것이다. 그러나 1억 명의 이웃이 파멸한다 해도 그가 직접 목격하지 않는다면 코를 골며 깊은 잠에 빠질 것이다. 대중의 파멸은 자신의 하찮은 불행보다도 관심을 끌지 못하는 것이다. 다음 글귀는 이런 심리의 정곡을 찌른 것이다.

내 손가락을 베이기보다 전 세계가 파괴되기를 원하는 것은 이성에 반하는 것이 아니다. 또 전혀 모르는 사람의 불편함을 덜어주기 위해 내가 파멸을 선택하는 것도 이성에 반하는 것이 아니다. 내가 안 좋은 일을 좋은 일보다 선호하는 것도 마찬가지로 이성에 반하는 것이 아니다.

- 피터 싱어, 《실천윤리학》

애덤 스미스 역시 인간을 이기적인 존재라고 규정했다. 하지만 인간이 아무리 이기적이라 할지라도 인간 본성에는 이와 반대되는 원리들이 작용한다는 사실도 인정했다. 바로 '연민'과 '동정'이다. 인간은 타인의 비참한 상황을 목격하거나 생생하게 느낄 때 연민과 동정을 느끼며, 도덕적인 사람뿐 아니라 무도한 사람도 마찬가지라는 것이다. 나아가 그는 우리 가슴속에 있는 감정과 동일한 감정을 이웃이 갖고 있다는 사실을 아는 것보다 더 큰 즐거움은 없으며, 반대로 이웃에게 같은 감정이 없다는 것을 느끼는 것보다 더 충격적인 것은 없다고 말했다.

반면 토머스 홉스는 인간이 본래 싸움꾼의 기질을 타고났다고 생각했다. 그는 《리바이어던 The Leviathan》에서 세 가지 분쟁의 원인을 제시했는데 첫째는 경쟁이고, 둘째는 불신이며, 셋째는 명예다. 인간은 타인에게 경멸당하거나 과소평가되면 경멸한 자를 공격함으로써 타인들에게 본보기를 보여준다. 싸움꾼의 본성 안에 선은 존재하지 않는다.

홉스는 삶의 행복은 정신적 만족에 있지 않으며, 도덕철학자들이 말하는 지고지순한 선도 존재하지 않는다고 주장했다. 바로 인간이 가진 욕망 때문이다. 욕망을 완전히 충족한 사람은 감각과 상상력이 정지해버린 사람과 마찬가지로 더 이상 살아갈 수 없다. 행복이란 하나의 목적에서 다른 목적으로 가는 욕망의 지속적인 진행이며, 하나의 목적을 획득한다는 것은 다음 욕망으로 가는 길에 불과하기 때문이다. 자연 상태의 인간이 욕망을 달성하는 방법은 상대방을 죽이거나 복종시키거나 밀어 치우거나 추방하는 것이다. 그러므로 인간은 죽어야만 욕구를 멈출 수 있으며, 욕구는 힘을 획득하지 않고는 만족할 수 없다는 것이 그의 생각이었다.

두 사람이 같은 것을 욕망하고 있다고 하자. 만일 두 사람이 원하는 것을 똑같이 향유할 수 없다면, 그들은 적이 된다. 두 사람은 목적을 달성하기 위해 서로를 굴복시키려 할 것이다. 홉스는 농사꾼의 예를 들어 '만인에 대한 만인의 투쟁' 상황을 설명하고 있다.

농부가 밭을 갈아 곡물을 수확했다고 하자. 그 사실을 안 어떤 사람은 누군가와 결탁해 농부가 이룬 노동의 성과뿐 아니라 생명까지 박탈하려 할 것이다. 그러나 곡식을 야탈한 자는 또 다른 약탈자의 공격에 대비해야 한다.

이러한 상호불신이 존재하는 곳에서 인간은 자신을 보호하기 위해 먼저 공격하거나 가능한 한 많은 사람을 지배하려 할 것이다. 따라서 자연 상태는 늘 전쟁 상태에 놓여 있다. 이 전쟁이 바로 '만인에 대한 만인이 투쟁'인 것이다. 전쟁의 위험은 한 개인이 싸우고자 하는 의지가 있는 한 사라지지 않는다. 만인에 대해 만인이 적이 되어버린 곳에서는 노동과 기술이 발달할 여지가 없다. 노동의 성과를 소유할 수 있다는 믿음을 가질 수 없기 때문이다.

홉스의 표현대로 이런 상태에서는 '지속적인 공포가 존재하며, 이때 인간의 삶이란 고독하고 가난하며 험악하고 잔인하고 짧은 것이다.' 국가가 필요한 것은 이 때문이다. 그의 논리에 따르면, 안락과 쾌락에 대한 욕망은 인간으로 하여금 공통의 힘에 복종하도록 요구한다. 홉스가 볼 때 인간은 이기적일 뿐 아니라 스스로의 욕망을 통제하지 못하는 존재이며, 국가가 나서서 통제하지 않으면 폭력적 약탈을 멈추지 않을 것이다. 홉스는 인간을 신뢰할 수 없는 상황을 다음과 같이 묘사했다.

> 무장을 하고 다닐 때, 그는 가까운 신하에 대해 어떤 생각을 하는 걸까? 문을 걸어 잠그고 다닐 때, 그는 자기 이웃에 대해 어떻게 생각하는 걸까? 금고를 잠글 때, 그는 자기 자식과 하인들에 대해 어떻게 생각하는 걸까? …… 이런 예를 든 것은 인간의 본성을 비난하기 위한 것이 아니다. 인간의 욕구와 정념은 그 자체로서는 죄가 되지 않는다. 그러한 정념에서 생기는 행동 역시 이를 금지하는 법을 알기 전까지는 죄가 아니다.

법이 존재하지 않는 세상에서 '만인에 대한 만인의 투쟁'은 자연스런 것이다. 이런 상태에서는 인간이 느끼는 공포심을 제거할 수 없다. 공포심을 제거하려면 서로 계약을 맺고, 이 계약을 깨뜨리면 처벌받는다는 공포심을 모두가 느낄 수 있어야 한다. 즉 '국가'라는 권력을 통해 계약의 이행을 강제해야 한다. 다른 사람이 복수할 권리를 포기할 때 자신도 기꺼이 복수할 권리를 포기하고, 자신이 다른 사람에게 허용한 자유만큼 자신도 다른 사람들이 허용한 자유에 만족해야 하는 것이다. 그러기 위해서 사람들은 국가에 그 권한을 부여하고, 국가는 계약자들이 합의에 따르도록 집단적 힘을 행사해야 한다는 것이 홉스의 생각이었다.

데이비드 흄David Hume도 《인간 본성에 관한 논고*A Treatise of Human Nature*》에서 자연 상태가 황금시대라는 상상은 허구라고 주장했다. 자연 상태에서는 소유권이 없기 때문에 정의와 불의도 있을 수 없다. 그에 따르면 정의의 근원적 기준은 개인의 이익이다. 따라서 개인의 이익을 조정해 사회적 정의를 세우기 위해서는 국가의 통제가 불가피하다.

> 인간은 자신의 본성을 변화시킬 수 없다. 인간이 기껏 할 수 있는 것이라
> 고는 자신들의 상황을 변화시켜 정의를 준수하는 것이 당사자들의 직접
> 적 이익이 되도록 하고, 정의의 규칙을 위반하는 자가 이익에서 멀어지도
> 록 하는 것이다.
>
> — 데이비드 흄,《인간 본성에 관한 논고》3권

이러한 착상으로부터 자연법이 생겨났다. 흄은 인간이 남을 돕기 위해서가 아니라 서로의 생존을 위해 사회를 구성한다고 생각했다. 정의를 형성하는 첫 번째 동기는 자기 이익의 추구, 곧 자기애自己愛다. 그의 말대로 우리는 자신에게 가장 큰 관심을 쏟으며, 그다음에 혈연과 친지, 그다음에 낯선 사람에게 약한 관심을 갖는다.

하지만 자신의 이익만 추구하다 보면 타인으로부터 위협당할 수 있다. 그리하여 개인은 욕망을 절제하지 않으면 화합할 수 없다는 깨달음에 이르렀고, 이것이 사회를 구성하는 원동력이 되었다. 결국 국가를 만든 목적은 자신의 욕구를 충족하기 위한 것이다.

흄은 이러한 이기주의를 극복하기 위해 정의가 필요하다고 믿었다. 이를 통해서 인간은 자연적 존재에서 사회적 존재가 된다. 그는 정의가 합리적 이성의 산물이라는 것을 부인한다. 도덕적 가치란 우리가 관찰한 것, 즉 경험한 것에 대한 정서적 반응에서 유래했을 뿐이다. 흄은 자신의 주장을 보완하기 위해 몇 가지 예를 들었다.

아내가 집을 비운 사이 당신은 평소 알고 지내던 유부녀를 집으로 불러 바람을 피웠다. 그런데 당신은 날씨가 몹시 더워 창문을 닫는 것을 깜빡 잊고 말았다. 침실의 창문은 이웃집 베란다에서 훤히 내려다보인다. 마침 이웃집에 놀러 왔던 어떤 남자가 당신이 여자와 관계를 갖는

것을 목격했다.

문제는 지금부터다. 그가 당신과 함께 있는 여자를 누구로 판단하느냐에 따라 상황이 달라진다. 만약 여자를 당신의 아내로 생각한다면 이웃집 남자는 당신을 비난할 수 없다. 당신은 목격자에게 어떤 판단을 유발시키려는 의도가 없었다. 당신은 오직 성욕을 충족하기 위해 유부녀와 바람을 피운 것이다. 하지만 결과적으로 그 남자가 그릇된 판단을 하도록 만들었다. 또 당신이 창문을 닫고 있었다면, 당신은 전혀 부도덕한 죄를 저지른 것이 아니다. 이런 이유 때문에 들키지 않고 도둑질을 한 도둑은 죄인이 아니다. 도둑이 죄인인 것은 단지 당신이 그의 도둑질을 알았기 때문이다.

흄은 또 다른 예를 들었다. 나무는 열매를 지상에 떨어뜨려 번식한다. 그런데 어린 싹이 자라면 햇빛을 가려 어미나무를 도태시킨다. 흄은 이 어린 나무가 존속을 살해한 것인가를 묻는다. 어린 나무는 부모를 살해할 의도가 없다. 어린 나무는 그저 생존 활동을 했을 뿐이다. 여기서 도덕적 판단은 아무 의미가 없다. 그는 인간의 이성이 선악을 구별하는 원천이 될 수 없다고 말한다. 이성은 전적으로 무기력하고, 양심이나 도덕의 원천도 될 수 없다. 이 때문에 흄은 인간이 가진 이기주의를 완화하고 정의의 규칙을 적용하는 것은 결국 사회라고 결론지었다.

오직 사회를 통해서 인간은 자신의 결함을 보완할 수 있고, 자신의 동포와 대등하게 될 수 있으며, 심지어 자기 동료보다 우월하게 될 수 있다. 사회를 통해 인간의 모든 허약함이 보정된다. …… (사회는) 모든 측면에서 인간을 야만적이고 고독한 상황에서 도달할 수 있는 것보다 더 행복하고 만족스럽게 한다.

흄의 도덕론은 세 가지로 정리할 수 있다. 첫째, 정의를 준수하는 근원적 동기는 인간의 자비심이나 이타심이 아니라 이기심이다. 인간이 자비심을 타고났다면 정의의 규칙들을 고안할 이유가 없다. 둘째, 정의감의 토대는 관념적 이성이 아니라 인상과 경험이다. 셋째, 정의감은 타고나는 것이 아니라 암묵적 계약에서 발생한다.

인간이 선한 존재가 아니라는 점에서 지그문트 프로이트Sigmund Freud도 같은 생각이었다. 그는 《문명 속의 불만Das Unbehagen in der Kultur》에서 인간은 선한 존재가 아니라고 언명했다.

인간은 타인을 돕는 존재가 아니다. 타인 역시 삶의 보조자나 성적 파트너로서 유혹의 대상일 뿐이다. 인간은 타인을 희생시키면서까지 자신의 공격 욕구를 만족시키고, 보상 없이 타인의 노동을 착취하고, 동의 없이 타인을 성적으로 남용하고, 재산을 빼앗고, 모욕하고, 탄압하고, 죽이기도 한다. 그래서 프로이트는 모든 인간은 만인에 대해 늑대인간이라고 규정했다.

고상한 야만인은 없다

우리는 자연 상태에서 살아보지 않았기 때문에 그 시대의 인류가 선한 존재였는지, 아니면 악한 존재였는지 알 수 없다. 하지만 조상들이 지상 낙원에서 평화롭고 자유로운 삶을 누렸을 것이라는 '고상한 야만인' 가설은 심각한 도전에 직면해 있다. 고상한 야만인 가설은 미국의 인류학자 마거릿 미드Margaret Mead가 1928년 《사모아의 청소년Coming of Age in Samoa》을 출간하면서 인류학의 정설로 굳어지는 듯했다.

마거릿 미드는 스물네 살이던 1925년 남태평양의 사모아섬에 들어가 9개월 동안 원주민들과 함께 생활했다. 그녀는 사모아섬에서 살아가는 원시부족의 삶이 자연 상태에서 살아가던 조상들의 삶을 보여준다고 생각했다. 그녀가 보기에 사모아섬은 경쟁과 계급이 없고, 섹스에 대한 금기가 없는 유토피아를 닮아 있었다. 그곳의 청년들은 질투심 없이 성적 파트너를 공유하고, 마음껏 자유연애를 즐길 수 있었다.

하지만 그녀가 심어준 환상은 뉴질랜드의 인류학자 데릭 프리먼Derek Freeman에 의해 무참히 깨졌다. 그는 6년 동안 사모아에서 생활한 경험을 바탕으로 쓴 《마거릿 미드와 사모아Margaret Mead and Samoa》에서 마거릿 미드의 경험이 허구에 지나지 않는다고 비판했다. 그는 사모아인들이 우리와 마찬가지로 매우 경쟁적일 뿐 아니라 살인이나 강간 등의 범죄율도 미국보다 높다고 주장했다.

조상들은 정말 고상한 야만인으로 살았을까? 조상들이 무자비한 살인자였음을 보여주는 고고학적 증거들은 수없이 많다. 선사시대로부터 지금까지 인류가 평화로웠던 때는 한 번도 없었다. 선사시대의 인간은 오늘날 못지않은 비율로 인간을 살해했다. 물론 조상들이 지금의 인류보다 더 폭력적이었다고 말할 수는 없다. 그들이 돌도끼와 몽둥이만으로 수십 명의 다른 부족을 죽였다고 해서 더 폭력적인 것은 아니기 때문이다. 오늘날 우리는 돌멩이와 몽둥이를 버렸지만, 버튼 하나로 수십만 명을 살해한다.

사람들이 살아가는 모습을 보라. 역사가 우리에게 보여주는 것은 전쟁이

나 반란 같은 것이다. 따라서 평화는 잠시 동안의 휴식 기간이며 막간극
幕間劇에 지나지 않는다. 개인의 일생도 끊임없는 투쟁의 연속이다. 그것
은 빈곤이나 권태뿐만 아니라, 타인에 대한 투쟁의 연속이다. 그리하여
인간은 곳곳에서 적을 발견하게 된다. 즉 인생이란 휴전 없는 싸움이며,
인간은 무기를 손에 든 채 죽어가는 것이다.

- 아르투어 쇼펜하우어, 〈삶의 고뇌에 대하여〉

사람들은 야생의 자연을 낭만적인 시선으로 바라보는 경향이 있다. 하
지만 자연은 피비린내 나는 전쟁터다. 사자는 멋지고 아름다운 존재지만
굶주림을 해소하기 위해 가차 없이 다른 생명체의 살을 찢는다. 더구나
수사자들은 암컷을 소유하기 위해 암컷이 낳은 새끼들을 물어 죽인다.

인간도 마찬가지다. 인간의 역사는 강간과 식인, 유아 살해와 사기,
약탈과 고문, 타 종족에 대한 대량 학살이 삶의 방식임을 보여주고 있
다. 물론 인간만이 악독한 존재는 아니다. 한때 많은 생물학자와 인류학
자들은 인간만이 자신의 종족을 살해한다고 믿었다. 잘 알려진 진화생
물학자인 리처드 도킨스조차 《이기적 유전자》에서 이렇게 밝혔다.

인간만이 동종을 죽이는 유일한 종이다. 동물들은 같은 종을 살해하지
않는다. 이는 경쟁자를 제거하면 또 다른 경쟁자가 나 대신 이익을 취할
수 있기 때문이다. 따라서 두 경쟁자가 살아서 서로 다투는 것이 나에게
는 이익이 될 수도 있다. 죽이는 것이 살려두는 것보다 뚜렷한 이익이 되
지 않으면 굳이 에너지를 소비하면서 경쟁자를 살해할 이유도 없고, 역시
내가 공격함으로써 입게 될 치명적 손실로부터도 벗어날 수 있다. 하지만
인간은 경쟁자를 굴복시키는 것뿐만 아니라 살해하는 것에 쾌감을 느끼

는 동물이다.

사람들은 자연 속에서 살아가는 다른 영장류들은 인간과 달리 평화롭고 조화를 이루어 산다는 환상을 가지고 있다. 하지만 침팬지도 인간처럼 동족을 살해한다.

1974년 1월 7일, 탄자니아 곰베 국립공원에서 제인 구달Jane Goodall과 함께 침팬지를 연구하던 힐러리 마타마Hillali Matama는 '고디'라는 수컷 침팬지를 관찰하고 있었다. 고디가 열매를 따 먹고 있을 때 갑자기 나타난 여덟 마리의 침팬지가 고디를 공격하기 시작했다. 그들은 고디와 잘 아는 사이였다. 수컷 침팬지들은 고디를 가혹하게 짓밟고는 땅 위에 누워 힘없이 울부짖는 그를 내버려두고 떠났다. 이후 고디의 모습은 어디에서도 볼 수 없었다.

이후 제인 구달은 남쪽으로 분리해 나간 침팬지 무리가 집단 간 전쟁으로 전멸하는 모습을 지켜보아야 했다. 침팬지를 '고상한 유인원'이라 믿었던 그녀는 큰 충격을 받았다. 그녀는 침팬지들에게 총과 칼이 있고, 그것을 다루는 방법을 안다면 인간들처럼 사용할 것이라는 점을 깨달았다. 침팬지들이 사람보다 더 착하리라 믿었지만 '고상한 유인원'은 '고상한 야만인'만큼이나 신화에 불과했던 것이다. 그녀는 이렇게 고백했다.

나는 새로이 알게 된 사실들을 나름대로 이해하기 위해 몇 달 동안 애썼다. 마음속에서 끔찍한 폭력의 영상이 떠올라 종종 한밤중에 깨어나곤 했다. 패션이 길카의 자그마한 새끼의 사체를 먹다 입술에 피를 묻히고 올려다보는 모습, 스니프의 상처 입은 얼굴에서 흘러내리는 피를 모아 마시기 위해 손을 받치고 있던 사탄의 모습, 고디의 부러진 다리를 계속 돌려 뒤틀고 있는 파벤의 모습, 그리고 마담 비가 초목 아래 숨어 누워서 끔찍한 상처로 천천히 죽어가고 있는 동안 그녀의 열 살 난 딸이 그녀를 편안하게 하기 위해 부드럽게 털을 고르며 파리를 쫓고 있는 모습…….

- 제인 구달,《희망의 이유 Reason for Hope》

동종을 살해하는 동물은 인간만이 아니다. 포유류 가운데 호랑이, 사자, 곰, 늑대, 하이에나, 퓨마, 치타가 동종을 살해하고, 영장류 중에서도 침팬지를 비롯해 랑구르원숭이, 채크마개코원숭이, 붉은울음원숭이, 사바나개코원숭이, 마운틴고릴라, 푸른원숭이 등이 동종을 살해한다고 한다. 인간은 오랫동안 동종을 살해하는 유일한 생물종이라는 억울한 누명을 써온 것이다.

하지만 인간처럼 집단을 이루어 동종을 공격하는 동물은 많지 않다. 개미나 벌 같은 사회적 곤충 외에 오직 인간, 침팬지, 돌고래, 피그미침팬지(보노보)가 집단적 동맹을 맺고 다른 수컷을 공격한다고 알려져 있다.

인간의 폭력성은 남다르다. 대부분의 동물은 같은 종끼리 싸울 때 치명적인 무기를 사용하지 않는다. 대개 동물의 다툼은 완벽한 룰을 가진 일종의 스포츠다. 하지만 인간은 룰이 있는 스포츠를 따로 만들어야 할 만큼 규칙을 지키지 않는다. 인간처럼 같은 종을 식용으로 삼는 종도 많지 않다.

우리는 인간이 갖는 두 개의 전혀 이질적인 종류의 공격성을 구별하지 않으면 안 된다. 첫째는 인간이 모든 동물과 공유하는 것으로 사활의 위험에 직면했을 때 상대방을 공격하거나 도피하도록 설계된 충동이다. 이 방위적인 양성良性의 공격성은 생존에 유용한 것으로서 생물학적인 적응성을 지니며 위협이 사라지면 그것으로 끝난다. 또 다른 유형인 악성의 공격, 즉 잔인성과 파괴성은 인류에게 특유한 것으로 대부분의 포유동물에게는 존재하지 않는다. 그것은 목적을 갖고 있지 않으며, 탐욕스럽다 할 정도로 만족을 요구한다.

-에리히 프롬, 《파괴란 무엇인가》

침팬지 서너 마리가 침팬지 한 마리를 공격해 죽이는 데는 상당한 시간이 걸리지만, 인간은 안전한 거리에서 순식간에 상대를 죽일 수 있다. 인간은 자신의 손에 직접 피를 묻힐 필요도 없다.

제인 구달이 침팬지의 집단 살육을 다룬 책을 처음 출간했을 때, 몇몇 학자들은 일시적 현상일 뿐이라고 일축했다. 그러나 제인 구달은 다섯 차례나 전율할 만한 집단적 공격을 관찰할 수 있었다. 잔인한 폭력은 인간만의 전유물이 아니며, 나쁜 환경 때문에 생겨난 것도 아니다.

스티븐 핑커는 인간의 본성이 환경에 좌우된다는 빈 서판書板 이론, 즉 인간이 백지 상태로 태어난다는 이론을 강력히 비판한다. 그는 《빈 서판The Blank Slate》에서 '평화는 전설에 불과하다'고 주장한다. 그는 마거릿 미드의 사모아섬에 대한 묘사뿐 아니라 아프리카 칼라하리 사막의 쿵산족을 평화적으로 묘사한 엘리자베스 마셜 토머스Elizabeth Marshall Thomas의 《악의 없는 부족The Harmless People》도 왜곡이라고 말한다.

스티븐 핑커는 몇몇 인류학자들이 숫자의 함정에 빠져 있다고 비판했다. 50명으로 구성된 작은 부족을 상상해보자. 이 부족에서 1년에 한 명이 살해된다면, 이 숫자는 무시해도 좋을 만큼 작은 숫자인가? 비율로 따지면 이 부족의 연간 살인율은 2퍼센트다. 만약 인구 1000만 명인 도시에서 이 같은 살인이 발생한다면 매년 20만 명이 살해되는 것과 같다.

더구나 이 살인율은 부족 내부에서 벌어진 살인만을 반영하고 있다. 만일 오늘날의 대도시처럼 부족 내에 외집단이 침투한다면 살인율은 상상할 수 없을 만큼 높아질 것이다. 이 세상 어디에도 외집단에게 관대한 집단은 없다. 최고의 이성을 동원해 만들어진 종교조차도 이교도에게 관용을 베푼 적이 없다.

《이타적 유전자》의 저자 맷 리들리 역시 '고상한 야만인' 가설에 회의적이다. 그는 아메리카 인디언들이 자연을 사랑했다는 증거는 없다고 주장한다. 콜럼버스가 도착하기 전에 인디언들은 로키산맥 대부분의 지역에서 엘크를 거의 멸종시켰으며, 1만 3000년 전 인류가 북아메리카에 첫발을 디뎠을 때는 대형 포유동물의 73퍼센트를 절멸시켰다. 인류가 남아메리카까지 손을 뻗친 1만 1000년 전에는 그 지역의 대형 포유동물 80퍼센트가 절멸했다.

일부에서는 기후변화가 그 원인이라고 주장하지만, 동물의 멸종 시기가 인간이 도착한 시기와 일치할 뿐 아니라 인간이 먹이로 삼은 동물들만 멸절했다는 사실은 이들의 주장을 무력화하기에 충분하다. 맷 리들리의 표현을 빌리면, 조상들은 유순한 동물들을 길들이거나 조련하는 대신 영원히 도살해버린 것이다.

> 물론 인디언들은 서구인들보다는 자연보존주의자들일 것이다. 그들은 서구인들보다 자연에 가까운 흔적만 남긴다. 그러나 이것은 그가 처해 있는 환경의 경제적, 기술적 한계 덕분이지 그가 갖추고 있는 영적이고 내재적인 생태론적 미덕 때문은 아니다. 그에게 환경을 파괴할 수단을 준다면, 그는 서구인들 못지않게 그것을 휘두를 것이며, 아마도 더 잘 휘두를 것이다.
>
> - 맷 리들리, 《이타적 유전자》

인류에게 환경을 보호하기 위한 윤리 따위는 없다. 그럼에도 우리는 조상들이 자연 친화적인 삶을 살았을 뿐 아니라 더 도덕적이었다고 믿는다. 맷 리들리는 환경주의자들이 경전처럼 여기는 시애틀 추장의 감동적인 연설조차 조작되었다고 말한다. 그의 연설은 시나리오 작가이자 영화학 교수인 테드 페리Ted Perry가 1971년에 쓴 ABC TV의 드라마 대본이라는 것이다.

그렇다면 인간은 본래 폭력적이고 이기적인 존재이며, 법률로 규제하지 않으면 만인에 대한 만인의 투쟁 상태로 되돌아갈 것인가? 아마 그렇지는 않을 것이다. 당신은 선한 사람들에게 둘러싸여 있으며, 어쩌면 당신도 선한 사람들 중 하나일 것이다. 당신은 가난한 이웃에게 도움을 줄 뿐 아니라 불치병을 앓는 환자를 위해 헌혈하고, 때로는 아무런 대가 없이 타인을 위해 봉사한다. 만약 인간이 본래 악한 존재라면 당신은 돌연변이인 셈이다.

이기적인 존재들 속에서 이타적인 당신이 살아남은 것은 놀라운 일이다. 루소는 오래전에 이 딜레마를 알아차렸다. 그는 《인간 불평등 기원론》에서 사슴 사냥꾼의 예를 들었다.

마을 사람들이 사슴을 사냥하기 위해 일정한 간격을 유지한 채 사슴몰이를 시작한다. 사슴을 잡으려면 각자 자신의 위치를 잘 지켜야 한다. 하지만 사슴은 눈에 띄지 않고, 갑자기 토실토실하게 살이 찐 토끼 한 마리가 당신 앞에 나타난다. 이때 당신은 어떻게 할 것인가? 자신의 위치를 지키며 사슴을 기다릴 것인가, 아니면 토끼를 잡기 위해 대열을 이탈할 것인가?

대열을 이탈해 토끼를 잡는다면 당신에게는 이득이다. 당신은 토끼고기를 남들과 나눌 필요 없이 독차지할 수 있다. 더구나 오늘 사냥에서 사슴을 잡으리라는 보장도 없다. 물론 사슴이 사람들이 포위한 곳에 있다면 그들은 대열을 이탈한 당신 때문에 사슴을 잡지 못할 수 있다. 당신에게 이득이 된 행동이 집단에는 해를 끼칠 수 있는 것이다.

바로 여기에 딜레마가 있다. 당신이 토끼를 포기하고 자기 위치를 성실히 지키기로 마음먹었다면 남들도 그렇게 할까? 당신이 성심껏 사냥에 임하고 있는데 남들이 토끼를 쫓는다면 당신의 노력은 허사가 된다. 당신의 노력은 상대방도 성실하게 자기 몫을 다할 때 보상받는 것이다. 남들이 성실하지 않다면 당신은 대열을 이탈해 토끼를 쫓아가는 것이 유리하다.

루소는 개인의 이기적 행동으로 얻는 이익보다 협력을 통한 이득이 더 크다는 것을 알았다. 협력 없이는 사슴을 잡기 어렵기 때문이다. 하지만 집단이 아무리 강한 규율을 정해놓았더라도 이탈자는 발생한다. 아무것도 잡지 못하는 것보다는 토끼라도 잡는 것이 나으며, 더구나 남들이 당신처럼 협력하리라고 장담할 수도 없다.

루시퍼
이펙트

인간이 사악한 존재라는 증거는 무수히 많다. 특별한 이익이 주어지지 않더라도 인간은 타인을 착취하거나 고통을 주고 싶어 한다. 아마도 가장 끔찍한 심리 실험은 1971년 미국 스탠퍼드 대학교 지하실에서 이루어진 필립 짐바르도 교수의 교도소 실험일 것이다.

대학생들의 반전운동이 한창이던 1971년, 짐바르도 교수는 두 군데의 신문에 광고를 냈다. 하루 15달러의 일당을 받고 2주간의 심리 실험에 참가할 대학생을 모집한다는 광고였다. 광고를 본 100여 명의 학생들이 심리 실험에 지원하겠다고 나섰다. 연구팀은 지원자 중에서 24명을 선발해, 대학 지하실을 개조한 모의 감옥에 수감할 계획이었다. 이들의 수감 기간은 2주였으며 지원자 중 절반에게는 수감자 역할을 맡기고 절반에게는 교도관 역할을 맡기기로 했다. 교도관 역할을 맡은 학생들은 3교대로 출퇴근하면서 24시간 수감자들을 감시해야 했다. 수감자와 교도관 역할은 동전을 던지는 방식으로 무작위로 정했다.

선발된 지원자들은 상당수가 다른 대학교 학생들이었으며, 대부분 중산층 가정에서 성장했다. 1971년 8월 14일 일요일, 연구팀은 경찰의 협조를 얻어 모의 수감자들을 사전 예고 없이 체포했다. 경찰을 동원해 체포한 것은, 자발적으로 자유를 내놓는 것과 강제로 자유를 박탈당하는 것은 심리적으로 큰 차이가 있기 때문이다.

연구팀은 감옥에서 17년간 수감 생활을 했던 경험자의 자문을 받아 체포에서 수감까지 실감나게 재현했다. 수감자들은 진짜 재소자와 똑같이 이름 없이 번호로만 부르도록 했다. 또 교도관의 지위와 역할을 인정해 수감자들에게 '교도관님'이라고 부르도록 했으며, 감방에는 수감자들의 심리를 파악하기 위한 도청 장치가 설치되었다.

첫날은 아무 일도 일어나지 않았다. 하지만 이튿날이 되자 수감자들 사이에서 첫 욕설이 튀어나왔다. 수감자들은 실험이 예상 밖으로 진행되자 감방 안에 간이침대로 바리케이드를 쳐놓고 교도관의 요구에 불응하기 시작했다. 시간이 흐르면서 상황은 더욱 악화되었다. 점호는 단순히 인원 파악을 위한 절차를 넘어 교도관들이 권위를 드러내고 과시하는 수단으로 변질되었다. 물론 피험자들은 언제든 중간에 실험을 그만두고 떠날 권리가 있었다. 그런데도 교도관들은 반항하는 수감자들을 독방에 넣었다.

교도관들은 모이기만 하면 수감자들을 괴롭힐 궁리를 했다. 수감자들은 교도관들에게 힘으로 제압당하자 자신들이 진짜 죄수이며, 계약을 파기하는 것은 불가능하다고 생각하기 시작했다. 일부는 감방을 나가기 위해서라면 무슨 짓이라도 할 수 있을 거라고 생각했다. 결국 수감자 중 한 사람은 36시간 만에 실험을 포기하고 감옥을 나갔다.

시간이 흐르면서 수감자들은 멍한 눈빛에 덥수룩하고 꾀죄죄한 몰골로 변해갔다. 점호의 강도도 점점 강해져서 팔굽혀펴기 같은 처벌이 등장했다. 사흘이 지나자 교도관들 중 일부는 단순한 연기 이상의 단계로 나아갔다. 자신들이 상황을 주도할 수 있다는 것에 자부심을 느끼기 시작한 것이다.

점호는 더욱 가혹해졌다. 교도관들은 언어폭력은 물론 발가벗기기, 수갑과 족쇄 채우기, 머리에 봉투 씌우기 같은 처벌을 가했다. 처음에는 강하게 반항하던 수감자들도 시간이 지나면서 교도관들에게 수동적으로 복종했다. 그들은 고분고분하게 수갑과 족쇄를 찼다. 그럼에도 수감자들은 실험을 거부하겠다는 의사표시를 하지 않았다. 자신들에게 주어진 상황을 실험으로 받아들이지 않고 실제 상황으로 인식한 것이다.

닷새째 되는 날에는 교도관에 대한 항의와 폭력행위가 발생했으며, 단식투쟁을 선언한 수감자도 생겨났다. 교도관의 가혹행위도 더욱 심해져 수감자들에게 동물의 성행위를 따라 하도록 명령하는 성추행 사건도 발생했다. 고작 닷새 만에 성적 수치심을 주는 학대행위가 벌어졌다는 것은 놀라운 일이었다.

그들은 '상대' 집단이 같은 대학생이라는 것을 알고 있었다. 수감자와 교도관 사이에는 본질적인 신분상의 차이가 존재하지 않았던 것이다. 교도관 역할을 맡은 학생들은 동전의 방향이 반대로 떨어졌다면 죄수 역할을 할 수도 있었다. 더구나 그들은 수감자들이 비참한 대우를 받을 만큼 어떤 잘못도 저지르지 않았다는 사실도 알고 있었다. 그런데도 일부 교도관들은 악의 대리인처럼 행동했으며, 나머지 교도관은 악이 번성하는 것을 방조했다.

죄수 역할을 맡은 학생들 역시 상당수가 상황에서 벗어나려고 노력하는 대신 교도관에게 순종했다. 오직 소수의 수감자만이 터무니없는 권력과 지배에 저항하며 인간의 도덕과 품위를 지켜낼 수 있었다.

상황이 심각해지자 연구팀은 엿새 만에 실험을 중단할 수밖에 없었다. 그때까지 남아 있던 수감자는 모두 다섯 명이었다. 실험이 끝난 후 실시한 인터뷰에서 교도관 역할을 했던 한 학생은 이렇게 고백했다.

> 지난 한 주 동안 나는 점점 교도소의 권력자로 변신해갔다. 나는 권력자처럼 걸었고, 권력자처럼 말했다. 그 결과 나는 권력자 중 하나가 되었다. 그와 같은 권위적 인물, 높은 지위를 누리는 독재자, 거만한 우두머리와 같은 인물이야말로 내가 평생 동안 대립해오고 심지어 혐오했던 대상이 아닌가! 그런데 바로 내가 그 장본인이 되었던 것이다.

그러나 어떤 학생은 교도관의 권력을 더 이상 누릴 수 없는 것에 아쉬움을 드러내기도 했다. 이 실험 이후 여러 심리학자들이 유사한 실험을 반복해 거의 같은 결과를 얻었다. 그러나 미군에서는 이 실험 결과를 전혀 다른 용도로 사용했다. 적의 포로가 되었을 때 대비하는 방법으로 활용하거나, 역으로 포로를 심문하는 기법으로 활용한 것이다.

불행하게도 교도소 실험과 같은 상황이 실제로 발생했다. 2004년 초 미군이 이라크의 아부그라이브 수용소에서 재소자들을 상대로 행한 가혹행위가 폭로된 것이다.

짐바르도 교수는 2004년 10월 20일부터 이틀간 바그다드에서 열린 재판에 전문가 입회인으로 참여했다. 그는 이라크까지 갈 수 없었으므로 이탈리아 나폴리에 있는 해군기지에서 화상을 통해 증언했다. 짐바르도 교수는 30여 년 전의 실험이 현실에서 똑같이 재현된 사실에 충격을 받고, 당시 논문으로 발표했던 실험 자료들을 정리해 《루시퍼 이펙트 Lucifer Effect》를 출간했다. 그는 이 책의 서문에 '썩은 상자 속에 들어가게 되었을 때, 선량한 사람들조차도 사악하게 돌변할 수 있다'고 썼다.

교도소 실험은 인간의 악이 악한 사람의 행동 때문이 아니라 주어진 환경에 의해서도 생겨날 수 있다는 것을 보여준다. 인간은 타고난 성품과 관계없이 상황에 따라 악해질 수 있다는 것이다. 앞서 우리는 자신의 의견이 옳다 하더라도 다수의 의견에 쉽게 굴복하는 인간의 동조 심리에 대해 이야기한 바 있다. 안타까운 것은, 불의를 주장하는 사람이 다수가 아니더라도 우리는 너무 쉽게 한 사람의 권력자에게 양심과 정의를 팔 수 있다는 사실이다.

이를 증명하는 실험은 1974년 미국 예일 대학교의 스탠리 밀그램 Stanley Milgram 교수에 의해 이루어져 《권위에 대한 복종 Obedience to Authority》이라는 책에 소개되었다. '복종 실험'으로 불리는 이 유명한 실험은 지역신문에 '기업과 학습에 관한 과학 연구 실험'에 참여할 지원자를 모집하는 광고를 게재하는 것으로 시작되었다.

지원자들에게는 시간당 4달러의 임금과 50센트의 교통비가 주어졌으며, 지원자 한 사람이 투자해야 하는 시간은 한 시간 정도였다. 광고를 보고 실험에 지원한 사람은 296명이었고, 나머지 참가자는 직접 편지를 보내 모집했다.

지원자들은 예일 대학교의 실험실로 안내되었다. 그들 앞에 하얀 가운을 입고 나타난 연구자는 지원자들에게 '처벌을 통해 학습과 기억을 향상시키는 실험'을 진행할 것이라고 말했다. 실험실은 두 개의 구별된 공간으로 나뉘어져 있다. 맞은편 공간에는 한 사람이 앉아 있는데, 이 사람은 '학습자'의 역할을 수행하도록 위장한 연기자다. 실험 참가자들이 수행해야 할 임무는 학습자에게 문제를 내고, 틀린 답을 말할 경우 처벌하는 교사 역할을 맡는 것이다. 교사가 일련의 단어들을 불러주면, 학습자로 위장한 연기자는 그 단어와 짝이 되는 단어를 찾아 대답해야 한다.

교사가 처벌할 수 있는 수단은 전기충격이다. 교사 앞에는 30개의 스위치가 있다. 첫 스위치에는 15볼트라고 표시되어 있는데, 한 단계 높아질 때마다 15볼트씩 강도가 올라가며 그에 따른 충격의 정도도 표시되어 있다. 마지막 30단계에 이르면 전압은 450볼트이며 강도는 'XXX' 단계, 즉 '위험할 만큼 심각한 충격'이라고 표시되어 있다. 학습자는 전기의자에 묶인 채 전기판 위에 손을 얹고 있으며, 교사는 학습자가 틀린 답을 말할 때마다 스위치를 눌러야 한다. 교사 역할을 하는 지원자들은 실험에 참가하기 전에 직접 45볼트의 전기충격을 체험했기 때문에 그 강도가 어느 정도인지 잘 알고 있다.

학습자는 전기의자에 앉은 채 끈으로 묶여 있다. 교사들에게는 학습자를 끈으로 묶은 이유를, 학습자에게 전기충격을 가하는 동안 과도하게 움직이는 것을 방지하기 위해서라고 설명했다. 학습자가 실험 상황에서 벗어날 수 없음을 교사들에게 암시한 것이다. 더구나 학습자의 손목에 물집과 화상을 방지하기 위한 연고까지 바름으로써 보다 실감이 나도록 했다. 물론 스위치를 누른다고 해서 실제로 전기가 흐르는 것은 아니다. 학습자는 교사가 스위치를 눌러 전압계에 표시등이 들어오면 그 충격에 해당하는 고통을 연기하도록 지시를 받았다. 그는 교사 앞에 앉아 심장에 문제가 있는 중년 남성이라고 자신을 소개한다.

학습자는 정답을 잘 고르다가 시간이 지나면서 하나씩 틀리기 시작한다. 교사는 낮은 전압의 스위치를 누르다가 전압이 점점 높아지게 되면 스위치 누르기를 망설인다. 학습자가 조금씩 고통스러운 연기를 시작하면 교사들은 가운을 입은 연구자에게 계속 스위치를 눌러야 하느냐고 묻는다. 그래도 연구자는 계속 스위치를 누르라고 지시한다. 전압이 올라갈수록 학습자의 신음 소리는 커지고, 나중에는 심장이 이상하다고 소리친다. 전압이 300볼트 이상으로 높아지면 학습자는 비명을 지르거나 바닥을 박차면서 풀어달라고 호소하기도 하고, 때로는 가슴의 고통을 호소하다가 마침내는 큰 충격을 받은 듯 아무 말도 못하고 침묵을 지킨다.

당신이 교사 역할을 맡은 실험 참가자라면 당장 스위치 누르기를 멈출 것이다. 그뿐 아니라 당신은 터무니없는 실험을 계획한 연구자에게 단호한 어조로 항의할 것이다. 심리학자들 역시 그렇게 예상했다.

실험을 시작하기 전에 스탠리 밀그램은 다양한 나이와 직업을 가진 미국인 100명에게 자신이 실험과 같은 상황에 처했다면 언제 전기충격을 멈출지를 예측해보도록 했다. 이들은 모든 피험자가 복종을 거부할 것이라고 예측했다. 40명의 심리학자들을 대상으로 결과를 예상해달라는 요청에도, 심리학자들은 가장 심한 30단계까지 스위치를 누르는 사람은 1퍼센트 미만일 것이며, 대부분의 사람들은 10단계에서 스위치 누르기를 포기할 것이라고 예측했다.

예상대로 실험에서 교사 역할을 맡은 사람들은 학습자의 고통을 지켜보며 몹시 괴로워했다. 그들은 실험을 중단하고 싶었지만, 가운을 입은 연구자는 계속할 것을 지시했다. 교사들은 학습자의 상태를 걱정하며 담배를 많이 피웠으며, 땀을 비 오듯 흘렸다. 그러나 놀랍게도 연구자의 지시를 거부한 사람은 거의 없었다.

결과는 끔찍했다. 40명 중 26명, 즉 65퍼센트의 사람들이 학습자에게 30단계의 고통을 가했다. 대다수의 교사들은 학습자가 고통에 몸부림치며 멈춰달라고 애원했는데도 거듭 전기충격을 가했다. 330볼트에서는 학습자가 의식을 잃은 듯 아무 소리도 내지 않았는데도 충격을 멈추지 않았다. 학습자가 비명조차 내지르지 못하는 상태에 이르러서도 계속 스위치를 누른 것이다. 450볼트의 전기충격이 세 번 정도 가해진 후에야 실험은 중단되었다.

여러 형태의 변형 실험도 이루어졌다. 스탠리 밀그램은 약간 상황을 바꾸어 교사들이 지시를 거부할 수 있는 조건을 다양화했다. 교사로 하여금 학습자의 손을 전기충격판 위에 직접 갖다 대도록 요구한 것이다. 그러자 교사들 중 30퍼센트가 직접 학습자의 손을 전기판 위에 갖다 대고 스위치를 눌렀으며, 학습자의 몸이 마비되어 바닥에 나동그라지는 것을 지켜보았다. 어떤 참가자는 학습자가 고통에 겨워 전기판에서 손을 떼는 행동을 하자 강제로 학습자의 손을 전기판에 올려놓기도 했다. 교사들 중 단 한 사람만이 255볼트를 넘어서자 실험을 계속하기를 거부했다. 하지만 상당수는 스위치를 누르며 낄낄대는 행동을 함으로써 비열한 집단심리를 드러냈다.

만일 흰 가운을 입은 사람이 교수가 아니라 연구 보조원이었다면 결과는 어땠을까? 이 실험에서 지시를 따른 피험자의 수는 크게 줄었다. 또 구별된 공간의 칸막이를 없애고 교사와 학습자의 거리를 좁혔을 때도 지시를 따르는 피험자의 수가 30퍼센트 정도로 줄었다. 피험자 중 한 사람을 배치해 연구자의 지시를 거부하도록 미리 계획된 실험에서는 90퍼센트 정도가 지시를 거부하고 자리를 떠났다. 사람들은 지시자의 지위가 보잘것없거나 권위를 인정하기 어려운 경우, 학습자와의 거리와 가까운 경우, 그리고 지시를 거부하는 선도자가 나타날 경우 순종 대신 불복종을 택하는 경향을 보인 것이다. 18가지의 변형된 실험을 진행한 결과 예상과는 달리 많은 사람들이 권위자의 명령에 따라 전기충격을 가했다.

실험 결과가 발표되자 심리학자들은 큰 충격을 받았다. 인간은 타인에게 고문을 가할 때 우월감과 함께 상대방을 마음대로 통제할 수 있다는 쾌감을 느낀다. 고문을 하는 사람은 고통을 당하는 사람에게 신과 같은 존재다. 고문 기술자들이 양심의 가책을 받지 않고 타인에게 고통을 가할 수 있는 것은 그 순간에 자신이 누군가의 신이 될 수 있기 때문인 것이다.

여기서 우리는 고문 기술자들이 느끼는 희열을 유추해볼 수 있다. 그들은 절대권력의 대리자다. 스탠리 밀그램은 이런 상황을 '대리자적 상태agentic state'라고 표현했다. 일단 권위체계 안으로 편입되면 그는 권력자의 힘을 대리로 실행하는 사람이 된다. 절대권력의 대리자가 되면 행위의 부도덕성을 자기 탓으로 여기지 않는다. 그는 오직 절대권력의 명령을 수행하는 대리인에 불과하다고 믿는 것이다. 따라서 우리는 히틀러의 추종자들이 어떻게 윤리적 갈등 없이 끔찍한 행위를 할 수 있었는지 추측해볼 수 있다.

칼 포퍼Karl R. Popper는《열린사회와 그 적들Open Society and Its Enemies》

에서 이렇게 말한 바 있다.

> 타인을 파괴함으로써 자신의 두려움을 파괴하고, 타인에게 두려움을 전
> 가한 다음 그 두려움으로부터 나 자신을 분리한다. 악이란 곧 잔인성인
> 동시에 그것이 주는 두려움이며, 두려움 그 자체에 대한 두려움이다.

타인을 향한 악행은 두려움의 또 다른 표현인 셈이다. 사람들은 타
인에게 악을 행함으로써 자신의 두려움을 격리시켜 타인에게 전가한다.
하지만 이를 통해 얻는 위안과 희열은 지속적이지 않다. 악행의 밑바닥
에 두려움이 자리 잡고 있기 때문이다. 그러나 우리는, 비록 소수이긴 하
지만 실험을 거부한 피험자들이 있다는 사실을 기억해야 한다. 심리학
의 역할은 30단계에 이르기 전에 실험에 참가하기를 거부한 35퍼센트의
사람들이 왜 그랬는지를 밝히는 것이다.

인간에게는 합법적인 권위에 무조건 복종하려는 심리가 있다. 그래
서 상관의 명령이 충돌할 경우 사람들은 먼저 누가 고위직인가를 따진
다. 직위는 곧 권력이다. 절대권력이 사라진 오늘날에도 이러한 심리를
효과적으로 활용하는 사람들이 있다.

사이비 종교 집단이나 불가사의한 신비 현상을 믿는 집단은 흔히 의
사, 변호사, 정치인, 고위 공무원들이 그 집단에 소속되어 있거나 든든
한 후원자임을 홍보함으로써 자신들의 믿음을 정당화한다. 그렇기 때문
에 과학적으로 인정되지 않는 모든 신비 현상의 이면에는 항상 권위를
가진 전문가들의 증언과 변론이 뒤따른다. 물론 신비주의의 실재를 증
명하기 위해 동원된 대부분의 전문가들은 신분이 과장되었거나 해당 분
야의 전문가가 아니며, 증언 자체가 거짓인 경우도 많다.

04

이기주의자의
딜레마

죄수의
딜레마

당신은 두 명의 범죄 용의자를 심문하고 있는 수사관이다. 두 용의자가 공범이라는 심증을 갖고 있지만 지금까지 확보한 증거는 없기 때문에 자백에 의존할 수밖에 없다. 당신은 두 용의자에게 혐의를 동시에 인정하면 10년 형기 중에서 둘 다 5년씩을 감해주겠다고 제안한다. 또 둘 다 혐의를 부인할 경우에는 범죄를 증명하기가 쉽지 않아 둘 다 2년 정도 감형될 것이라고 말한다. 그러나 한 사람이 범행을 자백한 후 상대에게 죄를 뒤집어씌우면, 그에게 형기 10년이 추가되는 대신 자백한 용의자는 무죄로 석방된다.

당신은 솔깃한 제안을 한 다음 용의자들을 각각 방에 가둔다. 두 용의자의 셈법은 복잡해진다. 그들도 공범 관계를 인정하는 것이 서로에게 최선이라는 것을 알고 있다. 그러나 친구에게 범죄를 뒤집어씌운다면 자신은 무죄로 석방된다. 문제는 상대방도 같은 생각을 하고 있다는 것이다. 만약 두 사람이 의논할 수 있다면 동시에 자백할 가능성이 높다. 하지만 두 사람은 동시에 대답하거나 서로 어떤 대답을 할지 몰라야 한다. 그렇지 않으면 나중에 대답하는 사람이 배신할 가능성이 있다. 이를 정리하면 다음과 같다.

① 둘 다 인정할 경우: 5년 감형
② 둘 다 부인할 경우: 2년 감형
③ A가 인정하고 B가 배신할 경우: A는 20년, B는 무죄
④ A가 배신하고 B가 인정할 경우: A는 무죄, B는 20년

이제는 당신이 용의자 A라고 가정해보자. 당신에게 가장 이로운 것은 ④의 경우고, 가장 해로운 것은 ③의 경우다. 이는 상대방에게도 마찬가지다. 당신은 친구와 협력해 5년을 감형받고 싶지만 친구가 배신할 가능성이 있다. 그럴 경우 당신은 최악의 선택을 한 것이 된다. 둘 다 부인하더라도 10년 중 2년이 감형되는 것은 별 의미가 없다. 친구도 당신과 같은 생각이다. 이제 당신은 어떤 선택을 할 것인가?

이 게임에서는 두 사람 중 한 사람이 배신해야만 나머지 한 사람이 최선의 결과를 얻는다. 당신에게 최악은 ③이며 그다음은 ②다. 친구도 당신과 같은 생각이므로, 최악을 피하려면 서로 배신하는 것이 유리하다. 결국 두 사람은 모두 범죄를 부인한다.

이와 유사한 게임으로 미국의 인지과학자 더글러스 호프스태터 Douglas Hofstadter가 제시한 '늑대의 딜레마wolf's dilemma'가 있다. 고등학

생 열 명을 각각 작은 칸막이 안에 앉힌다. 이들 앞에는 버튼 하나가 놓여 있고, 버튼을 누르면 중앙 컴퓨터에 표시된다. 학생들은 버튼 위에 손가락을 올려놓는다. 실험을 주관하는 사람은 이들을 위해 1만 달러를 준비해두고 있다. 만약 아무도 버튼을 누르지 않고 10분을 기다리면 열 명에게 각각 1000달러씩 나누어줄 계획이다. 그러나 누군가 먼저 버튼을 누른다면, 그 사람은 100달러를 받고 나머지는 한 푼도 받지 못한다.

합리적 인간이라면 게임에 참여한 열 명이 차분하게 10분을 기다렸다가 1000달러씩 받는 것을 선호할 것이다. 그러나 더 영리한 사람은 가장 먼저 버튼을 누를 것이다. 오직 그만이 100달러를 받고 다른 사람은 한 푼도 받지 못할 것이기 때문이다. 그러나 더 영리한 사람은 이를 알고 있기 때문에 그보다 먼저 버튼을 누르려고 할 것이다. 따라서 게임이 반복되면 자리에 앉자마자 서로 버튼을 누르는 혼란이 발생할 것이다. 상호 협력은 모두에게 이익을 안겨준다. 하지만 우리는 함께 게임에 참여한 상대방을 완전히 믿을 수 없다.

인간 본성을 연구하는 분야에 게임이론이 끼친 영향은 지대하다. 본래 게임이론은 프린스턴 대학교의 수학자 존 폰 노이만John von Neumann과 경제학자 오스카 모르겐슈테른Oskar Morgenstern이 1944년 《게임이론과 경제 행동Theory of Games and Economic Behavior》을 출간하면서 세상에 알려졌다.

포커 게임에서 승리할 수 있는 수학적 방법을 모색했던 노이만은 게임이론이 경제학에도 유용할 것이라는 아이디어를 떠올렸고, 이 연구에 동료 교수인 오스카 모르겐슈테른을 참여시켰다. 두 사람의 게임이론은 한동안 주목받지 못했으나 제2차 세계대전 이후 미국과 소련이 냉전 체제에 돌입하면서 미 군부의 관심을 끌었다. 미군은 당시 핵전쟁에 관한 전략을 연구하던 캘리포니아 샌타모니카의 랜드RAND 회사에 노이만을 자문위원으로 고용해 게임이론을 발전시켰다.

게임에 참여한 사람은 상대방을 속이고 자신을 위장하며 허풍을 떤다. 노이만은 이런 상황 속에서 사람들은 자신의 이익을 계산하며 합리적으로 선택한다는 것을 수학적으로 증명했는데, 이를 '최소최대 정리minimax theorem'라고 불렀다.

적절한 사례를 떠올려보자. 당신은 집에서 기다리고 있는 두 아이를 위해 맛있는 케이크를 사서 귀가했다. 그런데 아이 둘이 케이크를 어떻게 자를지를 놓고 고민하기 시작한다. 보다 못한 당신이 케이크를 두 조각으로 잘랐다고 하자. 두 아이는 여전히 상대방의 케이크가 더 크다고 생각할 것이다. 이때 가장 좋은 방법은 한 아이에게 케이크를 자르게 하고, 케이크를 자르지 않은 아이가 먼저 케이크 조각을 선택하도록 하는 것이다. 그렇게 하면 케이크 조각을 자르는 아이는 최선을 다해 균등하게 케이크를 자를 것이다. 케이크를 자를 권리를 빼앗긴 아이 역시 불만이 없다. 케이크를 선택할 권리가 있기 때문이다. 이렇게 합리적 선택을 하는 것이 최소최대 정리의 한 예라 할 수 있다.

대부분의 게임은 제로섬게임이다. 승리가 1의 효용을 얻는 것이라면 패배는 1의 효용을 잃는 것이다. 따라서 효용의 합은 제로다. 두 사람이 참가한 제로섬게임에서는 상대방이 패해야만 이길 수 있다. 그러므로 경쟁자와의 협력은 불가능하다. 그러나 여러 사람이 참여하는 게임에서는 다른 사람과 동맹을 맺으면 승리할 수 있다. 짜고 치는 고스톱에서 두 사람이 한 사람을 이길 수 있는 것과 같다. 그래서 여러 사람이 모인 사회는 기만과 협잡, 사기가 판친다.

노이만의 연구는 다양한 게임이론을 탄생시켰다. 죄수의 딜레마

prisoner's dilemma 게임은 1950년 랜드 회사에서 일하던 메릴 플러드Merril Flood와 멜빈 드레셔Melvin Dresher가 만든 모델에서 시작되었다. 두 사람이 만든 게임은 A와 B가 협력할 경우 A는 0.5센트, B는 1센트를 받고, 둘 다 협력하지 않으면 A는 아무것도 받지 못하고 B는 0.5센트를 받는 것으로 설계되었다. 이후 랜드 회사의 자문역을 맡고 있던 프린스턴 대학교의 앨버트 터커Albert Tucker가 이 게임을 재구성해 '죄수의 딜레마'로 명명했다.

죄수의 딜레마는 1960년대 수학자들에 의해 집중적으로 연구되었고, 1973년에는 영국의 진화생물학자 존 메이너드 스미스John Maynard Smith가 게임이론을 진화론에 접목시켰다. 그는 잘 적응된 군집들은 최적의 전략을 구사한다고 주장하면서, 최적의 전략을 '진화적 안정 전략evolutionary stable strategy'이라 불렀다.

존 메이너드 스미스가 제시한 매와 비둘기의 게임을 상상해보자. 동일한 숫자의 매파와 비둘기파가 일정한 공간에 함께 살고 있다. 살아남기 위해서는 환경에 잘 적응해야 하고 경쟁에서 승리해야 한다. 매파끼리의 경쟁은 어느 한쪽이 치명적 손실을 입을 가능성이 높다. 하지만 비둘기파끼리는 치명적 손실을 입히지 않는다. 반면 매파와 비둘기파가 싸우면 비둘기파는 매파에게 매번 패할 수밖에 없다. 그렇다면 경쟁에서 승리하는 매파가 비둘기파를 물리치고 집단을 지배하게 될 것이다.

정말 그럴까? 우리가 살아가는 사회에도 이기적이고 공격적인 집단이 존재하지만, 이들이 세상을 지배하는 것은 아니다. 이는 매파와 비둘기파의 존재 조건이 어느 한쪽에 일방적으로 유리한 것이 아니라는 것을 의미한다. 비둘기파 내에 매파 돌연변이가 한 마리 태어났다고 가정해보자. 그는 모든 비둘기와의 싸움에서 승리하게 되고, 결국에는 자신의 유전자를 후손에게 물려줄 것이다.

하지만 위협도 존재한다. 비둘기파 내에서 지위가 높아질수록 매파가 되고 싶어 하는 비둘기들이 생겨나고, 결국엔 매파가 되기 위해 경쟁할 것이다. 결국 이 싸움은 살아남은 매파끼리의 싸움이 된다. 매파끼리의 싸움에서는 승리를 확신하기 어렵다. 이 게임 역시 제로섬게임이므로 매파 중 절반만이 경쟁에서 살아남고, 절반은 치명적인 손실을 입는다.

반대로 매파 내에서 비둘기파의 속성을 지닌 돌연변이가 태어났다고 가정해보자. 그는 매파와의 모든 싸움에서 패할 것이다. 하지만 그는 위험한 모험을 감행하지 않으므로 치명적 손실을 입지는 않는다. 따라서 매파 내에서 지위는 높아지지 않지만 안정적으로 자신의 유전자를 전달할 수 있다. 이렇게 되면 매파와 비둘기파는 안정된 비율로 공존한다.

존 메이너드 스미스는 이 집단에 '보복파'와 '허풍파'를 침투시켰다. 보복파는 초기에 비둘기파처럼 행동한다. 매파처럼 심한 공격을 하지 않고 규정대로 경쟁에 참여하는 것이다. 그러나 상대가 공격하면 즉각 반격한다. 즉 매파에게 공격당했을 때는 매파처럼 행동하고, 비둘기파와 만나면 비둘기파처럼 행동하는 것이다. 반면 허풍파는 강한 척하며 누구 앞에서든 매파처럼 행동하지만, 반격을 당하면 즉시 도망친다.

컴퓨터 시뮬레이션 실험 결과 보복파만이 진화적으로 안정적임이 밝혀졌다. 매는 비둘기를 가볍게 이기지만 다른 매와 싸우면 피투성이가 된다. 반면 비둘기는 게임을 반복하면서 유순한 특성을 장점으로 활용한다. 특히 보복파의 특성을 지닌 비둘기가 생존 가능성이 높았다. 그는 매를 만나면 매파로 변신함으로써 상대를 위협한다. 초기에는 비열한 전략을 구사하는 자들이 우세하지만 이들끼리의 경쟁이 치열해지면서 수가 점차 줄어들고, 결국엔 보복파가 유일한 지배자가 된다.

매와 비둘기 게임은 악한 자가 착한 자를 항상 이길 것 같지만 결코 그렇지 않다는 사실을 보여준다. 어느 한쪽의 일방적인 승리는 존재하지 않는다. 혼합 전략을 선택하는 자의 적응성이 높아지기 때문이다. 그래서 인간사회는 선한 자와 악한 자가 안정적인 비율로 공존하는 것이다.

이기적 유전자

1975년 에드워드 윌슨Edward O. Wilson의 《사회생물학: 새로운 통합 *Sociobiology: The New Synthesis*》이 출간되었다. 이 책은 출간되자마자 격렬한 논쟁을 불러일으켰고, 윌슨은 수많은 반대자들에게 휩싸였다. 반대편에 선 사람들은 대부분 사회학자와 인류학자들이었다. 이들은 유전자 결정론이 사회적 모순을 유전적으로 정당화하고 사회적 특권과 차별을 정당화한다고 비난했다.

사회생물학의 출발은 순탄치 않았다. 윌슨이 몸담고 있던 하버드 대학교에서는 성토대회가 열렸고, 그의 강의실은 퇴진을 외치는 학생들로 가득 찼다. 1978년 윌슨이 미국과학발전협회에서 연설할 때는 성난 시위자가 물세례를 퍼붓는 일까지 벌어졌다. 수컷의 생식전략을 정당화했다는 점에서도 페미니스트들의 강한 반발을 샀다. 그는 가부장적 제도를 지지하는 우파로 매도되었다. 더구나 1983년에는 미국인류학회가 마거릿 미드를 비판한 데릭 프리먼의 《마거릿 미드와 사모아》를 '비과학적이고 무책임한 보고서'라고 선언했다.

하지만 지지자도 있었다. 1976년 옥스퍼드 대학교의 생물학자 리처드 도킨스가 《이기적 유전자》를 출간함으로써 윌슨은 강력한 지원자를 얻게 되었다.

사회생물학의 등장으로 빚어진 소동은 오히려 새로운 학문에 대한 호기심과 궁금증을 촉발시켰다. 에드워드 윌슨은 인간의 사회적 행동양식의 근원을 생물학에서 찾으려 했다. 그는 사회생물학이 규명하는 원리들이 인간의 행동과 문화에도 적용되기 때문에 앞으로 문화인류학과 사회학은 생물학으로 흡수될 것이라 주장했다. 인류학자와 사회학자들의 자존심에 상처를 주는 도발적 주장이었다.

사회생물학의 요지를 검토하려면 우리는 먼저 찰스 다윈을 만나야 한다. 그는 1859년 《종의 기원On the Origin of Species》을 통해 수천 년 동안 이어져온 통념을 무너뜨리고 자연과 인간에 대한 새로운 시각을 제시했다. '진화론'이라 이름 붙여진 다윈 이론의 핵심은 환경에 잘 적응한 개체가 생존해 자손을 남긴다는 '자연선택'이었다. 문제는 역시 생존경쟁이었다. 피비린내 나는 생존 게임에서 남을 배려하는 일은 있을 수 없다. 다윈은 이렇게 말했다.

> 만일 어떤 종의 구조가 다른 종의 이익을 위해 형성된다는 것이 증명된다면 나의 학설은 무너질 것이다. 왜냐하면 이런 구조는 자연도태에 의해 만들어지지 않기 때문이다.

자연선택은 오로지 자신의 이익만을 위해 작동한다는 말이다. 다윈은 꿀벌의 침을 예로 들었다. 꿀벌이 적을 공격할 때 사용하는 침은 톱니 모양으로 생겼기 때문에 침을 쏜 후 다시 빼낼 수 없다. 침을 사용한 꿀벌은 내장이 밖으로 딸려나와 죽고 만다. 그렇다면 꿀벌은 왜 생존에 불리한 침을 진화시켰는가?

다윈은 꿀벌의 침이 본래 구멍을 뚫는 기관이었으나 점차 무기로 진화했다고 가정했다. 또 이 무기가 조직 전체에 이익을 가져온다면, 때로 소수가 죽임을 당하더라도 꿀벌에게는 이익이라고 설명했다. 꿀벌의 희생은 봉사정신이 강해서가 아니라 궁극적으로 종 전체에 이익이 되기 때문이라는 것이다.

다윈이 예로 든 진딧물의 경우도 마찬가지다. 진딧물은 개미에게 단물을 분비해준다. 진딧물은 개미를 먹여 살리기 위해 단물을 분비하는 것이 아니다. 다윈은 진딧물이 자신의 분비물이 너무 끈끈해지기 전에 누군가 그것을 청소해주는 게 편리했을 것이라고 추측했다. 즉 세상의 어떤 동물도 다른 종의 이익만을 위해 행동하지는 않는다는 것이다.

다윈의 주장은 지식인들에게 큰 충격을 주었다. 당시의 지식인들은 인간이 점점 더 나은 존재가 되기 위해 앞으로 나아가고 있으며, 그것이 창조의 목적이라고 믿었다. 하지만 다윈은 이러한 통념을 무너뜨렸다. 다윈이 생각하기에, 진화는 결말을 단정할 수 없는 생존 게임일 뿐이었다. 더구나 인간이 이 세상에 생겨나도록 한 신의 법칙 따위도 없었다. 법칙이 존재한다면 그것은 오직 자연선택이라는 법칙뿐이었다.

이 법칙에 따르면 어떠한 생물 종도 영원할 수 없다. 멸종은 진화의 단계에서 만나야 하는 어쩔 수 없는 운명인 것이다. 다윈은 모든 존재가 한 차원 높은 단계로 나아가 마침내 궁극적 목적에 도달할 것이라는 보편적 합목적성을 깨뜨렸다. 그는 인간의 도덕규범조차도 진화에 뿌리를 내리고 있다고 생각했다.

유전학자인 다윈의 사촌 프랜시스 골턴Francis Galton은 자연선택이 도덕적 품성을 결정한다고 굳게 믿은 나머지 인종에 우열이 있다고 주장하기에 이르렀다. 그는 유전학을 인류 개량에 이용해야 한다고 주장했으며, 1907년에는 우생학교육협회를 창립했다. 독일의 에른스트 헤켈Ernst Haeckel 역시 각 민족에 등급을 매김으로써 유전적으로 열등한 자들은 격리하거나 사회에서 배제해야 한다는 극단적 논리에 힘을 실어주었다. 마침내 우생학은 '유대인 학살'이라는 인류 역사상 가장 끔찍한 범죄행위에 정당성을 부여하고 말았다.

사회생물학 논쟁은 리처드 도킨스의 《이기적 유전자》에 이르러 절정을 이루었다. 도킨스는 모든 동물은 유전자에 의해 창조된 생존 기계에 불과하다고 선언했다.

> 우리는 생존 기계다. '우리'란 인간만을 가리키는 것이 아니다. 모든 동식물, 박테리아 그리고 바이러스가 포함되어 있다. 유전자는 박테리아에서 코끼리에 이르기까지 모두 기본적으로 동일한 종류의 분자. 우리 모두는 같은 종류의 자기 복제자, 즉 DNA라는 분자를 위한 생존 기계다.
>
> - 리처드 도킨스, 《이기적 유전자》

도킨스에 따르면 유전자는 이기주의의 기본단위다. 그의 논리 중에서 가장 도전적이고 논쟁적인 개념은 타인을 돕는 이타심조차도 이기적 유전자의 설계에 불과하다는 것이다. 그는 이타주의를 '행위자의 생존 가능성을 낮추고, 동시에 수익자로 보이는 자의 생존 가능성을 높여주는 것'으로 정의했다. 즉 자신이 희생해 다른 존재의 생존 가능성을 높여주는 것이 곧 이타적 행위라 할 수 있다.

그는 암컷 사마귀가 교미가 끝난 수컷 사마귀를 잡아먹는 습성을 예로 들었다. 수컷 사마귀가 접근해 교미를 시작하면 암컷은 수컷의 머리를 잘라 먹기 시작한다. 그래도 교미는 계속된다. 사마귀에게 이런 끔찍한 본능이 남아 있는 것은 양자에게 이익이 되기 때문이다. 암컷은 배를 채울 수 있고, 수컷은 자신의 후손을 임신시킬 수 있다.

펭귄도 좋은 예다. 펭귄은 천적인 바다표범이 우글거리는 바다로 나가기를 주저하다가 한 마리가 뛰어들면 함께 뛰어든다. 이 과정에서 어떤 펭귄은 동료 한 마리를 바다 속으로 먼저 밀어넣기도 한다. 엉겁결에 바다표범의 먹이로 바쳐진 한 마리의 희생으로 펭귄 집단은 생존 가능성을 높인다.

모든 생물체의 목적은 자신이 유전자를 후손에게 전달하는 것이다. 이타적으로 보이는 행위조차도 실제로는 유전자의 이기적 목적에 봉사하기 위한 것이다. 그렇다면 인간은 유전자를 나르는 일종의 짐꾼이거나 운전사에 불과하다. 말하자면 인간은 유전자의 노예인 것이다. 더구나 유전자는 이기적이므로, 남을 돕고자 하는 행위마저 유전자의 이기주의로 귀착된다.

반대자들은 인간이 유전자의 꼭두각시라는 주장을 결코 받아들일 수 없었다. 이들이 보기에 사회생물학은 과학적 정당성을 떠나 인간을 경시하는 학문이며, 가부장적 사회와 인종차별과 같은 반인륜적 이데올로기를 정당화시킬 뿐이었다.

이타적
본성

> 깊은 도덕성이 어떤 개인이나 그 자손을 같은 부족 구성원들에 비해 아
> 주 유리하게 하는 것은 아니지만, 도덕 수준이 올라가고 도덕성을 갖춘
> 인간이 늘어나면, 그 부족이 다른 부족에 비해 상황이 유리해진다는 사
> 실을 잊어서는 안 된다. 애국심이 높고 정절, 순종, 용기, 동정심의 미덕
> 을 두루 갖추어 상호 협력하거나 모든 구성원의 이익을 위해 자신을 희생
> 할 준비가 되어 있는 사람이 많은 부족이 다른 부족에게 승리할 것임은
> 틀림없다. 이것이 자연도태다.
>
> — 찰스 다윈, 《인간의 유래와 성선택》

다윈은 동물들도 사회적 본능을 갖고 있으며, 인간처럼 지적 능력이
생기면 도덕성이나 양심을 갖는다는 생각을 지지했다. 동물도 다른 개
체와 협력하는 것이 서로에게 이득이 된다. 집단의 보호를 받는 개체는
여러 위험에서 쉽게 벗어날 수 있지만, 홀로 살아가는 개체는 많은 수가
도태될 것이기 때문이다. 그는 이타주의가 '사회적 본능'이라고 생각했다.
즉 남을 돕는 행위는 사회적 동물의 본성이다. 물론 그는 남을 돕는 행
위가 같은 집단 내 동료에게만 적용될 뿐, 모든 개체에게 해당되지는 않
는다고 생각했다.

인간이 협력하는 존재로 진화하는 과정에서 다윈이 주목한 것은 언
어였다. 구성원들은 언어를 통해 쉽게 공동의 이익을 논의할 수 있고 합
의에 이를 수 있다. 그러나 다윈은 동물의 지능이나 사회성이 인간과 같
아지더라도 동물이 도덕성을 갖게 되지는 않을 것이라고 생각했다.

다윈은 꿀벌의 도덕과 인간의 도덕을 비교했다. 여왕벌은 수컷과 교미해 수벌과 일벌을 낳는다. 일벌은 모두 암컷이기 때문에 이들 중에서 여왕벌이 선택된다. 수벌은 교미에만 관여하고 여왕벌은 산란만 한다. 겨울이 되면 일벌은 월동 식량을 절약하기 위해 수벌을 죽이거나 내쫓는다. 자신의 오빠나 남동생을 살해하는 것이다. 꿀벌과 인간은 다른 진화의 길을 걸어왔기 때문에 다른 도덕적 기준을 갖고 있다. 다윈은 인간의 기준과는 다르지만, 벌과 같은 사회성 동물들도 옳고 그름이나 양심의 본성을 갖고 있다고 생각했다.

일벌처럼 죽을 줄 알면서도 침입자에게 침을 쏜다면 자신의 유전자를 남기지 못할 것이다. 이는 진화에 있어서 가장 치명적인 약점이다. 자살 같은 자기희생은 오직 자식을 낳지 않는 존재만이 할 수 있다. 일벌은 자식을 낳지 않는다. 대신 그들은 가까운 친척을 보살핌으로써 자신의 유전자를 보존하고 후손에게 전달한다. 수벌 역시 불필요한 식량 낭비를 방지하기 위해 죽음을 선택한다. 또 여왕벌은 오직 번식에만 매달림으로써 이들의 희생에 보답한다.

꿀벌의 생활을 보면 일벌은 오직 봉사만 하고 여왕벌에게 모든 이득이 돌아가는 것처럼 보인다. 하지만 일벌은 알에서 깨어난 애벌레를 돌봄으로써 자신의 유전자를 남긴다. 침을 쏜 일벌은 곧바로 죽지만 독액샘은 계속 적의 몸에 독액을 흘려 넣는다. 침의 뿌리에서 나는 독특한 향은 다른 일벌들에게 공격 지점을 알려준다. 따라서 이들의 자살행위는 집단 전체의 관점에서 보면 얻는 것이 더 많다. 벌의 수명은 약 50일에 불과하기 때문에 목숨을 버리는 것은 유전자 손실에 비하면 아주 사소한 것이다.

꿀벌 외에도 많은 동물들이 집단을 위해 희생한다. 어떤 새는 포식자의 첫 목표물이 될 것을 알면서도 동료들에게 경고음을 보내며, 몽구스나 미어캣은 동료를 위해 보초를 선다. 흡혈박쥐 역시 동료들과 먹이를 나눈다. 이런 유전자를 갖고 있는 개체들은 집단 내에서 성공할 가능성이 높다. 자기희생을 통해 자신의 유전자를 구할 수 있기 때문이다.

협력의 진화

> 만일 우리가 간접적인 증거를 찾고자 한다면 자연에게 물어보자. 누가 최적자인가? 끊임없이 전쟁을 치르는 종인가? 아니면 서로 도와가며 살아가는 종인가? 상호부조의 습성을 배운 종이야말로 의심할 여지없이 최적자임을 우리는 금방 깨닫게 될 것이다.
>
> - 표트르 크로폿킨Pyotr A. Kropotkin,
>
> 《만물은 서로 돕는다Mutual Aid, a Factor of Evolution》

표트르 크로폿킨은 적자생존이 유일한 자연의 법칙이 아니라고 주장했다. 그에게 삶은 투쟁의 장이 아니라 협력의 장이다. 그는 동물 집단을 관찰한 후 가장 잘 협력하는 동물이 가장 성공적인 동물이라는 생각을 갖게 되었다. 진화를 추동하는 것은 경쟁만이 아니라 개체 간의 협력도 중요한 요인이라고 믿은 것이다. 그는 이타주의 역시 자연적인 인간의 본성이라고 생각했다. 모든 개체가 이기적이라면 자연계에 그토록 많은 협력이 존재하는 이유는 무엇인가? 크로폿킨은 협력이 이기적 본성과 마찬가지로 유전자의 진화적 산물이라고 주장했다.

이타적 행위는 어떻게 진화할 수 있었을까? 순수한 이타주의자는 이기주의자들에게 쉽사리 이용당하기 때문에 생존 가능성이 적고 자신의 유전자를 전달할 기회도 얻지 못한다. 그러나 동물 집단은 물론 우리 주변에도 이타주의자들은 늘 존재한다.

모든 개체가 이익을 추구하는 생존 게임에서 어떻게 협력이 탄생하게 되었는지를 설명하는 다양한 가설이 있다. 우선 다윈이 생각했던 '집단선택group selection'을 생각해볼 수 있다. 이미 언급했듯이 다윈은 집단을 위해 자신을 희생할 준비가 되어 있는 사람이 많은 부족이 다른 부족에게 승리할 것이라고 추측했다. 즉 이타적 인간이 많은 집단은 집단 간 분쟁에서 승리할 가능성이 높고 생존 가능성도 높다.

집단의 성공은 개인의 성공과 불가분의 관계에 있다. 각 개체는 암컷을 차지하기 위해 서로 경쟁하지만, 서로를 죽이지 않으며 심각한 상처를 입히지도 않는다. 치명적 무기들은 경쟁자를 위협하는 데 주로 사용한다. 뿔이나 발톱 같은 무기를 사용하지 않는 집단은 죽일 듯이 싸우는 집단에 비해 생존 가능성이 높다. 결국 집단 내에서는 서로 죽이지 않는 메커니즘이 작동하게 된다.

그러나 집단선택 가설은 생물학자들로부터 크게 지지받지 못하고 있다. 집단선택 가설에 치명적인 타격을 가한 사람은 조지 윌리엄스George C. Williams였다. 그는 1966년 《적응과 자연선택Adaptation and Natural Selection》을 통해 자연선택의 단위를 '집단'에서 '유전자'로 전환시키는 데 성공했다. 자신을 희생하는 개체가 많은 집단은 다른 집단보다 절멸의 위험이 적을 것이다. 하지만 현실은 그렇지 않다. 만일 그런 집단이 진화 과정에서 승리했다면, 오늘날의 세계는 자기희생을 치르는 개체들이 지배하고 있을 것이다.

집단선택이 '개체선택individual selection'을 압도하려면 개체의 변화보다 집단의 변화가 더 빨라야 한다. 그렇지 않으면 집단은 더 빨리 적응한 개체들에게 점령당하고 말 것이다. 또 집단선택이 성공하려면 집단 전체가 공정하게 생식의 기회를 나눠야 하며, 집단 간 이동도 거의 없어야 한다. 개체가 유전적 다양성을 통해 집단보다 빨리 진화하는 것을 막아야 하기 때문이다. 또 경쟁에서 탈락하는 집단도 개체가 도태되는 것만큼이나 빈번하게 발생해야 한다.

이는 불가능한 일이다. 이런 조건이 성립하려면 집단이 개체의 이기적 행위를 완벽하게 통제할 수 있어야 한다. 그렇지 않으면 집단 내에서 이기주의가 독버섯처럼 자라날 것이다. 개체는 집단의 절제를 이용해 자신의 야심을 충족할 기회를 끊임없이 노릴 것이다. 이런 이유로 집단선택 가설은 오늘날 외면당하고 있다.

또 하나의 대안은 '친족선택kin selection' 가설이다. 이 가설을 소개하기 전에 먼저 딜레마 하나를 해결하자.

당신은 여섯 살짜리 아이를 둔 엄마다. 아이는 당신의 직장 건물 내에 마련된 유치원에 다니고 있다. 그런데 점심시간이 막 끝나갈 무렵 갑자기 사이렌 소리가 들려왔다. 깜짝 놀라 건물 위쪽을 바라보니 유치원이 위치한 3층에서 검은 연기가 치솟고 있다. 가슴이 철렁 내려앉은 당신은 급히 계단을 뛰어올라 유치원 출입문 앞으로 달려간다. 다행히 당신은 소방관들보다 먼저 유치원에 도착했다.

불이 난 유치원 안에는 두 개의 방이 있다. 첫 번째 방에는 당신의 아이가 혼자 갇혀 있고, 두 번째 방에는 직장 동료들이 맡긴 수십 명의 아이들이 갇혀 있다. 불이 급속하게 번지고 있으므로 당신은 두 개의 방문 중 하나의 방문만 열 수 있다. 어느 쪽 문을 열든 그 방에 있는 아이들은 모두 구할 수 있다. 당신이라면 수십 명의 다른 아이들이 있는 방문을 열 것인가? 아니면 당신 아이가 혼자 갇혀 있는 방문을 열 것인가?

만약 당신의 아이를 포기하고 다른 아이들을 구하기로 결심했다면 집단선택 가설은 유효하다. 자신의 아이를 희생하는 대신 집단의 이익을 선택했기 때문이다. 이제 선택을 더욱 어렵게 만들어보자. 유치원에는 당신의 세 아이와 사촌 한 명이 함께 있다. 화재가 발생했을 때 한쪽 방에는 당신의 두 아이가 있고, 다른 방에는 당신의 아이 한 명과 사촌 한 명을 비롯한 여러 명의 아이들이 있다. 당신은 어느 쪽 방문을 열 것인가?

심리학자들이 진행한 여러 실험에서 사람들은 혈연이 가까울수록 먼저 구하겠다고 대답했다. 그렇다면 우리는 집단을 위해서가 아니라 피를 나눈 친족을 위해 희생하는 것이 아닐까? 이 질문에 답을 시도한 것이 바로 친족선택 가설이다.

런던 대학교의 대학원생인 윌리엄 해밀턴William D. Hamilton은 1963년과 1964년에 두 편의 중요한 논문인 〈이타적 행위의 진화The Evolution of Altruistic Behavior〉와 〈사회적 행위의 유전적 진화The Genetical Evolution of Social Behaviour〉를 발표했다. 두 논문은 이타주의와 친족의 유전적 관련성을 규명한 것으로, 이후 이 이론은 친족선택 가설로 불리게 되었다.

윌리엄 해밀턴이 이타적 행위의 유전적 관련성을 계산하는 데 사용한 방법은 '포괄적 적응도inclusive fitness'였다. 적응도는 어떤 개체가 후손을 번식하는 상대적 비율을 가리킨다. A가 낳은 자식이 B가 낳은 자식의 절반이라면, A의 적응도는 0.5다. 따라서 A가 짝짓기를 하지 못하거나 자식을 낳지 못하면 적응도는 0이 된다. 적응도를 집단에 적용한 것이 바로 포괄적 적응도다.

해밀턴은 포괄적 적응도를 적용해 희생자와 수혜자가 유전적으로 공통점이 많으면 많을수록 이타주의자의 유전자가 보존될 확률이 높다고 주장했다. 이 모델을 적용하면 이타주의는 혈연, 즉 유전자의 근친도에 따라 선택된다. 자연선택에 '피는 물보다 진하다'는 논리가 적용되는 것이다.

포괄적 적응도를 수학적 공식으로 나타내면 $c \langle rb$(c=행위자의 비용, r=행위자와 수혜자의 유전적 친족계수, b=수혜자의 이익)이다. 여기서 친족계수는 유전자를 공유하는 비율을 말한다. 부모와 자식은 50퍼센트의 유전자를 공유하며, 형제자매 50퍼센트, 사촌은 12.5퍼센트를 공유한다. 이를 친족계수로 표현하면 자신의 유전자를 1로 했을 때 부모와 자식의 친족계수는 0.5, 형제자매 0.5, 삼촌 0.25, 사촌 0.125다.

불타는 유치원의 A방에 당신의 아이 두 명이 있고 B방에 당신의 아이 한 명과 사촌, 그리고 혈연관계가 없는 여러 명의 아이들이 있다. 그렇다면 A방 친족계수의 합은 0.5+0.5=1, B방은 0.5+0.125=0.625다. 그러므로 당신은 A방에 있는 두 아이를 구하는 것이 자신의 유전자를 퍼뜨리는 데 유리하다.

어떤 사람이 열 명의 친족을 구하고 사망했다면 그는 자신이 갖고 있는 유전자의 복사본 하나를 잃게 되지만, 자신이 살린 사람들이 가지고 있는 유전자 복사본이 더 많다면 그의 죽음은 헛된 것이 아니다. 따라서 당신의 희생이 헛되지 않으려면 두 명 이상의 형제 또는 여덟 명 이상의 사촌, 네 명 이상의 배다른 형제를 구하고 죽어야 한다. 그러나 생물계에서 누가 가까운 친족인지를 구별하기는 어렵다. 그렇기 때문에 인간은 오래전부터 가족과 씨족을 한곳에 모아 부족을 형성하고 민족과 국가를 만들었다. 조상에 대한 숭배 의식을 고안해낸 것도 바로 이 때문이다. 같은 조상을 숭배하는 인간만이 혈연이기 때문이다.

이 가설은 어머니가 물에 빠진 자식을 구하기 위해 목숨을 버리는 이유를 설명해준다. 아들 하나만 구하고 죽으면 어머니가 유전적으로 손해를 보는 것 같지만 실제로는 그렇지 않다. 그 자식이 더 많은 손자 손녀에게 자신의 유전자를 나누어줄 것이기 때문이다. 물론 딸은 번식에 한계가 있기 때문에 아들을 구하는 것보다 딸을 구하는 것은 유전적 이득이 적다. 이 가설을 적용하면 모성애조차 지독하게 계산적으로 느껴진다. 하지만 인간은 이 놀라운 계산을 뇌 속에 간직한 채 '사랑'이라는 감정으로 진화시켰다.

이 가설은 꿀벌에게도 적용할 수 있다. 일벌의 희생은 결코 헛된 것이 아니다. 일벌은 집단을 위해 희생하는 것이 아니라 자신의 유전자를 더 많이 남기기 위한 한 가지 방법을 선택했을 뿐이다. 잘 알려져 있다시피 여왕벌은 감수분열을 통해 난자를 생산하며, 수정된 알에서는 오직 암컷(일벌)만이 부화한다. 수벌은 난자의 수정 없이 처녀생식으로 태어난다. 그렇기 때문에 여왕벌은 자신이 낳은 수벌, 여왕벌, 일벌과 모두 0.5의 친족계수를 갖는다. 일벌끼리는 0.75의 친족계수를 가지며, 아직 부화하지 않은 알과는 0.5의 친족계수를 갖는다.

따라서 일벌의 입장에서 여왕벌을 돕는 것은 자신과 75퍼센트의 유전자를 공유한 자매를 돕는 것이며, 여왕벌의 알을 돌보는 것은 자신과 50퍼센트의 유전자를 공유한 조카를 돌보는 셈이다. 물론 이 가설도 협력의 기원을 완벽하게 설명하는 것은 아니다. 비판적인 학자들은 벌 중에도 혼자 생활하는 종이 있으며, 이타적 행위가 반드시 혈연관계에서만 발견되는 것은 아니라는 점을 지적하고 있다.

이타주의자의 딜레마

개체는 혈연관계에 있는 다른 개체를 돕는 것이 유전자를 보존하는 데 유리하다. 하지만 이타주의는 혈연관계에만 적용되는 것이 아니다. 동물은 다른 종과 공생 관계를 형성한다. 특히 인간은 친족뿐 아니라 피 한 방울 섞이지 않은 타인을 도우며, 다른 동물에게까지 도움의 손길을 내민다. 길을 걷다가 물에 빠진 아이를 구해주었다면, 그 사람은 유전자의 이익을 위해 그 아이를 도운 것이 아니다. 물론 이득은 있다. 그는 도덕적인 사람으로 평가받을 것이며 이 사회적 평판은 생존 가능성을 높여줄 것이다.

이제 또 하나의 가설인 '호혜적 이타주의' 가설을 살펴보자. 어떤 마을에 사는 사람들은 양팔을 굽힐 수 없는 장애를 가지고 있다. 팔을 굽힐 수 없으므로 굶주리지 않으려면 누군가 음식을 먹여줘야 한다. 이 마을에는 이기주의자와 이타주의자가 공존하고 있다. 이타주의자는 굶주린 사람을 만나면 기꺼이 음식을 먹여주지만 이기주의자는 남이 먹여주는 음식만 받아먹을 뿐이다. 이타주의자들만 살고 있다면 사람들은 굶주리는 일 없이 평화롭게 살 수 있을 것이다. 반대로 이기주의자들만 살고 있다면 사람들은 모두 굶주리게 될 것이다.

이기주의자들은 늘 이익을 본다. 그렇다면 마을에는 이기주의자만 살아남을까? 이타주의자는 자신들이 항상 손해라는 것을 깨닫고 남을 돕는 일에 회의를 느끼게 될 것이다. 마침내 그들은 이기주의자들의 전략을 학습할 것이고, 결국 마을에는 이기주의자만 살아남을 것이다. 하지만 흡혈귀만 살아남은 세상에서 흡혈귀들은 더 이상 생존할 수 없다.

피를 공급할 생명체가 존재하지 않기 때문이다. 마찬가지로 이기주의자들이 완전히 집단을 장악하게 되면 이들도 도태될 수밖에 없다. 음식을 먹여주는 사람이 아무도 없을 것이기 때문이다.

이 이야기는 매와 비둘기 게임을 연상케 한다. 어느 쪽도 완전한 승리는 불가능하다. 그것이 바로 당신이 이타주의자로 살아남은 이유다. 이기주의자들이 설치는 세상에서도 이타주의자들은 성공적으로 살아남았다.

1970년대 초반 하버드 대학교의 대학원생 로버트 트리버스Robert Trivers는 〈호혜적 이타주의의 진화The Evolution of Reciprocal Altruism〉라는 논문을 통해 호혜적 이타주의 가설을 발표했다. 호혜적 이타주의란 받은 만큼 갚는 것이다. 은혜를 베푼 사람에게 보답하면 양쪽 모두 이익이다. 이것 역시 순수한 이타주의는 아니다. 보답을 기대하는 이기적 동기에서 비롯된 것이기 때문이다. 트리버스는 호혜적 이타주의를 논증하기 위해 반복적인 죄수의 딜레마를 고안했다. 그는 두 개체가 상호작용하는 횟수가 증가할수록 협력할 확률도 커질 것이라고 추정했다.

리처드 도킨스가 제시한 예를 들어보자. 한 무리의 새가 진드기 때문에 고생하고 있다. 새들은 자신의 부리로는 머리 위에 기생하는 진드기를 제거할 수 없다. 이 상황에서는 새들끼리 서로 머리를 청소해주는 게 이득이다. 그런데 남의 도움을 받으면서도 자신은 도움을 주지 않는 돌연변이가 생겨났다고 하자. 그는 남을 돕는 시간에 먹이를 잡을 수 있으므로 생존 가능성이 더 높고, 결국 이기적인 새들이 집단을 지배하게 될 것이다. 그러나 집단 전체는 진드기 때문에 어려움을 겪을 것이다.

그때 또 다른 돌연변이 두 마리가 생겨났다. 한 마리는 처음 보는 새들의 머리를 부리로 청소해주고, 다른 한 마리는 과거에 자신을 청소해줬던 새들의 머리만 청소해준다. 양팔을 펼 수 없는 사람들이 살고 있는 마을에서 확인했듯이 두 돌연변이 중에서 생존 가능성이 높은 새는 은혜를 갚는 새다.

더 극단적인 예로, 어떤 돌연변이 새가 형제들을 둥지 밖으로 밀어내 죽인다고 하자. 그는 형제들을 모두 살해했으므로 혼자 살아남을 것이고, 자신의 자손만 남길 것이다. 그렇다면 이 돌연변이 새의 자손들은 어떤 삶을 살아가게 될까?

유전적 특성이 곧바로 다음 세대에 나타나는 것은 아니지만, 이 돌연변이 새의 유전적 특성을 물려받은 후손들은 돌연변이 형제들까지 서로 둥지 밖으로 밀어낼 것이다. 그 결과 돌연변이 새의 자손은 아주 극소수만이 살아남게 될 것이다. 이렇게 적은 숫자로는 종을 이어갈 수 없다. 따라서 이 돌연변이는 개체군 내에서 결코 번성할 수 없다.

자연선택은 이기주의자를 선호한다. 그러나 극단적 이기주의자는 결국 구성원들의 도움을 얻을 수 없기 때문에 진화적으로 안정적이지 않다. 이는 게임이 반복될수록 상호 협력이 가능하다는 것을 의미한다. 죄수의 딜레마에서는 배신의 유혹이 협력의 이익보다 크다. 공유지에서 양을 방목하는 모든 목동이 규칙을 지키면 모두가 이익을 얻는다. 하지만 다른 목동들이 규칙을 어길 때 혼자만 규칙을 지키면 엄청난 손해를 입는다.

자연도 마찬가지다. 나무는 키를 높이는 데 모든 에너지를 사용한다. 나무들이 서로 가지 뻗기를 제한하는 협정을 맺을 수 있다면 모두에게 이익일 것이다. 물론 나무는 그럴 수 없다. 하지만 인간은 협정이 가능하다. 우리가 상대를 완전히 믿을 수 있다면 불필요하게 낭비하는 시간과 비용을 절약할 수 있을 것이다. 문제는 인간사회에는 늘 배신자가 존재한다는 것이다.

죄수의 딜레마에서 한 차례만 게임을 할 경우 두 사람 모두 배신하는 것으로 결론이 나온다. 하지만 게임이 반복되면 전혀 다른 결과가 나온다는 것이 입증되었다. 이 게임을 맨 처음 고안했던 메릴 플러드와 멜빈 드레셔가 동료 학자 두 명에게 판돈을 주고 100번에 걸쳐 게임을 반복하도록 하자 60번이나 서로 협력했다. 더구나 참가자들은 상대의 호의를 유도하기 위해 먼저 호의를 보였다. 동일한 상대와 반복적으로 게임을 할 때는 경쟁이 아니라 호의가 규칙으로 작용하는 것이다.

호혜적 이타주의 가설에 결정적으로 힘을 실어준 것은 친족선택 가설을 제시한 윌리엄 해밀턴과 미시간 대학교의 정치학자 로버트 액설로드였다. 두 사람은 죄수의 딜레마를 더욱 확장시켰다.

액설로드는 1970년대 말 컴퓨터를 통해 게임을 반복적으로 수행할 수 있는 컴퓨터 전략 프로그램을 만들었다. 이 프로그램은 서로 다른 전략 간에 200번씩 반복 게임을 벌이도록 되어 있다. 예컨대 세 개의 전략이 게임에 참여했을 때 전략 A는 전략 B와 200번 반복해서 게임을 하고, 그다음에 전략 C와 200번 반복해서 게임을 하는 것이다.

액설로드는 전 세계에 있는 게임이론가, 컴퓨터공학자, 경제학자, 심리학자 등을 대상으로 죄수의 딜레마에서 가장 높은 성공을 거둘 수 있는 전략을 공모했다. 그 결과 전 세계에서 15개 전략이 응모했다.

게임은 리그전 방식으로 진행되어 모든 전략들이 경합을 벌였다. 그 결과 토론토 대학교의 심리학과 아나톨 라포포트 교수가 응모한 맞대응 tit for tat 전략이 최종 승리를 거머쥐었다. 맞대응 전략은 일종의 조건부 협조 전략으로 '눈에는 눈, 이에는 이'의 원칙을 지키는 것이다. 게임 초기에는 상대에게 우호적으로 협력하다가 게임이 반복되면 상대의 전략에 따라 전략을 바꾼다. 즉 이전 게임에서 상대가 협력했으면 협력을 선택하고 배신했으면 배신을 선택하는 것이다. 호의에는 호의로, 배신에는 배신으로 대응하는 호혜적 원칙을 고수하는 것이다.

그로부터 얼마 후 2차 리그전이 시작되었다. 첫 게임에서 패한 참가자들은 맞대응 전략을 깰 수 있는 다양한 프로그램을 제출했다. 2차 리그전에 참가한 전략 프로그램은 모두 63개였다. 그러나 2차 리그전에서도 맞대응 전략이 우승했다. 이후 호혜적 원리는 진화 과정에서 이타적 행위의 비밀을 푸는 중요한 열쇠로 각광받기에 이르렀다. 그 열쇠는 이미 《논어》와 《마태복음》에 쓰여 있다.

자기가 하기 싫은 일을 남에게 시키지 말라己所不欲勿施於人.

-《논어》〈위령공〉

무엇이든지 남에게 대접받고자 하는 대로 너희도 남을 대접하라.

-《마태복음》7:12

네 줄짜리 맞대응 전략 프로그램이 승리할 수 있었던 비결은 무엇이었을까? 무작위로 선발된 팀들이 게임을 하면 처음에는 속임수 전략이 순진한 협력자들을 물리친다. 이후 게임에서 패배한 협력자들이 사라지면 사기꾼들끼리만 상대하게 되므로 그들은 곧 전투력을 상실한다. 이때 맞대응 전략이 나타나 사기꾼들에게 보복하고, 같은 맞대응 팀에 협력하면 많은 점수를 획득할 수 있다. 더구나 맞대응 팀들끼리 동맹을 형성해 사기꾼들을 축출한다.

액셀로드는 맞대응 전략이 이길 수 있었던 네 가지 장점을 찾아냈다.

첫째, 첫 게임 때 상대방에게 우호적이다. 둘째, 상대방이 배신하면 즉각 응징한다. 항상 협력만 하는 전략은 사기꾼에게 이용당할 위험이 크지만, 상대방이 배신하면 그다음에는 자기도 배신함으로써 일종의 경고를 보낸다. 셋째, 상대방이 배신하면 그다음 게임에서 보복을 하지만 그다음 게임에서는 다시 협력한다. 용서는 배신했던 상대방을 협력자로 변화시킬 수 있다. 넷째, 전략의 명료성이다. 명료한 전략은 상대방이 자신의 행동을 쉽게 예측하게 한다. 일관성 있게 행동함으로써 상대방이 불안을 느끼지 않고 협력할 수 있는 분위기를 만들어주는 것이다.

이 전략이 늘 승리하는 것은 아니다. 때로는 상대방이 협력했는지 배신했는지를 확실히 알 수 없는 경우도 있고, 협력을 배신으로 오해할 수도 있다. 오해가 발생하면 그다음 게임에서 상대방은 협력하지 않을 것이다. 오해는 오해를 낳는다. 한번 오해가 생기면 그다음 게임에서 서로 반대로 행동함으로써 한 사람은 협력하고 한 사람은 배신하는 상황이 계속 반복된다. 즉 맞대응 전략은 한 번의 실수에 취약하다. 맞대응 팀 중 한쪽이 실수로 배신하면 상대방은 보복하고, 이때부터 양자는 소득 없는 상호 보복의 구렁텅이에 빠질 수 있다.

맞대응 전략이 요구하는 것은 분명하다. 처음부터 속임수를 쓰지 마라, 상대방이 배신했을 때만 복수하라, 그리고 용서하라는 것이다. 맞대응 전략의 핵심은 우호성, 보복성, 관용성, 투명성이라 할 수 있다. 우호성은 불필요한 분쟁을 방지하고, 보복성은 상대방이 다시는 배신하지 못하도록 한다. 또 관용성은 배신의 경험을 가진 상대방과 상호 협력 관계를 복원하는 데 도움을 주며, 투명성은 다른 참가자들에게 정보를 명료하게 전달함으로써 장기적인 협력을 가능하게 한다. 액설로드와 해밀턴은 1981년 이러한 연구 결과를 바탕으로 〈협력의 진화*The Evolution of*

Cooperation〉라는 논문을 발표했다.

식량을 모으는 개미가 사라졌을 때 베짱이는 아무런 이득도 얻지 못한다. 마찬가지로 이타주의자가 없는 세상에서 이기주의자는 장점을 발휘할 수 없다. 이기주의자가 살아남는 최선의 길은 개미 세계의 유일한 베짱이가 되는 것이다. 물론 이 방법은 불가능하다. 천사들만 사는 세계는 존재하지 않을 뿐 아니라, 설령 당신이 유일한 악마로서 온갖 이득을 취하고 있다 하더라도 상당수의 천사들이 당신을 닮으려고 노력할 것이기 때문이다.

맞대응 전략은 마냥 협력만 하는 것이 아니라 상대방으로부터 협력할 의사를 감지할 때만 협력하기 때문에 배신의 연결고리를 차단한다. 상대방을 착취하지도 않는다. 오히려 손해를 보는 것은 속임수를 써서 이득을 보려는 전략이다. 상대방이 속임수를 사용하면, 맞대응 전략은 협력을 중지함으로써 그가 이익을 얻지 못하도록 한다. 따라서 맞대응 전략은 상대방이 속임수를 구사하더라도 일방적으로 손해를 입지 않는다.

맞대응 전략을 사용하는 개체가 많을수록 이 전략은 더욱 번성할 가능성이 크다. 먼저 상대방에게 호의를 보이면 상대방도 호의를 보일 것이다. 또 내가 배신을 하면 반드시 보복당한다는 것을 알기 때문에 속임수를 쓰기가 쉽지 않고, 설령 한 번의 속임수로 이득을 얻었을지라도 상대방이 이를 알고 있기 때문에 속임수를 계속 사용하기가 어렵다. 따라서 맞대응 전략은 진화적으로 매우 안정된 전략으로 발전할 수 있었다.

우호적인 전략이 비열한 전략을 누르고 승리를 거두었다는 점은 우리에게 도덕적 희망을 갖게 한다. 만약 호혜적 이타주의가 진화의 법칙이라면 인류는 미래 사회에 대한 기대를 걸 수 있다. 하지만 지나친 기대는 금물이다. 모든 사람이 이기주의자이고 당신만 이타주의자인 경우 당신은 최악의 상황에 처할 수도 있다.

당신이 유일한 이타주의자라면 이 세계에서 살아남지 못할 것이다. 순수한 이타주의자는 사기꾼들의 공격에 취약하다. 이것이 착하게 살라고 가르치는 모든 도덕 교과서가 안고 있는 딜레마다. 당신이 이런 딜레마에 처해 있다면 맞대응 전략을 사용하기를 권하겠다. 호의적으로 대하라. 그러나 당신의 호의에 상대방이 배신으로 대답한다면 단호하게 응징하라. 하지만 상대방이 자신의 잘못을 뉘우친다면 관대하게 용서하라.

이타주의의 조건

코스타리카에 서식하는 흡혈박쥐는 60시간 동안 피를 마시지 못하면 굶어 죽을 위기에 처한다. 만일 집단이 함께 살아남으려면 필요한 양 이상의 피를 빨아두었다가 다른 박쥐에게 나눠주어야 한다. 피를 나눠주는 박쥐는 자신이 위기에 처했을 때 그만큼 돌려받을 수 있으므로 그렇게 하지 않는 박쥐보다 이익이다. 그러나 얻기만 하는 박쥐가 더 이익이며, 주기만 하는 박쥐가 가장 손해다.

1984년 미국 캘리포니아 대학교의 동물학자 제럴드 윌킨슨Gerald S. Wilkinson은 박쥐 무리를 관찰한 후 이들이 맞대응 전략을 구사한다는 것을 알아냈다. 과거에 피를 제공한 박쥐는 어려움에 처했을 때 상대방으로부터 피를 제공받지만 그렇지 않은 박쥐는 피를 얻지 못했다. 이들은 서로 깃털을 손질해줄 때 위장이 있는 부위에 특별히 주의를 기울인다. 그 때문에 피를 많이 빨아 불룩해진 배는 쉽게 알아볼 수 있다. 피를 가득 담고 있으면서도 나누어주지 않는 박쥐를 쉽게 적발하는 것이다. 자연에서 이러한 예는 얼마든지 찾아볼 수 있다. 침팬지는 과거에 자신의 털을 다듬어준 침팬지의 털을 다듬어준다.

하지만 맞대응 전략을 구사하는 동물이 흔한 것은 아니다. 사자 무리에서 영역을 방어하는 것은 암사자의 몫이다. 수사자는 다른 수사자가 침입했을 때만 나선다. 영역을 침범당했을 때 암사자는 네 가지 행동 양상을 보인다. 먼저 앞에 나서는 무조건적 협력자, 뒤에서 꾸물대는 무조건적 느림보, 상황이 긴박할 때만 나서는 조건부 협력자, 긴박한 상황일수록 뒤로 처지는 조건부 느림보가 그것이다. 재미있는 사실은 항상 앞에 나서는 사자만 앞으로 나선다는 것이다. 이는 암사자 무리에서 맞대응 전략이 없다는 것을 의미한다.

맞대응 전략에 대한 반론도 만만치 않다. 비판자들은 맞대응 전략이 비열한 전략과 맞붙었을 때 번번이 패한다는 사실을 지적한다. 전략 시뮬레이션 게임은 각 전략이 얻은 점수를 합산한 것에 불과하다. 오히려 맞대응 전략은 게임에서 이긴 적이 별로 없고, 다만 여러 차례의 무승부 점수를 합산했기 때문에 높은 점수가 나왔을 뿐이라는 것이다. 하지만 맞대응 전략은 개별 전투에서 지거나 비기지만 전쟁에서는 이긴다는 것을 보여준다. 맞대응은 한쪽이 져야 이기는 제로섬게임이 아니라 둘 다 승리할 수 있는 '논제로섬non-zero-sum game'게임이다. 전투가 아니라 일종의 거래인 셈이다.

앞서 우리는 맞대응 전략이 한 번의 실수에 취약하다는 점을 얘기했다. 오해나 실수가 생길 경우 무한 보복으로 이어질 수 있기 때문이다. 그렇다면 오해나 실수를 방지할 수 있는 전략은 없는 것일까? 맞대응 전략을 조금 변형시켜보자.

게임은 모든 것이 확률로 결정되는 토너먼트. 참가 팀은 모두 일정한 확률로 실수를 저지르고, 일정한 확률에 따라 전술을 변경한다. 참가 팀들은 상대방의 성공한 전략을 기억하고 실패한 전략은 폐기한다. 즉 상대방 전략에 대한 기억과 학습이 이루어진다.

사실 게임에서 승리한 것은 '맞대응' 전략이 아니라 '관대한 맞대응 generous tit for tat' 전략이었다. 이 전략은 상대방이 저지르는 한 번의 실수에 대해 곧바로 보복하지 않고 이따금씩 눈감아준다. 실수를 계속 눈감아준다면 상대방에게 이용당하기 쉽지만, 일정한 확률로 눈감아주면 비열한 상대방에게 이용당하지 않으면서 실수나 오해로 인한 상호 보복의 연쇄를 끊을 수 있다.

맞대응 전략을 포함한 호혜적 이타주의가 익명성이 보장된 대규모 집단에서도 협력을 이끌어낼 수 있을까? 우리는 날마다 낯선 사람들과 만나며, 그가 배신할지 협력할지 알 수 없다. 이런 대규모 집단에서는 한 번의 배신을 엄격하게 응징하지 않으면 무임승차를 하려는 자들의 확산을 막기 어렵다. 익명성 뒤에 숨은 상대방은 나와 두 번째 게임을 하리라는 보장이 없다. 보복을 하거나 협력할 기회조차 갖지 못하는 것이다.

그러나 지나친 처벌을 하게 되면 한 번의 실수를 염려하는 호혜주의자들까지 게임에 참가하기를 꺼릴 것이다. 이러한 문제를 해결하는 방법 중 하나는 배신자를 처벌하기보다 배신자를 처벌하지 않는 자를 처벌하는 것이다. 그러나 이는 매우 위험한 방식이기도 하다. 이런 세계는 상호 감시와 밀고가 이루어지는 파시스트의 세계이기 때문이다.

호혜적 이타주의가 안정적으로 정착하려면 일정한 조건이 전제되어야 한다. 우선적인 조건은 당신이 먼저 호의를 베풀어야 한다는 것이다. 또 두 사람의 거래가 오랜 기간 지속되어야 한다.

이는 맞대응 전략에도 똑같이 적용된다. 만일 상대방이 당신과의 관계가 언제 끝날지 알고 있다면 맞대응 전략은 성공할 수 없다. 다시 말해 호혜적 이타주의가 성공하려면 지속적인 관계를 통해 상대방이 누구인지를 구별할 수 있어야 한다. 선의에 보답할 줄 아는 자와 은혜를 모르는 자를 기억하고 그에 상응하는 대가를 지불할 수 있어야 하는 것이다.

이런 예를 들어보자. 이웃에 살고 있는 남자가 딸이 결혼한다는 소식을 알려왔다. 당신은 이웃집 남자의 얼굴을 알고는 있지만, 평소 대화를 나누거나 술자리에서 어울릴 만큼 가까운 관계가 아니다. 당신은 청첩장을 들고 결혼식장에 가야 할지 축의금만 전달해야 할지 망설인다. 고민 끝에 당신은 축의금만 전달하기로 한다. 그런데 결혼식 이튿날 이웃집이 이사를 간다는 사실을 알게 되었다. 당신은 축의금을 전달하겠는가? 또 이웃집 남자가 아니라 당신이 이사한다고 해도 축의금을 전달하겠는가?

두 사람 중 한 사람이 결혼식 이튿날 이사한다고 하자. 그런데 이웃집 딸이 결혼하는 날 바로 하루 전에 당신 아들의 결혼식이 있다. 두 사람 중 한 사람이 이사하는 경우 고민은 더욱 깊어질 것이다. 당신의 아들이 하루 전날 결혼한다면 고민할 이유가 전혀 없다. 이웃집 남자가 행동하는 대로 따라 하면 되기 때문이다. 그가 당신 아들의 결혼식에 참석한다면 당신은 이웃집 결혼식에도 참석할 것이다. 또 그가 축의금만 전달한다면 당신도 그렇게 할 것이다. 그렇다면 이웃집 남자는 어떤 생각을 하고 있을까? 그는 자신의 행동에 따라 당신의 선택이 달라진다는 것을 알고 있을 것이다.

물론 당신은 하루 전날 그가 건네는 축의금을 받아 챙기고는 결혼식에 참석하지 않을 수도 있다. 당신이 배신하면 이웃집 남자가 건넨 축의금은 온전히 당신의 이득으로 돌아온다. 결혼식이 끝나면 둘 중 한 사람은 이사할 것이므로 상대방으로부터 비난을 들을 염려도 없다. 하지만 선한 당신은 절대 그렇게 행동하지는 않을 것이다.

그렇다면 당신은 왜 배신하지 않는가? 호혜적 이타주의에는 게임이론으로 설명할 수 없는 아주 중요한 요소가 있다. 바로 '평판'이다. 인간은 다른 사람의 시선과 평가에 민감하다. 수위의 평가에 따라 당신은 악한이 될 수도 있고 천사가 될 수도 있다.

어느 날 당신이 길을 가다가 돈이 두둑하게 들어 있는 지갑을 발견했다고 하자. 당신이 가장 먼저 할 일은 무엇인가? 도덕적 의무감과 관계없이 당신은 가장 먼저 주위를 둘러볼 것이다. 도덕심을 발휘하는 것은 그다음부터다. 당신이 지갑을 줍는 것을 본 목격자가 없는 경우와 목격자가 있는 경우 당신의 뇌는 전혀 다르게 작동할 것이다. 목격자가 있다면 당신은 지갑을 잃어버린 사람이 주위에 있는지 살펴볼 것이다. 물론 지갑을 돌려주기 위해서다. 하지만 목격자가 없다면 지갑을 경찰서로 가져갈 것인지, 몰래 챙길 것인지를 고민할 것이다.

만약 당신이 지갑을 몰래 챙기기로 결심했더라도 목격자가 있을 때와 없을 때 느끼는 죄책감의 무게는 전혀 다르다. 목격자가 없다면 양심의 가책을 훨씬 덜 받겠지만, 목격자가 있는데도 불구하고 지갑을 챙겼다면 당신은 무척 초조할 것이다. 설령 당신이 경찰서에 신고하기 위해 지갑을 주웠더라도 목격자가 오해하지 않을까 전전긍긍할 것이다.

이때 죄책감의 강도는 당신의 잘못된 행동 여부에 달려 있는 것이 아니라, 누가 알고 있는지 또는 언제 알려지게 될지에 달려 있다. 혹시 당신이 바람을 피웠다면, 바람을 피운 행위보다 그 사실이 가족이나 다른 사람들에게 알려지는 것이 더 두려울 것이다. 그래서 유능한 판매원이나 모금원들은 당신이 일행과 함께 있을 때 물건 구매나 헌금을 권한다. 당신은 모금원에게 돈을 기부하지 않은 것보다 기부하지 않는 모습을 일행이 목격하는 것에 더 신경을 쓸 것이다.

여러 사람이 줄다리기를 하면서 혼자 줄다리기를 할 때보다 힘을 덜쓰는 '사회적 태만'에 대해서는 이미 말한 바 있다. 우리는 큰 집단에 속해 있을수록 줄을 덜 세게 당기고, 박수를 덜 열심히 치고, 아이디어를 적게 내놓는다. 그러나 누군가 감시를 할 경우 상황은 달라진다. 이것 역시 우리가 남의 시선을 의식하기 때문이다.

평판이 중요한 것은 사기꾼이나 바람둥이라는 소문을 내는 것만으로도 경쟁자에게 효과적으로 보복할 수 있기 때문이다. 집단 내에서 평판이 나빠지면 구성원들은 그 사람 때문에 손해를 볼까 봐 점점 멀리할 것이다. 사람들이 평판을 얼마나 중요하게 여기는지는 몇몇 게임에서도 확인할 수 있다.

먼저 독재자 게임dictator game을 살펴보자. 테이블 위에 1000만 원이 놓여 있고, A와 B가 마주 보고 앉아 있다. 이 돈을 두 사람이 나눠야 하는데, 문제는 A가 독재자라는 것이다. 따라서 돈을 나누는 비율은 A 혼자서 결정하며 B는 아무런 결정권이 없다. 이 게임에서 당신이 독재자라면 B에게 얼마를 나누어줄 용의가 있는가?

욕심 많은 독재자라면 99:1로 나눌 것이다. B는 몹시 불공평하다고 생각하겠지만, 그에게는 아무런 권한이 없으므로 울며 겨자 먹기로 독재자의 제안을 받아들일 수밖에 없다. 만일 B가 자존심을 내세우며 받기를 거부한다면 그 액수만큼 B는 손해를 보는 셈이다. 당신이 B라면 자존심 때문에 한 푼도 받지 않을 수도 있다. 최선의 결과는 케이크 나누기처럼 A가 5:5의 비율을 정하고, B가 큰 판돈을 선택하는 것이다. 그러나 당신이 분배 비율을 정할 수 있는 권력을 갖고 있다면 이것이 가능할까?

독재자 게임은 심리학은 물론 다양한 분야에서 진행되었을 뿐 아니라 여러 가지 변형된 게임이 존재한다. 당신의 예상대로 독재자들은 그리 악독하지는 않았다. 독재자들은 많은 액수를 차지할 수 있음에도 불구하고 연구자들이 예상했던 것보다 훨씬 관대했다.

1986년 캘리포니아 대학교의 심리학자 대니얼 카너먼Daniel Kahneman 연구팀은 독재자에게 돈을 건네주고 독재자 게임을 하거나 B와 똑같이 나눠 갖는 것 중 하나를 선택하도록 했다. 그러자 실험에 참가한 160명 중 122명이 공평하게 나누는 것을 선택했다. 또 독재자 게임을 선택한 사람도 99:1이 아니라 평균 25퍼센트를 상대방에게 주었다.

조지 메이슨 대학교의 버넌 스미스Vernon L. Smith 교수도 학생들을 대상으로 독재자 게임을 진행했다. 그런데 이번에는 다양한 조건을 추가했다. 예컨대 독재자가 되려면 일정한 테스트를 한 후 50퍼센트 내에 들어야 한다. 이렇게 테스트를 거쳐 독재자의 권리를 부여하자 이들은 갑자기 치사해졌다. 또 B가 무조건 독재자의 분배 비율을 수용하도록 할 경우 독재자는 더 인색해졌으며, 특히 독재자의 익명성을 보장한 게임에서는 무려 70퍼센트가 B에게 한 푼도 주지 않았다. 또 독재자나 응답자 모두에게 제시된 액수가 얼마인지 모르게 했을 때는 독재자가 전액을 독차지하는 인색함을 드러냈다.

이는 결국 상대방이 나를 어떻게 평가할 것인가에 대한 인식이 행동을 좌우할 수 있음을 보여주는 것이다. 즉 인간은 인색하다는 평판을 두려워한다.

이번에는 독일 훔볼트 대학교 베르너 귀트Werner Güth 교수가 창안한 최후통첩 게임ultimatum game을 보자. 두 사람이 나눠야 할 돈은 1000만 원으로 독재자 게임과 같다. 독재자 게임과 다른 점은 B는 독재자가 제안한 분배 비율을 거부할 수 있다는 것이다. 만약 거부하면 두 사람 모두 한 푼도 가질 수 없다.

두 사람이 모두 이기적이라면 독재자는 최대한의 몫을 챙기려 할 것이고, B는 아무리 적은 액수라도 받을 것이다. B에게는 1원이라도 받는 것이 유리하기 때문이다. 최상의 선택은 독재자가 상대방이 기분이 상하지 않도록 적당한 비율로 분배하고, B는 무조건 받아들이는 것이다. 당신이 생각하기에 상대방이 거절하지 않고 순순히 받아들일 수 있는 분배 비율은 얼마인가?

베르너 귀트 연구팀이 42명의 학생들을 대상으로 게임을 진행한 결과 놀랍게도 30퍼센트의 학생들이 5:5 분배를 제안했다. 전체적으로는 3분의 2가량이 40~50퍼센트를 제안하고, 4퍼센트만이 20퍼센트 이하를 제안했다. 재미있는 사실은 독재자가 20퍼센트 이하를 제안했을 때 절반 이상의 응답자가 이를 거부했다는 점이다. 독재자와 응답자의 입장을 바꾸어 실험을 반복했을 때도 독재자들은 평균 45퍼센트의 분배 비율을 제안했다. 설문 조사 결과 응답자들은 자신들이 수용할 수 있는 금액은 평균 35퍼센트라고 대답했다.

왜 독재자들은 상대방이 거절하기 어렵다는 것을 알면서도 절반 가까이를 주겠다고 제안하고, 응답자들은 한 푼도 받을 수 없는 것을 알면서도 낮은 분배 비율을 거절했을까? 합리적이고 이기적인 인간을 전제하고 있는 경제학 이론에서는 도저히 상상할 수 없는 일이다. 하지만 이후 실시된 여러 차례의 실험에서 독재자들은 거의 유사한 선택을 했다. 독재자들은 거의 절반에 가까운 몫을 상대방에게 제안하고, 응답자는 절반에 크게 못 미치면 제안을 거부한 것이다.

이는 독재자가 이타주의자이거나 응답자가 비합리적 인간이기 때문이 아니다. 우리 안에는 이기적 본성과 함께 공정성을 배려하려는 사회적 본성이 함께 자리 잡고 있다. 또 이기주의자가 터무니없는 이익을 취하지 못하도록 이들을 응징하려는 심리적 메커니즘도 가지고 있다. 사람들은 공평하지 않은 제안에 보복으로 응답하는 것이다.

우리는 공공재 게임을 소개할 때 많은 사람들이 손해를 감수하면서까지 무임승차를 응징한다는 사실을 확인한 바 있다. 문제는 '누가 고양이 목에 방울을 달 것인가?' 하는 것이다. 이기주의자를 응징하려는 자발성이 생기려면 그에 상응하는 보답이 있어야 한다. 또 그러한 자발성을 회피하려는 얌체들한테도 적당한 응징이 가해져야 한다.

죄수의 딜레마에서는 서로 협력할 때 가장 큰 이익을 얻고, 서로 배신할 때 가장 큰 손실을 입는다. 우리가 사회적 존재로 살아가는 한 협력할 가능성이 있는 사람과 어울리는 것이 최선이다. 인간은 이타적 인간을 구별하는 능력보다 사기꾼을 구별하는 능력을 타고났다. 즉 우리는 이기적인 사람을 배제하고 호의적인 사람을 골라서 상대할 수 있다. 호의적인 사람끼리 모인 집단은 호혜적 이타주의가 서로에게 이익이 되므로 이를 보존하려 노력할 것이다.

상대방이 호혜주의자인지 이기주의자인지를 파악할 수 없다면, 사람들은 이타적인 사람과 거래하려 할 것이다. 그래서 규모가 작은 사회에서는 함부로 행동하는 사람이 적다. 그러나 대도시에서는 익명성이 보장되기 때문에 무례한 사람이나 사기꾼과 마주칠 확률이 높다. 이는 우리의 뇌가 사람들을 기억하고 평가하는 데 한계가 있기 때문이다.

과학자들은 뇌의 크기로 집단 규모를 추정할 때, 인간의 경우 150명 규모의 사회가 가장 적합하다고 한다. 그 이상의 구성원이 모인 집단은 모든 구성원들의 성격을 기억하기 어렵고 상대방의 평판을 공유하기가 어렵다. 오늘날에도 150명 이상의 사람과 교류하기는 어렵지만 고도로 발달한 매체 때문에 평판을 공유하기는 쉽다.

우리는 짧은 만남으로도 상대방의 신뢰도를 예측할 수 있다. 첫인상이 쉽사리 지워지지 않는 것도 우리 조상들이 진화의 과정에서 습득한 능력 때문이다. 우리는 많은 시간을 남을 평가하는 데 투자하고 있으며, 비용과 시간이 들더라도 기꺼이 협력자를 찾아내 거래하려고 한다. 더구나 인간은 수명이 길고 오랫동안 기억하는 것이 가능하다.

도덕의 기원

다 자란 성체끼리 서로 돕는 동물은 조류와 포유류뿐이다. 파충류는 새끼를 낳거나 돌보는 일 외에는 성체끼리 돕는 일이 없다. 이들이 함께 행동할 때는 무리에 위험이 닥칠 때뿐이다. 인간사회에서는 호혜주의가 보편적으로 발견된다. 악행은 응징을 당하며 선행은 선행으로 보답받는다. 이기주의자는 환영받지 못하는 것이다.

그나마 인간사회가 '만인에 대한 만인의 투쟁'의 장으로 변질되지 않은 것은, 사기꾼을 골라내고 응징하고 추방할 줄 알았던 조상들 덕분이다. 조상들은 외나무다리를 건널 때 남을 떠밀고 자신도 떠밀리는 것보다는 남을 떠밀지 않고 자신도 떠밀리지 않는 게 유리하다는 것을 알았다. 이 암묵적 규범은 인간이 더 많은 것을 획득하도록 했으며, 마침내 자연이 호혜적 이타주의를 선택하도록 했다.

조상들이 이타주의를 뿌리내릴 수 있었던 것은 '사회'라는 조건 때문이었다. 특히 집단 사냥은 협력이 진화할 수 있는 토양을 제공했다. 인류는 동부 아프리카의 밀림을 떠나 사바나 초원에서 진화했다.

《빙하기Ice Age》의 저자 존 그리빈John Gribbin에 따르면, 북반구의 빙하 작용은 약 360만 년 전에 일어났다. 빙하기에는 바다의 수분 증발량이 적어 강우량도 적다. 따라서 유럽이 빙하기일 때 조상들이 살았던 동부 아프리카는 혹심한 가뭄을 경험했다. 숲은 점차 줄어들고 남아 있던 숲조차 초원으로 변해갔다. 이 시기에 조상들은 침팬지와 고릴라로부터 완전히 분화되었다.

숲이 줄었을 때 경쟁에서 밀려난 유인원들은 숲의 가장자리, 즉 초원으로 밀려났다. 이후 가뭄이 계속되다가 약 10만 년 후 간빙기가 되면서 북반구의 얼음이 줄어들고 아프리카 동부에 다시 비가 내렸다. 이런 과정은 100만 년 동안 10여 차례나 계속되었다. 가장 혹독한 빙하기를 맞았을 때 물이 얼어붙으면서 해수면이 낮아지고 기후가 건조해졌으며, 숲이 사라진 자리에 초원이 생겨났다. 초원은 거대한 동물들의 서식지가 되었고, 조상들은 사냥감을 쫓아 초원으로 이동했다.

조상들은 신체 구조를 초원에 적응시킬 수밖에 없었다. 조상들은 이족보행을 했고, 땀샘과 털 없는 피부를 갖추었으며, 손으로 도구를 사용함으로써 초원 생활에 적응했다. 주기적으로 찾아오는 빙하기가 없었다면 인간은 아직도 숲속의 유인원으로 남아 있을지 모른다. 빙하기는 우리 조상들을 초원으로 내몰아 서서 걸을 수 있게 했으며, 반복적인 기후 변화와 환경변화는 지능을 향상시켰다.

커다란 초식 포유류를 사냥하려면 구성원들의 협력이 필요하다. 인간들은 체격이 왜소하고 송곳니나 날카로운 발톱도 없었으며, 걸음도 네발 달린 동물보다 느렸다. 그들은 손에 쥔 도구와 협력을 통해 새로운 변화에 적응할 수 있었다. 우리의 사회성은 사냥터에서 진화한 것이다.

5만 년 전쯤 돌로 무기를 만들면서 전문적인 사냥꾼들이 등장했다. 무기의 발명과 협력으로 거대한 동물 사냥이 가능해지면서 무임승차는 발붙일 수 없게 되었다. 큰 짐승의 고기는 집단이 나눠 먹기에 충분했다. 사냥한 고기는 공동재산이었다. 배 속에 저장할 수 없는 고기는 서로 나누어 가질 수밖에 없었다. 처음으로 공공재산의 개념이 생겨난 것이다.

사냥이 성공할 확률은 매우 낮다. 사자처럼 비범한 사냥꾼도 성공 확률은 높지 않다. 음식을 저장할 수 없는 환경에서는 소비 수준을 일정하게 유지해야 하고, 먹이 공급이 안정적이어야 한다. 곡식을 저장해 비상시에 대비할 수 있는 농부와 달리 사냥꾼들은 꾸준히 사냥감을 확보해야 한다. 사냥의 성공률이 높지 않았기 때문에 조상들은 나름대로 해결책을 찾아야 했다.

커다란 짐승을 사냥했다면 남은 고기를 상대방과 나누는 게 유리하다. 그래야만 내가 굶주리고 상대방이 사냥에 성공했을 때 도움을 받을 수 있다. 나중에 돌아올 대가를 기대하고 미리 나누어주는 것은 다가올 위험을 분산시킨다. 분배는 미래의 위험을 감소시킴으로써 모두에게 이익을 안겨준다. 사냥의 성공은 기술뿐 아니라 운에도 좌우되기 때문에, 아무리 뛰어난 사냥꾼이라도 주는 처지에서 받는 처지로 전락하는 것은 시간문제다.

> 서로 협력하려는 생물학적 충동을 기본적으로 갖고 있지 않았다면, 우리는 결코 하나의 종으로서 살아남지 못했을 것이다. 우리의 사냥꾼 조상들이 정말로 원죄를 짊어진 무자비하고 탐욕스러운 폭군이었다면, 인간의 성공담은 이미 오래전에 사라졌을 것이다. 동정, 친절, 상부상조, 상호협력에 대한 생래적 충동은 분명 부족 집단이 위험한 환경에서 살아남기 위한 행동양식이었을 것이다.
>
> - 데즈먼드 모리스,《인간 동물원》

우리는 분배의 삶을 살았던 조상들에게 고마워해야 한다. 협력과 분배야말로 도덕의 출발점이다. 조상들이 사냥한 고기를 나누지 않았다면 지금의 우리는 존재할 수 없다. 그러나 원시공동체가 해체되고 인류가 대규모 집단 안에서 익명성을 가진 개인으로 살아가게 되었을 때 분배의 행동양식은 점점 약화되었다. 대도시가 들어서면서 우리는 같은 공간에서 살아가는 사람들끼리 서로를 식별할 수 없고, 상대방의 행동도 예측할 수 없게 되었다.

그 때문에 집단의 행동을 통제하는 법률과 징벌을 부과할 수밖에 없다. 데즈먼드 모리스의 말대로 '법률은 인간이 본능적으로 하고 싶어 하는 행위만 금지한다.' 즉 도둑질과 살인과 강간을 금지하는 법률이 있다는 것은 인간이 선천적으로 남의 것을 훔치고 남을 죽이고 강간하는 동물이라는 의미다.

호의
경쟁

인류는 호의에 보답하고 사기꾼을 응징하는 심리적 메커니즘을 진화시켰다. 또 인간은 지나치게 인색한 이기주의자를 응징한다. 이 심리적 메커니즘이 사람들로 하여금 자신의 평판에 신경을 쓰게 하고, 협력과 동맹을 통한 공동체 의식을 발전시켰다. 그뿐 아니라 인간은 자신이 신뢰할 만한 사람이라는 것을 증명하기 위해 호의 경쟁을 마다하지 않는다. 예컨대 원시 부족사회에는 부족끼리 선물을 주고받는 관습이 남아 있다. 아메리카 인디언들의 관습인 '포틀래치potlatch' 연회가 대표적이다.

이 관습은 남부 알래스카와 영국령 콜롬비아, 워싱턴 등의 해안에 살았던 콰키우틀Kwakiutl족의 오랜 전통으로 19세기까지 지속되었다. 원주민들은 연회를 통해 자신들의 사회적 신분을 과시한다. 이 연회의 특징은 주체할 수 없을 만큼의 음식과 재물을 무료로 제공하는 것이다.

추장은 연회에 이웃 부족의 추장들을 초대하는데, 그들에게 엄청난 선물을 제공함으로써 자신의 지위가 견고하다는 것을 알린다. 이웃 추장은 선물의 질과 양을 얕보면서 선물을 싣고 마을로 귀환한다. 그가 자신을 초대해준 추장에게 복수할 수 있는 유일한 길은 더 성대한 연회를 열어 더 많은 귀중품을 경쟁자에게 선물하는 것이다.

이 때문에 부족의 살림은 거덜 나지만 선물 경쟁은 그치지 않는다. 다른 부족보다 더 많은 선물을 주었을 때 성공적인 축제로 평가받을 뿐 아니라 추장의 권위도 확고해지기 때문이다. 때로 '기름축제'라 불리는 프로그램이 포함되기도 하는데, 추장은 자신의 부와 신분을 과시하기 위해 엄청난 양의 재물을 쌓아놓고 집과 함께 불을 지른다.

인도네시아의 토라자Toraja족은 장례식을 통해 경쟁한다. 이들은 가족이 사망했을 때 친족과 마을 사람들을 초대해 성대한 연회를 베푼다. 연회의 규모는 장례식 때 바치는 물소의 수효로 결정되는데, 출신 계급에 따라 희생되는 물소의 규모가 다르다. 귀족계급의 경우 수백 마리를 제물로 바치고 여러 날 동안 사람들에게 고기를 나누어준다.

장례식을 치르는 사람이 어느 정도의 부를 가지고 있느냐는 문제가 되지 않는다. 만약 자신의 계급에 걸맞지 않게 물소를 바친다면 그는 마을은 물론 친족 집단에서도 철저히 배척당한다. 이 때문에 많은 귀족들이 장례비를 마련하느라 평생을 고생하고, 때로는 장례식을 마친 후 파산 상태에 몰리기도 한다.

선물은 이방인과 호의적인 관계를 맺는 방법 중 하나였다. 하지만 선물에는 보답이 전제되어 있다. 그럴 경우 선물은 호의라기보다 보답의 의무를 강제하는 수단이 된다. 이것은 호혜적 이타주의의 변형이며, 선의에 보답하는 인간의 본성을 악용한 것이다. 따라서 위의 사례는 순수한 이타주의가 아니다. 순수한 이타주의자는 보답을 기대하지 않는다.

포틀래치 연회 역시 처음에는 부족 간의 호혜적 관계를 유지하기 위해 시작되었을 것이다. 그러나 인간에게는 지위에 대한 욕망과 수치심에 대한 두려움이 있다. 수치심에 대한 두려움은 평판을 유지하기 위한 체면치레로 나타난다. 평판을 잃으면 사회적 권위가 사라지고 부족장으로서의 리더십도 무너진다.

이기적 이타주의와 이타적 이타주의

오해를 피하기 위해 '이타주의'라는 용어를 재검토할 필요가 있다. 우리가 일반적으로 사용하는 이타주의와 진화론적 의미의 이타주의는 차이가 있다. 일반적으로 우리는 손해를 감수하면서 남의 이익을 위해 행동하는 것을 이타적 행위로 본다. 자원봉사를 하는 것은 당신이 가진 시간과 비용의 손실이다. 따라서 당신이 자원봉사를 하는 것은 이타적 행위다.

그런데 그 자리에 자원봉사 프로그램을 주최하는 회사의 사장 딸이 나타났다. 물론 당신은 그녀의 환심을 사기 위해 자원봉사에 참여한 것은 아니지만, 그녀는 당신의 성실함을 마음에 들어 했다. 가능성은 희박하지만 사장 딸은 당신이 몹시 마음에 든 나머지 프러포즈를 할 수도 있다. 꼭 사장 딸이 아니어도 상관없다. 그 자리에 있던 어떤 여성이 당신에게 관심을 보였다 해도 마찬가지다. 당신의 행동이 이성의 눈에 매력적으로 보였다면 당신은 번식상의 이득을 얻을 확률이 높다. 그만큼 당신은 생존에 대한 적응도가 높아진 것이다. 이것이 바로 진화론적 의미의 이타주의다.

에드워드 윌슨은 《인간 본성에 대하여On Human Nature》에서 이타주의를 '맹목적 이타주의'와 '목적적 이타주의'로 구분한 바 있다. 맹목적 이타주의란 대가를 바라지 않는 순수한 이타주의를, 목적적 이타주의란 대가를 원하는 이타주의를 말한다. 맹목적 이타주의는 동기가 순수하지만 목적적 이타주의는 동기가 이기적이다. 앞에서 언급한 선물 주기가 목적적 이타주의에 해당한다.

만일 이타주의를 두 가지로 구분할 수 있다면, 과연 우리 사회에서 순수한 이타주의가 존재할 수 있을까?

우선 호혜적 이타주의는 이기적 이타주의임이 분명하다. 데이비드 버스가 《마음의 기원》에서 지적했듯이 호혜적 이타주의가 진화하기 위해서는 속임수를 탐지하고 사기꾼을 피하는 메커니즘, 개인에 대한 분별과 인식능력, 과거를 기억하는 능력, 자신의 가치를 상대방에게 알리는 능력, 다른 사람의 가치를 모방하는 능력, 손해와 이득을 계산하는 능력 등 다섯 가지 인지적 능력이 전제되어야 한다. 즉 호혜적 이타주의는 자신이 호의를 베풀었을 때 보답이 돌아온다는 것을 믿을 수 있어야 성립한다. 호의적이 행동에 보상을 기대하는 것은 순수하게 이타석인 행위라 할 수 없다. 이러한 이타주의는 순수한 자비심이 아니라 보상과 처벌이라는 동기에 의해 발생하기 때문이다.

그럼 친족선택 가설은 순수한 이타주의일까? 가족에 대한 이타주의는 대가를 바라지 않는 순수한 이타주의처럼 보인다. 극소수의 예외가 있긴 하지만 대부분의 부모는 자식에게 헌신적이며, 다른 이타주의와 비교할 수 없을 만큼 강렬하다. 친족에 대한 뿌리 깊은 이타주의는 자기희생적이긴 하지만 친족이 아닌 집단에 대해서는 극도의 이기주의를 발휘한다.

만일 자식의 학비를 포기하고 그 돈으로 이웃에게 음식을 제공한다면 그것은 순수한 이타주의일 것이다. 그러나 대부분의 사람들은 그렇게 하지 않는다. 여기에 인간의 도덕적 비극이 자리 잡고 있다. 가족에 대한 끈질긴 사랑이야말로 타인에 대한 가장 뿌리 깊은 차별이며, 외집단과 내집단을 구별하고 공격성을 발휘하는 적대감의 근원이다.

에드워드 윌슨은 '친족선택에 바탕을 둔 맹목적 이타주의는 문명의

적'이라고까지 말했다. 사람들은 나의 친족과 다른 친족을 차별할 뿐 아니라 내 부족과 다른 부족, 내 국가와 다른 국가, 내 인종과 다른 인종을 차별한다. 이 차별은 갈등과 투쟁으로 이어질 수밖에 없다. 인류는 혈통과 영토를 보존하려는 열정의 노예인 셈이다. 만일 이타주의가 혈연 중심주의처럼 맹목적인 것이라면 인류의 역사는 족벌주의와 인종차별이라는 음모의 기록이 될 것이며, 인류의 미래는 황폐해질 것이다.

과학자들은 인간의 유별난 공격성의 근원을 집단의식에서 찾고 있다. 대표적인 인물은 데즈먼드 모리스다. 그의 《인간 동물원》은 인간의 공격성이 어떻게 강화되어왔는가를 잘 보여준다.

인류는 농경생활과 함께 항구적인 주거지를 갖게 되면서 보호해야 할 명확한 대상을 갖게 되었다. 그리고 도시가 형성되자마자 살인에 전념하는 군대를 탄생시켰다. 이후 초부족Super-tribes 사회가 되면서 외집단을 살해할 수 있는 원거리 무기를 발명하기에 이르렀다.

데즈먼드 모리스의 지적대로 '이데올로기란 수많은 생명을 죽이는 이유를 만들기 위해 인간이 찾아낸 핑계'일 뿐이다. 권력자들은 민중을 예속시킬 때 늘 이데올로기를 이용한다. 가장 빈번히 사용하는 것은 전쟁의 위협이다. 전쟁터는 집단의 연대의식과 타 집단을 향한 공격적 충동을 배설하는 해방구다.

인구과잉이 폭력을 유발한다는 주장은 신빙성이 있다. 공격성은 집단 내부로 향하기 어렵기 때문에 대개는 외부로 표출된다. 과잉으로 인한 집단 내 갈등은 외부에 공통된 적이 존재할 때 효과적으로 억제된다. 그래서 부족의 지도자들은 늘 외부에 적을 만듦으로써 집단 내부의 갈등을 억제하고 단결을 유도한다. 외부에 적이 없다면 만들면 된다. 이러한 노력은 독재자들과 지위를 위협받는 권력자들이 늘 시도해왔다.

집단의 내부 결속은 강한 텃세를 만들어낸다. 공격성의 변형인 텃세는 국가에 대한 왜곡된 충성심과 우월주의 형태로 나타난다. 내부의 단결력을 외부로 표출할 때 비정상적인 광기가 드러난다. 애국심은 자신과 타인의 연대를 통해 강화된다. 이러한 연대감은 다른 개체와의 협력을 통해 공격성을 발휘하는 동물에게서만 볼 수 있다. 공격적일수록 그들의 연대는 더욱 강해진다.

민족이나 국가는 집단의 목적을 실현하기 위해서만이 아니라 정체성을 확립하기 위해서도 필연적으로 폭력을 사용한다. 일찍이 라인홀드 니부어Reinhold Niebuhr는 《도덕적 인간과 비도덕적 사회Moral Man and Immoral Society》에서 애국심이 갖고 있는 부도덕성을 간파한 바 있다.

애국심은 개인의 이타심을 국가의 이기심으로 전환시킨다. 구성원들의 애국심을 권력집단의 이기적 목적에 이용하는 것이다. 이 때문에 니부어는 개인의 도덕성만으로 사회문제를 해결하려는 노력은 헛된 망상에 불과하다고 말한다. 그는 인류가 폭력을 버릴 수 없다면 개별 국가의 이해관계를 초월하는 새로운 공동체에 폭력을 일임해야 한다고 주장한다.

인간의 폭력성은 유별나다. 사람들은 싸움을 구경하면서 쾌감을 느낀다. 남들이 싸움에서 승리하거나 무릎 꿇는 것을 구경하고 싶은 충동을 갖고 있는 것이다. 그뿐 아니라 우리는 누군가를 죽이는 즐거움을 누리고 싶어 하며, 권력이나 승자 앞에서 비열하게 굴복당하고 고통당하는 것을 보고 싶어 한다. 이 때문에 대부분의 문화에서 고문과 처형은 공개적인 구경거리가 되었다. 이러한 심리적 메커니즘은 처형과 고통에서 제외되었다는 안도감과 함께 억눌린 공격성을 발산하는 배출구 역할을 한다.

맞대응 게임에서 확인했듯이 인간은 속임수를 쓰는 사기꾼에게 강한 복수심을 드러낸다. 사기꾼에 대한 응징은 남들에게 알려질 때 더 가치가 있기 때문에 사람들은 그들을 응징할 때 공개적인 장소에서 망신을 준다. 처벌자가 국가일 경우에도 구경꾼이 모인 광장에서 공개 처형을 행한다. 남들이 보는 앞에서 살인하는 것은 살인자에게도 치명적이다. 엄연히 목격자가 존재하므로 살인자는 보복을 감수해야 한다. 그럼에도 불구하고 다른 사람이 보는 앞에서 살인을 하는 것은 공개적인 응징을 통해 훼손된 평판을 회복하기 위한 것이다.

사회적 평판을 잃는 것은 수많은 사람에게 자신이 약자임을 천명하는 것과 같다. 그래서 사람들은 분노를 공개적으로 표현하는 경향이 있다. 골방에 처박혀 홀로 분노하는 것은 아무 의미가 없다. 자신이 만만한 사람이 아니라는 것을 세상에 알리려면 분노심이 가득하다는 것을 타인에게 보여주어야 한다. 그래서 사람들은 가만히 있다가도 목격자가 나타나면 주먹으로 벽을 치고 책상을 내리치는 것이다.

이는 남에게 자신의 불만을 보여주기 위한 맞대응 전략 중 하나다. 불만은 누군가에게 알릴 때 의미가 있다. 분노는 나를 건드리면 참지 않겠다는 의사표시다. 사기꾼에 대한 정보는 구성원 전체가 공유할 때 효과가 크다. 그래야만 사기꾼에게 집단적 제재를 가할 수 있다.

오늘날의 인류는 공격성을 배출할 수 있는 다양한 방법들을 고안해냈다. 스포츠와 각종 여가 활동이 그렇다. 사람들은 격렬한 스포츠를 관람함으로써 자신의 원초적 공격성을 대리인에게 투사한다. 인간을 포함한 모든 동물은 움직이는 것에 흥미를 느끼며, 추적해서 죽이는 것을 즐긴다. 이는 동물을 사냥하면서 맛본 쾌락을 기억하고 있기 때문이다.

대부분의 스포츠와 여가 활동은 사냥감을 겨냥한다. 심지어 공격성이 전혀 담기지 않을 것 같은 사진 촬영도 본능을 표현하는 방식 중 하나다. 카메라는 대상을 겨냥하고, 대상을 포착하며, 대상을 찍는다. 카메라는 권총이며 필름은 총알이다. 우표를 수집하는 행위도 마찬가지다. 우표를 수집하는 사람은 생물체를 향해 총구를 겨누지는 않지만 경쟁자가 나타나면 상황은 달라진다. 사람들은 우표 한 점을 위해 우체국 앞에서 텐트를 치고 경쟁한다.

호혜적 이타주의 가설과 친족선택 가설은 이타심의 동기가 다르다. 호혜적 이타주의는 이기적 동기가 작용하는 반면, 혈연 중심의 이타주의는 이기적 동기가 없어 보인다. 그러나 혈연 중심의 이타주의는 외집단에 대해 극도의 이기심을 드러낸다. 그럼에도 불구하고 두 가설 모두 진화론적 의미에서는 이타주의에 속한다. 개체의 생존 가능성을 높이고 번식률을 높이는 데 도움이 되기 때문이다.

다시,
이기적 유전자

우리는 인간의 이타심이 어디에서 비롯되었는지 알아보기 위해 집단선택, 친족선택, 호혜적 이타주의 가설을 살펴보았다. 그럼에도 여전히 풀리지 않는 의문이 있다. 안타깝게도 모든 종류의 협력은 자비심을 베풀기 위해서가 아니라 생존경쟁을 위한 것이다. 그러나 우리가 탐구하려는 것은 인간의 내면에 존재하는 선이며, 우리가 해명하려는 것은 인간이 왜 악행을 저지르는가가 아니라 왜 선을 실천하는가 하는 것이다.

두 개체만이 경쟁하는 곳에서는 이타주의가 발생할 수 없다. 상대방을 돕는다는 것, 또 상대방을 동정하거나 연민의 감정을 품는다는 것은 곧 자신의 죽음을 의미하기 때문이다. 숲에서 만난 포식자와 피식자가 서로 잡아먹지 않기로 약속하는 일은 있을 수 없다. 설령 두 개체가 사냥꾼과 사냥감으로 만나지 않더라도 즉각적인 협력을 기대할 수는 없다. 한 원시인이 숲속에서 낯선 원시인을 만났다면 도망치거나 먼저 창을 던지는 게 생존에 유리하다.

이것이 바로 죄수의 딜레마다. 서로 창을 던지지 않으면 모두에게 이익이지만, 당신이 등을 돌리는 순간 상대방이 창을 던지지 않으리라고 어떻게 장담할 수 있는가? 죄수의 딜레마에서 얻은 결론은 두 원시인이 등을 돌리는 척하면서 서로 창을 던지는 것이다. 우리는 두 개체 사이에 이타주의를 기대할 수 없다. 그렇지만 협력은 인간을 포함한 사회적 동물들의 고유한 특징이다.

이타주의의 기원을 찾기 위해 우리는 다시 유전자로 되돌아가야 한다. 에드워드 윌슨은 이 의문에 전혀 흔들림이 없는 신념을 보여주고 있다.

인간의 사회적 행동이 유전적으로 결정되는가 하는 문제는 이제 더 이상 질문거리도 되지 않는다. …… 나는 좀 더 강력하게 말하겠다. 그것은 이미 결정되었다고.

- 에드워드 윌슨, 《인간 본성에 대하여》

사회생물학자들은 자연선택의 단위는 종도 집단도 개체도 아니며, 오직 유전자일 뿐이라고 말한다. 생명체의 궁극적인 목적은 자신의 유전자를 퍼뜨리는 것이다. 이는 혈연 내에서조차 치열한 경쟁이 벌어지는 것으로도 확인할 수 있다.

당신은 부모로부터 50퍼센트의 유전자를 물려받았고, 자녀에게 50퍼센트의 유전자를 물려준다. 즉 부모와 자녀는 당신의 유전자를 50퍼센트씩 공유한다. 그런데 당신의 아버지가 어느 날 500만 원을 달라고 한다. 이유인즉 젊어서 못 배운 것이 한이 되었으니 이제라도 대학에 진학해 배움의 의미를 되새겨보고자 한다는 것이다. 그때 당신의 아들이 대학에 합격했고 등록금은 500만 원이다. 당신이 부자라면 아버지와 아들에게 똑같이 500만 원을 줄 것이다. 하지만 가진 돈이 500만 원뿐이라면 당신은 누구에게 돈을 줄 것인가? 상식적으로 판단하더라도 당신은 분명 아들의 등록금을 먼저 해결할 것이다.

아버지와 아들은 모두 당신의 유전자 50퍼센트를 공유하고 있는데 왜 차별적인 대우를 받아야 하는가? 당신이 아버지의 요구를 거절한 것은 효심이 부족해서도 아니고 친족에 대한 연대감이 부족해서도 아니다.

아버지의 생식기능은 쇠퇴기에 접어들었다. 설령 아버지의 성욕이 왕성하더라도 자식을 낳아 돌볼 여력이 없다. 따라서 당신이 아버지를 돕는 것은 미래에 아버지가 낳을 형제를 돕는 것이며, 이는 아버지의 책임을 당신이 대신 짊어지는 것과 같다.

당신의 자녀는 다르다. 자녀는 젊다. 당신의 도움을 받아 성공 가능성을 높이면 훌륭한 유전자를 가진 짝을 만날 수도 있다. 그렇게 되면 당신의 손자는 생존경쟁에서 한결 유리한 위치를 점하게 될 것이고, 당신의 유전자 역시 성공적으로 보존될 것이다. 따라서 모든 자식들은 불효자일 수밖에 없다.

50퍼센트의 유전자를 공유한 형제 역시 당신과 갈등 관계에 놓여 있다. 카인과 아벨의 예에서 보았듯이 신에게 선택받은 인간조차 피비린내

나는 형제간 갈등을 피할 수 없다. 부모의 자원을 둘러싸고 벌어지는 형제간 갈등은 인간뿐 아니라 동물의 세계에서도 흔히 볼 수 있다. 새끼들은 어머니의 젖을 차지하기 위해 싸우고, 부모의 보살핌을 더 얻기 위해 경쟁한다. 아이들은 부모의 사랑을 독차지하기 위해 미소를 짓고, 귀여운 짓을 하며, 동생을 괴롭힌다. 그뿐 아니라 부모의 관심을 끌기 위해서라면 벽에 머리를 부딪히고, 방바닥을 뒹구는 자해 행위도 서슴지 않는다.

생존 게임의 비정함은 어머니와 태아 사이에도 예외 없이 존재한다. 태아는 어머니의 혈류를 자극해 최대한 많은 영양분을 얻으려 한다. 하지만 어머니의 입장에서는 배 속의 태아에게 모든 것을 넘겨주어서는 안 된다. 앞으로 낳아야 할 자식들에게 나눠줄 몫을 챙겨둬야 하기 때문이다. 수정된 난자의 78퍼센트는 염색체 이상 등으로 착상에 실패하거나 자연적으로 낙태된다. 착상 실패는 대부분 임신 12주 전에 발생하기 때문에 어머니는 임신 사실조차 모를 수 있다.

어머니는 일찍 죽을 것 같은 아이에게는 투자를 최소화하도록 적응했다. 만일 태아에게 치명적인 사고가 발생한다면, 어머니는 배 속의 태아를 빨리 포기하고 앞으로 낳을 자식에게 희망을 걸어야 한다. 태아에게 도박을 걸었다가 유산이라도 한다면 어머니는 헛수고를 한 셈이다. 그러므로 어머니는 만일의 사태에 대비해 영양분을 비축해두어야 한다.

하지만 태아는 영악하다. 태아는 어머니가 모든 것을 자신에게 투자해주기를 원한다. 태아의 입장에서는 단 한 번의 기회밖에 없다. 태아는 자연적인 낙태를 피하기 위해 자궁 속에서 사투를 벌인다. 태아는 인간 융모성 생식샘 자극 호르몬hCG: human chronoc gonadoprotein을 어머니의 혈류 속으로 분비해 월경을 막고, 자신이 쉽게 착상할 수 있도록 유도한다. 또 태아는 hPLhuman placental lactogen이라는 물질을 분비하는데, 이 호르몬은 모체의 인슐린과 결합해 혈당량을 증가시킴으로써 태아에게 포도당이 더 많이 공급되도록 한다.

이때 어머니는 혈당량을 낮추기 위해 더 많은 인슐린을 분비하고, 태아 역시 더 많은 호르몬을 분비한다. 결국 두 호르몬은 평상시 농도보다 1000배나 높은 수치에 도달한다. 어머니와 태아가 서로 상반된 기능을 가진 호르몬을 경쟁적으로 생산하는 것이다. 임신 합병증인 고혈압과 자간전증子癎前症(임신 후반에 일어나는 독소혈증)은 이 때문에 발생한다고 한다.

유전자의 질적인 차이는 없다. 살아남은 유전자가 좋은 유전자다. 즉 경쟁에서 살아남은 이기적 유전자가 당신에게는 가장 좋은 유전자다. 따라서 당신은 이기적 유전자로 이루어진 단백질 덩어리다. 당신이 존재할 수 있었던 것은 당신의 조상이 번식에 성공했기 때문이고, 이는 당신의 조상이 어린 나이에 죽지 않았다는 것을 의미한다. 유전자의 목적은 당신이 생식 활동을 할 수 있을 때까지 살아남는 것이다.

대부분의 해로운 유전자는 일찍 제거되지만, 생식과 관련이 없는 유전자는 생식능력을 가질 때까지 굳이 제거될 필요가 없다. 따라서 암 유전자처럼 늘그막에 기능을 발휘하는 유전자는 자손에게 전달된다. 반면 어린 시절이나 젊은 시절에 기능을 발휘하는 암 유전자는 자손에게 거의 전해지지 않는다. 그런 유전자를 가진 사람은 아이를 낳기도 전에 일찍 사라졌을 것이기 때문이다. 따라서 대부분의 암은 생식 활동이 끝난 중년기 이후에 발생한다. 아이들이 암에 걸릴 확률이 적은 것도 이 때문이다.

만약 인간이 40세 이후에 번식을 시작한다면 수명은 엄청나게 늘어날 것이다. 해로운 유전자는 당신이 생식을 할 수 있을 때까지 계속 제거될 것이고, 암 유전자도 훨씬 늙은 뒤에야 기능을 발휘할 것이기 때문이다. 그러나 당신이 생식을 하지 않으려 노력한다고 해도, 수명 연장의 혜택을 받는 사람들은 당신의 먼 후손들일 것이다.

자연선택은 인간이 유전자의 명령에 복종하는 기계라는 것을 의미하지 않는다. 자연선택은 각 기능들이 진화하는 방식을 의미할 뿐이다. 유전자는 복제를 가장 잘하는 이기적인 복제자를 선택하지만, DNA는 이기적 감정을 갖고 있지 않다. 따라서 이기적 유전자가 이기적 인간을 가리키는 것은 아니다. 유전자가 이기적이라는 것은 자신의 복제 가능성을 높이는 방식을 선택한다는 의미지, 이기심을 가진 존재라는 의미가 아니다.

이기적 유전자 이론에 반대하는 상당수의 사람들은 개인의 유전자와 자아를 동일시하기 때문에 오류를 범한다. 그들은 유전자의 동기를 인간의 동기로 착각한다. 어미가 새끼를 돌보는 것은 이기적인 유전자 시스템이 작동하기 때문이지만, 그 어미가 이기적이라고 할 수 없는 것과 같다.

이타성은 이기적 본능과 함께 우리의 본성이다. 그렇다면 왜 세상은 이타주의자들이 지배하지 않는가? 사람들은 이타적인 사람을 존경하지만 자신이 그렇게 되기를 원하지는 않는다. 이타적으로 행동하는 사람이 많을수록 나에게는 이익이고, 내가 이기적일수록 더 이익이기 때문이다. 따라서 이타적 인간을 칭찬해야만 이타주의자가 증가하고, 이들로 인해 내가 더 많은 이익을 누릴 수 있다. 그래서 우리는 이타적 인간을 존경하는 척하지만 자기는 이타주의자가 되지 않는 것이다.

진화의 성공은 곧 악마가 승리한 결과이기도 하다. 사탄은 바로 뇌에 자리를 잡았다. 악은 육체에 있지 않다. 악마는 인간의 몸속에 악을 직접 심어놓은 것이 아니라 말하는 능력을 지닌 인간의 두뇌를 지배한다.

    – 장 디디에 뱅상Jean-Didier Vincent, 《인간 속의 악마La Chair et le Diable》

인간이 악하게 태어난다고 말할 수는 없다. 인간은 선하지도 않지만 악하지도 않다. 사실 자연계에 악이란 존재하지 않는다. 인간이 다른 동물을 잔인하게 살해해 먹이로 삼는 것은 물고기가 동물플랑크톤을 먹어치우는 것과 다를 바 없다. 인간세계에만 존재하는 것으로 알려진 끔찍한 고문이나 조직화된 폭력도 유전된 것이 아니다. 그것은 인간의 사악한 뇌가 고안해낸 것이다. 그렇다면 선한 인간, 선한 사회에 대한 우리의 희망과 기대는 영원히 이루어지지 않을 것인가?

우리는 순수한 이타주의가 자연계에 정착할 여지가 없고, 역사적으로도 존재하지 않았다는 것을 알고 있다. 그렇다고 인류의 미래가 절망적인 것은 아니다. 다행스럽게도 우리는 선한 인간과 선한 사회, 선한 질서를 교육하거나 설계할 수 있는 능력을 가지고 있다. 우리에게는 물려받은 유전자에 대항하고 반역할 수 있는 능력이 있는 것이다.

에드워드 윌슨은 그의 몇몇 저서에서 사회학과 인문학이 생물학과 만나는 '통섭consilience'을 주장했다. 그는 지식의 통섭 과정에서 우리가 겪게 될 두 가지 정신적 딜레마를 제시했다.

하나는 인간을 포함한 그 어떤 종도 유전적 의무를 초월하는 어떤 목적이나 신의 지침 따위를 갖고 있지 않다는 것이다. 진화의 목적은 존재하지 않는다. 우리는 이성적으로 더 나은 존재로 진화하거나 도덕적으로 더 나은 존재로 진화하는 것이 아니며, 신이 목적하고 있는 인간형을 향해 달려가고 있는 것도 아니다. 인간의 정신은 생존과 번식을 위한 장치이며, 이성은 그 장치의 다양한 기능 중 하나일 뿐이다.

진화의 목표가 없다는 것은 안타까운 일이다. 그것은 인간이 어떤 존재가 되어야 하는지 알 수 없는 것과 같다. 우리가 생물학적 본성 외에 그 어떤 목표도 갖고 있지 않다면, 우리는 무엇을 할 수 있고 무엇을 해야 하는가? 이것이 첫 번째 딜레마다.

두 번째 딜레마는 우리가 도덕의 기원을 생물학적 뇌에서 찾아냈을 때 발생한다. 우리의 윤리의식이 뇌를 통해 진화했다면, 과학자들은 결국 진화의 프로그램 속에서 도덕을 발견하게 될 것이다. 이 작업을 통해 인간의 마음과 정신의 비밀이 모두 밝혀진다면, 인류는 무엇을 할 수 있고 무엇을 해야 하는가?

뇌에 선이나 정의를 실현할 본능 같은 것이 존재하지는 않는다. 그러나 인간은 반성할 수 있고 더 나은 사회를 향한 전략을 선택할 수 있다. 이 때문에 우리는 진화 과정에서 도덕규칙을 만들어낼 수 있었다. 도덕이 살아남았다는 것은, 그것이 생존경쟁에 유리했다는 뜻이다. 만일 경쟁과 이기심이 도덕규칙으로 자리 잡으려면 그것 자체가 모든 개체에게 이익이 되어야 한다. 역설적으로 모든 개체에게 이익이 된다면 그것은 이기주의가 아니라 진정한 의미의 이타주의일 것이다.

그러므로 순수한 이기주의는 도덕률이 될 수 없다. 모든 사람이 이타주의자가 될 수는 없다. 모든 사람이 이타주의자가 된다면 이를 이용하려는 사기꾼들이 생겨날 것이기 때문이다. 아마 이타주의자와 이기주의자는 생존 환경에 적응하면서 탄력적인 비율로 영원히 존재할 것이다.

우리는 선과 악의 본성을 동시에 타고났다. 비록 인간에게 악의 본성이 있다손 치더라도 진화는 극단적인 이기주의를 극복해왔다. 더구나 진화적으로 협력이 유리하다는 증거가 수없이 존재한다. 인간이 악에 몰입하느냐, 선에 몰입하느냐는 우리 스스로에게 달려 있다.

우리는 유전자의 명령에 충실하지만 무조건 복종하는 기계는 아니다. 유전자는 우리에게 번식을 요구하지만, 우리는 피임을 통해 인류가 당면한 문제를 해결한 경험도 갖고 있다. 우리가 어떤 환경을 만드느냐에 따라 유전자의 명령도 변화시킬 수 있는 것이다.

우리는 미래를 설계할 능력이 있으며, 구성원들의 합의를 도출하는 능력을 지닌 존재다. 우리는 이타적 본성을 자극할 수 있는 충분한 동기들을 만들어낼 수 있다. 우리가 만들어야 할 세계는 바로 이타적 본성을 이끌어낼 수 있는 시스템이다.

05

유전인가,
환경인가?

빈 서판書板

빈 서판blank slate 이론은 인간의 본성이 백지와 같다고 주장한다. 갓 태어난 아이의 마음은 백지와 같아서 종이 위에 무엇이 그려질지는 앞으로 그가 겪을 경험에 달려 있다. 인간이 백지 상태로 태어나 환경과 교육을 통해 만들어진다면 아무리 악한 인간도 선한 인간으로 변화시킬 수 있다.

빈 서판 이론은 한때 힘을 잃었으나 행동주의 심리학이 각광을 받으면서 다시 전면에 등장했다. 행동주의 심리학의 대표 주자는 존 왓슨 John B. Watson과 버러스 스키너Burrhus F. Skinner다.

행동주의의 창시자라 할 수 있는 존 왓슨은 자신에게 12명의 건강한 아기를 주고 직접 꾸민 환경에서 키우게 한다면, 어떤 아기라도 자신이 선택한 유형의 사람, 즉 의사, 변호사, 예술가, 상인, 심지어 거지나 도둑으로 길러낼 수 있다고 장담한 것으로 잘 알려져 있다.

그는 이반 파블로프Ivan P. Pavlov와 에드워드 손다이크Edward L. Thorndike 의 연구 결과를 바탕으로 행동주의 이론을 정립했다. 잘 알려져 있듯이 파블로프는 개에게 음식을 줄 때마다 종소리를 들려주자, 나중에는 종소리만 듣고도 개가 침을 흘린다는 사실을 알아냈다. 종소리는 침을 흘리는 반응과 아무 관련이 없지만, 조건을 조작함으로써 그러한 반응을 유발해낼 수 있었던 것이다.

미국의 심리학자 손다이크 역시 동물을 실험 대상으로 삼았다. 그는 굶주린 고양이를 미로 상자에 넣은 후 지렛대를 눌러야만 먹이가 나오도록 했다. 고양이는 지렛대를 눌러야 먹이가 나온다는 사실을 인식하지 못했지만, 지렛대의 역할을 깨달은 후부터는 지렛대를 눌러 원하는 먹이를 얻었다. 손다이크의 실험은 지렛대를 누를 때 먹이로 보상하면, '먹이라는 조건'이 지렛대를 누르는 행동의 동기가 된다는 것을 보여준다. 따라서 어떤 행위에 대한 보상이나 처벌은 행동을 강화하는 수단이 된다.

존 왓슨은 이들의 연구에서 한 걸음 더 나아가 인간의 원초적 본능조차 후천적으로 만들 수 있다고 생각했다. 그는 '리틀 앨버트 실험Little Albert experiment'을 통해 이를 증명하고자 했다.

그가 가꾸기로 작정한 인간의 원초적 본능은 공포였다. 1919년 그는 한 보육원에서 생후 11개월 된 사내아이 앨버트를 실험 대상으로 골랐다. 왓슨이 보기에 앨버트는 아주 이상적인 조건을 갖추고 있었다. 앨버트는 징그럽거나 괴상하게 생긴 사물에 대한 두려움이 없었고 늘 무덤덤했다. 왓슨은 조교인 로잘리 레이너Rosalie Rayner와 함께 앨버트에게 공포를 가르치기로 하고, 공포감을 줄 수 있는 대상으로 흰쥐를 선택했다.

왓슨이 쥐를 풀어놓자 앨버트는 아무런 두려움도 없이 쥐를 쓰다듬었다. 하지만 왓슨이 쥐를 보여줄 때마다 망치로 쇠막대를 치며 소음을 내자 앨버트는 점점 쥐를 경계하기 시작했다. 일곱 차례 실험을 거듭한 후 앨버트는 망치로 쇠막대를 두드리지 않아도 쥐를 보자 울음을 터뜨렸다.

이후 왓슨은 앨버트가 보육원을 나가기까지 주기적으로 재검사를 실시했다. 앨버트의 쥐에 대한 공포감은 계속 유지되었고, 그동안 두려워하지 않았던 토끼, 개, 털 코트를 보고도 울음을 터뜨렸다. 쥐와 유사한 것이면 무엇이든 앨버트에게 공포감을 불러일으켰던 것이다.

왓슨의 결론은 간명했다. 인간의 원초적 본능도 학습을 통해 구성된다는 것이다. 그에 따르면 공포, 분노, 사랑 같은 정서는 타고난 본성이지만 조건화 과정을 통해 얼마든지 만들어낼 수 있다. 따라서 환경은 인간을 형성하는 데 절대적인 영향을 미친다.

왓슨은 조교와 바람을 피웠다는 이유로 존스 홉킨스 대학교에서 해고되자 월터 톰슨 광고회사에 입사했다. 그는 커피, 베이비파우더, 치약 광고를 만들어 커다란 성공을 거두었다. 특히 그는 폰즈 사의 콜드크림과 존슨앤드존슨의 베이비파우더, 맥스웰하우스의 커피 광고를 제작해 유명세를 탔다. 그는 커피 광고를 통해 '커피 브레이크(커피 타임)'를 모든 일터에 정착시키고자 했다. 파블로프의 개처럼 휴식 시간을 알리는 종소리가 나면 사람들이 커피를 연상하도록 한 것이다.

하버드 대학교의 대학원생인 스키너도 조건을 조작하면 인간도 변화시킬 수 있다고 믿었다. 그는 자신의 이름을 붙인 '스키너 상자Skinner box'를 고안해 상자 안에 지렛대를 설치하고, 동물이 지렛대를 누르면 기계가 작동해 먹이가 나오도록 했다. 굶주린 쥐는 먹이를 찾다가 우연히 지

렛대를 누르고, 그때마다 먹이가 나온다는 사실을 깨닫는다. 먹이 맛을
본 쥐는 점점 지렛대를 누르는 속도를 높인다. 처음에는 지렛대를 한 번
누를 때마다 먹이가 나왔지만, 나중에는 세 번을 눌러야 먹이가 나오도
록 함으로써 지렛대를 누르는 속도를 높였다. 지렛대를 눌러도 먹이가
나오지 않도록 하자 쥐는 더 이상 지렛대를 누르지 않았다. 보상이 없으
니 행위를 하지 않는 것이다. 또 지렛대를 누르는 횟수에 관계없이 부정
기적으로 먹이를 제공하자 쥐는 결과에 연연하지 않고 무작정 지렛대를
눌러댔다.

이 실험이 보여주는 것은 지렛대를 누르는 행동이 '먹이라는 보상'을
통해 점차 강화되며, 반대로 처벌은 행위의 동기를 소멸시킨다는 것이
다. 스키너는 이 실험을 통해 인간의 행위는 본성이 아니라 환경에 의해
결정된다는 확신을 얻었다. 인간을 보상과 처벌이라는 자극에 반응하는
수동적 존재로 파악한 것이다.

환경이
사람을 빚는다?

행동주의의 등장으로 인간의 행동이 환경에 좌우된다는 믿음이 점차 확
산되었다. 그러나 인간의 본성은 타고나는 것이라는 주장은 폐기되지 않
았다.

우생학을 창시한 프랜시스 골턴은 1869년 〈천재의 유전*Hereditary
Genius*〉이라는 논문을 통해, 지능은 유전되는 것이며 집단마다 큰 차이

가 난다고 주장했다. 그는 우수한 형질을 선택하고 열등한 형질을 제거함으로써 특정 집단을 우월하게 만들 수 있다는 논리를 전개했다. 하지만 진화는 번식률의 차이로 결정되기 때문에 지능은 여러 선택 사양 중 하나일 뿐이다. 만약 무지가 생존에 도움이 된다면 진화는 무지를 선택할 것이다. 다리가 여덟 개인 것이 누구에게나 좋은 것이 아니듯 지능도 누구에게나 좋은 것은 아니다. 인간의 지능이 아무리 뛰어나더라도 지능이 낮은 물고기를 잡기는 쉽지 않다.

골턴은 진화론을 잘못 이해한 사람이었지만 '본성과 양육'이라는 용어를 처음 사용함으로써 논쟁의 단초를 제공했다. 본성론은 미국의 심리학자 윌리엄 제임스William James에 이르러 힘을 얻게 되지만, 1920년대 이후 행동주의 심리학과 문화인류학, 정신분석학, 사회학의 반격을 받으며 점차 쇠퇴의 길을 걷는다. 유전자에 대한 지식이 많지 않았던 그 시절에 본성론을 주장했던 일부 사람들은 엉뚱한 길로 들어선다. 1906년 미국유전학협회는 우생학위원회를 설립했고, 이후 우생학자들은 우생학의 창시자인 프랜시스 골턴의 이름을 따서 골턴학회를 만들었다.

당시 미국은 이민 열풍에 휩싸여 있었다. 이민자들이 밀려들자 미국의 우생학자들은 이민자의 자격을 제한할 것을 요구했다. 그 무렵 프랑스의 심리학자 알프레드 비네Alfred Binet가 지적 장애아를 선별하기 위한 지능검사법을 개발했다.

이를 계기로 미국의 심리학자 헨리 고더드Henry Goddard는 1911년 보건당국의 의뢰를 받아 이민자들을 대상으로 지능검사를 실시했다. 결과는 놀라웠다. 유대인의 83퍼센트, 헝가리인의 80퍼센트, 이탈리아인의 79퍼센트, 러시아인의 87퍼센트가 12세 이하 수준의 지적 장애아로 판명된 것이다. 물론 한참이 지난 후 검사가 엉터리였다는 사실이 밝혀졌다. 이민자들의 지능이 낮게 나온 것은 그들이 지적 장애아였기 때문이 아니라 문화와 언어적 차이 때문이었다.

그럼에도 불구하고 우생학의 영향은 더욱 확대되어 미국 30개 주에서 유전적으로 문제가 있는 태아에 대한 불임수술법이 통과되었으며, 1924년에는 이민제한법이 통과되어 1968년까지 존속했다.

하지만 우생학은 점차 자멸의 길로 들어섰다. 진화론자인 에른스트 헤켈은 1905년 인종과 민족을 원시민족, 야만족, 문명민족, 문화민족으로 분류하고 대다수 원주민들을 원시민족과 야만족으로 취급했다. 또 백인들을 문화민족으로 분류하면서 자신의 조상인 인도게르만족을 최상위에 올려놓았다. 독일의 나치가 이를 악용해 인종청소에 돌입하자 우생학자들은 마침내 자신들의 신념을 포기할 수밖에 없었다.

특히 19세기 말과 20세기 초에 등장한 사회학과 문화인류학은 인간이 생물학적으로 규정지어진 존재가 아니라 문화와 환경에 의해 변화하는 존재임을 일깨워주었다.

사회학을 창시한 에밀 뒤르켐Émile Durkheim과 문화인류학을 창시한 프랜즈 보애스Franz Boas도 인간의 행위를 규명하는 데 생물학적·인종적 요인을 철저히 배제했다. 더구나 우생학이 미국에서 인종차별을 정당화하는 논리로 악용되고, 나치의 유대인 학살에 이론적 근거를 제공하면서 본성론자들은 설 자리를 잃었다.

이제 인간은 유전자가 아니라 환경, 문화, 학습에 의해 만들어지는 존재로 인식되었다. 하지만 어느 진영에서도 쉽사리 해결할 수 없는 문제가 하나 있었다. 바로 언어였다. 인간은 언어를 갖고 태어나는가, 아니면 학습을 통해 알게 되는가?

이 난해한 의문에 해답을 제공한 사람은 언어학자인 놈 촘스키Noam

Chomsky였다. 그는 행동주의에서 주장하는 자극-반응 이론만으로는 언어를 생성하는 과정을 이해하는 데 한계가 있음을 지적했다. 그는 생성문법 이론을 통해 인간의 언어능력이 선천적으로 결정된 특성이라고 주장했다.

본성론을 부활시킨 또 한 사람은 오스트리아의 동물행동학자 콘라트 로렌츠Konrad Lorenz였다. 1930년대 중반 이후 그는 새끼 청둥오리와 새끼 거위를 관찰한 끝에 새끼들이 알에서 깨어난 직후 처음 본 대상을 따라 배운다는 각인학습刻印學習 이론을 제시했다. 새끼들은 어미뿐 아니라 움직이는 물체와 처음 마주치면 그것에 각인된다. 실제 어미가 아닌데도 어미로 착각하는 것이다.

콘라트 로렌츠는 훗날 이 시기의 관찰 기록을 정리해 《야생 거위와 보낸 1년Jahr der Graugans》을 출간했는데, 로렌츠가 신은 장화를 새끼 거위들이 어미로 착각해 줄지어 따라다니는 사진을 볼 수 있다.

촘스키는 인간이 언어 본능을 타고난다는 것을 보여주었고, 로렌츠는 어미를 인식하고 그 행동을 따라 배우는 학습능력이 본능에 내재되어 있는 것으로 파악했다. 촘스키와 로렌츠 이후 상황은 역전되었다. 본성론은 1970년대 사회생물학을 시작으로 진화심리학과 인지심리학, 진화의학으로 계승되었다. 오늘날 행동주의 이론을 그대로 답습하는 학자는 거의 없다. 그러나 인간이 환경과 문화에 영향을 받는다는 증거들은 수없이 많다.

예컨대 우유에 든 유당을 소화하는 효소는 인간이 후천적으로 습득한 것이다. 원시인류는 가축을 사육할 줄 몰랐다. 포유동물을 사육하기 시작한 것은 불과 9000~8000년 전이며, 젖소를 사육하기 시작한 시점은 그보다 늦다. 따라서 그 시대의 인류는 비타민 D가 풍부한 우유를 마실 기회가 거의 없었고, 우유를 소화할 능력도 부족했다. 우유를 소화하려면 락타아제라는 효소가 필요하다. 하지만 초기 인류의 몸에는 이 효소가 없었기 때문에 우유를 발효하거나 치즈 형태로 만들어 섭취할 수밖에 없었다.

우유를 소화할 수 있는 효소 돌연변이가 생겨난 것은 6000년 전쯤이다. 북부 유럽처럼 농업 대신 축산업이 발달한 지역에 정착한 인간은 우유에 잘 적응한 반면, 남부 유럽처럼 축산업이 덜 발달한 지역에 사는 인간은 상대적으로 적응이 덜 되었다. 지금도 락타아제 효소가 부족한 사람들이 여전히 존재한다. 한 연구 결과에 따르면 우유를 300세대 또는 그 이상 동안 마신 군집에서는 90퍼센트 이상이 이 효소를 가지고 있는 반면, 낙농업을 한 적이 없는 군집에서는 80퍼센트가 다른 형태의 효소를 가지고 있거나 우유를 마시기 어려워했다.

인간이 비타민 C를 합성할 수 있는 효소를 잃은 것도 마찬가지다. 대부분의 동물이 다른 영양소에서 비타민 C를 합성할 수 있는 효소를 가지고 있지만, 인간에게는 이 효소가 없다. 비타민 C가 풍부한 과일과 채소를 섭취하게 되면서 이 효소가 필요 없어진 것이다. 이러한 사례는 유전결정론이 완벽한 이론이 아님을 보여준다. 인간은 오랜 세월 동안 새로운 삶의 조건을 창출하고, 그 환경에 맞도록 적응해왔다. 문화적 선택이 유전자 조합을 변형시킬 수 있는 것이다.

동물도 환경에 따라 자신의 본능을 변화시킬 수 있을까? 1960년 막스 레너는 뉴욕 롱아일랜드에 서식하는 꿀벌 한 무리를 비행기에 태워 캘리포니아 데이비스로 운반한 후 날아가는 꿀벌을 관찰했다.

꿀벌은 태양의 궤적을 기준으로 이동한다. 꿀벌의 뇌는 그날의 시간을 바탕으로 태양이 어느 위치에 있는가를 알아내도록 프로그래밍되어 있기 때문에, 시차가 변하면 혼란을 겪을 수밖에 없다. 실제로 시차를 겪은 벌들은 계속 45도가량 방향을 잘못 잡았는데, 이는 벌들이 그때의 시각을 세 시간 후인 것으로 인식했기 때문이다.

이 실험은 유전자의 능력에 한계가 있음을 보여준다. 즉 유전자는 그가 처한 환경까지 지배할 수 있는 것은 아니다. 새로운 환경에 적응하려면 끊임없는 학습이 필요한 것이다.

문화가 만들어내는 사고체계

문화심리학은 인간의 행위와 심성에 그 사회의 문화가 끼치는 영향을 탐구하는 학문이다. 문화심리학자 리처드 니스벳Richard Nisbett은 《생각의 지도The Geography of Thought》에서 동서양의 문화가 사고방식에 끼친 영향을 분석한 바 있다. 그는 서양인의 사고방식이 직선적이고 분석적이며 이분법적 사고에 익숙해 있다고 말한다. 반면 동양인은 종합적으로 사고한다.

이러한 차이는 서양인들이 개인을 독립적이고 개별적인 존재로 파악하는 반면, 동양인들은 다양한 관계망 속에서 개인의 존재를 파악하기 때문에 생겨난다. 즉 동양인은 인간을 자연과 사회의 상호의존적인 관계로 파악한다. 그래서 서양인은 혼자 일할 때 효율성을 발휘하지만, 동양인은 집단 내에서 함께 일할 때 효율성이 높다.

한 가지 예를 보자. 일본 닛산자동차가 인피니티라는 고급 세단을 미국 시장에 광고할 때, 그들은 아름다운 자연을 보여준 후 마지막에 자동차 이름을 노출시켰다. 하지만 이 광고는 미국에서 성공하지 못했다. 오히려 광고 속에 등장하는 아름다운 나무와 바위의 판매고만 증가했다고 한다. 이는 자연과 하나가 되자는 메시지를 미국인들이 이해하지 못했기 때문이다. 동양인들은 자연과 자동차의 조화를 꾀하지만, 미국인들은 별개의 존재로 파악한 것이다.

또 한 가지 재미있는 차이는 아이들을 대상으로 한 실험에서 나타났다. 미국 어린이들과 중국 어린이들에게 소, 닭, 풀 그림을 보여주고 그중 관계가 있는 두 개를 하나로 묶게 하는 실험이었다. 미국 어린이들은 닭과 소를 하나로 묶은 반면, 중국 어린이들은 소와 풀을 하나로 묶었다. 미국 어린이들이 동물끼리 묶은 반면, 중국 어린이들은 먹이 관계로 묶은 것이다. 즉 미국 어린이들은 계통 분류에 주목한 반면, 중국 어린이들은 관계망에 주목했다.

리처드 니스벳은 이러한 사고방식의 차이가 그 사회의 구조와 밀접한 관련이 있다고 말한다. 동양과 서양은 오랫동안 서로 다른 환경에 놓여 있었다. 동양은 농경사회를 중심으로 발전해왔으며 서양은 사냥, 목축, 교역을 통해 발전해왔다. 동양의 농업은 구성원들의 공동 작업이 필수적이지만, 서양의 농업은 개인 단위의 농장주를 중심으로 이루어진다. 이는 생태 환경의 차이가 경제구조의 차이를 만들어내고 다시 문화와 사고방식의 차이로 이어졌음을 의미한다.

사고방식의 차이는 언어의 차이도 만들어낸다. 동양의 언어는 맥락에 의존하며 동일한 언어라도 다중적인 의미를 갖는 경우가 많다. 따라서 같은 말이라도 문맥에 따라 다르게 해석된다. 하지만 영어는 문장구조 자체가 의미를 결정하기 때문에 문맥상의 혼란이 발생하지 않는다.

또 서양의 언어는 행위의 주체가 자신이며 문장도 행위자 중심으로 이루어져 있지만 동양의 언어는 그렇지 않다.

문화는 강력한 금기를 만든다. 가령 음식에 대한 금기는 대부분의 민족이 갖고 있다. 인도인들은 소고기를 먹지 않을 뿐 아니라 오히려 신성시한다. 인류학자 마빈 해리스는 《문화의 수수께끼》에서 문화적 차이에 따른 금기를 설명한 바 있다.

인도에서는 소가 논밭갈이를 하고 우유도 생산한다. 소를 가진 농부는 트랙터와 우유 공장을 가진 셈이다. 또 소는 분뇨를 배설함으로써 질 좋은 비료와 연료를 제공한다. 소는 음식, 연료, 동력을 공급하는 황금알을 낳는 거위인 것이다. 인도인들은 생명줄이나 다름없는 소를 살해할 이유가 없고, 더구나 고기를 먹기 위해 소를 죽이는 것은 비효율적이다.

인도와 달리 사막에서 유목생활을 했던 유대인과 이슬람 부족들은 양이나 염소 같은 반추동물을 신성한 음식으로, 숲에서 살았던 돼지를 부정한 음식으로 여긴다. 돼지를 키우는 데는 많은 물이 필요할 뿐 아니라 엄청난 양의 식량자원이 필요하다. 반면 양이나 염소는 혹독한 환경에서도 들에 풀어놓기만 하면 스스로 먹을거리를 해결한다. 따라서 유목민들에게는 인도인들이 소를 소중하게 여기는 것만큼이나 양이나 염소가 귀한 존재였다.

음식에 대한 금기를 결정하는 유전자는 없다. 갓난아이들은 먹지 못하는 것들도 곧잘 입으로 가져간다. 시간이 지나면서 아이들은 무엇을 먹어야 하는지 구분할 수 있고, 성인이 되면 민감한 시기에 먹었던 음식을 선호한다. 음식에 대한 금기는 문화적 요인에 의해 결정된다는 것을 보여준다.

공포는
어디에서 오는가?

유전자와 환경이 인간의 행동에 미치는 영향을 연구하는 학자들은 쌍둥이들을 연구 대상으로 삼는다. 일란성 쌍둥이는 유전자를 100퍼센트 공유하기 때문에 이들의 성장 과정을 추적하면 기질이나 성격을 결정한 것이 유전자인지 환경인지를 파악할 수 있다.

영국의 정신의학자 에시 바이딩Essi Viding은 쌍둥이 3687쌍을 대상으로 환경의 영향을 조사한 바 있다. 그 결과 187쌍 중 한 쌍 꼴로 극단적 사이코패스 성향이 나타났다. 이들 중 약 81퍼센트는 유전적 영향으로 나타났고, 나머지 19퍼센트는 환경의 영향을 받은 것으로 조사되었다. 또 177쌍 중 한 쌍 꼴로 온건한 반사회적 특성을 보였는데, 이들 중 30퍼센트는 유전적 영향을 받았을 가능성이 높았고, 나머지 70퍼센트는 환경의 영향을 받은 것으로 나타났다. 즉 지독한 사이코패스는 타고난다는 것이다.

범죄형 인간이 유전적으로 타고나는가의 문제는 항상 논란거리가 되어왔다. 어떤 범죄자가 '살인을 저지른 것은 내가 아니라 내 유전자'라고 주장한다면 어찌 할 것인가? 이는 사람을 죽인 것은 내가 아니라 총이라고 주장하는 것과 같다.

왓슨은 리틀 앨버트 실험을 통해 공포가 학습된다는 것을 증명하고자 했다. 정말 공포심은 학습되는 것일까? 사람은 몇몇 동물에 대한 원초적 공포감이나 혐오감을 가지고 있다. 뱀, 거미, 쥐 같은 동물이 그렇다. 특정 동물에 대해 공포심을 갖게 된 것은 그들이 조상들에게 위협적인 존재였기 때문이다. 특히 거미와 뱀은 치명적인 독을 가진 종이 많다. 왓슨의 주장대로 공포가 학습되는 경우도 있지만, 한 번도 뱀을 본 적이 없는 사람도 뱀을 두려워하기 때문에 이를 학습 효과만으로 설명하기는 어렵다.

조상들에게 위협을 주었던 것은 대개 뱀, 거미, 쥐, 어둠, 추방, 고립, 추락 같은 것이었다. 그래서 인간은 오늘날에도 고소공포증을 갖고 있는데, 이는 절벽이나 나무에서 추락하는 것이 생존에 심각한 위협이 되었기 때문이다. 나무 위에서 살던 유인원들에게 땅은 위험천만한 곳이었다. 나무 위는 맹수들의 공격에 비교적 안전하다. 하지만 뱀과 거미는 나무를 기어오른다.

뱀에 대한 공포가 학습된 것이라는 실험 결과가 있다. 행동주의 심리학자들은 실험실에서 자란 원숭이는 뱀을 본 적이 없기 때문에 무서워하지 않는다고 생각했다.

위스콘신 대학교의 심리학자 수전 미네카Susan Mineka의 실험 결과, 갓 태어난 원숭이는 뱀을 무서워하지 않았으나 어미가 뱀을 보고 놀라는 것을 보고 난 후에는 뱀을 두려워했다. 이후 새끼들은 장난감 뱀을 보고도 놀랐다. 반면 실험실에서 사육된 원숭이들은 뱀을 두려워하지 않았으며, 다른 원숭이가 뱀을 보며 발작하는 모습을 담은 비디오를 보여준 후에야 뱀에 대해 공포감을 갖게 되었다. 이 실험 결과는 뱀에 대한 영장류의 공포가 유전적으로 프로그래밍된 것이 아니라 학습에 의한 것이라는 사실을 보여준다.

하지만 후속 실험에서 원숭이는 뜻하지 않은 행동을 보였다. 미네카는 '꽃'에 대한 공포심을 심어주었을 때도 공포가 학습되는지 의문을 가졌다. 다른 원숭이가 꽃을 두려워하며 뒷걸음치는 비디오를 보여주었을 때 실험실의 원숭이들은 전혀 공포심을 보이지 않았다. 원숭이들이 뱀에 대한 공포는 쉽게 배우지만 꽃에 대한 공포는 쉽게 학습하지 못한 것이다. 인간 역시 꽃과 같은 이미지보다 뱀이나 거미 같은 두려운 이미지에 더 빨리 반응한다. 이는 특정 대상에 대한 공포심이 유전적으로 프로그래밍되어 있음을 암시한다.

선천적이든 후천적이든 영장류는 파충류를 두려워한다. 진화 과정에서 영장류는 파충류에 관한 한 전문가가 되었다. 칼 세이건은 《에덴의 용》에서 꿈이 인간의 공포를 반영한다고 주장한 바 있다. 그에 따르면 우리가 자주 꾸는 꿈의 범주는 추락하는 꿈, 쫓기거나 공격당하는 꿈, 반복적으로 시도하지만 실패하는 꿈, 다양한 종류의 학습적 경험, 다양한 성적 경험 등 다섯 가지다.

이미 지적했듯이 추락에 대한 공포는 우리 조상들이 나무 위에서 살던 시절의 기억에서 비롯된 것이다. 나머지는 공격, 도피, 섹스 등 인간의 원초적 욕구에 해당하는 것들이다. 재미있는 사실은 누구나 뱀이 등장하는 꿈을 꾼다는 것이다. 꿈에 출현하는 동물 중 뱀은 유일하게 하나의 범주를 형성한다. 칼 세이건은 뱀이 꿈에 자주 나타나는 것은 파충류와 포유류의 해묵은 적대감을 나타내는 것이라고 추측했다.

공룡이 지배하던 시기에 인간의 먼 조상들은 아주 보잘것없는 원시 포유류로 살아가고 있었다. 그들의 몸은 공룡에 비해 매우 작았기 때문에 포식자를 피해 밤에만 활동해야 했다. 공룡이 멸종한 후에야 그들은 어둠에서 벗어나 활동 시간을 낮으로 변경했다. 바야흐로 포유류의 시대가 찾아온 것이다.

칼 세이건은 조상들이 영장류로 진화한 후 세 가지 두려움에 직면했다고 말한다. 추락, 뱀, 어둠이 그것이다. 추락은 나무에서의 추락이며, 뱀은 파충류에 대한 공포, 어둠은 밤에 사냥하는 맹수에 대한 공포를 말한다. 어둠에 대한 공포는 야행성에서 주행성으로 바뀐 포유류가 환경을 감지할 때 거의 시각에 의존할 수밖에 없기 때문에 생겨났다.

공포는 생존을 위한 일종의 방어 프로그램이라 할 수 있다. 일단 독이 있는 뱀에게 물리면 자신의 유전자를 온전히 남기지 못한다. 이 때문에 조상들은 뱀을 피하는 프로그램을 뇌에 새겨 넣었다. 우리는 장난감 뱀이나 풀밭에 버려진 끈에도 곧잘 놀란다. 진짜 뱀이 아닌데도 놀라는 것은 뇌가 그것을 뱀으로 간주하기 때문이다.

뱀처럼 생긴 것에 무조건 도피반응을 보이는 것은 비효율적이다. 하지만 불확실한 상황에서 독사뱀을 무시하면 목숨이 위태로워진다. 우리는 약간의 손실을 감수하더라도 위험을 피하도록 진화해왔다. 뱀처럼 생긴 모든 것에 놀라는 반응은 일종의 '적응적 오류adaptive errors'다. 자연선택은 큰 대가를 치러야 하는 실수를 피해 비용이 적게 드는 쪽으로 추론하도록 진화한 것이다. 막대기를 뱀으로 착각하더라도 독사뱀에게 물리는 것보다는 낫다.

원초적 신경계는 정확한 분석 과정을 필요로 하지 않는다. 풀밭에서 몸이 기다란 물체와 맞닥뜨렸을 때, 그것이 뱀인지 아닌지를 구분하려고 애쓰는 것은 어리석은 일이다. 이런 상황에서는 피하는 것이 상책이다. 그것이 뱀인지, 독을 가지고 있는지는 나중에 판단해도 늦지 않다. 뇌는 위급한 상황에서 단순한 단서만으로 위험을 감지하는 것으로 제 역할을 다한 것이다.

문제는 원초적 신경계가 흑과 백, 선과 악, 친구 아니면 적으로 단순하게 대상을 구분한다는 것이다. 낯선 것, 이질적인 것, 공포의 대상이 될 수 있는 것은 무조건 위험하다는 이분법적 편견은 우리 뇌 속에 뿌리 깊게 자리 잡고 있다. 외집단을 향한 무조건적인 적대감 역시 이 원초적 신경계로부터 비롯되었다.

페소공포증은 퇴로가 없는 공간에 갇혀 있을 때 발생한다. 만일 당신이 거대한 맹수에게 쫓겨 좁은 바위틈에 몸을 숨겼는데 독사 한 마리가 당신을 향해 다가온다고 하자. 그때의 공포감을 상상하기란 그리 어렵지 않을 것이다. 반대로 탁 트인 개활지에서 동료들과 함께 나무 열매를 따고 있는데 거대한 코모도도마뱀 무리가 당신을 포위한 채 천천히 다가온다고 상상해보자. 탁 트인 공간에서 몸을 숨길 만한 곳은 없다. 허겁지겁 도망치는 동료들도 당신을 보호해줄 여유가 없다. 그때 당신은 한없이 무력한 존재일 뿐이다. 이처럼 광장공포증은 탁 트여 있되 자신의 의지대로 벗어날 수 없는 공간이나 붐비는 장소에서 주로 발생한다.

고립이나 추방 역시 조상들에게 원초적 공포감을 불러일으켰을 것이다. '분리불안'이라고 부르는 이 공포증은 맨 처음 부모와의 분리에서 비롯되었다.

스탠퍼드 대학교의 신경생물학자 로버트 새폴스키Robert M. Sapolsky는 동물들의 뇌를 자극해 스트레스호르몬을 방출시킨 후 행동 반응을 관찰했다. 뇌의 특정 부위를 자극하자 동물들은 공포의 비명을 내질렀는데, 이 비명은 어미로부터 버림받았을 때 내지르는 외침과 유사했다. 낯선 사람의 얼굴을 보았을 때 갓난아이들이 울음을 터뜨리는 것도 마찬가지다.

높은 곳과 낯선 사람에 대한 두려움은 생후 6개월 전후에 나타나는데, 이는 엄마의 품에서 벗어나 기어다니는 시기와 비슷하다. 또 다른 동물에 대한 경계심과 두려움은 걸음을 걷기 시작한 후 주변 환경을 탐색하는 두 살 무렵에 나타나고, 광장공포증은 어린아이가 집을 떠나야 할 시기에 주로 나타난다.

공포심이 학습만으로 생겨나지 않는다는 근거는 아이들의 장난감에서 확인할 수 있다. 아이들은 장난감 뱀에 화들짝 놀라지만 장난감 총이나 장난감 자동차에는 놀라지 않는다. 물론 강도가 장난감 총을 들고 집에 침입했다면 무척 놀라겠지만, 그것은 총 때문에 놀란 것이 아니라 그가 낯선 침입자이기 때문에 놀란 것이다. 만약 강도가 장난감 뱀을 들고 있다면 당신은 장난감을 보고 놀라겠는가?

테리 버넘Terry Burnham과 제이 펠런Jay Phelan은 《비열한 유전자Mean Genes》에 이렇게 썼다.

1998년 총에 맞아 죽은 미국인은 3만 명이 넘었다. 뱀에 물려 죽은 미국인은 고작 20명 정도에 불과하다. 현실적으로 따지면 총을 두려워하고 뱀에 대해서는 두려움을 느끼지 않아야 할 것 같지만, 실제로 인간은 그 반대로 설계되어 있다. 본능적인 공포를 일으키는 유전자는 다른 모든 유전자와 마찬가지로 먼 과거의 조상에게서 우리에게 전해진 것이다. 인류가 수렵채집 생활을 했을 때는 뱀이 많은 죽음의 원인이었다. 반면에 총이 사람을 죽이기 시작한 것은 극히 최근의 일이다. 다른 영장류의 동물도 뱀에 의해서 희생당했고, 따라서 같은 유전적인 혐오감을 가지고 있다.

공포심이 학습되는 것이라면 우리는 뱀보다도 총에 더 민감하게 반응해야 한다. 물론 조상들이 그러했듯이 총에 대한 두려움이 뇌에 프로그래밍되려면 수천 년 또는 수만 년이 걸릴 수도 있을 것이다. 그때쯤 우리는 장난감 총에도 즉각적인 도피반응을 보일 것이며, 자동차에 대해서도 마찬가지일 것이다.

공포는 우리의 몸에도 깊게 각인되어 있다. 사람들은 극심한 공포를 느낄 때 오줌을 지리거나 배변을 한다. 특히 사형을 앞둔 사형수들이 처형대 위에서 배변을 한다는 속설은 널리 퍼져 있다. 로버트 새폴스키는 《스트레스Why Zebras Don't Get Ulcers》에서 공포를 느낄 때 오줌이 새는 문제를 아주 흥미롭게 다루고 있다.

거대한 아나콘다가 당신의 뒤를 노린다고 가정해보자. 당신이 섬뜩한 기분이 들어 뒤를 흘깃 바라보았을 때 아나콘다는 막 당신을 삼킬 준비를 끝냈다. 아나콘다의 배 속으로 들어가지 않으려면 아나콘다보다 빨리 도망쳐야 한다.

이때 뇌는 당신의 운동 근육에 에너지를 공급하려 할 것이다. 에너지를 운반하려면 혈액이 필요하고, 뇌는 혈액을 확보하기 위해 몸속에 있는 수분을 가능한 한 절약하려 할 것이다. 그래야 탈수 현상을 막을 수 있다. 신체기관에서 수분을 가장 많이 소비하는 곳은 소변을 만드는 신장이다. 소변은 혈액으로부터 생성되기 때문에 뇌는 신장으로 가는 혈류를 줄이는 동시에 소변을 만드는 작업을 중지시킨다. 또 뇌는 순환계에 가능한 한 많은 수분을 흡수하라고 명령한다. 이제 수분이 빠져나갈 구멍은 없다. 그런데 왜 이 상황에서 오줌이 나오려 하는가?

소변을 저장하는 방광은 자신의 영역을 표시하는 동물에게는 매우 중요하지만, 인간은 배설물로 영역을 표시하지 않기 때문에 그저 소변을 저장하는 장소일 뿐이다. 소변이 일단 신장을 통과해 방광으로 내려오면 다시 흡수하는 것은 불가능하다. 밖으로 배설하는 일만 남는 것이다. 그런데 극심한 공포를 느낄 만큼 위급한 상황에 처하면 방광의 소변은 도망치는 데 방해만 될 뿐이다. 가장 좋은 해결책은 빨리 방광을 비우는 것이다.

배변도 마찬가지다. 아나콘다로부터 도망치기로 결정했을 때 교감신경계는 위의 수축을 정지시키고 소장에 소화운동을 중지하라는 신호를 보낸다. 반면 찌꺼기를 비우기 위해 대장의 근육운동은 활성화된다. 소화된 영양분을 순환계로 운반하기 위해서는 다량의 수분이 필요하다. 그래서 대장은 물을 다시 흡수하는데, 대장이 긴 것은 이 때문이다. 따라서 대장을 통과한 찌꺼기는 수분을 잃고 고체 형태가 된다.

그러나 아나콘다를 만난 상황에서는 다르다. 대장은 찌꺼기를 버리기 위해 평소보다 빨리 운동한다. 모든 것을 빠르게 통과시키기 때문에 대장은 수분을 흡수할 시간이 없다. 결국 공포의 순간에 소화 찌꺼기는 수분과 섞여 설사로 나오게 되는 것이다.

극심한 스트레스는 대장운동을 증가시켜 불필요한 찌꺼기를 배출한다. 현대인들이 과민성 대장염 같은 설사 증상을 보이는 것은 이 때문이다. 뇌는 당신이 겪고 있는 스트레스를 아나콘다에게 쫓기는 스트레스와 같은 것으로 간주한다. 조상들은 뱀에게 물리거나 동물에게 습격당하는 것 외에도 추락사하거나 출산 중에 사망하는 일이 허다했다.

하지만 오늘날에는 그런 상황과 부닥칠 일이 거의 없다. 그런데도 뇌는 조상들이 겪었던 공포에 어떻게 대응할 것인지 알고 있다. 그래서 뇌는 극심한 자연의 공포가 사라진 지금도 스트레스에 민감하게 반응하는 것이다.

공포는 생존을 위한 방어기제로 출발했으며, 이 방어기제는 오늘날에도 여전히 유효하다. 깎아지른 바위산을 등반하거나 절벽 위를 지날 때 아찔한 현기증을 느낄 것이다. 추락에 대한 공포감이 없었다면 우리는 산양처럼 절벽 사이를 자유롭게 뛰어다닐 수 있었을 것이다. 하지만 이런 행위는 무모한 짓이다. 스릴을 즐기며 절벽 끝을 걷는 것보다는 공포에 질린 채 절벽을 피하는 것이 생존에 도움이 된다.

얼굴 그리고
몸의 기호

캘리포니아 주립대학교의 심리학자 폴 에크만Paul Ekman은 1967년 파푸 아뉴기니의 고원에 살고 있는 포레Fore족을 방문해 이들의 표정을 연구 했다. 포레족은 1959년에야 죽은 가족의 뇌를 먹지 말라는 규범이 생겼을 만큼 원시적인 환경에서 살아가고 있었다. 에크만은 파푸아뉴기 니의 여러 부족들을 탐험하면서 3만 미터 분량의 필름에 그들의 생활 상을 담았다.

그는 미국으로 돌아와 엄청난 양의 사진들을 인화해 원시 부족민들의 표정을 비교 분석했다. 그 결과 원시 부족민들의 표정은 서양인들과 다를 것이 없었다. 그들은 서양인과 똑같은 감정을 표정으로 드러냈다. 이러한 분석을 근거로 그는 인간의 얼굴 표정은 문화와 관계없이 동일하다는 결론을 내렸다. 특히 인간의 여섯 가지 기본 감정인 놀람, 불안, 분노, 기쁨, 혐오, 슬픔 등에 조응하는 얼굴 표정은 모든 사회에서 동일했다.

에크만의 결론은 문화가 인간의 감정 형태에 영향을 미치지 않았다는 것을 의미한다. 즉 느낌을 드러내는 표정은 학습되는 것이 아니라는 것이다. 우리는 태어날 때부터 미소를 짓는다. 선천적으로 시각장애를 가지고 태어난 아이들도 예외가 아니다.

데즈먼드 모리스는 인간 행동을 관찰한 《맨워칭Manwatching》에서 모든 제스처가 유전적 계승, 자기 발견, 사회적 동화, 계획적 훈련 등 네 가지 요인을 통해 획득된다고 분석했다.

유전적 계승으로 인한 동작은 갓난아이가 엄마의 젖을 무는 행위 같은 것들이다. 이런 행위는 어른이 되어서도 손톱을 깨물거나 연필을 입에 무는 '흔적 제스처'로 남는다. 그렇지만 팔짱을 끼는 동작은 유전적으로 타고난 것이 아니다. 누구나 팔짱을 끼지만 그런 행위를 하라고 명령하는 유전자는 없다. 당신이 팔짱을 낄 때는 눈앞에 벌어지고 있는 상황에 개입하지 않겠다는 의사 표현을 하고 있는 셈이다. 또는 군중 속에서 자신만의 공간을 확보하기 위한 일종의 '장벽 신호'다.

울음을 우는 행위 자체는 타고난 것이다. 하지만 울음의 형태는 그 사회의 압력 요인에 의해 변형될 수 있다. 울음에도 다양한 종류가 있는데 가장 흥미로운 울음은 장례식장에서 조문객을 맞은 유족이 억지로 내는 곡哭이다. 유족들이 가짜 울음소리를 내는 것은 일종의 의례儀禮다. 만약 남편을 잃은 미망인이 장례식장에서 시종 미소를 띠고 있다면, 그녀는 가족뿐 아니라 공동체의 구성원들로부터도 의심받을 것이다.

터져 나오는 슬픔을 억지로 참는 울음도 있다. 이런 울음은 우는 모습을 남에게 보이고 싶지 않거나 지나치게 슬퍼함으로써 다른 구성원들에게 심리적 고통을 유발시킬 우려가 있을 때 나오는 울음이다. 이런 울음은 사회적으로 학습된 결과다.

한 사회에서 통용되는 통과의례나 입회 의식은 구성원이 충성심을 지닌 집단의 일원인지, 아니면 배신자인지를 판단하는 데 도움을 준다. 이런 의식에 참가하기를 거부하거나 거절당했을 때, 또는 집단이 부과하는 약간의 고통을 견뎌내지 못하면 그는 집단에서 추방된다. 장례와 함께 일정한 애도 기간이 주어지는 것도 미망인이 남편의 죽음을 은근히 즐거워하고 있는 것은 아닌지, 아니면 정말 슬퍼하고 있는 것인지 의심을 제거하기 위한 방법 중 하나다.

우리는 무의식적으로 우발적인 제스처를 취한다. 대부분의 제스처는 표정과 마찬가지로 자신의 기분에 대한 정보를 타인에게 알리기 위한 것이다. 복잡하게 발달한 얼굴 근육 때문에 다양한 표정을 지을 수 있듯이 인간에게 주어진 자유로운 양손은 다양한 제스처를 만들어낸다.

인사는 우정과 연대의 신호다. 악수를 하거나 손을 흔드는 것은 손에 무기를 들고 있지 않음을 보여주기 위한 것일 수도 있다. 사람들은 위협적인 상황에서 가장 먼저 머리를 보호한다. 그러나 날아오는 축구공을 막아야 하는 축구선수처럼 스스로 머리를 피할 수 있는 경우에는 가장 먼저 아랫도리를 보호한다. 하지만 날아오는 축구공을 바라보는 선수가 여성이라면 그녀는 가장 먼저 가슴을 가릴 것이다. 이런 동작은 본능적인 것이다. 남성의 생식기와 여성의 가슴은 생존과 번식에서 가장 중요한 신체기관이기 때문이다.

문화적으로 습득된 동작도 있다. 몸을 낮추거나 무릎을 꿇는 것, 낮은 자세로 절을 올리는 것은 복종의 표시다. 옷 역시 처음부터 몸을 보호하기 위한 목적으로 만들어지지는 않았을 것이다. 열대지방의 원시부족들은 거의 옷을 걸치지 않는다. 그들에게는 생식기를 가릴 수 있는 나뭇잎만 있으면 된다. 따라서 옷은 몸을 보호하기 위해 생겨난 것이 아니라 성적 표현을 가리기 위해 만들어졌을 가능성이 높다. 그래서 아담과 이브는 선악과를 따 먹은 후 비로소 부끄러움을 느끼고 나뭇잎으로 몸을 가렸다. 물론 인류가 전 세계로 이동을 시작한 이후에는 그 지역의 기후에 적응하기 위해 옷이 필요했고, 농경생활을 시작한 후에는 지위와 서열을 과시하는 패션이 등장했다.

화장은 맨 처음 햇볕으로부터 얼굴을 보호하기 위해 시작되었기 때문에 문화적으로 습득된 것이다. 화장은 젊음과 건강을 드러내고 사회적 지위를 나타내는 역할을 수행했다. 그뿐 아니라 자신의 공격성과 성별, 집단 구성원의 자격을 나타내는 역할도 했다. 문신도 충성심과 유대감을 나타내고, 적에게 공포감을 주기 위해 고안되었을 것이다.

왼손잡이와
오른손잡이

왼손잡이가 되는 데는 환경의 영향이 더 큰 것으로 알려져 있다. 하지만 몇몇 연구자들은 다른 해석을 내놓는다. 스포츠에서 확인할 수 있듯이 오른손잡이가 판치는 세상에서 왼손잡이는 많은 이점이 있다. 대개 오른손잡이의 약점은 왼쪽에 있기 때문에 왼손잡이를 상대할 때 매우 거북하다. 이것은 과거에도 마찬가지였을 것이다.

두 사람이 돌도끼를 들고 전투를 벌인다고 생각해보자. 오른손잡이는 왼손잡이 맞수를 만났을 때 상당히 불리한 상황에 처했을 것이다. 오른손잡이가 악수를 청하면 왼손잡이도 오른손을 내민다. 하지만 왼손잡이가 악의를 품고 왼손에 무기를 숨기고 있다면 오른손잡이는 꼼짝없이 당하고 말 것이다.

문제는 진화상의 이점에도 불구하고 왼손잡이의 수가 적다는 점이다. 인간은 유전적으로 오른손잡이가 많다. 오스트랄로피테쿠스의 화석을 분석한 결과 약 20퍼센트가 왼손잡이였으며, 이는 오늘날의 왼손잡이 비율과 유사하다고 한다. 칼 세이건은 배변 후 사용하는 손과 관련이 있을지 모른다고 추측한다.

손으로 배변의 뒤처리를 하는 것은 질병을 옮길 가능성이 높다. 이를 예방하기 위한 방법은 음식을 먹거나 다른 사람과 인사를 할 때 배변 때 사용했던 손을 사용하지 않는 것이다. 따라서 왼손 사용에 대한 금기가 생겨났을 수도 있다. 지금도 맨손으로 음식을 먹는 문화를 가진 나라의 국민들은 화장실에서 왼손을 사용하고, 음식을 먹을 때는 오른손을 사용한다.

좀 더 설득력 있는 설명은 왼쪽 뇌와 오른손이 밀접한 관련이 있다는 것이다. 인간의 뇌는 태어날 때부터 좌반구와 우반구의 비대칭성이 나타난다. 이 비대칭성은 100만 년 전에 살았던 호모에렉투스의 화석에서도 발견된다고 한다. 지금까지의 연구는 좌뇌와 우뇌의 역할이 따로 있음을 보여준다. 좌뇌에는 언어를 담당하는 영역이 있다. 따라서 좌뇌는 언어와 논리적 사고를 관장한다. 반면 우뇌는 이미지나 공간적 구조, 직관 같은 비언어적인 정보를 처리한다.

의사들은 1960년대 말부터 뇌전증을 치료하기 위해 좌반구와 우반구를 분리하는 수술을 시작했다. 우반구와 좌반구는 뇌량腦梁으로 연결되어 있다. 뇌전증 때문에 나타나는 발작 증상 중 일부는 한쪽 반구에서 시작된 전기신호가 뇌량을 통해 다른 쪽 반구로 전해져 양쪽 뇌가 모두 발작을 일으킨다. 이런 경우 뇌량을 절단하면 어느 정도 정상적인 생활을 유지할 수 있다.

다트머스 의과대학의 신경과학자 마이클 가자니가Michael S. Gazzaniga는 뇌 분리 수술을 받은 환자의 왼쪽 눈에 '걸어라'라는 글자를 보여주었다. 왼쪽 시야는 우뇌에만 투사되므로 단어가 좌뇌에 전달되었는지 알 수가 없다. 하지만 환자는 그 단어를 보고 의자에서 일어나 걷기 시작했다. 실험자가 왜 걸었는지 묻자 환자는 음료수를 마시러 간다고 대답했다.

또 다른 실험에서는 왼쪽 눈에 눈으로 덮여 있는 집의 사진을 보여주고, 오른쪽 눈에는 닭발 그림을 보여주었다. 그런 다음 환자에게 여러 그림들 가운데 자신이 본 것과 관련이 있는 그림을 고르도록 했다. 그러자 좌반구의 통제하에 있는 오른손은 닭발의 주인인 수탉 그림을 가리켰고, 우반구가 통제하는 왼손은 겨울 이미지와 어울리는 눈 치우는 삽을 선택했다. 환자의 두 손은 서로 다른 그림을 가리켰던 것이다. 실험자가 그 그림을 고른 이유를 묻자, 환자는 삽이 닭장을 청소하는 데 필요하기 때문이라고 대답했다. 이 환자는 마치 한 몸에 두 마음을 가진 사람처럼 행동했던 것이다.

이보다 더 흥미로운 실험도 있다. 이번에는 환자의 왼쪽 눈에 '자동차'라는 단어를 보여주고, 왼손으로 단어에 해당하는 그림을 그려달라고 요청했다. 왼쪽 눈과 왼쪽 손은 우반구가 통제하기 때문에 좌반구는 아무 정보도 얻지 못한다. 그 때문에 환자는 무엇을 그리라는 것인지 판단하지 못한다. 환자가 영문을 몰라 하자 연구팀은 무엇이든 그려보라고 주문했다. 그러자 환자는 왼손으로 연필을 들고 자동차를 그렸다. 왜 그런 그림을 그렸느냐고 물었을 때, 환자는 그 이유를 대지 못했다.

이런 현상이 나타난 것은 뇌량을 절단하면 두 반구 사이에 정보를 교환할 수 없기 때문이다. 첫 번째와 두 번째 실험은 언어 정보를 처리할 수 없는 우반구에 언어 정보를 제공한 경우다. 뇌는 양 반구의 협력을 통해 작동한다. 양쪽 뇌가 분리되면 각 반구는 다른 반구가 학습한 내용을 전혀 알지 못한다. 우뇌가 본 글자를 왼손으로 쓸 수는 있지만, 무엇을 보고 썼는지 알지 못하는 것이다. 좌뇌는 질문을 받았을 때 자신의 행동을 합리화할 수 있는 근거를 찾기 위해 노력한다. 우뇌가 제공하는 정보가 없어도 좌뇌는 부적절하지만 일관된 설명을 지어낸다. 그래서 우뇌에 걸으라는 명령을 비추어주면 걷기 시작하지만, 그 이유를 물으면 엉뚱한 대답을 하는 것이다.

서번트증후군savant syndrome이 발생하는 원인을 좌뇌와 우뇌의 역할 분담에서 찾으려는 시도도 있다. 서번트증후군이란 다운증후군이나 자폐증을 앓는 아이들 중에서 특정 분야에 천재적인 재능을 발휘하는 현상을 말한다. 1989년에 개봉한 영화 〈레인 맨Rain Man〉에서 더스틴 호프먼이 맡았던 역할이 바로 서번트증후군 환자다. 그는 기억력에 관한 한 천재적인 재능을 가지고 있다.

서번트들은 크게 세 부류로 나뉜다. 첫째, 비범한 기억력을 가진 사람들이다. 하지만 이들이 기억하는 것은 서술 구조를 가지고 있지 않다. 대개 숫자, 시간표, 이름 등과 같이 단순한 사실만을 정확히 기억한다. 둘째, 요일과 날짜 등을 계산하는 데 놀라운 능력이 있는 사람들이다. 하지만 이들 대부분은 복잡한 방정식을 풀지 못한다. 셋째, 탁월한 예술적 재능을 가진 사람들이다. 이들의 예술적 재능 역시 음악과 그림 등에 한정되어 있다.

서번트들의 IQ는 대개 50~70 정도이기 때문에 오히려 백치에 가깝다고 볼 수 있다. 그런데 어떻게 그런 놀라운 능력을 갖게 되었을까?

임신 10주에서 18주 사이에 태아의 뇌는 폭발적으로 발달한다. 이 시기에는 2초마다 약 1만 개의 뉴런이 생성되는데, 새로 생성된 뉴런이 다른 뉴런과 연결되지 못하면 대부분 태어나기 전에 소멸한다. 뇌의 좌반구는 우반구보다 약간 느리게 발달한다. 늦게 발달하는 좌반구는 뉴런들이 소멸하는 과정에서 손상될 가능성이 있다. 또 좌반구의 뉴런들은 우반구로 옮겨 갈 수도 있는데, 이렇게 되면 우반구가 뇌 전체를 지배한다.

서번트들은 주로 좌반구에 기능 장애를 안고 있기 때문에 지능이 낮고 언어와 추리 능력이 낮다. 따라서 서번트는 좌뇌가 손상되어 대부분의 기능을 우뇌가 담당할 때 발생한다는 것이다. 우뇌는 시각적 이미지를 처리한다. 따라서 단순한 정보를 사진을 찍듯 이미지로 저장할 수 있다. 뇌는 손상된 좌뇌의 기능을 보완하기 위해 우뇌의 기능을 강화했을 것이다. 서번트들이 합리적 추론을 하지 못하고 단순한 정보에 강하며, 언어능력과 관련이 없는 예술에서 놀라운 능력을 발휘하는 것도 이 가설에 힘을 보태준다. 이 가설이 사실이라면 문학적 재능이 뛰어난 서번트는 존재할 수 없다.

왼손잡이가 왜 발생하는지, 왜 인간의 절반은 왼손잡이가 아닌지를 설명해주는 명확한 이론은 아직 존재하지 않는다. 보통 12주쯤 된 아기는 양손을 모두 사용하고, 이후 몇 차례 양손을 사용하거나 한쪽 손이 우세를 나타내다가 네 살 무렵에야 한쪽 손의 우세가 결정된다. 네 살 이전의 아이들이 왜 오른손과 왼손을 번갈아 사용하는지는 정확히 알 수 없지만, 아마도 좌뇌와 우뇌의 발달과 관련이 있을 것으로 추측된다. 왼손잡이는 읽기, 쓰기, 말하기, 계산 등 좌반구의 기능이 오른손잡이에 비해 약한 반면, 상상력, 패턴 인식, 창의력 등에서는 강하다. 왼손잡이가 오른손잡이에 비해 소수인 것은 좌반구의 기능과 관련이 있을지도 모른다.

어떤 행위를 할 때 좌뇌는 행위의 순서를 결정하며, 이때 우뇌는 좌뇌의 지배를 받는다. 하지만 가끔 우뇌가 참견하고 나설 때가 있다. 이때 뇌량이 절단된 환자는 우뇌를 통제할 수 없고, 두 뇌는 지배권을 둘러싸고 쟁탈전을 벌이게 된다. 당신이 외출을 하려고 입고 나갈 옷을 고른다고 하자. 좌뇌는 오른손에 명령을 내려 마음에 드는 옷을 집어 들도록 한다. 하지만 뇌량이 손상된 사람은 오른손이 옷을 집어 드는 순간 왼손으로 다른 옷을 고른다. 이러한 현상을 '양손 대립inter-manual conflict' 또는 '에일리언 핸드alien hand'라 부른다.

연구자들에 따르면 우반구는 세상을 적대적이고 혐오스러운 것으로 받아들인다. 부정적인 감정을 느낄 때는 오른쪽 전두엽이, 즐거운 감정을 느낄 때는 왼쪽 전두엽이 활성화되지만, 부정적 정서는 좌반구의 통제로 다소 완화된다. 따라서 좌뇌가 발달한 사람일수록 더 많은 행복을 느낄 수 있다. 유전자는 오른손잡이로 태어나는 것이 유리하다고 말하지만 어릴 때의 환경에 따라 왼손잡이가 될 수도 있고 오른손잡이가 될 수도 있다. 설령 왼손잡이로 태어났다 하더라도 훈련을 통해 오른손잡이로 바꿀 수 있다.

모정母情의
딜레마

1950년대 이전에는 행동주의 심리학과 정신분석학이 심리학의 주류였다. 행동주의 이론에 따르면, 부모의 지나친 사랑은 아이를 망치는 지름길이다. 안아주거나 응석을 받아주는 것 역시 아이의 습관을 더욱 나쁘게 할 뿐이다. 이런 통념을 뒤집고 심리학계에 새 바람을 일으킨 사람은 미국 위스콘신 대학교의 심리학자 해리 할로Harry Harlow였다.

해리 할로는 갓 태어난 새끼 원숭이에게 인공 어미 둘을 붙여주었다. 하나는 철사더미에 젖병을 달아놓은 '철망어미'였고, 다른 하나는 스펀지와 부드러운 천으로 만든 '헝겊어미'였다. 헝겊어미에는 젖병이 없었다.

이 실험은 새끼 원숭이가 일차적으로 먹이에 반응하는지, 아니면 부모의 따뜻한 품에 반응하는지 알아보기 위한 것이었다.

관찰 결과 새끼는 헝겊어미에 달라붙어 있다가 배가 고플 때만 철망어미를 찾았다. 헝겊어미를 꽁꽁 얼려놓거나 심지어 찬물을 퍼부었을 때도 새끼들은 헝겊어미의 품을 떠나지 않았다. 젖병은 새끼에게 가장 큰 보상이다. 행동주의 이론이 맞는다면 원숭이들은 보상을 주는 철망어미에 더 매달려야 한다. 결국 해리 할로는 조작적 조건, 즉 환경이 행동을 결정하는 것이 아니라는 결론을 내리고 1958년 미국심리학회 기조연설에서 이를 발표했다. 그의 연구는 행동주의 이론에 치명적 타격을 가했다.

앞에서 우리는 아이가 태아 시절부터 영양분을 놓고 어머니와 치열한 경쟁을 벌인다는 사실을 알아보았다. 유아기를 벗어나도 어머니와 경쟁하는 것은 계속된다. 끔찍하게 들릴지 모르지만, 아이의 생존 가능성이 희박할 때 어미는 새끼를 포기한다. 이런 현상은 세계의 모든 문화권에서 나타난다. 특히 기형아를 낳았을 때, 아비가 없거나 아비가 누구인지 모를 때, 아비가 다른 아이를 가졌을 때, 먼저 태어난 자식들이 위기에 처하거나 키우기 힘들 때 어미는 자신의 아이를 방기한다. 심지어 자신의 아이를 살해하는 경우도 있는데, 대부분은 산후우울증 탓이다. 산후우울증은 산모가 처해 있는 현재의 위기와 미래에 닥칠 위기 사이에서 갈등하는 과정에서 진화했을 것으로 추정된다.

아기는 부모에게 버림받지 않기 위해 '귀여움'이라는 일종의 광고 전략을 선택했다. 통통한 볼과 젖살, 유난히 맑은 눈, 짧고 앙증맞은 팔다리가 이런 전략의 일환일 수 있다. 과장된 울음과 의미 없는 미소도 엄마의 마음을 움직인다. 아기는 엄마의 젖을 확보하기 위해 속임수도 마다하지 않는다. 아기가 구사할 수 있는 최고의 속임수는 젖을 물려서 이득을 보는 사람이 엄마 자신이라고 확신시키는 것이다. 실제보다 더 어리고 무기력하게 행동하는 '퇴행'이 나타나는 것은 이 때문이다.

엄마는 더 많은 젖을 물려 빨리 키워야만 아이로부터 해방될 수 있고, 임신의 기회도 더 가질 수 있다. 엄마에게 보살펴야 할 아이가 여럿 있다면, 아이의 전략은 보살핌의 기회를 더 많이 획득할 수 있게 할 것이다. 실제로 많은 어머니들이 특정한 자식에게 더 많은 애정을 표현한다.

금지된 음식: 잡식동물의 딜레마

문화인류학자들은 음식에 대한 금기를 그 지역의 환경, 즉 자원의 고갈에서 원인을 찾으려 한다. 하지만 진화생물학자들은 환경의 영향을 인정하면서도 그보다 더 근원적인 이유를 찾기 위해 노력한다.

먼 과거로 거슬러 올라가면 우리는 나무에서 내려와 드넓은 초원을 바라보던 첫 번째 조상을 만날 수 있을 것이다. 숲을 잃어버린 그 앞에 펼쳐진 초원은 어떤 모습이었을까? 아마 그는 모험심과 두려움을 동시에 느꼈을 것이지만, 그의 첫 발걸음은 인간 진화의 첫걸음이기도 했다.

초원에서의 가장 큰 변화는 이족보행이었다. 이족보행은 사바나 초원의 뜨거운 태양 아래 노출되는 신체의 면적을 줄이기 위해 적응한 결과였을 것이다. 만약 인간의 다리가 자동차 바퀴처럼 진화했다면 훨씬 편리했을까? 그렇지는 않을 것이다. 바퀴는 유용한 이동수단이지만 가파르거나 울퉁불퉁한 지형에서는 쓸모가 없다. 그러나 왜 다리가 두 개뿐인가?

여섯 개의 다리를 가진 곤충은 세 개의 다리를 움직일 때 나머지 세 다리를 지면에 고정시켜 몸의 균형을 유지한다. 네 다리를 가진 동물도 걸을 때는 세 다리를 지면에 놓기 때문에 매우 안정적으로 달릴 수 있다. 그러나 두 다리를 가진 인간은 비싼 대가를 치러야 한다. 체중을 지지하는 지점을 갑자기 바꿔야 하고, 무게를 한꺼번에 이동시켜야 한다. 달릴 때도 균형을 유지하기 어렵기 때문에 과학자들은 인간을 닮은 로봇을 만드는 데 상당한 어려움을 겪고 있다.

이족보행은 건강에도 악영향을 미친다. 체중이 척추를 짓누르기 때문에 네발동물보다 근육에 큰 부담을 준다. 본래 동물의 골반은 등에서 배로 누르는 무게를 견디기 위해 설계된 것이지, 머리에서 발로 누르는 무게를 염두에 두고 설계된 것이 아니다. 따라서 이족보행을 선택한 인간은 끊임없이 요통에 시달리고 관절염을 앓게 되었다.

그러나 인간은 이족보행으로 잃은 것보다 얻은 것이 더 많다. 먼저 손의 사용이 가능해졌다. 원숭이는 네발로 나무에 매달리지만 유인원은 두 팔로 매달린다. 걸을 때 손으로 땅을 짚어야 한다면 이족보행은 아무런 쓸모도 없다. 두 팔을 사용하면서 조상들은 도구를 사용할 수 있었다.

이족보행으로 인한 가장 중요한 변화는 뇌의 확장이라 할 수 있다. 인간의 뇌는 신체 크기와의 비율로 볼 때 원숭이나 유인원보다 세 배가량 크다. 인간의 뇌는 출생 후 1년 동안 폭발적으로 성장한다. 이는 손을 사용할 수 있었기에 가능한 일이다. 인간이 진화하는 과정에서 뇌보다 빨리 성장한 신체기관은 없다.

뇌는 유인원에서 인간으로 갈라져 나왔을 때부터 10만 년마다 25밀리그램씩 커졌다. 이 속도는 호모하빌리스가 출현한 200만 년 전에 시작해서 25만 년 전쯤까지 지속되다가 호모사피엔스가 출현한 10만 년 전이후부터 점점 느려졌다. 따라서 우리의 뇌는 10만 년 전의 수준에 머물러 있다고 볼 수 있다.

뇌의 확장으로 인간은 새로운 세계를 경험할 수 있게 되었다. 그러나 대가가 따르지 않는 진보는 없다. 갑작스런 뇌의 확장 속도에 우리 몸이 적응하지 못한 것이다. 갑자기 무거워진 머리는 추락사고가 났을 때 치명적인 손상을 입고 이족보행에도 부담을 준다. 대개 초원에서 태어나는 초식동물들은 태어나자마자 걷는다. 맹수가 우글거리는 초원에서 태어나자마자 걷지 못하면 살아남을 수 없다.

하지만 인간은 혼자 일어설 수 있을 만큼 성숙하기도 전에 어미의 자궁에서 떠밀려 나온다. 유인원의 기준으로 보면 신생아는 60퍼센트만 발육된 상태로 세상에 나온다고 할 수 있다. 다른 동물처럼 어머니의 자궁에서 충분히 성숙한 채 태어날 수 없는 것이다. 만약 더 늦게 태어나면 아이의 머리가 산모의 자궁을 빠져나올 수 없다. 뇌는 부피를 줄이기 위해 주름을 만들어 표면적을 증가시켰지만 미처 어미의 산도産道까지 넓히지는 못했다. 오직 인간만이 지독한 출산의 고통을 겪어야 하는 것도 이 때문이다. 산모의 몸이 뇌의 성장 속도를 따라잡지 못한 것이다.

우리는 결국 미성숙한 존재로 세상에 나오는 셈이다. 어미는 출산할 때만 고통을 겪는 것이 아니다. 미숙한 상태로 태어난 아이는 걷거나 기어다니기는커녕 한 뼘도 움직일 수 없는 무력한 존재다. 부모의 보살핌이 없으면 단 하루도 생명을 부지하기 어려운 것이다. 그래서 인간은 터무니없이 오랜 기간을 부모에게 전적으로 의존한다.

침팬지의 어린 시절은 6년이지만, 인간은 그 두 배인 열두 살이 되어서야 사춘기를 겪는다. 또 침팬지는 젖을 떼면 스스로 먹을 것을 모을 수 있지만, 인간은 스무 살이 다 될 때까지 부모에게 먹을 것을 의존한다. 이렇듯 육아 기간이 길어진 것은 미숙한 만큼 학습해야 할 것도 많기 때문이다. 인간은 너무 빨리 태어나는 것이다.

사냥은 집단의 결속력을 강화하는 한편 식량 수집의 효율성도 증가시킨다. 육류는 영양분에 비해 부피가 작기 때문에 운반이 용이하다. 같은 양의 영양분을 함유한 과일이나 열매를 운반하려면 아마 공동체 전체가 동원되어야 할 것이다. 먼 거리에서 저칼로리의 음식을 운반하는 것은 비효율적이다. 사냥은 남성들이 자녀의 양육에 더 많은 투자를 하도록 만들었다. 초식 포유류 중 수컷이 새끼 양육에 많은 투자를 하는 경우는 찾아보기 어렵다. 초식 포유동물의 새끼는 대부분 어미의 젖에 의존하거나 스스로 먹이를 먹는다. 하지만 인간 아빠는 자식을 위해 일을 한다.

육식은 뇌의 발달에 큰 영향을 미쳤다. 고기를 먹는 포유류는 초식 포유류보다 몸에 비해 훨씬 큰 뇌를 갖고 있다. 사냥은 채집과 달리 더 정교한 기술과 책략을 필요로 하기 때문이다. 집단적으로 사냥하려면 사냥에 참여한 구성원들과 의사소통이 필요하고 역할 분담도 이루어져야 한다. 또 사냥감의 행동을 예측하고 서식지를 관찰해야 하며, 희생을 줄이면서 포획할 작전을 짜야 한다. 이러한 과정은 뇌를 발달시키는 데 도움을 주었다. 더구나 육식은 점점 커지는 뇌에 에너지를 공급하는 데 부족함이 없었다. 물론 집단 사냥은 나무 위의 원숭이에게는 불필요한 일이었을 것이다. 본래 서식처였던 밀림에는 덩치가 큰 사냥감이 별로 없기 때문이다. 거대한 초식동물은 주로 초원에서 생활한다. 따라서 뇌의 폭발적 확장은 초원에서 이루어졌다.

유인원의 대장大腸은 전체가 크고 구불구불한 관으로 이루어져 거친 섬유질이 많은 식물을 섭취하는 데 유리하다. 반면 인간은 대장보다 소장이 길다. 소장은 대장에 비해 단백질을 빨리 분해한다. 또 비타민은 생존을 위해 반드시 필요한 영양소이지만, 인간은 비타민 A와 비타민 B_{12}를 자체 생산할 수 없다. 이 비타민은 육류에만 들어 있다.

이러한 사실은 인간이 채식이 아니라 육류처럼 단백질이 풍부한 음식에 적응해왔음을 의미한다. 우리 뇌는 전체 몸무게의 2퍼센트에 불과하지만 전체 에너지와 영양분의 20퍼센트 이상을 소모하고 있다. 뇌가 엄청난 에너지를 소모한다는 점을 감안할 때, 조상들이 육식을 선택하지 않았다면 우리는 발달한 뇌를 갖지 못했을 것이다.

조상들이 밀림에서 벗어나 장대한 진화의 역사를 이루어낸 곳은 사바나 초원이었다. 만약 조상들이 나무에서 내려오지 않았다면 인간은 이족보행을 할 수 없었고, 도구를 쥐어야 할 손은 여전히 나뭇가지를 붙들고 있을 것이다. 그뿐 아니라 우리는 대부분의 영양소 섭취를 채식에 의존해야 했을 것이다. 조상들이 살던 밀림은 대부분의 생물자원이 숲속에 감추어져 있거나 나무 위에 달려 있었다. 만일 이런 환경에서 인간이 잡식동물로 진화했다면, 떨어진 열매를 줍고 곤충 따위나 잡아먹는 밀림의 청소부로 전락했을 수도 있다.

사바나 초원은 잡식동물이 살아가기에 적합한 곳이었다. 사바나는 초원과 숲이 공존하기 때문에 생물자원이 풍부했으며, 대부분의 열매도 지면에서 1~2미터 높이에 달려 있었다. 조상들은 초원에서 시야를 확보함으로써 포식자를 감시하고, 나무 그늘 밑에서 안심하고 휴식을 즐길 수 있었다. 더구나 초원에는 초식동물들이 풍부했기 때문에 사냥을 통해 양질의 단백질을 섭취할 수 있었다. 조상들은 초원에서 수렵과 채집을 동시에 수행했다. 따라서 단백질, 비타민, 미네랄 같은 영양소들을 골고루 섭취할 수 있었다.

수렵채집 생활에서는 누구나 시간적 여유가 있고 노동력 착취 같은 것은 존재하지 않았다. 또 농업과 달리 자연재앙으로 인한 기근에서도 비교적 자유로웠다. 사냥에는 노약자 등 극히 일부를 제외한 모든 남성들이 동참했기 때문에 놀고먹는 기생 계급도 없었다. 진보주의자들이 이러한 원시공동체를 동경하는 것은 어쩌면 당연한 일인지도 모른다.

잡식동물은 식성이 까다로운 동물보다 환경에 적응하기 쉽다. 유칼리나무 잎만 먹는 코알라나 대나무 잎만 먹는 판다는 서식지가 파괴되면 살아남기 어렵다. 하지만 잡식동물은 그 지역에서 생산되는 먹을거리에 쉽게 적응할 수 있다. 문제는 잡식동물인 인간에게도 문화권에 따라 뚜렷한 음식 금기가 있다는 것이다. 사회생물학자 에드워드 윌슨은 《인간 본성에 대하여》에서 육식에 대한 금기가 종교의식과 밀접한 관련이 있다고 진술하고 있다.

농경생활이 시작되면서 인구가 증가하고 사냥으로는 충분한 식량을 확보하기가 어렵게 되자 가축 사육이 시작되었다. 그러나 동물의 가축화에 실패한 부족들은 단백질 부족에 시달릴 수밖에 없었다. 육식에 대한 달콤한 향수는 질기고도 고통스러운 것이었다. 이런 상황에서도 지배계급은 여전히 육식을 할 수 있었을 것이다.

하층계급은 농사를 짓기 위해 엄청난 노동력을 제공하고 있었음에도 고기를 먹으려면 비싼 값을 치러야 했다. 설령 육식을 할 수 있다 하더라도 1년에 몇 차례 치르는 축제 때뿐이었을 것이다. 결국 가축화에 실패한 일부 부족은 인간을 먹는 희생제의를 만들어냈다. 일례로 1519년 에스파냐의 정복자 코르테스가 멕시코에 도착했을 때, 그곳의 원주민들은 연간 1만 5000여 명의 인간을 소비하고 있었다.

또 다른 지역에서는 지배계층이 신의 이름으로 가축을 도살하고 이를 분배하는 제의를 확립했다. 고기는 사제들이 독점했다. 평민들이 가축을 소유하기 위해 투쟁하는 과정에서 지배계층은 위협을 느끼기 시작했다. 오늘날 우리가 접할 수 있는 종교는 이때 발아했다. 지배계층에 반발한 혁신적 종교들이 생겨나 동물 살해를 금지한 것이다. 부족민들은 평등을 추구하는 새로운 종교에 매료되었고, 여러 동물들이 신성한 동물로 다시 분류되었다. 따라서 인류의 육식 습관은 종교와 직접적인 관련이 있다는 것이 에드워드 윌슨의 주장이다.

반면 상당수의 진화생물학자들은 사냥꾼들의 '고기 나누기'에서 음식 금기의 기원을 찾고 있다. 고기를 나누는 행위는 같은 공동체 소속이라는 것을 의미한다. 함께 음식을 먹지 못하면 친구가 될 수 없다. 음식 금기가 잠재적 이탈자와 배신자들을 붙들어놓는 무기였던 것이다.

오늘날에도 유대감을 형성하기 위한 모든 모임에서 음식은 절대 빠지지 않으며, 이방인이 이질적인 문화에 적응하는 과정에서도 반드시 음식 금기를 통과해야만 한다. 이성과 데이트를 할 때도 함께 음식을 먹는 행위는 친밀감의 표시로 간주된다. 그럼에도 우리는 어떤 음식에 대해 원초적인 거부감을 갖고 있다.

몇몇 심리학자들은 음식에 대한 역겨움이 불쾌하거나 유독한 물질이 몸에 흡수되는 것을 막기 위해 생겨난 것이라고 설명한다. 마이클 폴란 Michael Pollan은 이를 '잡식동물의 딜레마omnivore's dilemma'라고 표현했다.

한 종류의 음식만 선호하는 동물은 딜레마에 빠질 염려가 없다. 코알라의 음식 취향은 유전자에 내재되어 있기 때문에 유칼리나무 잎을 먹으면 된다. 하지만 잡식동물들은 어떤 것이 안전한 먹이인지 알아내기 위해 끊임없이 머리를 굴려야 한다. 잡식은 생존에 많은 이점이 있지만 자연의 먹을거리에는 갖가지 독성이 있다. 식물들은 약탈자에 대응하기 위해 독소를 생산한다. 따라서 동물의 역겨움과 구역질 반응은 위험한 음식을 먹지 못하도록 한 적응 특성이었을 것이다. 우리가 본능적으로 동물의 배설물이나 침에 혐오감을 갖고 있는 것도 이 때문이다. 배설물에는 세균이 득실거리고, 몇몇 동물의 침에는 독이 있다.

진화적으로 설명하기 어려운 한 가지는 임신부들이 겪는 입덧이다. 임신부가 음식을 거부하는 것은 태아와 임신부에게 이로울 것이 없어 보인다. 입덧 때문에 영양 섭취가 부족해지면 자신은 물론 태아의 건강에도 문제가 생기기 때문이다. 그럼에도 입덧을 하는 이유는 무엇일까?

진화생물학자 마지 프로펫Margie Profet은 1988년 이후 아주 흥미 있는 연구 결과들을 발표해왔다. 마지 프로펫은 뇌가 혈액에 돌아다니고 있는 독을 찾아내고 반응하는 과정에서 메스꺼운 증상이 일어난다고 설명했다. 임신 초기에 뇌가 메스꺼움을 느끼는 수준을 예민하게 설정함으로써 임신부가 적은 양의 독성물질에도 즉각 반응하도록 했다는 것이다.

적은 양의 독성물질은 임신부에게 큰 영향을 미치지 않지만 3개월짜리 태아에게는 치명적일 수 있다. 따라서 이 시기에 발생하는 입덧은 유해한 독으로부터 태아를 보호하기 위한 적응 메커니즘인 것이다. 연구 결과가 사실이라면 입덧 증상을 억제하기 위해 약을 사용하는 것은 오히려 기형아를 출산할 가능성을 높이는 것이 된다.

몇몇 식물들은 초식동물에게 먹히지 않기 위해 독성을 강화시켰다.

반면 과일은 감미로운 향기와 달콤한 맛을 가지고 있다. 이는 동물의 먹이가 되는 것이 번식에 유리하기 때문이다. 과일식물의 입장에서 씨가 여물기 전에 동물의 먹이가 되는 것은 그동안의 노력을 헛수고로 만드는 것이다. 그래서 과일식물은 열매가 완전히 익을 때까지 동물이 먹지 못하도록 독성물질을 만든다. 풋과일을 먹으면 배탈이 나는 것도 그 때문이다.

인류는 농경생활을 시작하면서 식물의 독성물질을 섭취하는 일이 감소했고, 불을 사용하면서 대부분의 독소를 무력화했다. 그러나 자연의 독소를 피하려 했던 초기 인류의 메커니즘은 오늘날에도 구토와 설사 반응으로 남아 있다.

인간이 특정 음식을 선호하는 메커니즘을 설명하는 이론으로는, 몸이 필요로 하기 때문이라는 신진대사 가설과 문화적이고 심리적인 현상이라는 가설이 맞서왔다. 그러나 우리가 몸이 필요로 하는 음식을 좋아하는 것이라면 무엇 때문에 건강에 좋지 않은 음식을 먹는지 설명하기가 곤란하다. 특히 도움이 되지 않는 알코올은 선호하면서 비타민이 풍부한 시금치를 싫어하는 이유를 설명하기 어렵다.

진화생물학자들은 나름대로 해답을 가지고 있다. 이들의 설명에 따르면, 알코올을 선호하는 성향은 익은 과일을 선호하는 메커니즘에서 생겨난 부산물이다. 단맛을 선호하는 것도 익은 과일을 선호하는 메커니즘에서 생겨났다. 단맛은 어린이나 성인 모두가 좋아하는 반면 쓴맛은 모두 싫어한다. 맛이 시거나 떫거나 쓴 것은 음식이 상했거나 덜 익었다는 신호다. 상하거나 덜 익은 먹을거리는 독성을 지니고 있다.

우리 입맛이 독성을 걸러내도록 진화했다는 것은 혀의 맛수용체를 보면 알 수 있다. 우리의 입안에는 0.02밀리미터 높이의 미뢰味蕾가 빽빽

이 들어차 있는데, 대부분 혀 위에 돋아 있다. 이 작은 돌기들은 서로 다른 맛에 반응하는 약 50개의 감각세포를 가지고 있다. 그러나 단맛을 느끼는 미뢰는 쓴맛을 느끼는 미뢰에 비해 훨씬 적다. 쓴맛에 반응하는 미뢰가 많은 것은 해로운 음식을 재빨리 감지하기 위한 것이다.

단맛에 대한 선호는 부작용을 불러일으킨다. 당분은 필요한 에너지를 섭취하는 데 도움이 되지만 살이 찌는 것을 감수해야 한다. 진화는 다이어트를 고려하지 않는다. 상황이 좋지 않을 때 가능한 한 많은 음식물을 섭취하도록 진화했기 때문이다. 또 짠맛을 선호하는 것도 우리 몸이 염분을 필요로 하기 때문이다.

인종적 차이, 문화적 차이

15만 년 전까지 지구상에는 현생인류의 조상 외에 여러 종의 원시인류가 존재했다. 원시인류가 여러 종으로 분화된 것은 고립 생활 때문이었을 것이다. 초기 인류는 아프리카 동부의 초원지대에서 함께 살았지만 생태학적 환경은 서로 달랐다. 어떤 종은 채식을 했고 어떤 종은 고기를 먹었다. 이러한 생태학적 환경은 차츰 다른 집단과 교배할 수 있는 기회를 잃게 만들어 원시인류는 전혀 다른 특성을 가진 존재로 분화되었다. 또 하나의 수컷이 여러 암컷을 거느리게 되면서 종의 특성은 더욱 강화되었다.

현생인류의 직계 조상인 호모사피엔스도 세계 곳곳으로 퍼져나가면서 여러 인종으로 분화되었다. 몇몇 특성은 기후에 적응하는 과정에서 생겨났다. 열대지방에 사는 사람들은 햇빛으로부터 피부를 보호하기 위해 피부를 검게 진화시켰고, 추운 지방에 사는 사람들은 비타민 D의 생성을 촉진하기 위해 피부를 하얗게 진화시켰다. 하지만 일부 인류학자와 고고학자들은 피부의 적응이 반드시 기후 때문은 아니라고 주장한다. 오히려 신체적 매력을 추구하는 문화적 선택에서 비롯되었을 가능성이 크다는 것이다.

진화는 유전자와 문화를 동시에 아우른다. 유전자는 특정한 환경에 적응할 수 있는 기초 프로그램을 제공하고, 문화적 학습능력 역시 선천적으로 가지고 태어나는 본능이다. 자연이 밑그림을 제시하면 환경과 경험이 이를 손질하는 것이다. 일부에서 주장하는 환경결정론은 유전자결정론만큼이나 위험하다.

데이비드 버스는 《마음의 기원》에서 빈 서판 진영의 몇 가지 오해를 지적한 바 있다. 우선 그들은 진화론을 주장하는 사람들이 유전자결정론을 신봉한다고 믿는다. 그러나 초기 우생학자를 제외한 오늘날의 진화생물학자들은 유전자와 환경이 상호작용한다고 생각한다. 환경은 적응 메커니즘을 발달시키고 활성화한다.

또 한 가지 오해는 이미 진화된 것은 바뀌지 않으며, 현재의 메커니즘이 최적으로 설계되었다고 믿는 것이다. 이는 사실이 아니다. 인간은 현재의 환경에 적응하도록 설계된 것이 아니라 오래전의 환경에 적응하도록 설계되었다. 즉 우리는 석기시대의 뇌를 가지고 현대사회를 살아가고 있다. 예컨대 육식과 지방질에 대한 인간의 강한 열망은 먹을거리가 부족했던 과거 환경에 적응한 메커니즘이다. 오늘날 지나친 지방질 섭취는 건강에 해롭다.

인류의 피부색이 언제부터 분화되었는지는 분명치 않다. 하지만 피부색이 기후의 영향을 받는다는 점을 고려하면 인간의 거주지가 여러 지역으로 분포된 이후에야 다른 피부색을 갖게 되었을 것이다. 거주지의 환경이 다르면 피부색뿐 아니라 땀샘의 분포와 밀도, 눈의 홍채도 차이가 난다. 이렇듯 환경적 조건에 따라 서로 다르게 발생한 문화적 차이를 '유발된 문화'라 부른다. 유발된 문화에는 인간의 신체조건뿐 아니라 성적 각성 및 질투, 모욕에 대한 반응, 간통에 대한 인식, 체형에 대한 선호도 포함된다.

모든 인간은 99.9퍼센트 이상의 유전자를 공유한다. 개인의 차이라는 것은 결국 0.1퍼센트의 유전자 차이에서 비롯된 것이므로 피부색에 관계없이 누구나 가까운 친척인 셈이다. 인간의 키는 유전적으로 거의 정해져 있지만, 후천적 요인에 의해 더 클 수도 있고 더 작아질 수도 있다. 성격이나 기질도 마찬가지다.

사실 최근까지도 유전자의 역할을 과대평가하는 분위기가 있었다. 미국의 교육심리학자 아서 젠슨Arthur R. Jensen은 1969년에 발표한 논문에서 아프리카 흑인들의 지능지수가 백인보다 평균 15점 낮다면서, 지능에 유전적 요소가 크게 작용한다고 주장했다. 그의 주장은 당시 엄청난 논란에 휩싸였다.

1990년대까지만 해도 몇몇 교육학자들은 유전자가 지능을 결정한다고 믿었다. 그러나 지능 테스트가 교육을 잘 받은 백인에게 유리하다는 것이 밝혀지면서 지능은 유전적 요인과 환경적 요인의 영향을 동시에 받는다는 것이 정설이 되었다.

그동안 실시된 지능 테스트 결과는 최근에 가까울수록 계속 높아졌는데, 이를 발견한 제임스 플린James R. Flynn의 이름을 따서 '플린 효과'라 부른다. 이는 지금 세대가 과거 세대보다 더 머리가 좋기 때문이 아니라 더 좋은 환경에서 교육받기 때문이다.

최근에 출현한 문화생물학은 유전자와 문화의 역할을 동시에 인정한다. 문화생물학자들은 인간의 본성이 선천적인 것이 아니라 자신이 처한 상황을 헤쳐나가기 위해 서서히 형성된 생존전략이라고 말한다. 진화는 외부 환경과의 길고 복잡한 상호작용을 통해 이루어졌다는 것이다. 따라서 이들은 유전적 요소와 문화적 요소를 불가분의 관계로 파악한다.

캘리포니아 대학교의 신경과학자 스티븐 쿼츠Steven Quartz와 테런스 세즈노스키Terrence J. Sejnowski는 《거짓말쟁이, 연인 그리고 영웅Liars, Lovers, and Heroes》에서 '인종이란 문화적 의미체계가 만들어낸 허구'라고 말한다.

진화론적 관점에서 보면 호모사피엔스의 역사는 매우 짧기 때문에 집단 간에 유전적 차이를 축적할 수 없었다. 반면 수백만 년 전부터 존재한 침팬지와 고릴라는 각 지역에 서식하는 집단 간의 유전적 차이가 크다. 현생인류가 등장한 것은 10만 년 정도에 불과하다. 따라서 인종 간 유전적 차이는 거의 없다. 열대지방에서 검은 피부는 햇빛 차단제였고, 툰드라에서 두꺼운 눈꺼풀은 바람을 막아주는 고글 역할을 했다. 인류는 유전적으로 거의 같지만 표현형이 약간 다를 뿐이다. 그 차이는 생물학적으로 크지 않으며, 오히려 인종이나 민족 간의 차이보다 같은 집단 구성원들 간의 차이가 더 크다.

앞으로 이러한 차이는 더욱 좁혀질 것이다. 집단 간 이동과 교류가 더욱 빨라지고 있기 때문이다. 예컨대 모든 지역에 사는 인간의 머리는 점점 둥글어지고 있다. 이것 역시 이동과 교배를 통해 머리 모양이 점점 평준화되고 있음을 의미한다. 이를 통해 각 인종이 갖고 있던 단점도 급속히 해소될 것이다. 백인들의 피부는 햇볕에 취약하기 때문에 장차 그들이 살아남기 위해서는 다른 인종의 피부색과 혼합되어야 한다. 따라서 가까운 미래에 인종 간의 차이는 제거될 것이다.

인종차별주의자들은 자신이 속한 민족이 신의 선택을 받은 우월한 민족이라고 착각하며 다른 인종이나 민족에게 오염되는 것을 두려워한다. 이 두려움은 자신의 종족을 생산해야 할 가족이 이민족에 의해 해체될 것이라는 공포와 강박에서 비롯한 것이다. 이 두려움은 종종 살인적인 증오로 변화하며, 여성 보호라는 거짓 이름으로 극단적인 성차별로 발현된다.

학습은 본능이다

한번 불에 데면 수만 개의 피부세포들이 파괴된다. 이 상처는 가시에 찔리거나 칼에 베인 것보다 더 복구하기 힘들다. 피부가 뜨거운 열에 닿는 순간 강렬한 통증을 일으키는 이유는, 화상을 입으면 2차 감염으로 이어지기 때문이다. 이 때문에 우리 몸은 손상된 피부조직을 재빨리 벗겨낸 후 다시 포장하는 메커니즘을 진화시켰다. 물론 최선의 방법은 처음부터 뜨거운 열을 피하는 것이다. 그래서 우리는 불에 손을 데었을 때 본능적으로 신체 부위 중 온도가 가장 낮은 귓불로 손을 가져간다. 우리는 본능적으로 뜨거운 불을 심각한 위협으로 간주하고 이를 피하는 방법을 타고난 것이다.

하지만 추위에 대한 반응은 다르다. 오랜 시간 얼음에 노출되었을 때도 심각한 피부 손상을 입는다. 하지만 우리는 뜨거운 불과 달리 차가운 얼음에 대한 방어 메커니즘을 갖고 있지 않다. 액체질소와 드라이아이스 같은 물질은 석기시대에 존재하지 않았기 때문이다. 그래서 우리는 추운 날씨에도 장시간 견디며, 화상과 달리 동상이 찾아오는 것을 즉각 자각하지 못한다. 조상들이 수억 년 전부터 경험한 불에 대한 반응은 본능이 되었지만, 간헐적으로 경험하거나 아예 경험해보지 못한 추위에 대한 반응은 본능으로 만들지 못한 것이다.

초식동물의 새끼는 태어나자마자 걷기 시작한다. 이 메커니즘은 유전적으로 결정되어 있지만, 유전자 정보는 오랜 경험과 학습을 통해 축적되었다. 우리는 학습을 위한 선천적 메커니즘을 가지고 있다. 불에 대한 반응도 수억 년의 경험을 통해 만들어진 것이다. 인간의 행위는 유전적 요인과 환경적 요인이 함께 영향을 미친다. 즉 본성과 양육은 두 마리 말이 끄는 마차와 같다. 생존을 위협하는 환경적 요인들은 오랜 시간에 걸쳐 뇌에 각인되고, 이것이 우리의 본성을 구성한다.

2001년 인간 게놈 프로젝트가 완성되면서 인간의 유전자가 고작 2만 5000개 안팎이라는 사실이 밝혀졌다. 예쁜꼬마선충의 유전자 수가 1만 8000여 개임을 고려할 때 인간의 유전자가 벌레보다 조금 더 많다는 것은 놀라운 일이 아닐 수 없었다. 한동안 과학자들은 인간 유전자가 10만 개 정도는 될 것이라고 믿어왔다.

빈 서판 이론을 지지하는 사람들은 이 정도 유전자는 인간 본성을 설명하기에 너무 부족한 숫자이며, 유전자 수가 적으면 적을수록 환경의 영향이 더욱 커질 것이라고 주장해왔다. 그러나 유전자는 한 가지 특성만을 결정하는 것이 아니다. 유전자는 상호보완적이며 재구성된다. 유기체의 복잡성은 유전자의 수가 아니라 각 유전자가 다른 유전자들의 활동에 어떻게 영향을 미치는가에 달려 있다. 즉 활성 유전자와 불활성 유전자의 가능한 조합 수에 달려 있는 것이다.

예컨대 동전은 두 개의 면만을 가지고 있지만 동전 하나를 33번 던지면 100억 개가 넘는 경우의 수가 생겨난다. 유전자 하나가 두 가지 특성에 관여한다고 가정하면 유전자가 발현할 수 있는 경우의 수는 우주에 존재하는 입자의 수보다 많다. 더구나 과학자들이 밝혀낸 인간의 유전자는 약 3퍼센트에 해당하며 나머지는 단백질을 암호화하지 않은 정크 DNA로 분류되어 있다. 이들 역시 유전자들에게 많은 영향을 미칠 것으로 추정되고 있다.

뇌 역시 재구성된다. 한쪽 눈을 잃으면 시각을 담당하는 뇌 영역이 퇴화하거나 사라지는 것이 아니라 다른 적응능력을 발달시킨다. 시각 대신 청각이 예민해지는 것이다. 시각장애인들이 소리에 민감하고, 청각장애인들이 시각에 민감해지는 것은 이 때문이다. 신경과학자들은 청각장애를 타고난 사람의 경우 청각을 관장하는 뇌 영역이 시각적 자극에 반응한다는 것을 알고 있다. 또 시각장애가 있는 아기들은 시각피질이 청각 자극에 반응한다. 재미있는 사실은 시각장애인들이 점자를 읽을 때도 시각피질이 활성화된다는 것이다. 시각장애인들의 시각피질이 촉각 정보까지 처리하도록 적응한 것이다.

이렇듯 한 가지 감각을 잃으면 다른 감각이 더 예민해지는 현상을 '감각 대행'이라고 부른다. 언어를 담당하는 좌뇌를 제거한 아이들도 정상적으로 말을 배운다. 이는 언어능력을 담당하는 부위가 좌뇌에서 우뇌로 옮겨졌기 때문이다. 뇌는 상황에 따라 자신을 재구성하는 것이다.

이제 인간 본성을 결정하는 것이 유전자인가, 환경인가라는 논쟁은 더 이상 무의미하다. 맷 리들리는 《본성과 양육*Nature via Nurture*》에서 그동안 진행되었던 '본성 대 양육'이라는 구도 대신 '양육을 통한 본성' 또는 '본성을 통한 양육'이라는 개념을 제안하고 있다. 유전자는 본성의 대리인인 동시에 양육의 대리인이다. 본능과 학습은 대립하는 관계가 아니다. 때로는 환경의 영향이 유전자의 영향을 앞서기도 한다.

> 인간의 본성은 다윈의 보편성, 프랜시스 골턴의 유전, 제임스의 본능, 드브리스의 유전자, 파블로프의 반사, 왓슨의 연상, 크레펠린의 역사, 프로이트의 형성적 경험, 보아스의 문화, 뒤르켐의 노동 분업, 피아제의 발달, 로렌츠의 각인이 모두 결합된 결과물이다. 우리는 이 모든 것이 인간의 마음속에 합쳐져 있는 것을 볼 수 있다. 이 중 하나라도 없으면 인간 본성에 대한 어떤 설명도 부실해질 것이다.
>
> — 맷 리들리, 《본성과 양육》

2003년 미국 버지니아 주립대학교의 에릭 투르크하이머Eric Turkheimer 연구팀은 부유층 어린이의 지능은 유전자의 영향을 많이 받지만, 빈곤층 어린이의 지능은 환경의 영향을 많이 받는다는 점을 발견했다.

환경이 지능에 미치는 영향력은 빈곤층 어린이들이 상류층 어린이보다 네 배나 높게 측정되었다. 이 같은 연구 결과는 지능과 관련된 유전자의 발달이 사회적 지위에 따라 달라진다는 것을 보여준다. 그렇다고 해도 이 연구 결과가 어느 한쪽의 일방적 승리를 의미하는 것은 아니며, 유전자의 역할을 무시하는 것도 아니다. 우리가 얻을 수 있는 교훈은 경제적 불평등이라는 사회 환경이 유전적 요소에도 영향을 미칠 수 있다는 사실이다.

연구에 따르면 연소득 4만 달러에서 40만 달러까지는 큰 소득 격차에도 불구하고 지능에 미치는 영향이 미미하다. 따라서 극빈층의 환경을 개선할 수 있는 정책 프로그램을 시행하면 지능의 차이를 무시할 만한 수준으로 줄일 수 있다.

학습과 경험이 지능을 변화시키는 것 역시 분명한 사실이다. 성인이 된 뒤에도 뇌는 꾸준히 발달한다. 환경 요인이 중요한 것은 이 때문이다. 인간은 고상한 정신활동과 새로움에 대한 끊임없는 추구, 가족 및 사회와의 연대를 통해 뇌를 진화시켜왔다. 생득적 언어능력은 생물학적 요소에 속하지만 어떤 언어를 사용하는가는 교육의 결과로 나타난다. 아이들이 언어를 쉽게 배우면서도 문자를 깨우치는 데는 시간이 오래 걸리는 것도 생득적 요인과 환경적 요인이 다르기 때문이다. 유전자는 서로 다른 환경에서 다르게 작용할 수 있고, 다른 유전자도 유사한 환경에서는 같은 작용을 할 수 있다.

일란성 쌍둥이가 그렇듯이 유전자가 일치한다고 해서 뇌가 완전히 일치하는 것은 아니다. 이미 사망한 자식을 복제한다 해도 마찬가지다. 100퍼센트 같은 유전자로 복제한 동생은 죽은 형과는 전혀 다른 세계에서 성장할 것이다. 그뿐 아니라 이들은 서로 다른 뇌를 가진 채 전혀 다른 경험을 하게 될 것이다.

그렇다고 해서 뇌가 학습과 경험에 의해 무한히 변형되는 것은 아니다. 침팬지가 인간의 가정에서 성장한다고 해도 인간처럼 생각하거나 행동하지는 못한다. 학습과 경험 없이도 뇌 구조가 구성된다는 면에서 보면 본성론자가 옳고, 뇌의 구조가 경험에 민감하게 반응한다는 점에서는 양육론자가 옳다. 학습은 현재의 환경에 적응하도록 유전자를 유연하게 변화시키고 그 용도를 재정립한다. 따라서 유전자가 없으면 학습도 없다.

사냥하는 원숭이에서
문화적 원숭이로

숲속의 원숭이는 지상의 원숭이가 되었고, 지상 원숭이는 사냥하는 원숭이가 되었으며, 사냥꾼 원숭이는 영역을 가진 원숭이가 되었고, 이 원숭이는 문화적 원숭이가 되었다.

- 데즈먼드 모리스, 《털 없는 원숭이 *The Naked Ape*》

리처드 도킨스는 《이기적 유전자》에서 문화적 유전자 '밈meme'을 제안한 바 있다. 밈은 모방을 의미하는 그리스어의 어근 'mimeme'에서 따온 것이다. 리처드 도킨스는 문화를 진화의 관점에서 파악하면서 문화도 유전자처럼 자기복제 능력이 있다고 주장했다. 자연선택의 핵심은 생존율의 차이이기 때문에, 문화 역시 생존 가치가 높을 때 복제 시스템을 발동한다는 것이다.

이 복제 시스템은 '모방'이다. 밈은 뇌에서 뇌로 전파되고, 이 과정에서 돌연변이도 일으킨다. 만약 자기복제를 잘하는 특성을 가진 밈이 있다면, 그 밈은 더 보편적인 존재가 될 것이다. 그래서 어떤 문화는 더 쉽게 전파될 수 있도록 스스로 진화한다. 문화는 자연선택과 달리 우수한 형질을 획득해 복제자에게 물려줄 수 있다. 유전자와 달리 문화는 에러나 돌연변이를 복제하지 않는다. 문화는 똑같이 복제되는 것이 아니라 평가, 논의, 개선, 거부를 통해 스스로 수정하면서 진화한다.

가장 유명한 사례는 1953년 일본 연안에 있는 고지마섬幸島에서 원숭이들을 대상으로 진행된 실험일 것이다. 1950년대 초반 일본의 영장류학자들은 농가의 피해를 막기 위해 섬에 무리 지어 사는 일본원숭이들에게 먹이를 공급하기 시작했다. 특히 교토 대학교 영장류연구소는 미야자키현 고지마섬과 인근 지역에 서식하는 원숭이들에게 먹이를 제공하면서 이들의 행동을 집중적으로 관찰했다.

원숭이 집단에서 놀라운 행동이 관찰된 것은 1953년이었다. '이모Imo'라는 한 살 반짜리 암컷 원숭이가 연구팀이 제공한 고구마를 바닷물에 씻어 먹기 시작한 것이다. 이전까지 원숭이들은 바닷물로 소금 간을 맞추거나 먹이에 묻은 흙을 물에 씻는 방법을 알지 못했다. 그러나 석 달이 되기도 전에 이모의 친구 둘과 이모의 어미도 고구마를 바닷물에 씻어 먹기 시작했고, 5년이 지나자 그 섬에 살고 있던 대부분의 원숭이들이 이 방법을 터득했다.

이모는 네 살이 되자 먹이로 제공된 밀을 먹는 방법까지 새로이 터득했다. 모래 해변에 흩뿌려진 밀은 모래와 범벅이 되기 때문에 먹기가 쉽지 않았다. 하지만 이모는 밀을 물에 던져 물 위로 떠오른 밀만 재빨리 건져 먹었다. 이 기술은 고구마 씻기보다 학습하기 어려운 기술이었지만 다른 원숭이들도 이모를 따라 하기 시작했다.

이는 일본원숭이 집단 내에서 모방을 통한 '사회적 학습'이 이루어졌음을 의미한다. 그러나 뉴에이지 과학의 선구자이기도 한 라이얼 왓슨 Lyall Watson이 1979년 《생명조류Lifetide: a Biology of the Unconscious》에서 '100마리째 원숭이 현상hundredth monkey effect'을 소개하면서 적잖은 논란이 벌어졌다. 라이얼 왓슨은 고지마섬에서만 관찰되던 고구마 씻기 기술이 인근 섬은 물론 본토에서도 관찰된 사실에 주목했다. 그는 이 기술을 습득한 원숭이가 99마리이고, 여기에 한 마리가 보태지면 100번째 원숭이는 일종의 임계점에 도달해 폭발적으로 기술이 전파될지 모른다고 생각했다.

바다에 가로막혀 접촉이 불가능한 집단 사이에 문화가 전파될 수 있다는 것은 놀라운 일이 아닐 수 없다. 라이얼 왓슨의 생각은 소위 텔레파시나 영적 교감을 지지하는 신비주의자들에게 열렬한 지지를 받았다. 하지만 많은 학자들은 이를 부정하고 있다.

보고에 따르면 1952년 이 섬에서 연구를 처음 시작했을 때 원숭이 수는 20마리였고, 1962년에 59마리로 늘었다. 59마리 중 고구마 씻기 기술을 구사한 원숭이는 36마리였다. 36마리가 기술을 습득하는 데 무려 10년이 걸린 것이다. 10년의 세월은 다른 섬이나 본토의 원숭이들이 충분히 요령을 터득할 수 있는 시간이다. 그럼에도 원숭이들에게 모방을 통한 학습능력이 있다는 것은 문화가 인간만의 전유물이 아님을 보여준다.

우리는 모방의 천재들이다. 모방 능력 자체는 선천적으로 타고난 것이다. 우리 뇌에는 다른 사람의 행동을 모방하는 거울신경세포mirror neuron가 존재한다.

1991년 이탈리아 파르마 대학교의 생리학연구소 소장인 자코모 리촐라티Giacomo Rizzolatti 연구팀은 짧은꼬리원숭이의 뇌에 전극을 꽂고 운동과 관련된 뇌 기능을 연구하고 있었다. 그러던 중 원숭이가 어떤 행동을 할 때 활성화된 뉴런 집단이 다른 원숭이가 그 행동을 하는 것을 지켜볼 때도 똑같이 반응한다는 사실을 알아냈다.

연구팀은 원숭이 뇌에 전극을 꽂고 다양한 물건을 집을 때 뇌의 반응을 살폈다. 마침 조교가 아이스크림을 들고 실험실에 들어왔을 때, 원숭이는 자신이 아이스크림을 들고 있을 때와 같은 뇌 부위가 활성화되었다. 또 다른 원숭이가 땅콩을 먹는 장면을 보여주자 직접 먹을 때처럼 이 부위가 활성화되었다. 연구팀은 이 부위에 존재하는 신경세포를 '거울신경세포'라고 이름 붙였다.

우리는 문화를 생득적으로 수용하는 메커니즘을 갖고 있으며, 이 메커니즘의 바탕 위에서 문화적 진화가 이루어졌음을 알 수 있다. 모든 생물은 오랜 세월에 걸쳐 유전자와 환경 사이에 이루어진 상호작용의 산물이라 할 수 있다.

인간 역시 문화와 생물학이라는 두 개의 궤도를 따라 진화해왔다. 진화의 두 가지 궤도는 상호의존적이기 때문에 완전히 다른 길을 걷지는 않을 것이다. 문화를 통해 만들어진 환경은 결국 자연선택의 환경이 되기 때문이다. 따라서 우리는 유전적 진화가 문화를 증진시켰고, 문화는 다시 유전자의 적합성을 강화했다고 말할 수 있을 것이다. 인간은 자연적 존재인 동시에 문화적 존재인 것이다.

예술의
탄생

예술은 진화의 불가사의 중 하나다. 도대체 인간은 왜 생존과 번식에 도움이 될 것 같지 않은 예술 활동에 몰두하는가? 이 문제는 진화생물학자들에게도 풀기 어려운 숙제였다. 하지만 최근에 예술의 탄생에 대한 다양한 가설들이 제시되었다.

가장 먼저 이성을 유혹하기 위한 성적 경쟁으로부터 예술이 탄생했다는 '과시 가설'을 들 수 있다. 과시 가설에서 미적 감각을 추구한 주인공은 암컷을 유혹해야 하는 수컷들이다. 동물의 세계에서 수컷은 암컷보다 화려한 외모를 갖고 있다. 건강하고 힘센 수컷은 짝짓기에 성공할 확률이 높다. 그래서 수컷들은 암컷들에게 자신을 광고하기 위해 갖가지 전략을 구사한다.

암컷의 관심을 끌기 위한 수컷들의 전략 가운데는 도무지 이해하기 어려운 것도 있다. 아프리카 초원에 사는 가젤은 포식자가 접근하면 재빨리 도망친다. 하지만 몇몇 가젤은 도망치지 않고 그 자리에서 껑충껑충 뛰어오른다. 포식자의 먹이가 되지 않으려면 도망치는 게 상책이지만, 이들은 '나 잡아 봐라!' 하는 듯 포식자의 눈앞에서 얼쩡거리는 것이다. 가젤은 왜 위험한 불장난을 하는 것일까?

이를 설명하는 것으로 '값비싼 신호costly signaling 가설'이 있다. 이 이론은 이스라엘의 생물학자 아모츠 자하비Amotz Zahavi가 1975년에 발표한 '핸디캡 원리handicap principle'를 바탕으로 하고 있다. 가젤은 포식자들 앞에서 목숨을 내놓고 암컷에게 자신의 건강함을 과시하고 있다는 것이다.

수컷 공작도 이와 비슷하다. 수컷 공작의 화려하고 긴 꼬리는 생존에 불리하게 작용한다. 거추장스러운 꼬리 때문에 이동이 쉽지 않아 포식자의 먹이가 되기 쉽고, 날아오르는 데도 시간이 걸린다. 그럼에도 긴 꼬리를 가진 수컷이 후손을 남길 수 있었던 것은 암컷과의 짝짓기에 성공했기 때문이다. 조건이 불리한데도 살아남았다는 것은 그만큼 재주가 좋거나 건강하다는 의미다. 역설적이게도 긴 꼬리가 훌륭한 광고물이 될 수 있었던 것은 그것이 심각한 생존의 장애물이기 때문인 것이다.

당신도 과시하고 싶어 안달하지 않는가? 비싼 자동차, 넓은 저택, 각종 명품들은 왜 필요한가? 당신은 안전하게 이동하고, 널찍한 공간에서 여유를 누리고, 명품의 품질이 좋기 때문이라고 설명하겠지만 사실은 누군가에게 보여주고 싶기 때문이다. 아무도 그것을 부러워하지 않으면 당신은 비싼 돈을 주고 그런 물건을 사지 않을 것이다. 당신은 그것을 누구에게 보여주고 싶은가? 또는 누구에게 부러움을 사고 싶은가?

권력중독증에 걸린 사람들은 늘 완장을 차고 싶어 한다. 완장은 권력의 표지다. 당신은 다른 수컷들의 부러움을 불러일으키기 때문에 권력자가 되고 싶어 한다고 말할지 모르지만, 실제로 그들이 노리는 것은 암컷이다. 권력자를 부러워하는 것은 암컷을 차지할 수 있는 지위를 의미하기 때문이다.

장식물은 두 가지 기능을 한다. 이성을 유혹하고 신분 과시를 통해 다른 수컷들에 대한 지배력을 확보하는 것이다. 물론 이 두 가지 기능의 본질은 같다. 다른 수컷들을 물리치고 다수의 암컷을 차지함으로써 자신의 후손, 즉 유전자를 퍼뜨리는 것이다. 그래서 어떤 새의 암컷은 수컷이 만든 둥지가 마음에 들지 않으면 다른 수컷을 선택한다. 당신이 양복을 입는 것은 육체노동을 하지 않는다는 것을 광고해준다. 또 당신의 여자 친구가 손톱을 장식하는 것은 손톱 따위를 손질할 만큼 허드렛일에 매달리지 않아도 되는 계층이라는 것을 광고하는 것이다.

과시 가설은 결국 예술이 짝짓기 전술에서 비롯되었음을 고상하게 설명하는 방식이라 할 수 있다. 이 가설에 따르면 엘리트 예술은 결국 상류 남성계급의 견장일 뿐이다. 사치품과 여가 역시 지위를 나타내는 상징물이다. 예술품이란 늘 희귀하고 값비싼 재료를 필요로 하며 전문적인 노동이 투입된다. 이는 돈과 시간이 있는 계층, 즉 육체노동에서 자유로운 인간만이 누릴 수 있는 특권이다.

인류의 정신이 광적이라 할 정도로 확장되어온 것은 사람들이 짝을 까다롭게 고르기 때문이며 기지와 재능, 창의성과 개성이 다른 사람들을 성적으로 매료시키기 때문이다. 그 외의 다른 이유는 있을 수 없다.

- 맷 리들리, 《붉은 여왕 The Red Queen》

수컷의 과시 욕구로부터 예술이 시작되었다면 여성들은 왜 예술가가 되는가? 여성들이 예술가로서 성공한 것은 최근의 일이다. 역사적으로 볼 때 모든 문화권에서 예술가들은 대다수가 남성이었다. 이를 성차별 때문이라고 말하고 싶은 사람도 있겠지만, 여성들은 문화적 과시를 통해 얻을 수 있는 것이 남성보다 훨씬 적다. 신분 과시를 통해서는 건강하고 능력 있는 남성을 고를 수 있는 가능성이 크지 않다.

여성은 오랫동안 선택당하는 입장이었으며, 오히려 능력 있는 남성을 향해 성적 접근성을 높이는 것이 더 유리했을 것이다. 즉 여성에게는 아름다운 외모와 처녀성, 출산이 가능한 건강한 육체가 지위보다 더 중요한 자산이었다. 여성들은 신분을 과시하기보다 소수의 능력 있는 남성에게 성적 매력을 과시하는 전략을 택하는 것이 낫다. 예술 분야 중에서 춤과 음악에 여성의 진출이 많은 것은 이 때문일 것이다. 여성들도 신분을 상징하는 장식물에 집착하지만, 이는 남성보다 동성의 경쟁자들을 의식한 것이다.

또 하나의 유력한 가설은 이른바 '사바나 가설'로 불린다. 이 가설은 우리의 심미안이 조상들의 서식지 환경에서 비롯되었다는 것이다. 즉 우리에게 즐거움을 주는 것은 대부분 조상들이 살던 서식지와 관련이 있다.

첫째, 우리는 나무, 물, 꽃과 열매, 초원, 초식동물 같은 것에 아름다움을 느낀다. 이는 초기 인류가 진화했던 사바나 초원의 이미지와 같다.

둘째, 우리는 안전을 상징하는 형태를 선호한다. 집을 지을 때는 사방을 감시할 수 있는 탁 트인 전망을 중시하며, 집 뒤쪽과 앞쪽에 적당한 장애물이 있는 지형을 선호한다. 뒤쪽의 장애물은 배후의 위험으로부터 자신을 보호하는 엄폐물이다. 또 앞쪽의 장애물로는 서식지에서 조망과 감시가 가능한 강을 선호한다. 이는 야수의 침탈과 적의 공격에 대한 심리적 안정감을 유지하기 위한 것이다. 반쯤 열린 공간과 눈앞의 평탄한 지형, 열린 시야는 방어진지의 특징이다. 또 큰 나무와 여러 개의 구릉, 여러 갈래의 길은 대피용 퇴로와 엄폐물을 상징한다. 즉 자신의 모습을 드러내지 않은 채 적을 볼 수 있는 지형이 유리하다.

사냥꾼들에게는 길을 잃지 않기 위한 좌표도 필요하다. 나무와 연못, 길, 바위, 강, 산맥 같은 지형들이 이런 역할을 한다. 어디에 식량이 있는지 알려주는 표지판 역시 인간의 심미안에 중요한 역할을 한다. 초원에 있는 초식동물과 식물, 꽃이 그렇다. 특히 색이 화려한 꽃은 식물 속에서 식별해내기가 쉽다. 꽃이 피었다는 것은 맛있는 열매가 맺힐 시기가 얼마 남지 않았다는 것을 의미한다. 결국 우리가 꽃을 아름답다고 여기고 정원을 가꾸는 것은 조상들이 살았던 사바나의 환경을 가꾸는 것과 같다.

셋째, 우리는 건강을 나타내는 신체 지표를 선호한다. 몸에 대한 탐미는 우리가 왜 그리스 조각에 열광하는지를 보여준다. 조상들이 선호했던 신체 비율은 번식력을 상징한다. 이 문제는 다음 장에서 성性 문제를 다룰 때 다시 살펴볼 것이다.

사바나 가설이 설득력을 갖는 것은 우리가 훌륭하다고 평가하는 풍경화의 대부분이 이와 유사한 구도를 갖고 있기 때문이다. 추상화抽象畵는 사바나의 매혹적인 환경을 기하학적 형태로 추상화抽象化한 것으로 보인다. 추상화가 보여주는 직선과 곡선, 색감과 도형들은 산, 길, 평지, 나무를 상징한다. 결국 우리의 마음을 움직이는 예술품은 자원이 충만한 환경과 안정감을 그려낸 것이다.

예술의 기원을 설명하는 가설들은 인간의 예술적 감성이 진화 과정에서 형성되었음을 보여준다. 인간은 어떤 모양, 색깔, 음정, 이야기들을 선호하도록 진화했다. 더구나 인간은 다른 동물들이 갖지 못한 상상력과 추상화抽象化 능력을 가지고 있다. 잘 발달한 뇌 덕분에 우리는 환경에서 접하는 자극들을 다양한 방식으로 모방하는 방법을 활성화할 수 있었다.

예컨대 붉은색은 밀림이라는 푸른 캠퍼스에서 잘 익은 과일을 나타내는 표지이다. 이 때문에 우리는 붉은색에 민감하게 반응하도록 진화했다. 하지만 붉은색은 정반대의 표지가 되기도 한다. 붉은 피는 사람들로 하여금 경계심과 혐오감을 불러일으킨다. 그래서 붉은색은 위험을 알리는 신호가 되었다.

음악은 메시지를 전달하는 과정에서 발생했을 것이다. 음조를 넣은 말은 메시지 전달이 쉽고, 기억하기도 훨씬 용이했을 것이다. 또 자연의 소리를 구분하고 흉내 내며, 감정을 나타내는 소리 역시 음조의 구성에 도움을 주었을 것이다. 번개나 동물의 울음소리처럼 위험을 알리는 소리 역시 감정을 자극하고, 어머니의 심장박동처럼 부드럽고 안정적인 물소리나 흔들림은 심리적 안정감을 제공했을 것이다. 음악은 자연이 주는 자극들을 모방한 것이다.

한편 신화를 바탕으로 한 문학은 아주 최근에 생겨났다. 흥미로운 것은 문학의 스토리가 대부분 짝짓기 경쟁, 자연과의 대결, 불의와의 대결을 다루고 있다는 점이다. 숭고한 사랑이라고 표현되는 것들은 대개 짝짓기 경쟁에서 벌어지는 배신과 질투, 복수를 포함한다. 또 정의라고 표현되는 것에는 자신과 친족과 공동체에 대한 위협, 투쟁, 복수를 포함하고 있다.

에드워드 윌슨은 《통섭Consilience》에서 예술의 기원에 관한 독특한 해석을 내놓았다. 그의 해석에 따르면, 호모사피엔스는 자아를 인식하게 되면서 개인적 존재의 유한성과 자연환경의 혼돈을 깨달았다. 이로 인해 인간은 낙원에서 추방되었다는 심리를 갖게 되었다. 예술은 이러한 혼돈에 질서를 부여할 필요성 때문에 탄생했다는 것이 그의 설명이다.

고고학자들은 약 80만 년 전에서 23만 3000년 전 사이에 인간이 자신의 신체를 묘사하려는 노력을 시작했다고 보고 있다. 그러나 미술적 이미지를 처음 이해한 시기는 더 거슬러 올라간다. 고고학자들은 남아프리카 마카판스가트Makapansgat의 동굴에서 발견한 사람의 얼굴처럼 생긴 돌멩이를 근거로, 약 300만 년 전에 이미 미술적 심미안을 가졌을 것이라 추측하고 있다.

최초의 회화작품이라 할 만한 것은 3만 년 전쯤에 그려진 동굴벽화다. 3만 년 전의 인류가 왜 그림을 그리기 시작했는가에 대해서는 다양한 가설이 존재한다. 첫째는 사냥감을 그림 속에 가둠으로써 그것을 소유할 수 있다는 주술적 믿음에서 비롯되었다는 가설이다. 둘째는 미숙한 사냥꾼들을 교육하기 위해 그림이 필요했다는 가설이다. 셋째는 살해한 동물의 영혼을 달래거나 신성한 동물을 숭배하던 토템신앙에 근거를 두고 있다는 가설이다. 이 가설에는 주술사의 환각이 그림으로 옮겨진 것이라는 가설도 포함된다.

최초의 시각예술이 벽화가 아니라는 데는 대부분의 학자들이 동의하고 있다. 최초의 캔버스는 지위를 구별하고 과시하기 위한 인간의 신체였을 것이다. 우리가 보통 문신이라고 부르는 신체 시각예술은 벽화보다 훨씬 단순하다. 문신이나 문양은 간단한 미로와 나선, 비대칭적 선의 교차로 이루어진 경우가 많다. 인간은 동일한 디자인적 요소가 20퍼센트 정도 중복될 때 민감한 반응을 보인다고 한다. 이러한 해석은 추상예술의 기원을 엿볼 수 있게 한다.

고차원적인 예술이 출현한 시기는 농경생활 이후라는 설이 유력하다. 수렵과 채집으로 살아가던 시절, 조상들 중 일부에게는 풍부한 여가가 주어졌다. 이는 조상들이 풍류를 즐길 줄 알았기 때문이 아니라 사냥은 더 많은 노력을 기울인다고 해서 사냥감을 더 많이 포획할 수 있는 것이 아니기 때문이다. 사냥은 한 번의 시도로 포획할 수 있는 성공률이 중요하고 운도 따라야 한다. 이 시기의 조상들은 날마다 숲과 들로 출근하지 않았다. 대부분의 육식동물은 하루의 대부분을 그늘 밑에서 쉬거나 잠을 잔다. 육식을 하는 동물은 게으름을 타고난 것이다. 이 게으름과 여분의 시간이 창조력의 원천이다.

그러나 농경생활이 시작되면서 상황은 급변했다. 농업은 일한 만큼 보상받으며 부의 축적이 가능하다. 이 때문에 노동에 종사하지 않는 엘리트 계급이 형성되기 시작했다. 고차원의 예술을 필요로 한 사람들은 바로 유한계급들이었다. 먹여 살리는 사람들이 생기면 새로운 직업이 만들어진다. 바로 전문적 예술가들이 생겨난 것이다.

06

나는
누구인가?

병든 인간

인간은 왜 더 나은 존재로 만들어지지 못했을까? 왜 인간은 병에 걸리는가? 왜 인간의 몸에는 수많은 결점들이 존재하는가? 자연선택이 생존과 번식에 유리한 것을 선택하는 과정이라면, 생존에 불리한 유전자를 제거하고 더 완벽한 유전자를 선택했어야 하지 않을까? 이 질문은 신에게 '왜 악을 창조했는가?'라고 묻는 것과 같다. 만약 신이 인간을 선한 존재로 창조했다면 우리는 지금 천국에 살고 있을 것이고 종교도 생겨나지 않았을 것이다.

신과 달리 자연은 목적을 추구하지 않는다. 자연은 성공적인 생존과 번식을 위해 형질의 크기, 속도, 수량만을 선택한다. 진화는 목적을 추구하는 것이 아니라 효율성을 추구한다. 어느 정도의 에너지를 소비할 것인지를 조절하면서 일생에 걸쳐 성과를 최대화하는 것이다.

예컨대 여성의 폐경은 비효율적으로 보인다. 만일 여성이 평생 임신이 가능하다면 번식에 더 유리하지 않을까? 그럼에도 폐경이 선택된 것은 출산의 위험 때문이다. 어미가 출산 중에 사망하면 태아도 위험할 뿐 아니라 이미 양육하고 있는 아이들의 생존도 보장받지 못한다. 따라서 일정한 나이가 지나면 더 이상 아이를 낳지 않는 것이 번식에 유리하다.

여성의 월경에 대해서도 같은 설명을 할 수 있다. 남성의 몸이 여성의 몸 안으로 들어올 때 각종 병원체들도 함께 침입한다. 따라서 월경은 자궁의 감염을 막기 위해 설계된 방어 메커니즘일 수 있다. 자궁의 내부벽을 주기적으로 헐어냄으로써 감염되었을지도 모를 피부세포들을 벗겨내는 것이다.

새의 날개가 크다고 해서 훌륭히 적응한 것은 아니다. 날개는 높이 날아오를 수 있을 만큼 길어야 하지만, 동시에 몸의 균형을 유지할 수 있을 만큼 짧아야 한다. 우리의 몸 역시 이런 효율성의 대가로 진화했다. 선택에는 언제나 기회비용이 따르기 마련이다.

위에서 분비되는 위산은 위궤양을 악화시킨다. 진화는 위산이 적정량 분비되도록 할 수 있었을 것이다. 하지만 위산의 양이 적으면 우리 몸에 침투하는 각종 세균들을 제거하지 못한다. 어느 정도의 결점은 부득이하게 생겨난 것이라 할 수 있다.

우리가 전혀 쓸모없는 기관으로 치부하는 맹장은 곧잘 염증을 일으킨다. 우리 몸은 맹장의 크기를 서서히 줄여왔지만, 이 과정에서 가늘어진 맹장이 오히려 염증을 더 잘 일으키게 되었다. 따라서 일정한 크기를 유지해야만 맹장염을 예방할 수 있다. 역설적으로 맹장염을 방지하기 위해 맹장이 필요해진 것이다. 더 퇴화되었을 때 병에 걸리기가 더 쉽기 때문에 간신히 유지하고 있는 것이다.

이러한 설명은 뉴욕 주립대학교의 조지 윌리엄스와 미시간 대학교의 랜돌프 네스Randolph M. Nesse의 공저 《인간은 왜 병에 걸리는가Why We Get Sick》에서 빌려온 것이다. 두 사람은 질병의 원인을 방어, 감염, 유전자, 새로운 환경, 설계상의 절충, 진화적 유산 등 여섯 가지로 구분하고 있다. 이 요인들 중에서 몇 가지만 살펴보자.

첫째, 유전자가 문제가 되는 경우다. 질병을 일으키는 유전자는 손실을 능가하는 이득이 있기 때문에 오늘날까지 살아남았다. 또 불이익을 주지만 발현되는 빈도를 높이는 능력 때문에 살아남은 유전자도 있고, 새로운 환경 요인과 반응할 때만 나쁜 영향을 미치는 유전자도 있다.

둘째, 새로운 환경이 문제가 되는 것은 인류가 문명을 누린 지 수천 년밖에 되지 않았기 때문이다. 우리 몸은 새로운 환경에 적응할 시간적 여유를 갖지 못했다. 따라서 혹독한 환경에서 지방이나 당분을 비축하는 유전자는 오늘날의 환경에서는 비만이라는 질병을 일으킨다.

셋째, 설계상의 절충은 두 가지 기능이 대립할 때 절충안을 택하는 데서 비롯된다. 조상들은 이족보행을 선택했지만, 그로 인해 척추질환을 얻은 것이 좋은 예다.

넷째, 진화적 유산은 자연선택이 점진적으로 일어나기 때문에 생긴 요인이다. 예컨대 기관지 앞으로 나 있는 식도 때문에 우리는 가끔씩 사레가 들리며 질식의 위험을 안고 산다. 이를 방지하려면 콧구멍을 새로 만드는 것이 합리적이지만, 이는 처음부터 설계를 뜯어고쳐야 하기 때문에 비용이 많이 든다. 따라서 자연선택은 필요할 때마다 땜질 처방으로 우리 몸을 설계해왔다. 그 밖에도 우리는 병원체와의 군비경쟁에서 패하기 때문에 병에 걸린다. 우리 몸을 숙주로 삼고 있는 병원체들은 세대교체가 빠르기 때문에 우리 몸보다 진화적으로 더 빠르게 적응하며, 면역

체계의 공격에 다양한 변이를 생산함으로써 대응한다.

그래도 여전히 의문이 남는 것은 암이라는 불치의 병이다. 왜 우리는 생존과 번식에 치명적인 암에 대한 면역체계를 진화시키지 못했을까? 암세포는 세포분열의 오류에서 발생한다. 젊은 시절에는 면역계가 이러한 오류를 차단하지만, 노화가 진행되면 몸의 방어체계가 약화된다. 조상들의 수명은 우리보다 훨씬 짧았다. 따라서 세포분열의 이상을 감지하고 교정할 수 있는 유전자가 있었다고 해도 굳이 보존할 필요를 느끼지 못했을 것이다. 대부분 암에 걸리기 전에 죽었기 때문이다. 하지만 수명이 늘어나면서 인간은 암에 속수무책이 되었다. 그래서 40대가 넘으면 암 발병률은 획기적으로 높아진다.

남성호르몬은 수컷 경쟁에서 이길 수 있도록 도와주지만 인생의 후반기에는 전립선암의 위험을 높인다. 그럼에도 남성호르몬이 선택된 것은 늙어서 암에 걸리는 것보다는 젊은 시기에 암컷을 차지하는 것이 더 중요했기 때문이다. 남성이 여성보다 일찍 사망하는 이유도 여기에 있다. 남성은 젊은 시절에 짝짓기 경쟁에서 유리한 위치를 차지하는 대신 늙었을 때의 삶을 포기하도록 진화한 것이다. 늙어서 일어나는 사건들은 번식에 전혀 영향을 미치지 못하기 때문이다. 그러므로 당신이 모험을 즐기다가 젊은 나이게 죽을 거라면 암에 대한 걱정은 하지 않아도 된다.

정신질환은
왜 진화했을까?

질병을 숙명으로 받아들인다 해도 풀리지 않는 수수께끼가 있다. 진짜 미스터리는 왜 인간은 정신질환을 앓는가 하는 것이다. 신체적 질병을 진화적으로 설명할 수 있다면, 정신분열이나 정신장애도 진화적으로 설명할 수 있을까? 진화의학자들은 정신병리 현상이 그 자체로는 질병이 아니지만, 열이나 기침처럼 신체에 대한 방어 역할을 한다고 생각한다. 몸은 스스로 방어 메커니즘을 진화시켜왔다. 예컨대 기침은 호흡기에 침입한 외부 물질을 몸 밖으로 쫓기 위해 고안된 것이며, 발열은 열에 약한 세균들을 퇴치하기 위한 메커니즘이다.

느낌이나 감정도 이런 역할을 한다. 피로감은 우리를 지나친 과로로부터 보호하기 위해 생겨난 것이다. 달리기 선수가 피로감을 느끼지 않고 24시간을 달린다면 그는 탈진 상태로 사망할 것이다. 또 불쾌하거나 불안한 감정은 어떤 위협으로부터 자신을 보호하기 위해 진화했다.

당신이 어둠 속을 걷고 있는데 숲에서 이상한 소리가 들려온다고 하자. 그 소리가 위험한 포식자가 다가오는 소리든 바람 부는 소리든 경계 태세를 갖추는 것이 손해를 줄일 수 있다. 불안은 위협으로부터 주의를 기울이게 해준다. 지나친 불안감은 손실을 가져오기도 하지만 결정적인 순간에 생존에 유리한 역할을 한다. 99번의 잘못된 경보보다 생명을 위협하는 한 차례의 죽음이 훨씬 큰 손실이다. 그래서 우리는 작은 위협에도 매 순간 불안하도록 진화한 것이다. 불안감이 없다면 우리는 무모한 모험에 몸을 던질 것이다. 불안 증세는 몸의 통증과 같은 역할을 한다. 상처가 났는데도 통증을 느끼지 못하면 우리는 목숨이 걸린 싸움에서도 물러서지 않을 것이며, 위험한 상황에 가차 없이 몸을 던질 것이다.

우울증도 생존자원을 상실한 데 따른 슬픔으로부터 진화한 것으로 보인다. 중요한 자원을 잃고도 슬퍼하지 않는다면 자원을 상실하는 일을 반복할 것이다. 따라서 슬픔은 자원을 잃지 않도록 사전에 방지하는 역할을 한다. 우울증은 부정적 감정과 무력감이 지배하지만, 조증躁症은 극도의 행복감과 극도의 무력감이 번갈아 나타난다. 뇌에서 분비되는 도파민의 양이 급격하게 변하기 때문이다. 의학의 발달에도 불구하고 아직까지 완전한 우울증 치료제는 개발되지 않았다.

로버트 새폴스키는 개코원숭이 집단을 오랫동안 관찰해 우울증이 서열과 관련이 있음을 알아냈다. 원숭이 집단에서 지위가 낮은 개체일수록 세로토닌 수치가 낮았다. 세로토닌 수치가 낮다는 것은 그만큼 스트레스가 증가했다는 의미다.

그들은 스트레스를 해소하기 위해 자신보다 서열이 낮은 약자에게 화풀이를 했다. 서열이 낮은 원숭이들은 지나치게 소심하거나 걱정거리가 많았고 집단 내 관계에서 매우 조심하는 경향을 보였다. 이 때문에 몇몇 심리학자들은 약자가 강자에게 자신의 처지를 호소하기 위한 수단으로 우울증이 진화했을지도 모른다는 가설을 제시하고 있다.

흔히 '트라우마'로 표현되는 '외상 후 스트레스 장애PTSD: post-traumatic stress disorder'는 해리解離 현상의 일종이다. 해리는 사건을 직접 겪은 당사자가 마치 다른 사람이 경험한 사건을 관찰하는 것처럼 행동하는 것을 말한다. 환자들은 과거의 사건에 갇히기도 하고, 그때의 기억을 회피하기도 한다. 그러나 기억을 회피하면 할수록 더 자주 과거를 기억한다.

대개 기억은 해마hippocampus가 관장하지만 무의식적 기억은 해마 옆에 있는 편도체amygdala가 관장한다. 어떤 기억이 편도체에 각인되면 자신의 의지로 기억을 통제할 수 없다. '회복기억증후군'이라 불리는 기억 상실이 발생하기도 하고, 기억 당시의 상황과 유사한 상황에 맞닥뜨리면 끔찍한 기억이 반복적으로 떠오른다.

사실 기억이란 사건의 완벽한 재현이 아니다. 기억은 사건을 경험한 사람이 당시의 마음 상태를 재구성하는 것일 뿐이다. 경험을 완벽하게 재구성하는 것은 불가능하기 때문에, 동일한 사건을 경험한 사람일지라도 전혀 다른 기억을 가질 수 있다. 범죄사건에서 목격자의 진술이 서로 다른 것은 이 때문이다. 우리가 느꼈던 감정 역시 당시의 감정을 그대로 재현하지 못한다. 감정은 더 오래전에 축적된 기억의 영향을 받는다. 행복할 때 행복한 기억이 더 잘 떠오르는 것과 같다.

우리는 단일한 사건을 기억하는 것이 아니라 '기억의 그물망'과 연계해 그것을 떠올린다. 어떤 두 가지 기억이 같은 그물망에 속해 있으면 다른 하나도 떠오를 가능성이 높고, 어떤 기억이 전체 그물망에 연결되어 있지 않으면 기억하지 못할 수도 있다. 기억상실증 환자는 최근 경험을 전체 그물망에 통합하지 못함으로써 과거로 가는 길을 잃었다고 볼 수 있다. 이는 심리적 충격 때문일 수도 있고, 기억을 관장하는 뇌 부위의 손상 때문일 수도 있다.

우리가 알고 있는 기억은 훗날 '재구성된 기억'이다. 즉 최초의 기억은 사실에 대한 정확한 기억이 아니라 편집된 기억인 것이다. 의식은 고통스럽고 수치스런 기억을 잊고 스스로를 보호하기 위해 차단벽을 세운다. 그럼에도 아픈 기억은 어딘가에 살아남는다. 위협적인 상황일수록 다시 기억되는 비율이 높다. 고통스런 기억과 유사한 상황을 맞았을 때 자신을 보호할 수 있기 때문이다. 하지만 위협적인 상황에 대한 유별난 집착은 정신병적 징후를 드러내는 원인이 된다.

스트레스 반응이 일어나면 유독성 스트레스호르몬이 분비되어 해마에 좋지 않을 영향을 미친다. 해마가 손상을 입으면 장기기억을 보존하거나 과거를 회상하는 데 장애가 생긴다. 또 기억력과 학습능력이 낮아져 기억상실이나 건망증이 심해진다. 이때는 자신의 경험과 현재의 자아를 연결시키지 못하는 증상이 발생할 수도 있는데, 이것이 외상 후 스트레스 장애 환자들이 겪는 해리 현상이다.

스스로 제어할 수 없는 스트레스 반응을 일으키는 것은 두 가지뿐이다. 하나는 생명이 위험하거나 번식에 필요한 배우자를 만날 기회를 잃을 가능성이 있을 때이고, 다른 하나는 집단에서 추방되거나 어머니로부터 분리되었을 때다. 생명이 위협받거나 짝짓기에 실패하는 것은 존재의 이유를 잃는 것과 같다. 또 사회적 동물이 집단에서 추방당하거나 이탈한다는 것은 그 자체가 생존의 위협이다. 이런 상황에 처하면 스트레스를 감당하기 어렵다.

감당할 수 없는 스트레스가 엄습해올 때 뇌는 자신을 보호하는 장치를 가동시킨다. 인격을 분열시킨 후 대리인격을 내세움으로써 고통으로부터 도피하는 것이다. 그는 대리인격 뒤에 숨어 일정 시간 동안 동면에 들어간다. 이런 정신적 현상을 해리성 정체 장애dissociative identity disorder 또는 다중인격 장애multiple personality disorder라 부른다.

다중인격 장애는 주로 어린 시절에 학대받은 경험이 있는 사람에게서 자주 나타난다. 충격적인 일을 당했을 때 어린아이는 물리적으로 고통에서 벗어날 수 없다. 유일한 해결책은 자아를 분열시켜 현실로부터 도망치는 것이다. 즉 해리는 자신이 경험한 학대를 다른 누군가가 경험한 것처럼 속임으로써 자신을 방어한다.

영국의 과학저널리스트 리타 카터Rita Carter는 《다중인격의 심리학

Multiplicity》에서 다중인격 장애 환자들의 분열된 인격을 다양한 사례를 들어 소개하고 있다. 다중인격 장애 환자는 끔찍한 기억들만 모아 꾸러미를 만들어 뇌에 저장한다. 이 꾸러미가 자신과 전혀 다른 인격을 만든다는 것이다.

이런 방어기제 역시 자연선택의 결과다. 포식자를 만나 겁에 질린 동물 중에는 죽은 듯이 움직이지 않는 동물들이 있다. 포식자를 만났을 때는 도망치는 것이 최선이며, 도망칠 수 없다면 싸워야 한다. 하지만 싸울 수도 없고 도망칠 수도 없는 상황에 이르면 이들은 뇌의 스위치를 꺼버린다. 이 전략이 효과를 발휘할 때도 많다. 죽은 고기를 먹지 않는 포식자의 경우 관심을 보이지 않고 그냥 지나치기 때문이다. 동물들이 포식자 앞에서 죽은 체하는 것은 해리가 왜 생겨났는지 설명하는 좋은 단서가 된다.

적당한 다중인격은 이득을 가져다준다. 미국의 심리학자 퍼트리샤 린빌Patricia Linville의 연구에 따르면 자신의 다중성을 인식하는 사람은 스트레스를 덜 받는다고 한다. 극심한 스트레스 상황에서 자아를 보호할 수 있기 때문이다. 스트레스 같은 경보장치가 작동하지 않으면 생존할 수 없다. 짝짓기와 생존경쟁 과정에서 스트레스가 없었다면 어떻게 자손을 번식하고 목숨을 지켜왔겠는가? 스트레스는 적응의 하나인 것이다.

생명체는 불행하다고 해서 삶을 포기하지 않는다. 자연선택은 불행한 상태에서도 계속 살아남기를 원하기 때문이다. 하지만 유독 인간만이 불행을 느낄 때 생존을 포기한다. 안타깝게도 인간은 행복을 위해 진화하지 않았다. 오히려 우리는 불행에 익숙하도록 진화했다. 진화는 생존에 위협이 되는 부정적인 것에 더 민감하도록 만들었다. 그래서 우리는 승리의 기쁨보다 패배의 아픔에 더 민감하다. 또 이익을 볼 때 얻는 기쁨보다 손해를 입었을 때의 아픔이 더 크다.

악마가 사는 곳, 뇌

뇌는 오랜 세월을 거치면서 진화해왔지만 우리는 아직도 파충류 시절의 뇌를 가지고 있다. 생존과 관련된 신호는 파충류의 뇌라 불리는 뇌간이 먼저 수신한다. 뇌간에서 수신한 정보는 감정중추로 불리는 변연계에서 처리되는데, 이 부위는 우리가 지금도 원시 환경에 살고 있는 것처럼 반응한다. 사소한 거슬림까지 중요한 위협으로 해석하는 것이다. 충동을 억제하는 것도 뇌다. 대뇌피질은 각종 정보를 종합하고 분석한 후 추상화된 규칙으로 정보를 저장한다. 우리가 충동에 이끌려 남을 해치고, 적대감과 공격성을 드러내는 것은 뇌에 남아 있는 원시시대의 흔적 때문이다.

러시 도지어 주니어는《나는 왜 너를 미워하는가?》에서 파충류의 뇌가 아직도 간직하고 있는 원초적 대응방식을 일곱 가지로 정리했다.

첫째, 연상화다. 원초적 신경계는 사건과 주위 상황을 연관지으려는 특징을 갖고 있다. 13일의 금요일에 자동차가 고장 나면 그날이 실제로 재수 없는 날이라고 생각하는 것이다. 자동차는 언제든 고장 날 수 있지만, 뇌는 13일의 금요일에 겪은 기억을 특별하게 연관짓는 것이다.

둘째, 일반화다. 원초적 뇌는 어떤 사물이나 사건의 유일한 특성만을 집어내어 일반화시킨다. 가령 뱀 한 마리가 독을 품고 있으면 모든 뱀을 위협적 존재로 간주한다. 독을 가진 뱀보다 그렇지 않은 뱀이 더 많지만, 심각한 위협을 기억하는 것이 유리하기 때문에 뇌는 모든 뱀이 독을 품고 있다고 일반화하는 것이다.

셋째, 단정적 사고다. 원초적 뇌는 편견을 만든다. 생존이 위협받는 상황에서는 상대방이 아군인지 적군인지를 구분하는 것이 무엇보다 중요하다. 또 그가 이기적 존재인지 이타적 존재인지, 자신보다 서열이 위인지 아래인지를 재빨리 알아내는 것이 생존에 유리하다. 그래서 뇌는 무엇이든 이분법으로 나누려는 성향을 갖고 있다.

넷째, 모든 것을 개인의 욕구와 관련시키는 개인화다. 자기중심적 사고가 대표적이다. 개인은 자신의 눈으로 세상을 보고 해석하며, 자신에 대한 평판에 민감하다. 그래서 많은 사람들이 편견을 가지고 있고 자신을 향한 비판에 예민하게 반응하며, 심지어는 타인의 조언을 자신에 대한 비난으로 해석한다.

다섯째, 고정관념이다. 한번 자리 잡은 충격적인 기억은 쉽게 지워지지 않는다. 민족 간 갈등을 겪은 적이 없는 아이들도 부모로부터 증오심을 물려받는다. 그 부모들 역시 과거 조상들의 경험을 물려받아 고정관념이 형성되었다. 이 고정관념은 학습을 통해 대물림된다.

나머지 두 가지는 선택적 기억과 선택적 반응이다. 원초적 뇌는 스스로 필요하다고 여기는 정보들을 저장한다. 나중에 진화한 대뇌피질은 상황에 따라 유연한 대응방식을 찾아내지만, 파충류의 뇌는 특정한 상황이나 사물에 집착하는 경향이 있다. 대부분의 정신병적 징후들은 이로부터 발생한다.

성격 같은 정신적 성향은 어느 정도 유전자의 영향을 받는다. 또 기분이나 감정은 뇌가 분비하는 신경전달물질이나 신경호르몬에 좌우되며, 이들이 분비되는 과정에도 유전자가 개입한다. 예컨대 세로토닌 분비에는 SERT 유전자가 영향을 미치는 것으로 알려져 있으며, BDNF 유전자는 기억력, 불안, 비관적 정서 등에 영향을 미치는 것으로 알려져 있다. 또 COMT 유전자는 지능 활동과, MAO-A 유전자의 대립유전자는 충동적 폭력성과 연관이 있다.

수백만 년 동안 조상들의 뇌는 꾸준히 확대되었지만 지난 1만 5000년 동안 뇌는 점차 축소되었다. 문명화된 사회에서 거대한 크기의 원시적 뇌는 거추장스러울 뿐이다. 사회가 형성되면서 공격적인 성향을 가진 사람들이 조금씩 제거되는 대신 감정을 억제하고 합리적 판단을 담당하는 대뇌피질이 발달했다. 대뇌피질의 확장으로 두개골의 수용 능력이 한계에 이르자 뇌에 주름을 만들어 표면적을 확장시켰다.

이제 도덕은 철학이나 종교 영역에만 머물지 않는다. 이른바 '도덕생물학'은 도덕을 신경시스템과 내분비 작용으로 정의하고 있으며, 이 시스템은 유전자와 환경의 상호작용을 통해 진화했다. 오늘날 우리는 뇌를 촬영함으로써 인간의 양심과 도덕을 신경 영상으로 확인할 수 있다. 예컨대 경계선 인격 장애borderline personality disorder 환자는 해마와 편도체의 용량이 작다. 반사회적 범죄를 거리낌 없이 저지르는 사이코패스 역시 비정상적인 해마와 편도체를 가지고 있다.

원초적 감정은 대뇌피질에 의해 억제된다. 15만 년 전쯤 생성된 전전두엽이 주로 이 역할을 담당하고 있다. 사이코패스는 반사회적 충동을 억제하는 전전두엽의 회백질gray matter 부피가 정상인의 4분의 3에 불과한 것으로 알려져 있다.

또 전전두엽의 백질white matter은 거짓말을 하고 싶은 욕망과 관련이 있는데, 자폐증 환자의 경우 회백질이 일반인들보다 큰 반면 백질은 작다. 이 때문에 자폐증 환자들은 거의 거짓말을 하지 못한다고 한다. 눈 주위의 안와전두피질과 복내측 전전두피질이 손상되면 공격적이고 적대적인 성향을 드러낸다. 그뿐 아니라 배측 전전두피질이 손상되면 처벌에 대한 두려움이 없어져 죄책감을 느끼지 않는다.

반사회적 성격장애자들은 충동적이고 공격적이며 양심의 가책을 느끼지 않는다. 이들은 순진한 사람들을 철저히 이용하는 극단적인 이기주의자들이다. 이들은 겉으로 멀쩡하게 행동할 수 있지만, 결정적 기회를 포착하면 본성을 드러낸다.

이들에게는 교육이나 학습도 큰 효과를 발휘하지 못한다. 일시적으로 훈련과 교육이 효과를 발휘해 정상적으로 활동할 수는 있지만 재범 가능성이 높다. 극단적인 사이코패스의 경우에는 처벌도 두려워하지 않는다. 이들은 처벌당할 때도 관용보다 사형을 원한다.

오클랜드 대학교의 시스템공학자 바버라 오클리Barbara Oakley는《나쁜 유전자Evil Genes》에서 살인자의 유형을 '약탈적 살인자'와 '감정적 살인자'로 구분한 바 있다.

약탈적 살인자는 감정에 사로잡히지 않고 계획된 절차에 따라 냉담하게 공격을 감행한다. 수사관들이 보통 '계획적 살인'이라고 부르는 유형이다. 반면 감정적 살인자는 '우발적 살인'이라고 부르는 유형으로, 대개는 우연한 계기로 감정이 폭발해 살인을 저지른다. 약탈적 살인자의 뇌는 정상이다. 이들의 전전두피질은 활성화되어 있으며, 그렇기 때문에 범죄를 은폐하기 위해 다양한 전략을 사용한다. 하지만 감정적 살인자는 전전두피질의 활동이 둔감하다. 이들은 자신이 당한 모욕에 대해 감정을 억제하기 어려우며, 자신의 행위에 대해 이성적으로 판단할 시간적 여유가 없다.

분노와 증오는 생존과 번식을 위협하는 것에 대한 공격과 도피를 위해 생겨났다. 이 원초적 감정은 오랜 진화에도 불구하고 제거되지 않은 채 뇌 깊숙한 곳에 남아 있다. 우리는 아직도 석기시대의 뇌를 갖고 있는 셈이다. 공포에 질린 사람은 얼굴이 창백해진다. 얼굴이 창백해지는 것은 상체의 혈액이 다리 쪽으로 이동하기 때문이다. 뇌는 당신의 활동에 대비해 혈액에 다량의 산소를 공급하도록 명령함으로써 호흡을 가쁘게 만든다. 그런 다음 재빨리 도망칠 수 있도록 산소가 풍부한 혈액을 다리 쪽으로 이동시킨다. 이때 산소는 하체로 이동하는 혈액 속으로 녹아들기 때문에 뇌에는 산소가 부족해지고, 얼굴은 백지처럼 하얗게 변한다. 공포에 질렸을 때 정신이 멍하거나 무력감을 느끼는 것도 이 때문이다.

반면 격정적인 분노가 솟구쳤을 때 당신은 두 가지 선택을 할 수 있다. 싸울 것인가, 도망칠 것인가! 스트레스 반응이 강해지면 혈압은 상승하고 맥박이 빨라진다. 또 지방이 많이 분비되어 혈중 내 지방의 양이 상승한다. 지방은 간에서 콜레스테롤로 전환해 콜레스테롤 수치가 상승한다. 그 때문에 지나친 분노는 혈소판을 응고시키고, 이것이 동맥 혈관을 막아 심장질환으로 이어질 가능성도 있다.

만약 당신이 싸우기로 결심했다면 아드레날린이 풍부한 혈액이 상체로 이동한다. 이때 얼굴은 붉어지고 팔과 가슴의 근육은 긴장된다. 그러나 당신이 도저히 이길 수 없을 만큼 상대방이 강하다는 것을 깨달았다면, 당신의 전투의지는 곧 공포로 변하고 얼굴에는 핏기가 없어질 것이다.

싸우기로 결심했다면 뇌는 아드레날린을 생성해 혈액응고를 돕는다.

상처를 입었을 때 피를 많이 흘리지 않도록 하기 위함이다. 그뿐 아니라 뇌는 간에서 글루코오스를 방출하도록 함으로써 근육이 에너지를 생성하도록 돕는다. 하지만 상대방에게 공포심을 느꼈다면 노르아드레날린이 분비되고 심장박동 수와 혈압은 상승한다. 또 소화기에 혈액 공급을 차단하는 대신 근육에 여분의 혈액을 공급함으로써 급격한 신체활동에 대비한다. 도망칠 준비를 끝낸 것이다.

마음은
어디에 있는가?

르네 데카르트는 《성찰》에서 인간의 신체를 자동기계에 비유한 뒤 기계와 인간이 두 가지 점에서 차이가 있다고 밝혔다. 하나는 인간이 언어와 기호를 사용한다는 점이고, 다른 하나는 인간이 인식을 통해 행동하는 것과 달리 기계는 성능을 통해 움직인다는 점이다.

우리는 생각할 수 있는 존재라는 점에서 동물과 다르다. 물론 동물도 느끼고 생각하지만 인간과는 결이 다르다. 오랫동안 우리는 마음이 가슴 어딘가에 존재한다고 생각해왔다. 사랑이나 행복을 느낄 때 또는 슬픔 같은 부정적 감정을 느낄 때 우리는 심장이 뛰거나 '가슴이 아리다'는 표현을 쓴다. 마음이 가슴에 있다는 믿음이 생긴 것은 아마도 심장이 그곳에 있기 때문일 것이다. 하지만 최근에는 마음이 곧 뇌라는 증거들이 속속 밝혀지고 있다.

최근 과학자들은 인간의 도덕적 행위뿐 아니라 정신현상까지 생물학의 관점에서 설명하고 있다. 뇌의 진화 과정은 곧 마음의 진화 과정과 궤를 같이한다. 사물을 인식하는 방식 자체가 진화의 산물이다. 예컨대 광우병은 자동차 사고보다 덜 위험하다. 그런데도 우리는 광우병이 더 위험하다고 여긴다. 이는 우리 뇌가 까마득한 과거에 프로그래밍되었기 때문이다. 조상들은 자동차를 경험해보지 못했지만 전염병을 일으키는 상한 고기는 집단을 궤멸시킬 수도 있음을 경험으로 알고 있었다.

연민이나 공감 같은 감정은 인간만 가지고 있는 것이 아니다. 하버드 대학교의 인지심리학자 마크 하우저Marc Hauser는 붉은털원숭이에게 레버를 당기면 먹이가 나온다는 것을 가르쳤다. 그런 다음 옆 우리에 다른 붉은털원숭이를 넣고 레버를 당기면 먹이가 나오는 동시에 옆 원숭이에게 전기충격이 가해지도록 했다. 레버를 당긴 원숭이가 맛있는 음식과 동료 원숭이의 고통을 동시에 경험하도록 한 것이다.

실험 결과는 놀라웠다. 동료가 고통스러워하는 모습을 본 원숭이는 아무리 배가 고파도 5~12일 동안이나 레버를 당기지 않았다. 이 실험을 반복하자 원숭이는 평소 알고 지내던 원숭이가 있을 때 레버를 덜 당겼다. 또 전기충격을 경험한 원숭이들은 그렇지 않은 원숭이보다 더 오랫동안 레버를 당기지 않았다. 이 실험은 원숭이들이 가까운 동료일수록, 전기충격의 아픔을 알고 있을수록 동료의 마음을 더 잘 헤아린다는 것을 보여준다. 원숭이들도 남의 아픔에 공감하고 있었던 것이다.

마크 하우저의 제자인 로리 산토스Laurie Santos는 하버드 대학교 1학년이던 1993년부터 스승의 지도 아래 푸에르토리코 앞바다의 작은 섬 카요 산티아고에서 원숭이를 연구했다. 두 명의 연구원은 접시에 포도를 담은 후 한 사람이 뒤로 돌아서면 원숭이가 어떻게 반응하는지 관찰했다. 이 실험에서 원숭이는 감시의 눈길이 사라지자 연구원 몰래 포도를 훔쳐 먹었다. 반복된 실험에서 90퍼센트의 원숭이들이 이 같은 반응을 보였다. 원숭이들도 타인이 처해 있는 상황을 정확히 읽은 것이다.

독일 괴팅겐 대학교의 신경생물학자 게랄트 휘터Gerald Hüther는 《불안의 심리학Biologie der Angst》에서 원숭이들도 거울신경세포가 작동한다는 사실을 지적하고 있다. 연구자들은 원숭이 한 마리를 우리에 가두고, 개 한 마리를 데려와 주변에서 으르렁거리게 했다. 개가 으르렁대자 원숭이의 스트레스호르몬 수치는 순식간에 상승했다. 그런데 진정제를 먹인 다른 원숭이를 데려와 곁에 앉히자, 원숭이는 더 이상 동요하지 않았고 스트레스호르몬 수치도 올라가지 않았다. 그러나 처음 보는 낯선 원숭이를 우리에 넣었을 때는 효과가 없었다.

인간만이 타인의 감정을 이해하고 공감한다는 생각은 옳지 않다. 고등 포유류 중 많은 동물들이 동료의 처지를 이해하고 돕는다. 2006년 6월, 캐나다 맥길 대학교의 통증전문가 제프리 모길Jeffrey Mogil 교수도 생쥐가 동료의 고통을 함께 느낀다는 연구 결과를 발표했다. 연구팀은 함께 자란 생쥐와 처음 보는 생쥐에게 각각 전기 자극을 가한 뒤, 이를 지켜보고 있는 생쥐의 뇌 반응을 측정했다. 그러자 생쥐의 뇌는 낯선 생쥐의 고통엔 아무런 반응을 보이지 않았지만, 함께 자란 동료가 고통을 받을 때는 자신이 직접 고통을 받을 때와 같은 반응을 보였다.

공감은 생존에 도움을 준다. 독수리의 발톱에 찢겨져 나가는 동료를 바라보면서 아무런 느낌을 갖지 않는 생쥐는 독수리의 먹이가 될 가능성이 높다. 반면 동료의 아픔을 느끼고 독수리를 피할 수 있다면 생존 가능성은 한층 높아질 것이다.

생쥐가 동료의 고통에 연민과 동정을 느낀다면 인간은 말할 것도 없다. 인간은 눈으로 보는 것뿐만 아니라 소리를 듣거나 글을 읽을 때도 거울신경세포가 작동한다. 멋진 남자배우가 키스하거나 어깨를 만지는 영화 장면을 보여주고 뇌를 촬영하면 어깨나 입술과 연관된 뇌 부위가 반응한다. 그래서 우리는 드라마를 보거나 소설을 읽으면서 주인공의 감정을 실감하고 감동을 느끼는 것이다. 또 우리는 멀리서 들려오는 비명 소리에 공포를 느끼고, 시원하게 맥주를 넘기는 소리에 입맛을 다신다. 우리가 매일 접하는 광고는 실제로 거울신경세포를 자극해 구매 욕구를 높인다.

미국 서던캘리포니아 대학교의 리사 아지즈-자데Lisa Aziz-Zadeh 교수는 실험 참가자들에게 문장을 읽게 한 다음 그들의 뇌를 관찰했다. 그 결과 실험 참가자들의 뇌는 '복숭아를 베어 물다'라는 문장을 읽을 때, 복숭아를 먹는 장면을 보거나 자신이 직접 복숭아를 먹을 때와 같은 반응을 보였다.

이타적 감정을 조절하는 뇌 부위도 밝혀졌다. 2007년 1월 미국 듀크 대학교의 신경과학자 스콧 휴텔Scott Huettel은 45명의 실험 참가자를 대상으로 뇌 스캔 영상을 분석한 결과 이타적인 사람은 후부상측두구가 활성화된다는 사실을 발표했다. 이 부위는 상대방의 의도와 행동에 대한 인식을 관장한다.

행복의
진화

행복의 추구는 자연의 명령이다. 이 말은 진화의 목적이 존재하지 않는다는 주장과 배치되는 것처럼 보인다. 그러나 자연선택은 생존에 유리하게 행동할 때 그 보상으로 쾌락을 선물했다. 행복한 개체는 생존경쟁에서 살아남을 확률이 높다. 단지 진화는 우리가 직접 행복을 얻도록 하는 것이 아니라 우리로 하여금 행복을 추구하도록 만들었다. 즉 싸우고, 경쟁하고, 짝을 구하는 데 성공한 개체에게 행복이라는 보상을 준 것이다. 반면 적응에 실패한 개체에게는 지독한 패배의 쓰라림을 안겨주었다.

불행은 행복을 추구하도록 하는 원동력이라 할 수 있다. 유전자는 우리가 행복을 추구하다 보면 저절로 유전자의 목적을 달성하는 시스템을 완성했다. 우리는 유전자를 복제하기 위해 아이를 갖는 것이 아니라 쾌락을 추구하는 과정에서 아이를 생산한다. 가족에 대한 따뜻한 사랑과 유대감 역시 후손을 양육하는 행위에 대한 보상으로 주어진 것이다. 유전자는 행복이라는 고도의 인센티브를 동원해 자신의 목표를 달성하는 것이다. 따라서 우리는 유전자를 의식할 필요 없이 행복을 추구하면 된다.

우리가 행복을 느끼는 것은 대부분 뇌의 도파민 시스템 덕분이다. 1954년 캐나다 맥길 대학교의 신경생리학자 제임스 올즈James Olds는 유명한 생쥐 실험을 통해 '뇌의 쾌감센터pleasure centers in the brain'를 발견했다. 그는 생쥐의 간뇌에 있는 시상하부에 전극을 꽂고 스위치에 연결했다. 생쥐가 스위치를 건드리면 약간의 전류가 흐르고, 이에 자극받은 시상하부는 호르몬을 분비한다. 실험이 시작된 지 얼마 후 쥐들은 스위치 곁을 떠나려 하지 않았다. 쥐들은 미친 듯이 스위치를 눌러댔다. 어떤 때는 한 시간에 6000번이나 스위치를 눌렀는데, 이는 1초에 거의 두 번 꼴이었다. 쥐들은 먹고 마시는 것은 물론 교미조차 잊은 채 스위치를 눌렀다. 이들은 쾌락을 위해 죽음까지 불사하는 것처럼 보였다.

쥐들이 이런 반응을 보인 것은 과도한 양의 도파민 때문이었다. 쥐들은 도파민이라는 천연 마약물질에 중독된 것이다. 자연은 수고롭게 일한 개체에게 즐거움을 보상한다. 만약 즐거움이 주어지지 않는다면 그 누구도 힘들여 생존을 위한 노동에 종사하지 않으려고 할 것이다. 그래서 꽃은 꿀벌들이 도파민을 방출하도록 화학적으로 자극한다. 꿀벌은 이 자극에 끌려 꽃으로 날아들고, 꽃은 별도의 노동 없이 수분受粉한다.

도파민이 극도의 쾌락을 제공한다는 사실은 미국의 신경학 전문의이자 작가인 올리버 색스Oliver Sacks에 의해 널리 알려졌다. 1969년 3월, 올리버 색스는 46세의 기면성 뇌염 환자인 레너드 로Leonard Lowe를 치료했다. 레너드의 얼굴은 무표정했고, 사지는 굳어 있었으며, 언어능력은 퇴화된 상태였다. 올리버 색스는 이 환자를 치료하기 위해 당시 새로 개발된 '엘도파L-dopa'라는 약물을 투여했는데, 이 약물은 뇌에서 생성되는 도파민과 성분이 유사했다.

치료가 시작된 지 2주 정도가 지나자 놀라운 변화가 일어났다. 환자는 황홀경에 빠지고 갑자기 활력이 넘쳤다. 그러나 몇 주 후 레너드의 기쁨은 갈망과 탐욕으로 바뀌었다. 에너지가 권력과 성에 대한 강박관념으로 변질된 것이다. 약물 투여를 중지하자 레너드는 예전의 상태로 다시 돌아갔다.

도파민은 22개의 원자로 이루어진 분자로 호기심, 학습능력, 판타지와 창조력, 섹스 등을 관장하는 욕망의 호르몬으로 알려져 있다. 도파민이 부족하면 무기력하고 신체가 굳는 증세가 나타난다. 반대로 도파민이 과다 분비되면 권력에 도취하거나 성욕이 강해진다. 도파민 외에도 흥분과 욕망에 영향을 끼치는 호르몬은 노르아드레날린과 아드레날린이 있다. 이 두 가지 물질은 스트레스호르몬이면서 감각적 인지와 신진대사 촉진에도 중요한 역할을 한다. 반면 아세틸콜린은 도파민의 자극적인 영향에 제동을 건다.

알코올은 도파민의 수치를 두 배로 올리고, 니코틴이나 코카인은 세 배까지 상승시킨다. 특히 코카인은 도파민이 세포벽으로 흡수되는 것을 방해함으로써 도파민 효과를 더 오랫동안 지속시킨다. 약물뿐 아니라 도박이나 게임에도 도파민은 중요한 역할을 한다. 도박에 중독된 사람들은 카드나 화투, 슬롯머신의 레버만 보아도 도파민이 분비된다. 게임에 중독된 사람 역시 게임 화면이나 마우스만 보아도 도파민을 만들어 낸다. 이는 마약중독자가 주삿바늘을 보자마자 도파민을 방출하는 것과 같다.

도파민은 기대심리가 생겼을 때 뇌에 불꽃을 일으키는 일종의 점화 장치다. 기대심리는 도박꾼의 심리 상태에서 쉽게 확인할 수 있다. 사람들이 도박에 중독되는 것은 금전적인 보상이 행동의 동기를 지속적으로 강화하기 때문이다. 특히 보상이 부정기적으로 이루어질 때 행위는 무차별적이고 지속적으로 강화된다. 만약 도박꾼이 세 번 게임에 참여해 마지막 판에서 항상 이겼다면, 그는 두 번째 게임까지는 빨리 끝내고 세 번째 게임을 기대할 것이다. 그러나 도박은 앞날을 예측할 수 없는 게임이다. 도박에서 승리할 확률은 예상할 수 없으며 승리하더라도 보상의 양은 매번 다르다. 따라서 도박꾼은 매 게임마다 긴장해야 하고, 악착같이 게임에 임해야 한다.

문제는 도박꾼이 항상 보상을 얻는 것이 아니라는 점이다. 대부분의 도박꾼은 성공하지 못하며, 성공적인 도박꾼이라 하더라도 인생의 말로는 비참하다. 또 도박의 세계에서는 보상이 지속되지도 않을뿐더러 성공 확률도 낮다. 보상이 지속되지 않는데도 도박꾼들이 섶을 지고 불에 뛰어드는 것은 지난날 달콤했던 보상에 대한 기억 때문이다. 쓰라린 패배의 기억은 별 효과를 발휘하지 못한다.

미국 매사추세츠 종합병원의 한스 브라이터Hans C. Breiter는 도박을 하고 있는 남자 12명의 뇌를 자기공명영상MRI으로 관찰했다. 그 결과 도박꾼이 이윤을 기대하며 게임에 임할 때 그의 뇌는 마약을 복용한 사람의 뇌와 동일한 반응을 나타냈다. 승리를 기대하는 뇌 부위가 코카인이나 모르핀 주사에 반응하는 뇌 부위와 일치한 것이다.

도파민이 없었다면 인류의 역사는 초라하기 짝이 없었을 것이다. 도파민은 우리로 하여금 모험에 뛰어들도록 만든다. 유전자는 위험을 겪을 때 흥분을 느끼게 하는 방식으로 우리가 위험에 도전하도록 만들었다. 만약 도파민에 중독된 사람이 더 큰 쾌감을 경험하려면 극단적인 모험을 감행해야 한다. 이들이 바로 위험에 중독된 사람들이며, 흔히 영웅이나 개척자로 불리는 인물들이다.

중독은 유전적 요인과도 관련이 있는 것으로 알려져 있다. 알코올과 약물, 도박에 중독된 사람의 50~80퍼센트가 D2R2라는 대립유전자를 보유하고 있다. 이 유전자를 가진 사람은 도파민이 분비되어도 만족에 이를 수 없다. 그들은 더 많은 자극을 얻기 위해 약물이나 모험에 도전한다. 불행한 일이지만 역사는 이들처럼 모험에 도전해 성공한 영웅들을 중심으로 기술되어 있다. 성공 확률이 높지는 않지만 위험한 도전에서 살아남은 개인은 생존경쟁에서 유리한 위치를 점했을 것이다. 그래서 인간은 기꺼이 위험에 도전한다. 그가 위험을 선택하는 이유는 그의 조상 중 누군가가 위험한 도박에 도전해 성공을 거두었기 때문이다.

사랑에 감전된 사람이 느끼는 황홀한 행복감도 호르몬이 작용한 결과다. 사랑에 빠지면 도파민과 엔도르핀 수치가 높아진다. 이런 사람은 갑자기 인생이 장밋빛으로 변하고 활력이 넘친다. 그러나 사랑에 실패하면 마약을 끊었을 때와 마찬가지로 금단증상이 나타난다. 안절부절못하며 끊임없이 서성대고, 휴대전화가 켜져 있는지 몇 번이고 확인한다.

이러한 강박증상은 세로토닌의 감소와 연관이 있다. 실제 사랑에 실패한 남녀는 그렇지 않은 사람에 비해 세로토닌의 함량이 40퍼센트 정도 적다는 연구 결과도 있다. 그러나 사랑에 실패했다고 해서 모두가 우울증이나 강박증상을 겪는 것은 아니다. 이미 떠나간 연인에 대한 미련을 버리지 못하는 것은 자신의 생식 기회만 허비하는 것일 뿐이다. 가급적 빨리 새로운 짝을 찾아 나서는 것이 현명하다. 실제로 우리는 그렇게 하도록 진화했다. 사랑에 실패해 고통의 나날을 겪는 대부분의 사람은 보통 1년이 지나면 세로토닌이 정상적으로 분비된다.

사랑의 감정 역시 보상에 대한 기대에서 시작된다. 후손을 생산하고 양육할 능력을 갖춘 이성을 만났을 때 우리 뇌에서는 불꽃이 일어난다. 매력적인 이성을 만났을 때 뇌는 도파민을 분비해 흥분과 쾌감을 유발한다. 코카인을 투여했을 때 활성화되는 뇌 부위는 사랑에 빠진 뇌와 유사하다. 도파민이 동기를 유발하고 나면 천연 마약물질이라 할 수 있는 오피오이드펩타이드opioid peptide가 분비된다. 오피오이드펩타이드는 뇌의 수용체와 결합해 도파민 수치가 낮아지지 않도록 한다. 도파민은 동기를 유발할 뿐 쾌락의 감정과는 직접적으로 연관이 없다. 쾌락을 불러오는 것은 오피오이드펩타이드 시스템인 엔도르핀, 엔케팔린, 디노르핀 같은 호르몬이다.

쾌감과 고통은 동전의 양면과 같기 때문에 고통이 없으면 행복도 없다. 초원의 작은 나무에서 과일을 발견한 원숭이는 행복을 느끼지만, 과일을 따는 순간에는 시야를 고정시키고 두 팔을 사용해야 한다. 이때 원숭이는 심리적 딜레마에 빠진다. 과일이라는 긍정적 동기와 포식자를 조심해야 하는 부정적 동기가 동시에 작용하기 때문이다. 따라서 과일을 발견한 원숭이는 한참 동안 주위를 살핀 후 포식자가 없다는 것을 확인한 다음에야 과일을 딴다. 가젤을 사냥한 치타도 마찬가지다. 탁 트인 들판에서는 하이에나 같은 약탈자들을 경계하느라 부정적 감정이 우세하지만, 나무 위의 안전한 장소로 먹이를 옮긴 뒤에는 긍정적 감정이 우세하다.

우리 뇌는 두 가지 감정을 조화시키는 방식으로 진화했다. 쾌락이나 행복 또는 성적 만족에는 도파민과 옥시토신, 엔도르핀이 중요한 역할을 하지만 공포와 불안에는 아세틸콜린과 코르티솔 같은 호르몬이 작용한다. 보통 대뇌피질은 부정적인 감정을 느낄 때 오른쪽 전두엽이, 즐거운 감정을 느낄 때는 왼쪽 전두엽이 활성화된다. 따라서 좌뇌가 발달한 사람은 더 많은 행복을 느낄 수 있다. 하지만 극도의 공포가 닥치면 양편 모두 활성화된다.

진정한 의미에서 인간의 성감대는 오직 뇌뿐이다. 결국 사랑이나 행복의 감정은 뇌가 분비하는 화학물질들이 만들어낸다. 그러나 이것이 사실이라 해도 대다수의 사람들은 동의하지 않을 것이다. 감정이 따뜻한 마음이 아니라 화학물질과 자율신경계의 결합으로 만들어지는 것이라면, 우리는 인간의 정신에 대해 어떤 희망도 갖지 못할 것이다. 우리의 이성은 자율신경계에 아무런 영향력도 행사할 수 없기 때문이다.

하지만 희망을 포기하기엔 아직 이르다. 설령 마음이 화학물질에 의해 만들어지는 것이라 해도, 우리는 마음을 조절할 수 있는 잠재력을 갖고 있다. 고된 수행을 통해 자신의 본성까지 다스리는 선승禪僧들도 있지 않은가? 우리는 훈련과 연습을 통해 어느 정도 마음을 제어할 수 있다.

집단을 이루게 되면서 인류는 함께 살아가도록 진화했다. 동료애와 우정, 가족의 유대감, 자녀에 대한 사랑은 이로부터 비롯된 것이다. 젖을 먹여 새끼를 키우는 것, 짝짓기 파트너와 관계를 맺는 것, 구성원들과의 연대, 즐거운 놀이로부터 얻는 감정은 배고픔이나 공포, 쾌락과 같은 원초적 감정을 뛰어넘는다.

이타심은 혈연관계에만 국한되지 않는다. 뇌에서 일어나는 화학작용은 타인과 집단의 유대감 속에서 즐거움을 느끼게 한다. 영장류를 대상으로 한 연구에 따르면 자식을 돌보는 부모는 성별에 관계없이 더 오래 산다. 애완동물을 돌보는 사람 역시 그렇지 않은 사람보다 수명이 길다. 누군가를, 심지어는 동물을 사랑하는 마음이 생존에 도움이 되는 것이다. 마음은 화학작용에 의해 만들어지지만, 인간은 그 마음을 어떻게 사용해야 할지 아는 동물이다.

나는
누구인가?

'나'를 규정하는 것은 무엇인가? 몸인가, 영혼인가, 아니면 뇌인가? 아니면 이것들의 총체인가? 이 문제를 논의하기 위해 철학적 논제들을 끌어들이는 것은 참으로 피곤한 일이다. 더구나 최근에 이르러 이 문제는 철학이나 신학의 영역을 벗어난 곳에서 논의되고 있다.

이 질문의 핵심은 '나'를 인식하는 주체가 무엇인가 하는 것이다. 과학자들은 자아를 인식하는 단계를 연구할 때 주로 거울실험을 활용한다. 거울에 비친 자신의 모습을 '나'로 인식할 때 비로소 나는 '나'일 수 있다. 만일 거울에 비친 자신의 모습을 자아로 인식하지 못한다면 '나'의 존재는 아무런 의미도 없다. 나는 타인과 구별되는 존재이며, 그럴 때만이 온전히 '나'일 수 있기 때문이다.

일찍이 찰스 다윈은 《인간과 동물의 감정 표현*The Expression of the Emotions in Man and Animals*》을 집필할 무렵, 거울을 들고 동물원을 찾아가 동물들의 반응을 관찰하곤 했다. 이후 과학자들은 다른 동물은 물론 인간에게도 같은 실험을 시도했다. 그중에서도 가장 유명한 실험은 1970년 미국의 심리학자 고든 갤럽Gordon G. Gallup이 침팬지를 대상으로 한 거울실험mirror self-recognition test일 것이다.

그는 야생 침팬지들이 있는 우리 안에 3미터 크기의 커다란 거울을 갖다놓았다. 거울을 처음 본 침팬지들은 거울 속에 비친 자신의 모습을 다른 침팬지로 여겼다. 하지만 시간이 지나자 침팬지들은 곧 거울 속의 침팬지가 자기 자신임을 알아차리기 시작했다. 침팬지들은 거울을 보고 표정을 바꾸어보기도 하고, 거울이 없으면 볼 수 없는 부분까지 신경을 써서 손질을 하기도 했다.

연구팀은 침팬지들을 마취시킨 후 눈썹과 귀에 붉은 물감을 칠해놓기도 했다. 잠에서 깨어난 침팬지들은 거울 앞에서 달라진 모습을 들여다보면서 몹시 신경을 썼다. 하지만 거울을 접한 적이 없는 침팬지들은 붉은 물감이 칠해진 것을 보고도 아무런 반응을 보이지 않았다.

이후 여러 실험에서 유인원에 속하는 침팬지, 고릴라, 오랑우탄, 인간만이 거울에 비친 자신을 인식하는 것으로 밝혀졌고, 최근에는 다양한 동물들이 후보에 포함되고 있다. 어린이들은 생후 18~24개월 사이에 거울에 비친 자신의 모습을 알아보기 시작한다.

'나'는 나와 다른 대상이 존재할 때 의미가 있다. 비교의 대상이 없다면 나는 존재로서의 특성을 가질 수 없다. 나와 대상을 인식하는 것은 뇌다. 핀으로 살갗을 찌르면 그 신호가 뇌에 도달하기까지 0.02초가 걸리지만, 뇌가 신호를 인식하고 아픔을 느끼기까지는 0.5초가 걸린다. 감각을 인식하는 데 0.5초가 걸리는 것이다. 일류 테니스 선수는 시속 190킬로미터가 넘는 서브를 넣는데, 상대방이 공을 받아치려면 0.4초 안에 공이 떨어지는 지점을 판단해야 한다. 하지만 공이 떨어진 지점을 판단하는 데는 0.5초가 걸린다. 따라서 공을 받아치려면 공이 떨어진 곳을 인식하기 전에 몸이 먼저 움직여야 한다. 따라서 이 결정은 의식이 아니라 무의식에서 이루어진다.

1968년 캘리포니아 대학교 의료센터의 벤저민 리벳Benjamin Libet과 독일의 동물생리학자 한스 코른후버Hans Helmut Kornhuber는 의식적인 판단이 이루어지는 과정을 연구했다.

연구팀은 실험 대상자들에게 10분 안에 스스로의 선택에 따라 아무 때나 손가락을 움직여보라고 요구했다. 실험 대상자들은 뇌에 감지기를 부착한 후 손가락을 움직였을 때의 시간을 기억해야 했다. 즉 그들은 손가락을 움직이기로 결정한 다음 언제 그 결정에 따라 움직였는지 시간을 확인해야 했던 것이다. 연구팀은 그들이 알려준 시간과 뇌의 전기 활동 측정값을 비교했다.

실험 결과 손가락을 움직이려는 의지를 느낀 순간과 실제로 손가락을 움직인 순간은 거의 일치했지만, 연구자들은 손가락이 움직이기 전에 뇌전도EEG 전위電位를 측정할 수 있었다. 이는 손가락을 움직이기로 결정하기 전에 이미 뇌 활동이 일어난다는 사실을 보여주는 것이다. 뇌의 명령이 어떤 결정을 내리기 전에 시작되었다면, 우리의 행동을 결정한 것은 '자유의지'가 아니라 무의식이다. 따라서 자유의지로 결정한다는 생각은 망상에 지나지 않는 것이 된다.

이 실험은 유니버시티칼리지 런던의 생리학자 패트릭 해거드Patrick Haggard에 의해 재현되었다. 연구팀은 피험자의 머리에 전극을 설치하고 대뇌피질의 일부인 운동피질의 전기 활동을 기록했다. 이 실험에서도 뇌가 미리 결정을 내리고, 사람은 나중에야 자신의 움직임을 깨닫는다는 사실이 밝혀졌다. 당신이 결정하기 전에 이미 뇌가 결정한 것이다. 미릿속에 존재하는 '나'는 어쩌면 뇌의 속임수일지 모른다. 진짜 지배자는 물리적 뇌임에도 불구하고 뇌는 의식적 자아가 행동을 결정한다는 환상을 만들어낼 수 있다.

나를 이루고 있는 것이 뇌라면, 뇌를 바꾸거나 두 개의 뇌를 갖는다면 어떻게 될까? 뇌를 바꾸는 것은 이미 영화의 소재로도 활용되었는데, 이는 뇌를 가진 자가 몸의 주인이라는 사실을 말해준다.

두 개의 뇌를 갖는 실험은 1954년 옛 소련에서 동물을 대상으로 이루어졌다. 외과의사인 블라디미르 데미코프Vladimir P. Demikhov는 강아지의 머리, 어깨, 앞다리 부분을 다른 개의 목에 붙여 두 개의 머리를 만들었다. 이렇게 만들어진 개는 20마리나 되었지만 대부분 감염으로 사망했다. 이 중 '모스비'라는 셰퍼드는 29일 동안 살아 있었다고 한다. 머리가 두 개인 이 개는 하나의 순환계를 공유했지만 각각 독립적인 삶을 살았다. 먹을 필요가 없는데도 각 머리는 자신의 몫을 먹고 마셨던 것이다.

1970년 미국의 외과의사인 로버트 화이트Robert J. White 역시 원숭이의 뇌를 새로운 몸에 이식하는 실험을 했다. 이 원숭이는 척수가 잘려 있어

몸을 통제하지 못했고, 하루 반 만에 합병증으로 사망했다.

만약 하나의 머리에 몸이 두 개라면 어떨까? 이런 경우는 인간사회에서도 찾아볼 수 있다. 샴쌍둥이는 머리가 두 개이고 몸통은 하나인 경우와 머리는 하나인데 몸통이 두 개인 경우를 모두 포함한다. 몸이 하나인 사람이 머리가 두 개라면 영혼도 둘로 나뉠 수 있을까?

샴쌍둥이라는 말은 태국의 옛 지명인 '샴'에서 유래했다. 1811년 5월, 이 지역에서 중국계 아버지와 태국계 어머니 사이에서 창change과 엥eng이 태어났다. 창과 엥은 가슴 부위가 결합되어 있었는데, 18세부터 미국 서커스단에서 활동하다가 28세가 되자 노스캐롤라이나주의 한 마을에 정착해 농사를 지었다. 창과 엥은 영국인 자매와 결혼해 22명의 아이까지 낳았다. 1871년에 이르자 창의 건강이 악화되었다. 의사는 한 사람이 죽으면 분리 수술을 해서 한 사람을 구하겠다고 약속했다. 그러나 엥은 창이 죽으면 자신도 죽게 될 것이라며 두려워했다.

1874년 어느 날 밤, 엥은 창이 죽어 있는 것을 발견했다. 창이 죽자 엥에게도 혹독한 통증이 찾아왔다. 결국 엥은 창이 죽은 지 두 시간 후에 사망하고 말았다. 같은 몸을 쓰면서도 창과 엥의 생각은 달랐다. 때로 두 사람은 갈등을 일으키기도 했으며, 한 사람의 죽음이 자신의 죽음을 부를까 싶어 두려워하기도 했다. 뇌가 둘이면 마음도 둘인 것이다.

뇌가 자아라는 명제는 또 다른 윤리적 딜레마를 불러올 수 있다. 피터 싱어가 《생명윤리학》에서 제시한 예를 보자. 어떤 뇌사자의 대뇌피질은 완전히 파괴되었으나 호흡 등 생명활동을 관장하는 뇌 하부는 파괴되지 않았다. 의사는 이 뇌사자에게 새로운 기억과 신념, 태도, 성격 등을 교체하는 프로그램을 이식했다. 그렇다면 뇌사 상태였을 때보다 더 나은 상태인가, 아닌가? 또 의사의 시술은 살인행위나 흉기로 뇌를 파괴한 행위보다 덜 나쁜 행위인가?

문제는 한 개인이 완전히 파괴되었다는 것이다. 이전의 '나'가 완전히 사라졌기 때문이다. 그렇다면 새로 이식된 '나'는 나인가, 아닌가? 더구나 어떤 범죄자가 흉기로 한 사람의 대뇌피질을 파괴한 후, 또 다른 범죄자가 뇌 하부를 파괴했다고 가정해보자. 뇌 하부가 파괴되면 생존할 수 없다. 그렇다면 나중에 뇌 하부를 파괴한 범죄자가 피해자를 더 나쁜 상태로 만든 것인가? 그렇다면 첫 번째 행위를 한 사람과 두 번째 행위를 한 사람은 도덕적으로 누가 더 잘못한 것인가?

인격을 파괴하는 것은 살인만큼이나 심각한 범죄다. 만약 살인과 인격 파괴를 동일시한다면 대뇌피질을 파괴하거나 뇌를 다시 프로그래밍하는 것은 도덕적으로 살인행위와 다를 바 없을 것이다.

제1부

제2부

제3부

남자와 여자의
딜레마

제 3 부 남자와 여자의 딜레마

01

짝짓기의
딜레마

짝짓기의
딜레마

> 인류는 지금까지 세 번 모욕당했다고 한다. 첫 번째는 코페르니쿠스에 의
> 해, 두 번째는 다윈에 의해, 마지막으로는 프로이트로 인해.
>
> - 파트리크 르무안Patrick Lemoine,《유혹의 심리학Seduire》

이제 우리는 인간 본성의 또 다른 측면, 즉 성性에 대해 이야기할 시
점에 다다랐다. 성은 야누스의 얼굴을 갖고 있다. 쾌락, 사랑, 행복, 만
족, 따뜻함, 가족에 대한 안온함이 한쪽 얼굴을 장식하고 있는 반면, 다
른 쪽 얼굴에는 질투, 복수, 폭력, 착취, 살인, 인격 파괴 같은 공격성이
서려 있다. 인간은 두 얼굴 사이에서 방황하면서도 두 가지 모두를 좇
는다.

인간이 끔찍한 보복을 감수하면서까지 성적 모험에 빠져드는 것은, 성에 대한 본성이 그렇게 진화해왔기 때문이다. 물론 인간만이 성적 모험에 나서는 것은 아니다. 지구상에 존재하는 모든 생물체는 자신의 유전자를 남기기 위해 목숨을 건다.

왜 우리는 개처럼 사랑하지 않는가?

부동산 중개인인 한 여성은 건축가인 남편을 두고 있다. 부부는 오랫동안 꿈꿔왔던 저택을 지을 적당한 장소를 발견하고 땅을 사기 위해 은행에서 거액을 대출받는다. 그러나 부동산업계에 불황이 닥치자 주택 건설은 취소되고, 은행으로부터 대출금을 상환하라는 압박에 시달린다. 설상가상으로 남편은 건축사무소에서 해고되어 일자리를 잃는다.

부부는 단박에 본전을 회복하기 위해 도박의 도시 라스베이거스로 향한다. 그러나 부부는 그나마 남아 있던 돈마저 도박으로 몽땅 잃고 실의에 빠진다. 이때 카지노에서 우연히 만난 백만장자가 아내와 하룻밤을 지내는 대가로 100만 달러를 주겠다고 제안한다. 급박한 상황에 빠진 부부는 고민 끝에 백만장자의 솔깃한 제안을 받아들인다. 그날 밤 아내는 백만장자의 품으로 향하고 남편은 혼란에 빠진다. 아내가 돌아온 후 부부관계는 엉망이 되어버린다. 대출금 상환기간이 지나 땅은 은행에 넘어가고, 남편이 아내를 의심하기 시작하면서 부부관계는 파국을 맞는다.

눈치챘겠지만, 이 이야기는 영화 〈은밀한 유혹Indecent Proposal〉의 줄거리다. 1993년 미국에서 이 영화가 개봉되었을 당시 여성들을 대상으로 설문조사가 실시되었다고 한다. 만일 영화 속 여자 주인공과 같은 상황에서 백만장자로부터 '잠자리 제안'을 받는다면 어떻게 할 것이냐는 내용이었다. 설문에 응답한 여성의 80퍼센트 정도가 백만장자의 잠자리 제안에 응하겠다고 답했다고 한다. 물론 백만장자 역을 맡은 로버트 레드퍼드의 매력이 지대한 영향을 미쳤을 것이다.

어쩌면 당신은 설문에 응답한 여성들처럼 긍정적으로 이 제안을 받아들일 수도 있다. 하지만 남편의 입장이라면 결정이 쉽지 않을 것이다. 이기적인 남편이라면 100만 달러를 받은 후 아내를 백만장자에게 보낼 수도 있을 것이다. 문제는 '하룻밤'이라는 사실에 있다. 남편은 아내를 다시 받아들여야 하기 때문에 고민은 더욱 깊어질 수밖에 없다. 외도한 아내와 헤어지는 것과 외도한 아내를 다시 받아들이는 것 사이에는 엄연한 심리적 괴리가 존재한다.

아내와 이혼하는 대신 100만 달러를 받을 수 있다면 적잖은 남성들이 이 제안을 수락할 것이다. 하지만 100만 달러를 받고 외도한 아내와 평생 살아야 한다면 적잖은 남성들이 불편한 감정을 느낄 것이다. 외도를 방치했다는 것, 더구나 그러한 아내를 받아들인다는 것은 몹시 고통스러운 일이다. 수컷으로서의 수치심뿐 아니라 다른 사내가 아내를 품었다는 정신적 상흔이 개입되어 있기 때문이다. 그렇다면 남편들은 이혼보다 아내의 외도에 더 큰 심리적 타격을 입는다고 볼 수 있다.

어느 사회든 성적 파트너에 대한 배신은 존재한다. 기혼 여성의 외도에 가장 가혹한 처벌을 가하는 문화권에서조차 간통은 존재한다. 이는 우리 조상들이 수만 년에 걸쳐 만들어낸 문화, 관습, 법률, 도덕이라는 이름으로 행해진 끔찍한 폭력조차 배우자의 외도를 막지 못했음을 의미한다.

오늘날에는 성적 자유가 훨씬 확대되고, 다른 파트너를 만날 수 있는 기회도 많아졌다. 그럼에도 과거보다 외도하는 여성이 더 증가했다고 단언하기는 어렵다. 오늘날에는 여성의 외도가 쉽게 들통나는 반면, 과거에는 목숨을 걸고 지켜야 할 비밀이었기 때문이다. 따라서 과거에는 여성의 외도가 아주 드물게 발각되었을 것이다.

'킨제이 보고서'로 불리는 앨프리드 킨제이Alfred C. Kinsey의 《여성의 성행동Sexual Behavior in the Human Female》은 1953년에 출간되었다. 킨제이는 다양한 직업과 연령으로 이루어진 5940명의 백인 여성과 피부색이 다른 1849명의 여성들을 조사한 결과 40대 기혼 여성의 4분의 1이 외도를 경험했다는 사실을 알아냈다. 이 책이 발간되었을 때 일부에서는 설문조사에 참여한 여성들의 진실성에 의문을 제기하고, 이들 중 상당수가 매춘부 같은 문제 여성이라고 비판하기도 했다.

70여 년 전에 이런 결과를 얻었다면 참으로 놀라운 일이 아닐 수 없다. 성 문제에 관대해진 지금 이런 결과가 발표되었더라도 기혼 남성들은 불편한 심기를 감추지 못했을 것이다. 40대 여성 네 명 중 한 명이라니! 아마 상당수의 남편들이 눈에 쌍심지를 돋우고 아내의 행동을 관찰하려 들 것이다. 그러나 눈치 빠른 당신도 외도의 증거를 찾아내기는 쉽지 않다.

밝은 대낮에 길거리에서도 사랑을 나누는 개와 달리 인간은 성을 은밀한 성지에 꽁꽁 숨겨놓았다. 왜 인간의 성은 은밀하게 행해지는가? 이 물음에 대한 가장 간명한 대답은 성이 질투심을 자극한다는 것이다. 외도가 발각되면 여성은 비싼 대가를 치러야 한다. 남성의 질투는 폭력과 처벌을 불러오고, 대부분의 공동체는 남편 입장에 동조한다. 그러므로 여성은 남편의 폭력은 물론 공동체의 처벌까지 각오해야 한다.

아내는 남편으로부터 버림받을 것이다. 여성이 짝을 잃는다는 것은 자신이 누려왔던 모든 자원을 잃는 것이다. 또 과거의 지위에 상관없이 사회적 명예를 잃게 되며, 공동체로부터도 완전히 고립된다. 나쁜 소문은 빨리 퍼지는 법이다. 외도가 발각된 여성은 생존을 위협받을 뿐 아니라 때로 목숨을 잃기도 한다. 이른바 '명예살인'이 행해지는 야만적 사회도 존재한다. 따라서 여성은 외도의 비밀을 무덤까지 가져가야 한다.

가부장적 사회에서 여성의 번식능력은 아버지와 형제들에게 값비싼 자원이 된다. 이런 사회에서는 딸이나 여동생을 다른 여성이나 필요한 재물과 교환할 수 있기 때문에 일종의 교환가치를 갖는다. 훼손된 자원은 가치가 떨어진다. 그 사회의 남성들은 집안의 여성들이 별 볼일 없는 남자의 아이를 임신하지 못하도록 보호한다. 처녀성을 잃거나 외도한 여성을 살해하는 관습은 자신이 재산을 보호하는 데 얼마나 엄격한가를 부족사회에 알리는 과시행위에 지나지 않는다. 이런 사회에서 재산을 지키지 못하는 남성은 공동체로부터 사회적 평판과 신뢰를 잃는다.

이때 남성은 두 가지 선택을 할 수 있다. 하나는 교환가치를 인정받을 수 없는 여성을 제거함으로써 자신의 의지를 공동체에 알리는 것이다. 또 다른 하나는 이미 벌어진 일을 철저히 은폐하는 것이다. 그러나 은폐는 쉽지 않다. 남성들은 처녀를 가려내는 방법을 오래전부터 터득하고 있기 때문이다. 물건을 속여서 파는 상인과 마찬가지로, 은폐가 발각되었을 때 치러야 할 대가도 만만치 않다. 결국 성은 들켜서는 안 되는 것이다.

짝짓기의 딜레마

구약성서에 따르면 최초의 인간에게 성은 존재하지 않았다. 아담은 '태어난' 존재가 아니라 신에 의해 '빚어진' 존재다. 신도 짝짓기를 통해 태어난 존재가 아니기 때문에 아담의 창조자는 양성적兩性的 존재였을 것이다. 그래서 아담에게 배꼽이 있었는가, 없었는가는 늘 신학적 논란의 대상이 되어왔다. 어머니의 자궁에서 태어난 존재가 아니라면 배꼽이 있을 이유가 없다. 하지만 예수나 석가모니는 어머니의 자궁에서 태어났기 때문에 배꼽이 있었다고 단언할 수 있다.

신은 아담이 외로워한다는 이유로 또 다른 성인 이브를 창조했다. 신은 세상을 창조할 때 번성을 명했으므로 이들도 열심히 섹스에 탐닉했을 것이다. 그때까지만 해도 성은 은밀한 것이 아니었다. 그들은 옷을 입지 않았고 질투할 대상도 없었다. 만약 그들이 낙원을 돌아다니며 섹스를 했다면, 그것은 자식을 낳기 위해서가 아니라 단순히 즐기기 위해서였을 것이다.

하지만 신은 아담이 명령을 거역하고 선악과를 먹었다는 이유로 에덴동산에서 추방한 후 자식을 낳는 고통과 노동의 고통을 안겨주었다. 이는 인간에 대한 신의 처벌인 동시에 아름다운 선물이었다. 섹스도 할 수 없고 일거리도 없는 천국에서 영원히 죽지 않는 존재로 살아가길 원하는 사람이 누가 있겠는가?

성서는 이브가 아담의 갈비뼈로 만들어졌다고 전한다. 최초의 여성이 남성으로부터 창조되었다는 것은 인류의 조상이 양성적인 존재로부터 비롯되었다는 것을 암시한다. 《아담과 이브 그 후*Ever since Adam and*

Eve》의 저자인 맬컴 포츠Malcolm Potts와 로저 쇼트Roger Short는 이브가 아담의 갈비뼈로부터 탄생했다는 대목에 의문을 제기했다. 그들은 고대 헤브루 경전에서 갈비뼈에 해당하는 단어 'zela'가 '측면'이라는 뜻이 있는 점을 지적하며, 이브가 아담의 몸 옆에서 창조된 것이라고 말한다. 이는 아담이 자웅동체雌雄同體였다는 의미다.

인류가 양성적인 존재로부터 비롯되었다는 믿음은 매우 유서 깊은 것이다. 플라톤의 《향연*Symposium*》에는 성의 탄생을 소개하는 대목이 나온다. 신화에 따르면 최초의 인간은 남성, 여성, 양성 등 세 가지 성을 갖고 있었다. 이때 인간은 지금의 모습과는 달리 팔다리가 주렁주렁 달린 볼링 핀과 같은 모습을 하고 있었으며, 신체기관의 수도 두 배였다. 둥그런 등과 원형의 옆구리, 네 개의 손과 네 개의 다리, 한 개의 머리에 두 개의 얼굴을 갖고 있었으며 성기도 두 개였다. 단 양성 인간은 남성과 여성의 성기 하나씩을 갖고 있었다.

모든 신화가 그러하듯 신에 의해 창조된 인간은 점점 교만해져 신의 영역을 탐한다. 구약성서에 기록되어 있는 것처럼, 인간은 하늘로 오르는 길을 뚫으려다 신의 노여움을 산다. 물론 신은 인간을 멸종시키지는 않는다. 자신을 경배할 존재가 필요하기 때문이다. 숭배받지 못하는 신은 신이 아니다.

여호와가 바벨탑을 쌓는 인간들을 분열시키기 위해 언어를 창조했듯이, 제우스는 인간의 힘을 약화시키기 위해 세상에 존재하는 모든 것을 둘로 쪼개버렸다. 오늘날 우리는 제우스의 분노 덕분에 한 개의 얼굴과 두 개씩의 팔다리를 갖게 되었다. 여호와가 인간에게 생식기능을 부여해 자손을 낳도록 했듯이, 제우스는 인간을 둘로 나눔으로써 신을 경배할 인간의 숫자를 늘렸다. 이도 모자라 제우스는 인간이 반성하지 않는다면 또다시 둘로 나누어 한쪽 발로 뛰어다니게 하겠다고 경고한다.

본래 인간은 반대편에 붙어 있는 서로의 얼굴을 바라볼 수 없었으나 제우스는 인간을 둘로 쪼개면서 쪼개진 면에 얼굴을 붙였다. 떨어져나간 부위를 서로 바라보면서 교만을 반성하라는 의미였다. 아폴론은 제우스의 명령을 수행한 후 쪼개진 면에 배꼽을 만들었다. 인간이 한 몸으로부터 분리된 존재라는 것을 영원히 기억할 수 있도록 표지를 만든 것이다.

그런데 놀라운 일이 벌어졌다. 인간들이 잃어버린 반쪽에 대한 그리움 때문에 아무 일도 하지 않게 된 것이다. 인간들이 하나둘 굶어 죽기 시작하자 제우스는 인간이 멸종할지 모른다는 생각이 들었다. 제우스는 인간을 둘로 분리할 때 성기를 그대로 둔 것이 실수였다는 것을 깨닫고, 반대편에 붙어 있던 성기를 앞쪽으로 옮겨주었다. 이로써 인간은 서로를 마주 보면서 짝짓기를 할 수 있게 되었다.

아리스토파네스는 신화를 소개한 후 반쪽으로 쪼개진 사람들이 자신의 일부를 그리워하면서 나중에 동성애자로 발전했다고 설명한다. 그래서 우리는 최초의 인간, 원형으로의 복귀를 꿈꾸는지도 모른다. '에로스'는 바로 원초적인 합일에 대한 동경이다. 아리스토파네스의 설명에 따르면 양성으로부터 분리된 사람은 이성을 그리워하고, 지나치면 색광이 된다. 또 여성에서 분리된 사람과 남성에서 분리된 사람은 동성애자가 된다. 재미있는 것은 남성 동성애자들이야말로 가장 남성다운 자들이기 때문에, 이 미소년들이 어른이 되었을 때 국가를 위해 헌신한다는 주장이다.

고대 철학자들이 이런 상상력을 발휘할 수 있었던 밑바탕에는 성에 대한 고심의 흔적이 깔려 있다. 이들도 인간이 왜 짝짓기를 해야 하는

지, 동성애자는 왜 생겨나는지 의문을 가졌을 것이다. 이 의문은 오늘날에도 계속되고 있으며, 특히 동성애자 탄생의 이유는 여전히 베일에 싸여 있다.

번식이 섹스의 유일한 목적이라면 진화 과정에서 굳이 성을 만들 이유가 없다. 무성생식은 성에 대한 모험이나 경쟁 없이 안정적으로 자손을 번식시킬 수 있기 때문이다. 아메바처럼 짝짓기 없이 이분법으로 분열한다면 기하급수적으로 자손의 수를 늘릴 수 있을 것이다. 이들은 자신의 몸을 둘로 나누기 때문에 유성생식을 하는 생물들에 비해 자손을 훨씬 빨리 늘릴 수 있다. 그들의 선택이 진화에서 유리한 지점을 차지했다면, 무성생식을 하는 생물은 자신의 자손들로 지구를 완전히 채워버렸을 것이다.

유성생식을 하는 동물들은 짝짓기를 위해 피나는 경쟁을 하고 패배자는 도태된다. 또 모든 어미들은 자식을 보호하기 위해 목숨까지 버리며, 수컷들은 건강한 암컷을 얻고 새끼를 양육하기 위해 힘든 노동을 해야 한다. 만약 조상들이 무성생식을 선택했다면 우리는 삶의 고통에서 완전히 해방되었을 것이다.

인간의 짝짓기는 에너지를 낭비하는 위험한 활동이다. 인간의 생식기관은 치명적인 질병에 걸릴 수 있고, 구애활동을 벌이는 데도 엄청난 비용이 든다. 또 짝짓기 과정에서 경쟁자나 포식자에게 살해될 위험성도 크다. 따라서 성 자체는 어떠한 이익도 제공하지 않는 것처럼 보인다.

더구나 유성생식은 심각한 유전적 결함을 안고 있다. 유성생식은 유전자의 절반밖에 자손에게 물려줄 수 없으며, 한 세대가 지날 때마다 절반씩 줄어든다. 그러므로 효율성 면에서는 무성생식이 진화적으로 유리한 것처럼 보인다. 무성생식은 안전할 뿐 아니라 투자 비용도 적으며, 성적 파트너 없이도 모든 개체가 번식할 수 있다. 반면 유성생식은 암컷만이 번식할 수 있다. 또 무성생식을 하는 생물에게는 죽음이 존재하지 않는다. 이기적 유전자 입장에서는 자신의 유전자를 100퍼센트 물려줄 수 있는 무성생식이 최적의 선택인 셈이다. 그럼에도 조상들은 왜 유성생식을 선택했을까?

유성생식은 약 12억 년 전에 출현한 것으로 알려져 있다. 진화적으로 유성생식이 선택되려면 손실을 감수할 만한 충분한 매력이 있어야 한다. 과학자들은 그 매력을 유전적 다양성에서 찾는다. 유성생식은 부모의 유전자를 절반씩 물려받는다. 아버지와 어머니, 어느 쪽과도 완전히 같지 않은 새로운 개체를 탄생시키는 것이다.

A와 a, 두 개의 유전자를 지닌 생물체를 상상해보자. 이들이 무성생식으로 진화한다면 그 자손들은 모두 Aa 유전자를 가질 것이다. 만약 유성생식으로 진화한다면 각 개체는 유전자를 조합해 AA, Aa, aa 세 종류의 자손을 낳을 수 있다. 한 종류의 자손을 남기는 것보다 세 종류의 자손을 남기는 것이 유전자의 생존에 훨씬 유리하다. Aa 자손만 존재한다면 불리한 환경이 조성되었을 때 위기에 처할 수 있다. 하지만 같은 상황에서 세 종류의 자손이 존재한다면 Aa는 멸종하겠지만, 나머지 두 종류의 자손들은 멸종하지 않을 것이다. 또 유전적으로 100퍼센트 동일한 개체들은 같은 먹이를 먹고, 같은 영역에서 생활하기 때문에 더 치열한 생존경쟁에 매달려야 한다. 하지만 유전적으로 조금씩 다른 개체들은 넓은 지역으로 삶의 영역을 확대할 수 있다. 이들은 Aa가 떠난 자리까지 메워가며 유리한 위치를 점하게 될 것이다. 따라서 유성생식을 하는 종은 장기적으로 볼 때 수적으로 크게 우세해질 수 있다.

이는 도박을 할 때 판돈을 한 번에 몽땅 거는 것이 아니라 여기저기

분산투자하는 것과 같다. 조상들은 불확실한 환경 속에서 양쪽 모두에 판돈을 걸어둔 것이다. 이러한 투자방식은 스스로 갖고 있는 결함을 상쇄하고도 남기 때문에 진화할 수 있었다. 예컨대 유성생식을 하는 암컷은 수컷에 비해 불리한 입장에 처할 수 있다. 수컷은 여러 암컷에게서 많은 자식을 얻을 수 있지만, 암컷은 임신기간을 거쳐야 하기 때문에 자식을 나을 기회가 제한되어 있다.

그러나 냉정하게 계산하면 암컷도 유성생식을 통해 이익을 얻는다. 암컷이 다양한 재능을 가진 아들을 낳으면, 그 아들이 여러 암컷을 거느리며 많은 손자를 낳을 것이기 때문이다. 손자들은 할머니 유전자를 4분의 1씩 갖고 있다. 따라서 네 명의 손자만 생겨도 자신의 유전자를 그대로 복제하는 것과 같은 결과를 얻는다. 여성이 아들을 선호하는 것도 이 때문이다. 특히 어미는 장차 암컷들에게 인기가 있을 만한 아들을 선호한다. 그래서 세상의 모든 어머니들은 장차 암컷들이 선망할 수 있는 아들로 만들기 위해 엄청난 투자를 감행한다.

유성생식이 적은 자손을 낳는 것은 약점 중 하나다. 모든 포유동물은 적은 수의 새끼를 낳는다. 생쥐처럼 생식주기를 빠르게 함으로써 자손을 늘리는 종도 있지만, 고등 포유동물들은 한 번에 많은 새끼를 낳을 수 없다. 이는 난자의 크기가 정자의 크기에 비해 엄청나게 크고, 일정 기간 동안 자궁에서 아이를 길러야 하기 때문이다. 체내에서 수백 마리의 새끼를 기를 수는 없다. 그래서 유성생식을 하는 동물의 난자는 높은 생물학적 가치를 지닌다.

난자의 크기가 정자에 비해 비정상적으로 거대한 것은 작은 난자를 가진 개체들이 경쟁에서 밀려났기 때문이다. 정자와 난자의 크기가 거의 같은 개체의 자손은 안정적으로 성장하기 어렵다. 큰 생식세포가 더 많은 영양분을 보유하고 있기 때문이다.

대개 정자처럼 작은 생식세포는 숫자가 많고 운동성이 좋다. 수컷에게는 더 많은 자손을 퍼뜨리는 것이 유리하고, 암컷은 생식의 기회가 제한되어 있기 때문에 가장 건강한 정자를 골라 임신하는 것이 유리하다. 또 일단 임신이 되었다면 출산에 성공해 안정적으로 성장시키는 것이 중요하다. 수컷과 달리 암컷은 자손의 숫자보다 성공적인 출산과 생존 가능성에 판돈을 걸어야 하는 것이다.

유성생식이 어떻게 진화할 수 있었는가에 대해서는 몇 가지 가설이 있다. 그 중심에 유전적 다양성이라는 이점이 존재한다. 생물학자들은 유성생식이 유전적 조합을 통해 손상된 유전자를 복구하고 해로운 돌연변이 유전자를 제거하며, 기생충의 침투를 막는다고 설명한다.

기생충이나 병원균은 수명이 긴 유기체의 삶을 통해 진화한다. 이들은 숙주가 죽어도 다른 숙주로 이동할 수 있기 때문에 쉽게 번식한다. 만약 여러 개체가 동일한 유전자만 갖고 있다면, 기생충들은 숙주에 기생할 수 있는 다양한 방법들을 쉽게 진화시킬 것이다. 그러나 유성생식을 하는 개체는 유전적으로 다양한 자손을 만듦으로써 기생충의 활동을 제한한다. 기생충이 한 번도 경험해보지 못한 숙주 환경을 만들어내는 것이다. 그러면 기생충은 기존 숙주에 적응했더라도 다음 세대에 이르러 새로운 적응 과정을 거쳐야 한다.

유전적으로 동일한 개체는 병원체의 공격에 속수무책이다. 만일 유전적으로 동일한 여성들이 모두 인플루엔자에 걸린다면 이 여성들은 아이를 낳지 못한 채 모두 사망할 것이고, 인류의 역사도 종말을 맞게 될 것이다. 그러나 여성들이 유전적으로 다양하게 분포되어 있다면 그중 일부만 전염병에 희생될 것이다.

숙주와 기생충은 끊임없는 군비경쟁을 벌인다. 기생충이나 병원균이 숙주에 적응하면 숙주는 유전적 조합을 통해 이들이 견디기 어려운 환경을 만들고, 기생생물은 다시 새로운 숙주에 적응하기 위해 새로운 기술을 개발하는 것이다. 기생생물은 자신이 숙주의 일부처럼 행세하는 기술을 갖고 있으며, 숙주 역시 이들을 박멸할 수 있는 면역 시스템을 갖고 있다. 따라서 진화는 적응과 역적응의 연속적인 과정이다. 유성 생식은 매번 새로운 열쇠를 만들어내는 기생생물의 놀라운 기술에 맞서 새로운 자물쇠를 끊임없이 만들어내는 것이다.

질투의 진화

질투는 사랑과 가장 상관관계가 높은 감정 가운데 하나다. 질투는 배우자를 잃을 위험뿐 아니라 경쟁자에게 배우자를 빼앗길 위협에서 사랑을 보호하기 위해 진화했다.

- 데이비드 버스,《위험한 열정, 질투 *The Dangerous Passion*》

셰익스피어의 희곡 〈오셀로 *Othello*〉는 성적 질투심을 다룬 작품이다. 장래가 유망한 오셀로 장군은 부하인 이아고의 음모에 빠져 아내의 외도를 의심하게 되고, 마침내는 아내를 살해한 후 스스로 목숨을 끊는다. 정신의학자들은 오셀로의 이름을 따서 병리적으로 질투를 일으키는 증상을 '오셀로증후군 Othello syndrome'이라 부른다.

극단적인 질투심을 일으키는 요인은 다양하다. 대개 남성의 질투는 발기부전과 알코올중독, 부모의 외도로 정신적 상흔을 입은 경우에 발생한다. 또 아내가 성적 불만을 갖고 있을 때 아내의 외도 가능성 때문에 불안해한다. 아내의 성욕이 갑작스레 감퇴한 경우에도 아내가 다른 남자를 만나고 있다는 의심을 품는 경향이 있다. 아내의 미모가 워낙 출중해서 못난 자신과 비교될 때도 아내를 감시망 안에 가둬두려고 한다. 남성의 실직이나 지위의 추락도 질투를 유발하는 요인이다. 일자리를 잃는다는 것은 아내에게 제공할 자원을 상실했다는 것이다. 이때는 아내가 외도할 가능성이 높아진다.

성적 질투심은 사랑에 뛰어들게 하는 자극제인 동시에, 질투의 대상을 공격하는 날카로운 발톱이기도 하다. 또 질투는 헌신적 사랑의 징표인 동시에, 사랑을 증오로 바꿀 수도 있다. 질투심이 없었다면 우리는 사랑하는 사람을 모두 다른 이에게 빼앗겼을 것이다. 그러나 병적인 질투는 자신을 좀먹고, 나중에는 타인의 삶을 파괴한다.

가장 심각한 문제는 왜곡된 질투심이 폭력과 살인을 부른다는 점이다. 아내를 의심할 때 남성의 폭력성은 노골적으로 드러난다. 특히 알코올중독은 그 자체로 폭력을 유발한다. 의처증 같은 병리적 질투심은 어린 시절의 정신적 상흔이나 배우자에 대한 열등감에서 비롯된다고 볼 수 있다. 남성은 여성 앞에서 모욕을 느낄 때 물불을 가리지 않는다. 많은 남성들이 여성 앞에서 부질없는 만용을 부린다.

데이비드 버스의 《위험한 열정, 질투》에 따르면 미국에서 폭력을 경험하지 않은 여성의 10퍼센트, 매 맞는 여성의 23퍼센트, 매도 맞고 폭력도 경험한 여성의 47퍼센트가 외도를 경험했다. 이는 여성의 부정행위와 남편의 폭력행위 사이에 긴밀한 관계가 있다는 것을 뜻한다. 즉 외도

하는 여성일수록 남편의 폭력에 쉽게 노출되어 있고, 남편의 폭력이 심할수록 아내의 외도도 잦아진다. 질투가 폭력을 유발하고, 폭력은 외도를 유발하는 것이다.

여성의 부정행위에는 가혹한 대가가 따른다. 가부장적 사회일수록 치러야 할 대가는 더 고통스럽다. 성에 대한 인식이 열려 있는 미국에서조차 아내의 외도는 폭력범죄의 중요한 원인으로 자리 잡고 있다. 아내가 남편의 폭력으로부터 벗어날 수 있는 방법은 빨리 그의 곁을 떠나는 것이다. 하지만 이 방법이 더 큰 폭력을 부르기 때문에 여성은 쉽게 남편 곁을 벗어나지 못한다. 대개 배우자 살해는 남편에게 이별을 통보하거나 실제로 떠나려 할 때 발생하기 때문이다. 그래서 대부분의 여성들은 집에서 도망쳐 나왔다가도 다시 남편 곁으로 돌아간다.

배우자 학대는 남성의 비열한 생식전략이다. 남성은 아내의 자긍심을 최대한 손상시키고, 지위를 낮추거나 노예화함으로써 다른 남성들의 관심에서 멀어지도록 한다. 또 배우자를 학대하는 남성은 아내의 가족이나 친구와의 유대를 끊음으로써 아내의 도피처를 차단해버린다. 이에 맞서기 위해 여성들은 가족이나 친구들과의 유대를 강화하는 심리적 메커니즘을 강화해왔다. 그러나 이런 노력이 허사가 되어 마지막 탈출구마저 봉쇄되었을 때 여성들도 남편을 살해한다. 가해자나 가족을 살해하는 '매 맞는 아내 증후군battered woman syndrome'이 발생하는 것이다.

가해자 역시 값비싼 대가를 치른다. 그럼에도 남성들이 배우자를 살해하는 것은 질투 때문이다. 배우자에게 폭력을 가하는 것이 값비싼 대가를 치를 만큼 가치 있는 행위인가? 물론 오늘날에는 전혀 가치 있는 행동이 아니다. 그러나 조상들이 살았던 시대에는 남성의 폭력이 성적 파트너의 외도를 방지하고 다른 수컷의 구애를 단념시키기 위한 전략 중 하나였다. 배우자 살해라는 끔찍한 심리적 메커니즘이 존재하게 된 몇 가지 이유가 있다.

첫째, 일부다처 사회에서 배우자를 살해하는 것은 다른 배우자들에게 일종의 경고 역할을 했다. 다른 수컷에게 한눈을 파는 것은 곧 죽음이라는 것을 인식시킴으로써 동일한 사례가 발생하는 것을 저지할 수 있었던 것이다.

둘째, 수컷으로서 실추된 명예를 회복하는 방법이었다. 배우자의 외도는 번식자원을 상실하게 만든다. 아내의 번식능력은 오랫동안 재산에 대한 소유권과 동일시되었다. 재산을 소유한 남성은 재산을 팔거나 교환할 수 있었고, 타인으로부터 재산을 훼손당했을 때는 손해배상을 청구할 수 있었다. 따라서 가부장적 사회에서 결혼은 소유권이 아버지에게서 배우자에게로 넘어가는 과정으로 취급되었다. 처녀성을 상실하면 이는 재산상의 커다란 손실이므로 남편은 처가에 배상금을 청구하거나 이미 지불한 신부 값을 환불해달라고 요구할 수 있었다. 이 요구에 응할 수 없는 처가는 사위의 폭력적인 보복을 묵인할 수밖에 없고, 나중에는 폭력이 남성의 권리처럼 용인되었다.

여성에 대한 소유권이 인정되는 사회에서 강간은 여성에 대한 폭력이 아니라 그녀의 남편에 대한 폭력행위이자 사유재산권 침해로 간주된다. 딸을 꾀어 가출시키는 것 역시 아버지로부터 사유재산을 빼앗아가는 행위이며, 간통은 사유재산의 훼손으로 간주되었다. 오늘날의 법률제도에서도 간통은 사유재산에 대한 침해로 간주된다. 달라진 것이 있다면 아내에게도 일부분 권리가 있음을 인정하기 시작했다는 점이다.

셋째, 배우자 살해는 아내가 경쟁자의 자녀를 출산하는 것을 막음으로써 자원의 손실을 방지하는 방편이었다. 암컷의 몸에서 수정이 이루어지면 수컷은 누구의 정자에 의해 수정되었는지 확인할 수 없다. 즉 암 컷의 몸속에 있는 자식이 친자인지 확신할 수 없는 것이다. 반면 암컷은 배 속에 있는 자식에 대해 100퍼센트 확신할 수 있다. 누구의 정자이든 자신의 유전자 50퍼센트를 가진 아이를 낳기 때문이다. 아내의 외도를 모를 경우 남성은 평생 다른 남자의 자식을 부양해야 하는 처지에 놓일 수도 있다. 이 때문에 남성은 배우자의 외도에 배신감과 함께 극도의 질 투심을 갖도록 진화했다.

배우자 살해는 번식자원을 파괴하는 것이기 때문에 자손을 낳을 기 회를 스스로 없애는 것이다. 이는 진화적으로 매우 불리한 선택이다. 그 럼에도 이런 선택을 하는 것은, 암컷이 외도를 통해 임신을 했다면 수컷 은 진화적으로 더 치명적인 손실을 입기 때문이다. 암컷의 외도를 모르 는 수컷은 남의 자식을 길러야 한다.

이는 뻐꾸기의 영악한 전략인 탁란托卵과 유사하다. 뻐꾸기는 다른 새의 둥지에 알을 낳는데, 우리나라의 경우 주로 뱁새 둥지에 알을 낳는 다. 뱁새는 뻐꾸기 새끼를 자신의 새끼로 오인하기 때문에 둥지를 벗어 날 수 있을 때까지 먹이를 제공한다. 뻐꾸기 새끼는 뱁새 어미가 물어다 주는 먹이를 독점하기 위해 뱁새의 알들을 둥지 밖으로 밀어낸다. 결국 뱁새 둥지는 뻐꾸기 새끼의 차지가 된다. 먹는 양도 엄청나서 뱁새는 뻐 꾸기 새끼를 키우기 위해 엄청난 노동을 해야 한다.

뻐꾸기의 전략이 늘 성공하는 것은 아니다. 뱁새 역시 뻐꾸기에게 당 하지 않기 위해 나름대로의 방어 전략을 고안하기 때문이다. 뱁새는 색 이 다른 알을 번갈아 낳아 뻐꾸기의 알과 구별한다. 그래도 가끔은 멍청 한 뱁새가 있는 법이다. 더구나 뻐꾸기는 둥지에 알을 낳은 후 뱁새의 알 을 몰래 없애버림으로써 알 숫자를 맞춘다. 뻐꾸기에게 속은 뱁새는 이

중으로 손해를 본다. 자신의 자원을 경쟁자에게 투자할 뿐만 아니라, 경쟁자의 새끼를 길러냄으로써 후손들이 똑같은 피해를 당할 위험성을 높이는 것이다.

부정한 아내를 둔 남편은 독신자보다 더 비참하다. 외도한 아내의 자식을 기르는 것은 경쟁자의 자식을 돌보는 것이나 다름없기 때문이다. 자신의 투자는 경쟁자의 아이에게 이득을 안겨주는 것이다. 그뿐 아니라 부정한 아내를 둔 남편은 사회적 평판과 자긍심을 훼손당하며, 집단 내에서 조롱의 대상이 된다. 사회적 지위를 위협받는다는 것은 엄청난 자원의 손실을 가져온다. 이 때문에 남편은 배우자를 살해함으로써 명예를 회복하고, 경쟁자들이 번식자원에 다가설 기회까지 완전히 차단해버리는 것이다.

번식의 측면에서 보았을 때 남성에게 가장 큰 손실은 아내의 성적 배신이다. 아내의 성적 배신은 뻐꾸기에게 둥지를 내준 뱁새처럼 모든 자원을 남의 자식에게 제공한다. 이에 맞서기 위해 남성은 질투심을 진화시켰다. 남성의 질투는 아내의 부정에 맞서기 위한 진화적 적응인 것이다. 질투하지 않는 남성은 부정한 아내를 방치할 위험이 높고, 결과적으로 번식 성공률도 낮아진다. 따라서 질투 없는 사랑은 존재하지 않으며, 질투심을 갖지 않는 사람도 없다. 만약 당신의 조상이 질투심을 갖지 않았다면 질투심 많은 경쟁자에 밀려 도태되었을 것이고, 당신 역시 이 세상에 존재할 수 없었을 것이다.

남자의 질투,
여자의 질투

남성의 질투심은 파트너가 다른 남성과 접촉할 기회를 차단한다. 또 질투심은 경쟁자의 접근을 막고, 파트너의 마음에 들도록 노력하는 원동력이 되기도 한다. 하지만 질투심이 사랑하는 사람을 향한 폭력으로 이어지는 것은 아이러니가 아닐 수 없다.

미국의 통계자료에 따르면 남편에게 살해당할 위험이 가장 높은 여성의 연령층은 10대이며, 위험이 가장 낮은 연령층은 폐경기가 지난 여성이다. 특히 나이 든 남성과 결혼한 젊은 여성이 살해되는 비율이 높다. 이는 생식력이 왕성한 여성들이 위험하다는 의미다.

데이비드 버스는 《이웃집 살인마 *The Murderer Next Door*》를 통해 미국에서 아내를 살해한 남성의 81퍼센트가 20세에서 49세라는 점을 지적하고 있다. 이는 폭력범죄가 대개 10대와 20대에 의해 이루어진다는 점을 고려할 때 매우 이례적인 일이다. 또 남편을 살해한 여성의 79퍼센트가 16세에서 39세였다. 이 연령대는 여성의 생식능력이 가장 왕성한 시기다. 결국 배우자 살해는 생식과 밀접한 관련이 있다고 볼 수 있다.

이러한 위험을 피하기 위해 남성들은 배우자를 지키는 갖가지 방법들을 고안했다. 고전적인 방법은 배우자를 타인에게 공개하지 않는 것이다. 이는 가부장적 사회와 일부다처제 사회에서 통용되는 방법이다. 몇몇 문화권에서는 여성의 얼굴을 천으로 가리고, 손님이 방문했을 때도 모습을 드러내지 못하도록 한다.

배우자를 곁에 두고 항상 감시하는 방법도 있다. 배우자의 시간을 독점함으로써 타인과 접촉할 기회를 차단하는 것이다. 외도를 하면 가만두지 않겠다는 협박도 한 가지 방법이다. 또 선물 공세를 통해 재력을 과시함으로써 자신 외에 더 나은 대안이 없다는 것을 인식시키기도 하고, 배우자를 성적으로 만족시키기 위해 노력하기도 한다. 또 공개적인 장소에서 배우자가 자신의 소유임을 알리기 위해 빈번하게 신체 접촉을 하고, 결혼반지 같은 장식물을 통해 자신이 소유자임을 과시한다. 그럼에도 누군가 배우자를 유혹할 기미를 보이면, 그의 약점을 들추거나 험담을 늘어놓음으로써 경쟁자의 가치를 훼손한다.

경쟁자에 대한 험담을 늘어놓는 것은 주로 여성들이 활용하는 전략이다. 여성은 경쟁자에게 폭력을 행사하기 어렵다. 여성이 폭력을 덜 사용하는 것은 아이의 양육 때문이다. 자칫 폭력적 상황에 노출되었다가 심각한 상처를 입으면 자신뿐 아니라 아이의 생존에도 심각한 위협이 될 수 있다. 따라서 여성들은 폭력 대신 성적 경쟁자의 외모와 행실을 비방함으로써 번식 가치를 떨어뜨린다. 특히 경쟁자가 성적으로 문란하다는 공격은 상당한 효과가 있다. 여성들이 사용하는 욕설 중에서 가장 험한 욕설은 대개 성적 문란과 관련이 있다.

때로 여성도 폭력을 사용할 때가 있다. 성적으로 문란하다는 비방이 자신을 향할 때다. 여성으로서 이런 모욕은 참기 힘들다. 그런 소문이 돈다면 여성은 파트너에게 버림받을 수 있으며, 버림받은 이후에도 누군가의 파트너로 선택될 가능성이 희박하다. 이는 생존이 걸린 문제다. 그래서 여성들은 헛소문을 퍼뜨리는 이웃집 여자를 단호히 응징하는 것이다.

여성은 남편이 바람을 피울 때 상대가 누구인가에 따라 다른 반응을 보인다. 남편의 바람이 일시적인 관계인가, 아니면 지속적인 관계인가는 여성에게 매우 중요하다. 일회적 관계는 대부분 용서한다. 술에 취해 매춘부와 하룻밤을 보냈다면 화를 내기는 하겠지만 매춘부를 질투하지는 않을 것이다. 하지만 평소 남편이 다른 여성을 짝사랑하고 있다면, 그녀와 성관계를 갖지 않더라도 아내의 질투심을 촉발시킬 것이다.

반면 남성은 아내가 다른 남자와 성관계를 가졌느냐, 갖지 않았느냐를 중시한다. 자신의 혈통에 심대한 영향을 미치기 때문이다. 그러나 아내가 어떤 근육질의 남자 배우에게 열광하는 것에는 별로 신경 쓰지 않는다. 남자 배우가 아내와 성관계를 가질 확률이 매우 희박하기 때문이다.

여성이 매춘부를 질투하지 않는 것은 그녀가 하룻밤의 관계로 남편의 자원을 송두리째 앗아갈 염려가 거의 없기 때문이다. 그러나 남편과의 관계가 지속된다면 매춘부는 남편의 자원을 빼앗아갈 수 있다. 아내는 자신과 아이에게 투자되어야 할 남편의 자원이 경쟁자에게 넘어가는 것을 눈뜨고 지켜봐야 하는 것이다. 그래서 여성들은 남편의 일회적 외도가 지속적인 관계로 발전하는 것을 차단하려 한다.

이처럼 여성은 남편의 성관계 여부보다 감정적 애착에 더 큰 질투를 느낀다. 남편이 다른 여성에게 사랑의 감정을 느끼는 것은 앞으로 남편의 관심과 자원이 경쟁자에게 향할 수 있다는 것을 의미하기 때문이다. 또 정부情婦와의 애정 관계가 깊어지면 남편이 떠날 가능성도 높아진다. 반면 남성은 아내가 성관계를 했는지가 주요 관심사다. 아내가 다른 남성의 아이를 임신한다면 그에게는 최악의 상황이기 때문이다. 이것이 여성과 남성이 가진 질투심의 본질이다.

정리하면, 남성은 아내가 다른 남성과 성관계를 하는 것을 괴로워하고, 여성은 남편이 다른 여성에게 시간과 자원, 애정을 쏟는 것을 괴로워한다. 남성은 아내의 성적 배신을, 여성은 남편의 감정적 배신을 못 견디는 것이다.

02

일부일처제의
딜레마

핏케언섬의
비극

핏케언Pitcairn섬은 남태평양에 있는 영국령의 섬이다. 다섯 개의 섬으로 이루어진 핏케언섬은 1767년 영국 해군이 발견했으며, 섬 이름은 처음 발견한 항해사의 이름을 따 명명했다. 18세기 후반 영국은 미국의 독립 전쟁으로 서인도제도의 식량 공급이 끊기게 되자 남태평양에 서식하고 있는 빵나무breadfruit tree에 주목했다. 빵나무 열매에는 녹말이 많이 들어 있어 구우면 빵과 비슷한 맛을 낸다. 영국 정부는 이 나무를 서인도제도로 옮겨 식량으로 재배할 계획을 세우고 해군을 수송 작전에 투입했다.

1787년 정부의 명령으로 영국을 출항한 바운티호는 2년 후 타히티섬에서 빵나무를 싣고 서인도제도로 향했다. 그러나 일등항해사 플레처

크리스천이 선상 반란을 일으켰다. 반란에 성공한 세력은 선장 윌리엄 블라이와 그를 따르던 18명의 승무원을 소형 보트에 태워 바다로 추방해 버렸다. 추방당한 블라이 선장은 48일간의 표류 끝에 기적적으로 인도네시아의 서티모르에 도착했다.

당시 수병의 반란은 사형으로 다스렸다. 반란을 일으킨 수병들은 잠시 타히티섬에 머물렀으나 처벌을 두려워한 주모자 크리스천 등 9명은 타이티섬을 떠나 도피하기로 결심했다. 1790년 이들은 타히티 여성 13명, 남성 6명, 닭과 돼지, 고구마 등을 배에 싣고 남태평양을 항해하다 핏케언섬에 상륙했다. 그러나 타히티섬에 남은 16명의 수병은 1791년 영국 해군에 체포되어 사형당했다.

핏케언섬에 도착한 크리스천 일행은 배를 불태워 증거를 인멸한 후 자급자족 생활을 시작했다. 누구의 간섭도 받지 않는 섬에서 이들은 천국 같은 생활을 즐기는 듯 보였다. 하지만 문제가 발생하는 데는 그리 오랜 시간이 걸리지 않았다. 남자 15명과 여자 13명이라는 성의 불균형 때문이었다.

여자를 두고 문제가 생기자 노예 대우를 받던 타히티 남성이 영국 수병을 살해하고, 수병은 다시 타히티 남성을 죽였다. 여자를 둘러싼 싸움은 수병들끼리 죽이고 죽는 생존 게임으로 이어졌다. 힘이 약한 자는 도망치고 싶어도 도망갈 곳이 없었다. 배는 이미 불태웠고 사방은 끝없는 바다뿐이었다.

그로부터 18년이 흐른 1808년 미국의 포경선이 방문할 때까지 섬에 살고 있던 사람은 여성 10명, 어린아이 23명 그리고 남성은 존 애덤스 한 명뿐이었다. 수컷들의 생존 게임에서 오직 한 마리의 수컷만이 승자가 되었던 것이다. 그는 1825년 영국 왕의 명으로 사면되었고, 1829년에 62

세의 나이로 삶을 마감했다. 섬의 유일한 지배자가 된 존 애덤스는 일부
일처제의 규칙을 제정했다고 한다.

인류학자들은 전쟁의 원인으로 한정된 자원과 인구 증가를 꼽는다.
반면 생물학자들은 전쟁을 번식자원을 둘러싼 경쟁으로 파악한다. 번식
자원에는 임신 가능한 여성뿐 아니라 아이를 양육하기 위한 모든 자원
이 포함된다.

번식이 전쟁의 중요한 원인이라는 가설이 정립되는 데는 미국의 인
류학자 나폴리언 섀그넌Napoleon Chagnon의 영향이 컸다. 그는 1960년
대 초부터 베네수엘라의 원시부족인 야노마뫼 인디언을 연구하기 시
작했다. 이 부족에 대한 연구 결과는 《야노마뫼-에덴의 마지막 날들
Yanomamö-The Last Days of Eden》이라는 책으로 출간되었다.

그의 연구 결과가 발표되기 전까지 대부분의 인류학자들은 원시부족
이 에덴동산에서 평화로운 삶을 누릴 것이라 믿었다. 하지만 그들의 추
측은 크게 빗나갔다. 부족민들은 작은 열매를 놓고도 치열한 경쟁을 벌
였는데, 이는 열매가 먹을거리인 동시에 여자와 교환할 수 있는 자원이
었기 때문이다. 이 부족에게 여성은 비싼 화폐에 지나지 않았으며, 폭력
으로 쟁취해야 할 자원이었다. 그래서 40세쯤 되면 부족의 3분의 2는 살
인으로 가까운 친척을 잃었다.

아내를 보호한다는 미명 아래 행해지는 남편의 구타는 일상이었고,
분쟁이 생기면 여성을 납치하고 성폭력을 자행했다. 앞서 언급했듯이 인
류학자 마빈 해리스는 전쟁의 이유가 부족한 동물성 단백질을 얻기 위
해서라고 주장했다. 하지만 섀그넌은 이 부족의 영양 상태가 아주 양호
하다는 사실을 밝혀냈다. 결투나 전쟁의 원인은 바로 여자였다.

일부일처제의
진화

핏케언섬의 마지막 승자였던 존 애덤스는 폭력을 종식시키기 위해 일부일처제를 선포했다. 한 남성이 한 여성과 혼인할 수 있다는 것은 매우 공평한 제도처럼 보인다. 만약 힘센 남성이 여러 여성을 독차지한다면 분쟁은 끊이지 않을 것이다. 번식 경쟁에서 밀려난 개체들은 끊임없이 반란을 꿈꾸고, 기회가 된다면 여성들을 독차지한 권력자를 살해할 것이다. 약자들에게도 기회는 있다. 그들은 번식에서 소외된 자들과 연대해 호시탐탐 강자를 제거할 기회를 노린다.

사실 인류의 역사는 강자를 제거한 후 또 다른 강자가 등장하는 과정으로 점철되어 있다. 강자 역시 이 점을 잘 알고 있기 때문에 늘 불안 조성, 감시, 힘의 과시를 통해 전복을 꿈꾸는 자들의 준동을 제거해왔다. 수적으로 소수인 강자들은 계급을 형성하고 강력한 감시 체제와 처벌 제도를 도입할 수밖에 없다. 하지만 독점은 영원히 지속될 수 없다. 강자의 입장에서 가장 현실적인 방안은 아내를 구할 수 없는 하층민들을 위해 일부일처제를 시행하고, 소수의 권력자에게만 일부다처제를 허용함으로써 약간의 특권을 누리는 것이다.

일부일처제는 몇 가지 이점을 갖고 있다. 우선 수컷끼리의 위험한 경쟁을 피할 수 있다. 과열 경쟁으로 인한 위험과 스트레스 감소로 수컷의 수명도 늘어난다. 그뿐 아니라 여성이 조기에 성숙해질 필요도 없다. 일부다처제 사회에서는 일부 남성들의 독과점으로 남녀의 수급이 불균형해지기 때문에 여성의 조기 성숙이 필요하다. 그래야만 짝을 구하지 못한 남성들의 선택권이 넓어진다.

열 명의 성인 남성과 열 명의 성인 여성, 아이들로 이루어진 사회를 가정해보자. 남성 지배자가 다섯 명의 성인 여성을 아내로 맞아들였다면, 아홉 명의 성인 남성은 다섯 명의 여성을 두고 경쟁해야 한다. 여기에 두 번째 서열의 남성이 세 명의 여성을 아내로 맞아들였다면, 나머지 여덟 명의 남자는 두 명의 여성을 두고 경쟁해야 한다. 이런 사회에서 평화를 부르짖을 수 있는 사람은 독재자와 낭만적 감성을 지닌 시인뿐이다.

이런 문제를 해결하기 위해 진화가 선택한 방식은 부족의 어린 딸들을 조기에 성숙시키는 것이다. 임신할 수 있는 여성의 나이가 낮아지면, 짝을 구하지 못한 남성들은 두 명의 성인 여성을 놓고 경쟁할 필요가 없어진다. 임신이 가능한 여성들이 계속 성장하기 때문에 선택이 폭이 넓어지는 것이다. 성비性比의 불균형을 해소하기 위한 진화의 잔재는 오늘날에도 남아 있다. 대개 남성은 자신보다 나이가 적은 여성과 혼인한다.

무엇보다 일부일처제의 가장 큰 이점은 자녀 양육에 있다. 사실 아비는 아내가 임신한 아이가 자기 자식인지 확신할 수 없다. 그래서 아비는 어미보다 자식을 기르는 데 관심이 덜하다. 아비를 양육에 참여시키려면 어미가 낳은 자식이 남편의 친자라는 것을 확신시켜야 한다. 일부일처제는 이러한 의심을 제거할 수 있는 효과적인 시스템이다. 일부일처제가 운영되는 사회에서 아비는 어미가 낳은 아이가 자신의 핏줄이라는 확신을 가질 수 있으므로, 아비는 더 열성적으로 육아에 참여할 동기를 갖는다.

여성의 입장에서도 일부일처제가 유리하다. 한 사내를 붙잡아 부양의 책임을 지우는 것은 자식의 생존 가능성을 높이는 일이다. 짝을 이루어 아이를 보살필수록 육아에 성공할 가능성도 높다. 파트너가 보잘것없는 존재라도 염려할 필요가 없다. 열등한 수컷일수록 암컷에게 더 헌신적이며 짝을 보호하는 데 안간힘을 쓴다. 못난 수컷이 좋은 아빠가 될 가능성이 높은 것이다. 또 여성은 특별한 경우가 아니면 다른 수컷에게 관심을 보이지 않아도 된다. 성적으로 문란한 여성의 남편은 떠날 가능성이 높기 때문에 남편에게 충실한 여성이 후손을 많이 남길 수 있다.

바람둥이 수컷은 더 많은 후손을 퍼뜨리지만, 이런 수컷과 짝을 맺은 여성은 적은 수의 후손을 남긴다. 난잡한 수컷들은 새끼를 잘 돌보지 않기 때문이다. 일부다처제 사회에서 태어난 아이들은 일부일처제 사회보다 생존율이 떨어진다. 그래서 한 명 이상의 아내를 둔 남자들도 기를 쓰고 아이를 더 낳으려 한다. 수백 명의 자식을 두었다고 해외 토픽에 소개되는 사람들은 대개 일부다처제가 허용되는 아랍의 부호들이라는 점이 이를 뒷받침한다.

남성과 여성은 파트너에 대한 소유 개념이 다르다. 막대한 정자를 보유한 남성은 아이를 생산할 더 많은 아내를 원하고, 평생 소수의 자식밖에 낳을 수 없는 여성은 부양의 책임을 함께 짊어질 한 사람의 성실한 남편을 원한다.

매력적인 수컷일수록 다른 암컷과 바람을 피울 기회가 많다. 여성의 질투는 이를 방지하기 위해 진화했다. 그러나 남성의 질투가 아내에게 집중되는 반면, 여성의 질투는 남편의 연인에게 집중된다. 여성은 다른 여성을 공격함으로써 남편이 그녀에게 관심을 쏟는 것을 차단하는 방법을 취한다. 또 한 가지 방법은 성을 이용하는 것이다. 남편에게 섹시하게 보이고, 더 자주 섹스에 응함으로써 다른 여성에게 시선이 향하지 못하도록 하는 것이다. 남성 역시 다른 남성의 아이를 기르지 않기 위해 치밀한 대응전략을 준비했다. 일부일처제와 엄격한 윤리규범 그리고 성적 질투심이 그것이다.

많은 이점이 있음에도 포유동물 중 약 3퍼센트만이 일부일처제를 채택하고 있으며, 영장류는 10~15퍼센트, 조류는 90퍼센트 정도가 일부일처제를 이루고 있다. 인간사회에서도 일부일처제를 채택하지 않은 사회도 있다. 그럼에도 인류는 일부일처제를 향해 가고 있다.

수컷 경쟁이 치열한 동물은 암컷보다 수컷의 몸집이 크고 모습도 화려하다. 즉 수컷 경쟁이 심한 종은 수컷과 암컷의 체형이 완전히 달라지는 것이다. 경쟁에서 승리하기 위해 수컷들의 체형이 더 크게 진화할 수밖에 없기 때문이다. 수컷은 암컷보다 늦되다. 인간도 여성이 남성보다 육체적으로 일찍 성장한다. 이는 남성이 다른 수컷과의 경쟁에 대비해 성숙을 지연시키기 때문이다. 일찍 날뛰는 수컷은 기회도 많이 차지하지만, 그만큼 위험에 노출될 가능성도 높다. 일부일처제에서는 남성과 여성의 공격성에 큰 차이가 없지만, 일부다처제에서는 수컷 경쟁이 심하기 때문에 남성의 공격성이 두드러진다.

암수 체형의 차이가 클수록 일부다처도 흔하며 성기의 모양도 다르다. 여러 마리의 수컷이 한 마리의 암컷과 교미하는 종일수록 정자를 생산하는 정소精巢가 크다. 다른 수컷보다 정자를 많이 생산해야만 수정될 확률이 높기 때문에 이들은 정소의 크기를 확대하는 방향으로 진화했다.

인간의 고환은 몸무게와 비교했을 때 다른 영장류에 비해 지나치게 큰 편이다. 고환 크기만 보면 인간은 고릴라와 침팬지의 중간쯤에 위치해 있다. 수컷 고릴라의 체형이 암컷에 비해 턱없이 큰 것은 암컷을 독점하기 위한 경쟁이 치열하기 때문이다. 그러나 정자를 생산하는 고환의 경우는 다르다. 고릴라의 체격은 침팬지보다 네 배나 크지만 고환은 네 배 정도 작다. 수컷 우두머리가 암컷을 독점하는 고릴라의 고환이 상대적으로 작은 것은 이례적이다. 이는 고릴라 집단에서 정자 경쟁이 거의 일어나지 않는다는 것을 의미한다.

다른 수컷의 정자와 경쟁해서 이기는 방법은 더 많은 정자를 만들 수 있도록 고환의 크기를 늘리는 것이다. 하지만 수컷 우두머리의 완전 독점이 이루어지면 암컷들은 다른 수컷과 교미할 기회가 거의 없다. 다른 수컷들도 수컷 우두머리를 죽이지 않고는 암컷과 교미할 기회가 거의 없다. 정자 경쟁은 암컷들과 교미할 수 있는 기회가 여럿에게 주어졌을 때 가능하다. 수컷 고릴라는 기껏해야 1년에 두어 번 정도 짝짓기를 할 뿐이다. 수컷들은 다른 수컷의 정자와 경쟁할 기회가 거의 없는 것이다.

고릴라는 주로 채식을 하기 때문에 하루 종일 식물을 먹어야 영양분을 확보할 수 있다. 고릴라의 서식지 주변에는 식물이 풍부하기 때문에 먹이를 구하기 위해 멀리 이동할 필요가 없다. 이 때문에 고릴라 집단은 매우 안정적으로 유지되며, 낯선 수컷의 침입이 드물 뿐 아니라 방어하기도 쉽다.

엄청난 바람둥이인 침팬지들은 다르다. 이들은 인간에 비해 월등히 큰 고환을 갖고 있다. 침팬지는 상대적으로 희소한 과일과 열매를 섭취하기 때문에 행동반경이 넓어야 한다. 행동반경이 넓으면 구성원들을 통제하기 어렵다. 따라서 수컷 하나가 다수의 암컷을 통제해야 하는 일부다처제는 별 소득이 없다. 수컷의 통제를 벗어난 곳에서 암컷이 바람을 피운다면 독점은 아무런 소용이 없다.

이 때문에 침팬지들은 동맹을 맺은 수컷들끼리 암컷들을 공유하며 섹스를 즐긴다. 이 동맹은 다섯 마리 내외의 수컷과 수컷보다 두세 배 많은 암컷 그리고 새끼들로 구성된다. 물론 침팬지 무리에도 우두머리가 있고, 그는 더 많은 암컷과 짝짓기를 하지만 무리의 암컷들을 독점하지는 않는다. 그래서 침팬지는 수컷과 암컷의 체구가 비슷하다. 이들이 사용하는 전략은 체형의 크기가 아니라 교활함으로 무장한 동맹의 힘이다. 다른 한편으로는 바람둥이 암컷에게 자신의 정자를 수정시키기 위해 고환을 발달시켰다. 따라서 침팬지는 기회가 날 때마다 성행위를 한다.

일부일처제 사회의 동물은 개체 간 경쟁이 심하지 않기 때문에 암컷과 수컷의 체형이 비슷하다. 인간도 몇 가지 특질을 제외하면 남성과 여성을 구별할 수 없을 정도로 체형이 비슷하다. 평균적으로 남성은 여성보다 키가 8퍼센트 정도 크고 체중은 10~20퍼센트 정도 무겁다. 이는 조상들이 처음부터 일부일처제를 채택하지 않았다는 증거가 될 수 있다.

고릴라가 그랬던 것처럼 우리 조상들도 일부다처제 사회에서 살았을 것이다. 실제로 조상들은 190만 년 전부터 남녀의 체형 차이가 줄어들기 시작했다. 일부일처제가 정립된 것은 수렵채집 사회에서였다. 이 시기에는 남성이 사냥에 참여하고, 여성은 주로 육아와 채집활동에 주력했다. 여성으로서는 육아에 전념하는 대신 고기와 은신처를 제공하는 충직한 남성을 확보하는 것이 유리했을 것이다. 이 시기에는 일부일처제와 분업을 통한 부부의 결속이 중요했다. 그 대가로 남성은 다른 남성과 경쟁 없이 한 여성에 대한 성적 권리를 독점할 수 있었다. 이런 교환은 일부일처제를 중심으로 가족을 확대하는 환경을 조성한다.

수렵과 채집으로 삶을 영위하던 시절에는 일부다처제가 정립되지 않았을 것이다. 수컷 하나가 여러 암컷을 부양하려면 많은 자원이 필요하다. 몇몇 포유동물은 별다른 자원 없이 수컷 하나가 여러 암컷을 거느리기도 하지만, 이런 동물들은 대개 암컷이 먹이를 구하고 수컷은 번식과 무리의 보호에만 힘을 쏟는다. 반면 인간사회에서는 남성이 주로 노동에 종사한다.

그렇기 때문에 여성을 여럿 거느리기 위해서는 그만큼 축적된 식량과 자원이 필요하다. 그러므로 수렵채집 사회에서는 일부다처제가 출현할 수 없었을 것이다. 사냥의 성공은 능력보다 운에 달려 있다. 단순히 운만 믿고 여러 여성을 거느릴 수는 없다. 더구나 고기는 저장할 수 없고 운이 늘 지속되는 것도 아니다. 부의 축적 자체가 불가능했던 것이다.

일부다처제가 다시 들어선 것은 농경사회로 접어들면서부터였다. 농경은 식량의 축적을 가능하게 할 뿐 아니라 농사꾼의 능력과 자질, 성실함과 근면성은 수확량을 좌우한다. 부지런한 농부는 부를 축적할 수 있고, 부는 더 많은 부를 축적하는 수단이 되었다.

반면 유목사회는 부를 축적하지 않아도 일부다처제가 정착할 수 있었다. 가축을 돌보는 일은 가축의 숫자에 관계없이 적은 일손으로도 가능했기 때문이다. 열 마리의 양을 돌볼 때 필요한 노동력과 100마리의 양을 돌볼 때 필요한 노동력은 거의 차이가 없다. 이 같은 구조에서는 가족의 힘만으로 가축을 잘 길러내고 새끼를 많이 생산한 남성이 끝없이 부를 축적하는 것이 가능하다. 이러한 전통은 오늘날의 유목사회에도 그대로 남아 있다. 그 때문에 유목사회에서는 가난한 사람이 성적 파트너와 접촉할 수 있는 기회가 제한되어 있다.

일부다처제의
경제학

성인 남성에게 일부일처제 사회와 일부다처제 사회 중 하나를 선택해서 살 수 있는 기회가 주어진다면, 어느 쪽을 선택할까? 추측하건대 능력 있는 남자라면 여러 아내를 거느리는 사회를 선택할 것이다. 그러나 당신이 별 볼일 없는 남자라면 일부일처제 사회를 선택하는 편이 나을 것이다. 경쟁이 치열한 일부다처제 사회에서 능력 없는 남자가 짝짓기에 도전한다는 것은 정말 피곤한 일이기 때문이다.

당신이 여성이라면 어떨까? 다른 여성들과 함께 한 남성의 아내가 된다는 것은 무척 자존심 상하는 일일 것이다. 물론 여성으로서 최고의 전략은 능력 있고 지위가 높은 한 남성과 혼인해 그의 자원을 독점하는 것이다. 하지만 일부다처제 사회에서 그런 남성이 당신만 바라보며 살아가지는 않을 것이다.

일부다처제 사회에서 여러 명의 아내가 머무는 곳을 '하렘harem'이라 부른다. 하렘의 크기는 남성이 가진 부와 권력의 크기에 비례한다. 그러므로 남성의 부는 몇 명의 아내를 거느리고 있느냐에 따라 판가름된다. 당신의 미모가 아무리 빼어나더라도 부를 가진 남성의 마음을 송두리째 빼앗기는 거의 불가능하다.

하렘에서는 치열한 경쟁이 벌어진다. 여성들은 남편의 아이를 갖기 위해 외모를 가꾸고 경쟁자들을 물리쳐야 한다. 아이를 낳은 후 다시 임신하려면 수유기간을 줄여 생식능력을 회복해야 한다. 하렘의 여인들이 유모를 고용해 젖을 대신 먹이는 이유도 여기에 있다. 일부다처제 사회에서 여성은 다른 남성에게 거의 한눈을 팔지 않는다. 이들에게는 한눈을 팔다 하렘에서 추방되는 것이 가장 두려운 형벌이기 때문이다.

남성은 지위가 높고 부자일수록 아내를 배신할 동기가 강해진다. 반면 여성은 양육할 아이가 없고 다른 짝을 쉽게 찾을 수 있을 때 남편을 배신한다. 그러나 자연선택은 바람둥이보다 자식을 사랑하는 남성을 선택했다. 바람둥이로서 여러 가족을 돌보는 남성은 힘든 노동과 위험을 감수해야 한다.

시장주의를 신봉하는 경제학자들은 일부일처제가 자유경쟁이라는 시장원리를 무시한다고 주장한다. 미국의 경제학자 스티븐 랜즈버그 Steven E. Landsburg는 《안락의자의 경제학자*The Armchair Economist*》에서 일부일처제가 일종의 '카르텔'이라고 말한다. 일부일처제가 수컷들의 경쟁을 제한하는 음모라는 것이다. 시장주의자에게 일부일처제는 일종의 규제에 해당한다. 결혼식장은 가치 있는 자산을 거래하는 시장일 뿐이다. 즉 일부일처제는 한 남성이 한 여성을 독점하는 행위인 것이다.

생산자들은 시장에서 경쟁을 벌이지만 간혹 담합을 시도한다. 누구도 출혈경쟁을 원치 않기 때문이다. 일부다처제 사회에서 여성을 차지하기 위한 경쟁은 서로의 자산을 축낼 뿐이다. 결국 남성들은 일정한 시점에 이르러 담합을 시도하고, 마침내 일부일처제를 확립한다. 결국 일부일처제는 경쟁 비용을 최소화하기 위한 남성들의 담합에서 비롯되었다는 것이 시장주의자들의 주장이다.

스티븐 랜즈버그는 일부다처제 사회가 여성들에게 유리할 뿐 아니라 이중의 혜택을 제공한다고 말한다. 한 남성이 여러 아내를 거느릴 수 있으므로 여성의 몸값은 오른다. 그러면 여성을 차지하기 위한 남성들의 경쟁은 더욱 치열해진다. 남성들은 여성의 호의를 얻기 위해 다투어 선심을 쓸 것이다. 일부다처제가 합법화되면 여성이 선택할 수 있는 기회도 증가한다. 능력 있는 남성을 찾기가 일부일처제보다 훨씬 수월하기 때문이다. 경쟁하는 남성이 많을수록 여성의 영향력이 커지는 것도 부수적인 이득 중 하나다. 만약 당신이 아내의 집안일을 도와주지 않는다면 아내는 능력 있는 남성의 첩으로 갈 것이라고 당신을 위협할 수 있다.

일부다처제 사회에서 여성들이 받는 두 번째 혜택은 짝짓기 비용의 감소다. 오늘날에는 많은 여성들이 성적 매력을 부각시키기 위해 성형수술을 한다. 먼 과거에도 여성들은 외모를 가꾸는 데 엄청난 투자를 했다. 이 과정에서 발생하는 비용은 결코 헛된 것이 아니다. 외모에 투자한 비용은 좋은 짝을 만나도록 해준다. 그러나 일부다처제 사회에서는 외모를 위해 과잉 투자를 할 필요가 없다. 이 사회에서는 오히려 남성들이 짝짓기를 위한 추가 비용을 투자하기 때문이다.

경제학자의 논리에 타당성이 있어 보이는가? 경제학자의 논리는 그럴듯해 보이지만 적잖은 허점을 안고 있다. 시장 논리로 따지면 구매자가 많을수록 가격은 올라간다. 즉 짝짓기를 하려는 남성이 증가하면 여성의 몸값이 올라간다. 하지만 결혼은 성적 파트너를 구매하는 것이라기보다 한 사람의 삶을 구매하는 것이며, 한 가족의 미래를 설계하는 것이다. 또 단순히 여성을 거래하는 것이 아니라 남성이 짊어져야 할 의무도 거래 조건에 포함된다.

혼인은 일종의 반영구적 계약이다. 이런 성격을 지닌 시장을 찾자면 그나마 주택시장이 가장 유사할 것이다. 그러나 주택시장은 시장가격이 제대로 형성되지 않는 불완전시장이다. 대량생산되는 일반 상품과 달리 주택시장은 구매자의 의사가 아니라 판매자의 의사가 더 많은 영향을 미친다. 건설업자는 입맛에 맞는 구매자를 고를 수 있으며, 같은 면적의 주택이라 할지라도 값을 달리 매길 수 있다. 또 가격이 하락해도 주택 소유자들은 시장에서 형성된 가격을 수용하지 않으려는 성향을 갖기 때문에 매물을 내놓지 않는다.

혼인을 원하는 남성이 많으면 당연히 여성의 몸값은 상승할 것이다. 그렇다고 여성이 원하는 남성을 선택할 수 있는 것은 아니다. 주택 매도자처럼 여성은 마음에 들지 않는 남성과 혼인 계약을 하지 않을 것이다. 문제는 짝짓기 시장에서 항상 유리한 위치를 점하는 것은 강자들이라는 사실이다.

남녀 각각 열 명이 있는데, 두 명의 남성이 여덟 명의 여성을 차지한다고 가정해보자. 남은 여덟 명의 남성은 두 명의 여성을 놓고 구애 경쟁을 벌일 것이다. 여성으로서는 행복한 일이지만, 우리는 두 명의 여성이 만족할 만한 짝짓기 상대를 만난다고 확신할 수 없다. 여덟 명의 남성은 사회적 지위와 부의 측면에서 대개 고만고만할 것이다. 더구나 여성에게 건강이나 외모, 출산에 문제가 있다면 남성이 남아돈다 하더라도 짝을 만나리라는 보장이 없다. 아마 남성들은 이 여성을 포기하고 이제 막 가임기를 맞은 어린 소녀를 찾게 될 것이다. 물론 이 방법은 실현 가능성이 더 낮다. 이미 능력 있는 남성이 어린 소녀를 '찜'해두었을 가능성이 높기 때문이다.

가진 자가 독점하는 사회에서 약자들은 버려지기 마련이다. 시장주의자의 논리는 결국 하자 있는 청춘끼리 만나야 한다는 것에 불과하다. 여성들이 외모에 투자하는 비용이 절감될 것이라는 논리도 사실이 아니다. 여성은 남아도는 남성에게 잘 보일 필요가 없다. 여성의 목표는 지위와 부를 가진 엘리트 남성이다. 이런 남성에게 잘 보이려면 일부일처제 사회보다 더 많은 비용을 외모에 투자해야 한다. 모든 여성이 외모 경쟁에 뛰어들지는 않겠지만, 아마도 일부다처제 사회에서 살아가는 전체 여성들이 외모에 투자하는 비용은 훨씬 증가할 것이다. 여성들의 몸에 차도르를 씌우지 않는다면 말이다.

권력자가 여성을 독점하는 일부다처제는 역사적으로 오랫동안 이어져왔다. 우리는 난잡한 권력자의 후손인 셈이다. 남성의 유전자에는 야망과 난잡함이 담겨 있고, 여성의 유전자에는 그런 사내에 대한 선망이 담겨 있다. 2003년 실제로 유전학자들이 중앙아시아 16개 지역 남성의 Y염색체를 분석해보니 당시 이 지역 남성 인구의 8퍼센트(세계 인구의 0.5퍼센트)인 1600만 명이 칭기즈 칸의 Y염색체를 갖고 있다고 한다. 불과 30여 세대 만에 세계 남성 200명 중 한 명이 칭기즈 칸의 유전자를 갖고 있는 것이다.

미국의 과학저술가 로버트 라이트Robert Wright는 일부일처제가 시장의 산물이라는 점에 동의한 바 있다. 그는 《도덕적 동물The Moral Animal》에서 일부 문화권에 남아 있는 신부 지참금제도가 자유로운 결혼 거래를 막는다고 보았다. 일부일처제는 아내를 한 명으로 제한함으로써 부유한 남자의 희소성을 높인다. 즉 부유한 남자의 아내가 되고 싶어 하는 수많은 여성들이 지참금을 가지고 경쟁한다는 것이다.

이는 여성들에게 큰 타격이 아닐 수 없다. 만약 일부다처제가 합법화되면 부자는 지참금에 신경 쓰지 않고 여러 명의 아내를 얻는 쪽을 선호할 것이다. 이는 부자의 재산이 여성들에게 분배되는 효과가 있다. 또 여성들은 능력 없는 한 남자를 독점하면서 가난하게 살기보다 능력 있는 남자를 다른 여성들과 공유하면서 부유하게 살고 싶어 할 수도 있다. 반면 가난한 남성에게 일부다처제는 심각한 위협이다. 이 때문에 남성들은 일부일처제를 선택할 수밖에 없다.

매춘
그리고 소유

매춘시장은 역사상 가장 오래된 시장 중 하나일 것이다. 매춘의 기원에 대해 일반적으로 받아들여지고 있는 설명은 암컷이 수컷이 제공한 먹이에 대한 답례로, 아니면 수컷의 공격에 직면한 암컷이 위험을 피하기 위해 성적 서비스를 제공했다는 '섹스—음식 교환sex for food' 가설이다. 생존에 대한 답례 또는 수컷의 폭력을 피하기 위해 성적 서비스를 제공했을 때, 그것을 매춘이라 할 수 있을까?

음식에 대한 답례로 성적 서비스를 제공하는 것은 상황에 따라 매춘으로 간주될 수도 있을 것이다. 그러나 폭력을 피하기 위한 성적 서비스는 매춘으로 보기 어렵다. 그 예를 피그미침팬지로도 불리는 보노보 bonobo에서 찾을 수 있다. 침팬지와 보노보는 인간과 가장 가까운 친척이다. 인간은 1400만 년 전에 오랑우탄과 분리되었고, 900만 년 전에는 고릴라와 분리되었다. 700만 년 전에는 침팬지와 보노보의 공통조상에서 분리되었다.

보노보는 자유로운 성생활을 즐긴다. 이들은 배란기가 아니어도 섹스를 하기 때문에, 섹스가 단지 번식만을 위한 것이 아님을 알 수 있다. 또 이들은 인간이 할 수 있는 각 종류의 성행위를 할 수 있으며, 동성 간 성행위와 자위행위까지 한다. 보노보의 성생활이 복잡한 것은 암컷의 생애에서 가임 기간이 매우 길기 때문이다.

성숙한 보노보 암컷은 임신 가능한 기간이 생애의 절반에 이르지만, 침팬지 암컷은 5퍼센트에 불과하다. 침팬지 암컷은 발정기에만 수컷을 받아들이며, 새끼를 낳은 후 다음 새끼를 낳는 데 4년에서 8년이나 걸린다. 이 때문에 침팬지 수컷들은 번식 경쟁이 치열하다. 그러나 보노보는 수컷끼리 격렬하게 경쟁할 필요가 없고, 동맹을 맺어 우두머리를 공격할 이유도 없다. 암컷이 여러 수컷과 교미하기 때문이다. 이런 난교 때문에 새끼의 아버지가 누군지 알 수 없다.

보노보가 하는 섹스의 75퍼센트는 번식과 관련이 없다. 이들은 왜 기를 쓰고 섹스를 하는 것일까? 동물학자들의 연구에 따르면, 보노보는 집단 내 분쟁과 갈등을 해소하기 위해 섹스를 이용한다. 침팬지가 번식 경쟁에서 승리하기 위해 동맹의 힘을 이용하는 반면, 보노보는 힘의 문제를 해결하기 위해 섹스를 이용한다.

보노보는 침팬지와 달리 암컷끼리 동맹을 형성해 수컷들을 지배한다. 이때 사용하는 무기가 바로 섹스이다. 실제로 보노보 집단은 침팬지 집단에 비해 경쟁과 갈등이 덜하다. 인간사회에서 성의 공유는 도덕적으로 비난받는 행위다. 그러나 보노보 사회에서 성적 서비스는 친절과 우호의 표시일 뿐이다. 성을 통해 폭력과 갈등을 방지할 수 있다면 자유분방한 성은 도덕적으로 비난받을 이유가 없다.

매춘이라는 말에는 성을 화폐와 교환한다는 부정적 의미가 담겨 있다. 하지만 무엇이 매춘인가 하는 질문에 우리는 명징한 답을 내놓기 어렵다. 뉴욕 주립대학교의 번 벌로Vern Bullough와 보니 벌로Bonnie Bullough 는 《매춘의 역사Women and Prostitution: A Social History》에서 매춘인가 아닌가는 그것을 정의하는 데 달려 있다고 주장한다.

사실 자유분방한 성과 매춘을 구분하기는 쉽지 않다. 또 섹스에 보답이 따르는 것은 당연하다. 성행위에는 친절과 우호, 애정 같은 감정이 뒤따르기 때문이다. 누군가 우호적인 감정을 보인다면 그러한 행위에 보답하는 것은 전혀 이상한 일이 아니다. 따라서 매춘을 보상을 얻기 위한 성적 서비스를 제공하는 행위로 정의하기는 어렵다. 어떤 남자가 자신의 연인과 달콤한 섹스를 나눈 후 이튿날 다이아몬드 반지를 선물했다면, 그녀는 매춘부인가? 또 그녀가 남자친구에게 다이아몬드를 선물 받고 싶어서 섹스를 허락했다면, 그녀는 매춘부인가?

번 벌로와 보니 벌로는 가정주부와 매춘부 사이에는 근소한 차이밖에 없다고 말한다. 가정주부는 그 보답을 참을성 있게 기다리는 데 반해, 매춘부는 그 대가를 그 자리에서 요구한다는 것이다. 굳이 매춘을 정의한다면 상대방에 대한 아무런 감정적 교류나 호감 없이 오직 대가만을 위해 성적 서비스를 제공하는 것이라 할 수 있다.

어느 사회든 매춘시장은 늘 존재해왔다. 부유한 남성이 여러 아내를 거느릴 수 있는 사회에서도 매춘이 사라지지 않는 것은 경쟁에서 밀려난 수많은 남성들이 방치되고 있기 때문이다. 이들은 번식 욕구를 해결할 길이 마땅치 않다. 그럼에도 이런 사회일수록 매춘을 도덕적으로 가장 타락한 범죄로 취급하며, 성적 매력이 높은 매춘부 역시 부자들이 독점하는 경향이 있다.

프리드리히 엥겔스는 《가족, 사유재산, 국가의 기원The Origin of the Family, Private Property and the State》에서 일부일처제가 사유재산제도에서 비롯되었다는 점을 분명히 하면서, 경제적 토대가 바뀌면 매춘도 사라질 것이라고 단언했다. 그에 따르면 일부일처제는 축적한 재화를 친자에게 상속하는 과정에서 생겨났다. 재산을 물려받을 자녀가 자신의 친자라는 사실을 확신하기 위해 일부일처제가 필요했다는 것이다. 하지만 그는 경제적 토대를 바꾼다고 해도 일부일처제 자체는 사라지지 않을 것으로 보았다.

생산수단을 공유하게 되면 임금노동자들이 소멸하듯이, 소유관계에서 비롯된 일부일처제의 성격도 달라진다. 사적 소유가 존재하지 않으므로 부부는 서로에 대한 사랑 외에 다른 동기를 가질 수 없다. 그때야 비로소 제대로 된 일부일처제가 실현된다는 것이 엥겔스의 생각이었다.

자본주의 사회에서 일부일처제는 재산 상속, 즉 소유관계가 관계를 규정하기 때문에 남자의 지배가 정당화되고 이혼의 자유도 제한된다. 이러한 체제에서 일부일처제는 여성들에게만 강요된 것이다. 남성들은 여전히 일부다처제를 선호하며, 능력만 있다면 그렇게 할 것이다.

일부일처제는 매춘과 간통에 의해 보완된다. 하지만 대부분의 사회에서 매춘과 간통은 남성들에게만 주어진 특권이다. 매춘과 간통을 원하는 남성은 다수인 반면, 이에 참여하는 여성은 소수이다. 여성의 성적 자유가 박탈되는 데 비해 남성의 성적 자유는 부의 상징이나 명예로 간주되는 것이다.

생물학적인 관점으로 볼 때 맏아들에게 상속권을 주는 이유는 더 많은 자손을 얻을 수 있기 때문이다. 모계사회나 집단혼이 가능한 사회는 부계 혈통을 확인하는 것이 불가능하다. 이 때문에 모계사회에서는 삼촌들이 아버지 역할을 대신한다. 인류학자들은 조상들이 집단혼 사회에서 모계사회로, 모계사회에서 부계사회로 발전했을 거라고 보고 있다. 오늘날에는 일부 소수민족 사이에서 모계사회의 전통을 찾아볼 수 있다.

현재까지 모계사회를 유지하고 있는 중국의 모쒀족摩梭族은 여성이 경제권을 가지고 가장 역할을 맡는다. 또 부모는 여아를 더 선호하며, 자식들은 어머니의 성씨를 물려받는다. 집안의 남자들은 여자 쪽 친족이나 오빠, 아들, 손자 자격으로만 가족 구성원이 될 수 있다. 남편은 형식적으로 존재하며, 밤에만 여자의 집을 방문해 사랑을 나눌 수 있다.

모계사회가 선택될 수밖에 없었던 이유는 한정된 자원 때문이다. 환경이 열악해 토지나 재산을 더 이상 축적하기 어려운 곳에서는 부계사회가 유지되기 어렵다. 1000제곱미터의 토지와 열 마리의 가축을 가진 한 가족을 상상해보자. 이 가족은 황량한 황무지에 둘러싸인 오아시스에 살고 있기 때문에 더 이상 토지를 개간할 수 없고, 열 마리 이상의 가축을 먹여 살릴 풀도 구할 수 없다. 마을에 사는 모든 사람들이 같은 상황에 처해 있기 때문에 이 마을의 부는 더 이상 축적되기 어렵다.

이 마을이 부계사회라면 아마 심각한 문제에 봉착할 것이다. 한정된 토지와 가축을 소유한 가족이 두 명의 아들과 한 명의 딸로 구성되어 있다면, 아들 두 명에게 재산을 분배해주어야 한다. 그 대가로 아들은 어머니를 부양하고, 누이들에게는 적당한 지참금을 주어 시집을 보낼 것이다. 문제는 새 가정을 꾸린 아들들이 손자를 낳을 때 발생한다. 아들은 다시 손자들에게 재산을 분배해주어야 하기 때문에, 아들들에게 돌아가는 재산은 세대를 거듭할수록 점점 줄어든다.

모계사회는 이런 문제를 손쉽게 해결할 수 있다. 즉 아버지는 딸에게 모든 재산을 상속한다. 대신 두 아들은 집안일을 돌보고 노동의 일부를 담당한다. 딸은 모든 자녀에게 재산을 분배해줄 이유가 없다. 만약 딸이 두 명이라도, 딸은 시집을 가지 않기 때문에 재산도 가져가지 않는다. 물려받은 재산이 영원히 가문에 남는 것이다. 따라서 모계사회는 생존을 위한 불가피한 선택이었다.

농경사회에서는 대부분 장자가 재산을 상속한다. 토지는 한정된 자원이기 때문이다. 아버지의 재산이 점점 줄어드는 것을 방지하려면 아들 한 명에게만 대대로 재산을 물려주어야 한다. 따라서 나머지 자녀들은 재산 분배에서 배제된다. 반면 유목사회에서는 가축을 분배하기가 매우 쉽고, 부지런하다면 가축의 수를 계속 늘릴 수 있다. 따라서 유목 사회에서는 모든 아들에게 재산이 분배된다.

앞에서 우리는 카인이 왜 살인자가 되었는지를 살펴본 바 있다. 최초의 살인 대상이 자신의 형제였다는 것은 상징하는 바가 매우 크다. 유전적 관점에서 보면 형제를 살해하는 것은 50퍼센트의 유전자가 손실되는 것을 의미한다. 유전자는 50퍼센트의 손실을 원하지 않기 때문에 형제간 살해는 매우 드문 일이어야 한다. 그래서 인류는 형제자매 사이에 강한 우애를 진화시켰다. 하지만 공유하지 않는 나머지 절반의 유전자는 생존의 위협에 처했을 때 자원을 차지하기 위한 경쟁에 나선다.

모계사회와는 약간 다른 형태의 일처다부一妻多夫 사회도 일부 지역에 남아 있다. 이 사회 역시 모계사회와 마찬가지로 자원이 부족하다는 공통점이 있다. 이런 사회는 대개 남자 형제가 한 명의 아내를 공유한다. 영토가 협소하고 땅이 척박한 상황이라면 남자는 혼자서 아내와 아이들을 부양하기 어렵다. 이때 남성은 자신의 유전자를 보다 많이 선택할 수 있는 방향으로 가족을 구성한다. 즉 자신과 혈연관계가 없는 남성과 아내를 공유하기보다 형제와 공유하는 것이다. 만일 가족을 먹여 살릴 만한 충분한 영토가 있다면, 그는 형제와 아내를 공유할 이유가 없다. 형제가 아내와 눈이 맞는 꼴을 보느니 그는 카인처럼 자신의 형제를 없애려 할 것이다.

맏아들에게만 재산을 상속하는 장자상속제도는 지금까지 이어지고 있다. 중세의 지주들은 재산이 흩어지는 것을 방지하기 위해 딸들을 수녀원에 보내는 경우가 많았다. 이들은 남아를 선호했고, 장자에게는 특별한 애정을 가졌다. 이 때문에 여성은 합법적인 장자를 낳는 것을 선호할 수밖에 없었다. 그래서 권력자의 하렘에 머물던 여성들은 첫 번째 부인이 되어 첫아들을 낳기 위해 온갖 방법을 동원했다.

합법적인 후계자를 낳는 것은 남성이나 여성에게 모두 중요하다. 중세 교회는 남성의 이혼이나 재혼, 양자, 유모의 양육, 금욕 기간의 성관계, 근친상간 등을 금했다. 이는 아들이 없는 영주가 후처를 맞아 후계자를 낳는 것을 방해하기 위한 것이었다. 영주가 후계자를 낳지 못하고 죽으면 그 재산은 교회의 지붕 밑으로 들어오기 때문이다. 그래서 교회는 부인이 아이를 낳지 못하더라도 남편은 이혼할 수 없고, 아내가 살아 있으면 재혼을 금지했다. 또 어린 딸을 유모에게 맡겨 임신기간을 앞당기지 못하도록 하고, 그것도 모자라 각종 기념일과 금욕기간을 만들어 후계자를 생산하지 못하도록 했다.

근친상간이나 친족 간 결혼을 금지한 것 역시 도덕적 이유 외에도 부의 불균형을 방지하기 위한 목적이었다. 근친혼은 부를 한 가문에게 집중시킬 수 있다. 따라서 부의 불평등이 심한 사회일수록 근친혼에 엄격하다. 하지만 최고 권력자는 예외인 경우가 많다. 로마 황제들이 그러했듯이 최고 권력자는 자기 가문의 부가 다른 가문에 분배되는 것을 원하지 않는다. 자신만은 근친혼 금지 규정에서 예외로 함으로써 다른 가문에 부가 집중되는 것을 철저히 막은 것이다.

섹스를 경제적 관점에서 보려는 사람들은 자유분방한 성이 인류에게 더 많은 이득을 안겨줄 것이라고 주장한다. 하버드 대학교의 경제학자 마이클 크레이머Michael Kremer는 1996년에 18세에서 45세 사이의 잉글랜드인들을 대상으로 조사한 결과 섹스 파트너 수가 증가할수록 에이즈 감염 확률이 낮다는 것을 발견했다. 그는 1년에 2.25명 미만의 파트너를 상대하는 사람들이 다른 파트너들과 좀 더 빈번하게 성관계를 갖는다면 영국의 에이즈 확산 속도가 누그러질 가능성이 높다고 추정했다.

이 논리가 설득력이 있는지 실제 상황에 적용해보자. 도덕주의자인 A가 클럽에서 만난 여자와 자주 성관계를 하면, 하룻밤 파트너를 찾아 나선 여자 B가 에이즈에 걸릴 가능성이 줄어든다. A를 만나지 못한 B는 클럽에서 진을 치고 있는 난봉꾼 C와 파트너가 될 가능성이 높기 때문이다. 이때 에이즈에 걸릴 확률이 낮아지는 '이익'을 보는 것은 여자 B 본인과 앞으로 여자 B가 성관계를 맺게 될 남자들이다. 그래서 정부가 에이즈 감염을 막으려면, 도덕주의자인 남자 A에게 공짜 콘돔을 나누어주어 클럽에 나가 여자들과 성관계를 하도록 해야 한다.

이 논리에 따르면 모든 여성들이 한 명 이상의 섹스 파트너를 갖게 되면 매춘시장이 소멸한다. 남성들이 굳이 돈을 내고 사창가를 찾을 이유가 없기 때문이다. 경제학자의 주장은 그럴듯하다. 그러나 인간 본성을 변화시키기 않고는 불가능한 일이다. 여성들이 한 명 이상의 파트너와 섹스를 한다고 해도, 모든 남성들이 이 놀라운 변화에 참여할 수 있을까? 이런 제도가 정착된다 해도 대다수의 여성들은 지위와 부를 가진 소수의 남성에게 더 많은 관심을 가질 것이다.

천국이 있다면 그곳은 프리섹스가 용인되는 사회일 것이다. 천국이 이루어지려면 질투심이 사라져야 하지만, 질투가 없는 천국은 불가능하다. 천국에서는 성적 질투 대신 신과 보다 가까이 앉고 싶어 하는 자들끼리의 질투가 존재할 것이다. 천국이 존재한다면 그곳은 성 구별이 없고, 섹스가 없으며, 아이를 낳지 않는 사회다. 성이 사라진다면 경쟁도 사라진다. 누군가에게 매력적으로 보일 필요가 없기 때문이다. 그들은 신에게 잘 보이면 되지 않느냐고 반문할 것이다. 그렇지만 그들에게 이렇게 반문할 수 있다.

"왜 신에게 잘 보여야 하는가?"

타고난 성,
제2의 성

시몬 드 보부아르Simone de Beauvoir의 《제2의 성The Second Sex》에서 가장 유명한 내용은 다음 구절일 것이다.

여자는 여자로 태어나지 않는다. 여자로 만들어질 뿐이다.

이 선언적 구절은 전 세계 여성운동의 출발점이 되었다. 보부아르는 인간이 태어날 때는 남성과 여성 모두 '생식기가 아니라 눈과 손을 통해 세계를 이해한다'는 말로 남녀평등을 주장했다. 그녀는 남자아이들이 성장하면서 '둥지에서 알을 꺼내고, 어린 초목을 짓밟고, 일종의 분노로 생명을 파괴'한다고 말했다. 이는 여성처럼 '생명을 개화시킬 힘이 없는 데 대한 복수'일 뿐이다. 여성에 대한 차별은 남성의 열등감에서 비롯되었다는 것이다.

물론 여성도 남성에게 복수한다. 바로 남성의 일생이 끝나는 시점에서다. 여성은 인생의 황혼기에 접어들어 가장 편안한 상태로 남편의 죽음을 지켜본다. 여성은 평생 짐이었던 남자가 늙어 죽는 모습을 지켜보면서 복수의 절정을 경험한다는 것이다. 목숨이 끝자락에 달라붙어 있는 남자는 이제 쓸모없고 성가신 존재일 뿐이다. 그가 생식기를 가지고 이 세상에서 누렸던 모든 특권은 허망하게 사라지고 마는 것이다.

보부아르는 모계사회가 존재했다는 인류학자들의 믿음과 달리, 인류 역사에서 여성은 한 번도 우월한 지위를 가져본 적이 없다고 주장한다. 어느 사회든 권력은 언제나 남성들의 손아귀에 있었다는 것이다. 여성은 출산의 열쇠를 쥐었음에도 불구하고 이를 생물학적 운명으로 받아들였다. 반면 남성들은 새로운 가치와 권력의지를 자연에 투사해 이를 변형하고 창조함으로써 지배적 힘을 확대했다. 여성은 남성들로부터 스스로를 주체로 인식하지 못하도록 길들여졌다. 이로 인해 여성은 주체적인 제1의 성이 되지 못하고, 남성들에 의해 대상화된 제2의 성이 되었다. 여기에서 우리는 본질적 의문과 마주치게 된다. 인간의 성은 타고나는가, 만들어지는가?

오래전 찰스 다윈은 《인간의 유래와 성선택》에서 여성은 선천적인 모성애로 인해 부드러운 태도를 보일 가능성이 높다고 지적했다. 이러한 부드러움은 수컷의 공격으로부터 안전을 확보하는 것은 물론, 짝짓기를 하는 데도 좋은 전략이었음을 암시한다. 반면 남성은 다른 남성과 경쟁 관계에 놓여 있으며, 경쟁에서 이겼을 때 환희를 느낀다.

다윈은 이런 과정에서 남성은 이기적인 행동을 하게 만드는 어떤 야망에 휩싸인다고 지적한다. 다윈은 여성이 남성보다 탁월한 직관력과 인지능력, 모방능력을 가지고 있다는 것을 인정했지만 이런 능력들 중 일부는 열등한 종의 특징이라고 덧붙였다. 그는 '남성이 여성보다 높은 지위에 있는 것으로 보아 남성과 여성 간의 지적 능력에 뚜렷한 차이가 있음을 알 수 있다'고 진술하면서, '각 분야에서 유명한 남성과 여성의 명단을 목록으로 만들면 비교도 되지 않을 것'이라는 우스꽝스런 예를 들고 있다.

다윈의 논리를 정리하면 이렇다. 조상들은 번식을 위해 끊임없이 경쟁해왔다. 사냥을 하거나 농사를 짓고, 전쟁을 벌이고 가족을 보호한 것 역시 성공적인 번식을 위해서였다. 이런 목적을 이루려면 강인한 몸과 체력만으로는 부족하다. 용기, 인내심, 결단력, 관찰력, 분별력, 도구나 무기의 발명과 같은 상상력이 요구된다. 이 때문에 남성은 여성보다 좀 더 고등한 정신적 능력을 가지도록 진화했다는 것이다. 이런 능력은 집단 내에서 시험받으면서 선택되고, 반복적으로 사용함으로써 더욱 굳건해진다. 다윈은 남성 후손들에게 이런 능력이 유전되었을 것이라고 추측했다.

다윈이 오늘날과 같은 환경에 살았다면 분명 자신의 논리를 수정했을 것이다. 그는 남녀가 가진 본성의 차이를 설명하면서 '차이'를 '우열'로 가늠하는 오류를 범했다. 사실 진화는 여성의 자궁과 골반 속에서 이루어졌음에도 불구하고, 상당수의 학자들이 남성을 진화의 주체인 것처럼 서술하고 있다.

성적 불평등이 발생한 데는 수컷 경쟁뿐 아니라 문화적·사회적 요인들도 지대한 영향을 미쳤다. 연구자들은 농경사회의 출현이 성적 불평등을 심화시킨 요인이었다고 지적한다. 수렵채집 사회에서 남성과 여성은 노동을 분담했다. 아이를 길러야 했던 여성은 채집생활에 주력했고 남성은 질 좋은 영양분을 확보하기 위해 사냥에 나섰다. 이러한 차이는 불평등이 아니라 역할 분담이라 할 수 있다.

하지만 농경사회가 되면서 상황은 달라졌다. 가축을 길들여 그 젖을 식량으로 삼게 되면서 여성은 과거보다 적은 비용으로 아이를 기를 수 있게 되었다. 양육 기능이 줄어들자 여성의 가사노동은 점점 확대되어 나중에는 농부 역할까지 담당해야 했다. 육아뿐 아니라 노동의 노예가 된 것이다. 더구나 부를 축적한 남성들에 의해 일부다처제가 정착되면서 여성은 삶의 주도자가 아니라 남성에게 선택받는 존재로 전락했다.

오늘날의 과학적 증거들은 남녀의 우열은 존재하지 않는다는 것을 보여준다. 인간은 포유류 가운데 성에 따른 노동 분담의 차이가 가장 크다. 노동의 분담은 지적 수행능력의 차이로 이어졌다. 대개 여자아이는 언어능력이 우수한 반면 남자아이는 수리능력이 더 우수하다. 또 여성은 대개 온순한 데 비해 남성은 공격적이다.

그뿐 아니라 남자와 여자는 서로 다른 종류의 공간능력과 시각능력을 갖는다. 먼 과거에 살았던 남성들은 움직이는 사냥감에 무기를 던지고 도구를 만들며, 사냥을 끝낸 후 멀리 떨어진 숲에서 집으로 돌아와야 했다. 이 때문에 남성은 지리적인 공간능력을 발전시켰다. 반면 여성들은 채집활동을 위해 갖가지 자잘한 지형지물을 기억해야 했다. 여성들에게 필요한 것은 먹을 만한 식물과 과일이 어디에 있는지, 어느 계절에 먹을 것이 풍부한지를 기억하는 것이었다. 사물이나 장소를 기억하는 능력이 남성보다 우수한 것은 이 때문이다. 그래서 살림살이를 잘 정리하고 가재도구와 여러 물품들을 잘 찾아내는 것은 여성들의 능력이다.

당신이 남성 가장이라면 가족들을 자동차에 태우고 낯선 지방을 여행하다 길을 몰라 헤맨 적이 있을 것이다. 만약 당신이 길을 잃고 똑같은 장소를 반복해서 돌고 있다면 아내는 몹시 짜증을 낼 것이다. 아내는 당장 자동차를 세우고 지나가는 행인에게 길을 물으라고 요구할 것이다. 처음 그런 요구를 들었을 때 곧장 자동차를 세우고 길을 물은 적이 있는가? 당신이 사냥꾼 기질을 물려받았다면 아내의 말을 무시하고 지도부터 펼쳐들 것이다. 차를 멈추고 길을 묻는 것은 무능한 사냥꾼의 자손임을 인정하는 꼴이기 때문이다.

남성은 경쟁을 선호하는 경향이 있고, 여성은 협력을 선호하는 경향이 있다. 또 남성은 위험한 일에 몸을 던지고, 여성은 조심스럽고 신중하다. 이는 남성이 암컷을 차지하기 위한 경쟁에, 여성이 아이의 양육에 더 많은 자원을 투자해왔기 때문에 생겨난 차이다.

수컷은 암컷의 호감을 얻기 위해 자기과시와 지위 획득에 지대한 관심을 보여왔다. 반면 여성들에게는 위험에 도전하는 것이 별 이득이 없다. 자신의 위험은 곧 아이의 위험과 직결되기 때문이다. 아이가 위험해지면 긴 임신기간과 양육에 대한 모든 투자가 물거품이 되고 만다. 이는 유전적으로 막대한 손실이다. 그러나 남성은 다르다. 남성은 지금의 자손을 잃더라도 위험에 도전해 지위를 획득하면 더 많은 암컷을 거느릴 기회를 갖는다.

조상들이 왜 힘든 사냥을 선택했는지에 대한 가설도 여럿 존재한다. 고기가 고단백질 식량임은 분명하지만, 고기만으로 필요한 영양분을 모두 공급할 수는 없었을 것이다. 더구나 사냥은 늘 성공하는 것이 아니고 위험도 뒤따랐다. 고기는 희귀한 자원이다.

고효율의 에너지를 얻기 위해 사냥을 시작했다는 '식량 공급 가설'은 이런 논리에 바탕을 두고 있다. 육류는 같은 영양소를 가진 식물에 비해 부피가 적고 운반도 용이하다. 먼 거리에서 저칼로리의 음식을 운반하는 것은 비효율적이다. 또 사냥은 남성들로 하여금 적으나마 자녀 양육에 투자하도록 만들었다. 육식을 하지 않는 포유류는 대개 수컷의 양육 투자가 적다. 초식 포유동물은 암컷이나 새끼에게 먹이를 제공하는 일이 드물다.

두 번째 가설은 제II부에서 소개한 '호혜적 이타주의 가설'이다. 사냥이 협력과 상호 호혜주의를 발전시키는 데 적절한 수단이었다는 것이다.

세 번째 가설은 남성 간 경쟁에서 우위를 차지하기 위해 사냥을 이용했다는 '과시 가설'이다. 능력 있는 사냥꾼은 여성들에게 환영받았으며 그만큼 짝짓기 기회도 많았다는 것이다. 또 능력 있는 사냥꾼은 무리의 지도자로 군림할 수 있었다.

많은 연구자들은 이러한 가설들을 바탕으로, 사냥이 여성을 유혹하기 위한 수단에서 출발해 나중에는 아내와 자녀를 부양하기 위한 수단으로 발전했을 것이라는 데 동의하고 있다. 사냥은 인간과 다른 영장류를 구분해준다. 집단으로 사냥을 하는 종의 수컷은 자녀를 기르는 데 일정한 역할을 수행하며 협동심이 강하다. 또 구성원의 관계가 돈독하고 사회적 교환이 활발하게 이루어진다. 사냥은 성에 따른 노동의 분화를 발전시키고 도구를 만들어내는 계기가 되었다.

페미니스트들은 여성과 남성은 생물학적으로 아무런 차이가 없으며, 남녀 차이가 발생한 것은 남성들이 지배력을 행사하는 사회적 동기에서 비롯되었다고 말한다. 하지만 생물학자들의 입장은 전혀 다르다. 성적 차이는 자연선택의 결과다.

살림살이가 여성의 타고난 능력이라는 설명에 대해 페미니스트들은 불쾌감을 드러낼 것이다. 또 사냥으로부터 성 역할의 분담이 이루어지고 먹을 것을 위해 여성이 성적 서비스를 제공했다는 가설에 대해서도 못마땅해할 것이다. 사냥꾼 가설은 마치 진화가 남성 중심으로 진행된 것 같은 느낌을 주기 때문이다. 하지만 이것은 남녀 모두 적응을 위한 선택이었을 뿐 그 자체에 우열이나 선악이 있는 것은 아니다. 유전자의 관점에서 보면 여성이 특별히 불리한 것은 아니다. 어느 성을 갖고 태어나든 평균적으로 똑같이 좋은 전략이다.

남성과 여성의 심리적 차이는 염색체가 아니라 호르몬 때문에 생겨난다. 보통 임신 16주에서 28주 사이에 뇌가 호르몬에 노출됨으로써 심리적인 성차性差가 발생하고, 이때 남성호르몬에 얼마나 노출되는가에 따라 성도 나뉜다. 여성학자들은 놀이에 참가한 남자아이와 여자아이는 어떠한 생물학적 차이도 없다고 주장한다. 실제로 그렇다. 어떤 놀이에서는 오히려 여자아이가 리더가 되며, 남자아이들을 꼼짝 못하게 만든다. 하지만 이는 남성호르몬의 양이 사춘기 이전까지 남녀 사이에 별다른 차이가 없기 때문에 충분히 있을 수 있는 일이다.

여성 태아에게도 남성호르몬은 낮은 농도로 존재한다. 따라서 어머니의 자궁 속에서 모든 인간은 여성적인 속성을 갖는다. 성차는 사회적 환경에 의해 만들어지는 것이 아니라 오랜 진화 과정에서 축적되어온 것이다. 인간의 몸은 해부학적으로도 성적 분업의 흔적을 담고 있다. 남성은 여성보다 체중이 무겁고 근육을 많이 사용할 수 있도록 되어 있다. 남성의 몸은 골격 형태와 근육의 밀도가 수렵채집 시대에 알맞게 적응했다.

혹여 당신은 이런 의문을 품을지 모르겠다. 여성이 남성에 필적하는 스포츠도 있지 않은가? 물론이다. 체조, 양궁, 사격 같은 종목들이 그렇다. 하지만 이런 스포츠는 원시적인 사냥과는 거리가 멀다. 대부분 문명화된 이후에 만들어진 도구나 장치들을 사용하는 종목인 것이다. 앞으로 스포츠는 근육보다 민첩성에 의존하는 종목들이 증가할 것이므로 남성과 여성의 차이는 점점 줄어들 것이다. 그럼에도 사냥꾼들의 종목이었던 육상이나 수영, 격투기 종목에서 역전하는 것은 불가능할 것이다. 두 성이 갖고 있는 근본적인 형질 역시 당분간 역전되지 않을 것이다. 분명한 것은 이러한 차이가 남녀의 우열을 나타내는 것은 아니라는 점이다.

페미니스트의
딜레마

이스라엘의 키부츠는 여성이 사회적 환경에 길들여지는지 테스트해볼 수 있는 좋은 표본이다. 키부츠에서는 성 역할이 거의 무시된다. 키부츠는 토지를 공유하는 집단농장체제를 갖추고 있고 취사와 식사도 공동 식당에서 이루어진다. 육아는 공동 보육시설에서 이루어지며, 남녀는 동등한 기회와 평등을 누린다.

이들은 사실상 가족제도를 해체했으며, 공동체의 목표를 개인적 요구보다 우선한다. 가부장적 제도를 없애자 키부츠 내에 놀라운 변화가 일어났다. 여성과 남성의 사회적 불평등이 사라지고 남녀의 겉모습까지 비슷해져갔다. 남녀의 패션과 외모가 점차 중성화된 것이다.

키부츠는 공동체를 처음 만든 때로부터 4세대가 지나고 있다. 이 기간 동안 육아와 가사노동에서 해방된 여성들은 어떻게 변화했을까? 인류학자인 조지프 셰퍼Joseph Shepher와 라이어널 타이거Lionel Tiger는 1970년대 초반 키부츠의 3세대에 속하는 3만 4040명을 대상으로 이 궁금증을 풀고자 했다.

이들의 연구 결과는 의외였다. 키부츠의 권력은 대부분 남성들이 차지하고 있었다. 권력을 행사할 수 있는 지위 중 3분의 1 이상을 여성에게 할당했음에도 여성들의 자발적 참여는 저조했다. 처음에는 노동에서 남녀 역할 차이가 거의 없었으나 1950년에 이르자 이들은 서로 다른 직업을 택했다. 남성은 농사나 집단 내에서 영향력을 행사할 수 있는 지위를 택한 반면, 여성은 대개 간호사와 교사, 세탁, 요리 등과 같은 서비스 부문에 종사했다. 또 엄마들은 아이들과 떨어져 있는 것에 만족하지 못했다. 고상한 이상을 바탕으로 지상의 천국이 되고자 했던 키부츠가 오히려 이스라엘의 다른 지역보다 성차별이 심한 곳으로 드러난 것이다.

물론 여성이 가사노동에만 매달려야 한다는 주장은 사회적으로나 생물학적으로 정당화될 수 없다. 성적 평등은 인류가 추구해야 할 보편적 가치 중 하나이기 때문이다. 그러나 남성과 여성이 모든 면에서 같아야 한다는 주장은 생물학적으로 옳지 않다. 미국 웨인 주립대학교의 킹즐리 브라운Kingsley Browne 교수는 《유리천장의 비밀: 남자 일과 여자 일은 따로 있는가?Divided labours》에서 가부장적 사회구조가 '성차의 결과물이지 성차의 원인은 아니'라고 말한다. 물론 그는 생물학적 요인이 전부는 아니며, 사회적 태도나 성에 대한 오해에 따른 차별이 엄연히 존재하고 있음을 인정하고 있다.

사회적 지위나 부는 위험을 감수하고 모험을 감행한 자에게 주어지는 보상이다. 남성은 수컷 경쟁을 통해 승리에 대한 보상이 얼마나 달콤한지를 깨달았다. 이 때문에 남성은 위험을 감수하도록 진화했다. 반면 여성은 안전을 선호하도록 진화했다. 그래서 대부분의 여성은 모험과 도전을 추구하는 직업보다 안정적으로 일할 수 있는 공공기관이나 비영리 기관에서 일하는 것을 선호한다.

남성은 승진을 위해서라면 장시간의 노동과 착취를 감수하지만, 여성은 남성에 비해 그럴 의사가 적다. 또 남성은 결혼한 뒤에 지위를 추구하는 성향이 더욱 강화되는 반면, 여성은 지위보다는 적은 노동시간과 출근 거리에 더 관심이 많다. 자녀를 보살피는 데 장시간의 노동은 큰 방해물이기 때문이다. 여성들은 안전성과 노동시간, 출퇴근 시간, 다른 사람과의 관계 등을 더 중시하기 때문에 승진과 보상에 목숨을 거는 남성에 비해 높은 지위를 차지할 가능성이 적고 임금도 적다. 어떤 경제학자는 이러한 임금 격차가 원하는 직업을 선택하기 위해 지불해야 하는 차액이라고 말한다. 물론 여성이 이런 조건을 감수하는 것은 사회적으로 강요된 측면이 있다.

사회에는 엄연히 성차별이 존재한다. 하지만 차별과 차이는 구별해야 한다. 성 차이는 남자와 여자가 상이한 생식전략을 선택한 데서 비롯되었다. 그러므로 성 차이는 쉽게 사라지지 않을 뿐 아니라 차이를 없애는 것이 평등을 구현하는 것도 아니다. 오히려 차이를 인정하고 추구하면서 서로에게 유리한 환경을 만드는 것이 진정한 평등이라 할 수 있다.

이런 주장에 반론할 여지는 많을 것이다. 만약 여성이 가사노동에서 해방된다면 남성과 똑같이 사회적 지위를 추구할 수 있다. 여성은 가사노동에 더 많은 시간과 노력을 투자하기 때문에 사회적 지위 다툼에서 남성에 비해 불리하며, 때로는 가정을 위해 자신의 경력을 포기한다. 여성은 거의 모든 면에서 남성에 비해 불리한 상황에 처해 있다.

여성이 사회적 편견에 묶여 있다면, 남성은 생물학적 운명에 묶여 있다. 여성은 전업주부가 될 수 있고, 직장인이 될 수도 있으며, 또는 두 가지 모두를 선택할 수 있다. 하지만 남성의 선택 범위는 매우 제한되어 있다. 남성이 전업주부가 되지 못할 이유는 없지만 이는 극히 제한된 사례일 것이다.

집에서 가사노동을 하는 남성에게 매력을 느끼는 여성은 드물기 때문에 그런 전략을 선택한 남성은 생식전략에서 실패할 가능성이 높다. 따라서 남성은 노동자 외에 선택할 대안이 별로 없다. 지위와 보상을 향한 남성의 욕구는 생물학적으로 깊이 각인되어 있는 것이다.

남편이 전업주부가 되기를 원하는 여성 또한 매우 드물 것이다. 여기에 페미니스트들의 딜레마가 있다. 임상심리학자 아얄라 말라크 파인스 *Ayala Malach Pines*는 《사랑*Falling in Love*》에서 소득이 높은 젊은 여성일수록 남편의 소득을 더 중요하게 여긴다는 점을 지적했다. 즉 자존심이 강한 여성은 남편이 자신을 내조하기보다 자신보다 더 높은 지위와 부를 갖기 원한다. 그런 여성은 전업주부가 될 남성을 배우자로 삼는 게 유리하지만 그렇게 할 리 만무하다.

선사시대부터 현대에 이르기까지 인간의 본성은 크게 변하지 않았다. 남성은 아기를 가질 능력이 있는 여성에게 끌리고, 여성은 아기를 키울 능력이 있는 남성에게 끌린다. 여성이 남성에게 원하는 것은 사회적 지위와 부다. 인간뿐 아니라 모든 종의 암컷은 수컷의 권력과 미래의 가능성에 매력을 느낀다. 오늘날에도 여성들은 남성의 지위와 경제력에 후한 점수를 준다.

어떤 여성이 여고 동창회에 참석했다고 상상해보자. 누군가 출석을 체크하기 위해 졸업 앨범을 꺼냈다. 그러자 주위에 있던 친구들이 모여들어 사진 속 친구들을 평가하기 시작한다. 성공한 친구들이 가장 먼저 입에 오를 것이다. 그런 다음 그 친구가 어떤 남자와 결혼했는지를 이야기할 것이다.

A와 B, 두 친구가 있다. A는 최근 명문대학을 졸업하고 미국의 명문대학 대학원에 입학했다. 장차 A는 대학교수 자리가 보장되어 있다. 한편 B는 지방 전문대학을 중퇴하고 며칠 전 재벌 2세와 결혼했다. B는 재벌 2세가 소유한 모 박물관 관장으로 일할 것이라는 기사가 잡지에 실린 적이 있다. A와 B 중 누가 성공한 것처럼 보이는가?

대부분의 심리 실험은 여성들이 당사자의 지위나 학벌보다 남편의 지위에 더 민감하게 반응한다는 것을 보여준다. 즉 여성들은 헬스클럽을 청소하는 근육질의 미남보다 외제 차를 몰고 다니는 그저 그런 외모의 남자를 더 선호하는 것이다.

팬티만 걸친 글래머 여성을 보고 남성들이 흥분하는 것은 그녀에게서 다산성의 상징을 보기 때문이다. 그러나 여성들은 팬티만 입은 남성을 보면 웃음을 터뜨린다. 그 남성은 지위를 상징할 만한 것을 아무것도 걸치지 않았기 때문이다. 그 남성이 세계적 디자이너가 디자인한 팬티를 입고, 근사한 저택의 수영장에서 정장 차림의 비서가 건네주는 최고급 와인을 마시고 있다면, 여성들은 그 모습을 보고 절대 웃지 않을 것이다.

부러울 것 없이 성공한 여성도 자기보다 나은 배우자를 원한다. 아이러니하게도 능력 있는 여성일수록 배우자의 지위를 더 중요하게 여긴다. 페미니스트는 이 논리를 역겹게 생각할 수도 있다. 페미니스트는 현실적으로 부와 권력이 남성에게 집중되어 있기 때문에 그렇다고 반박할 것이다. 남성 우위의 사회에서 여성이 선택할 수 있는 대안이 별로 없다고도 항변할 것이다.

만약 페미니스트들이 원하는 대로 부와 권력이 여성에게도 고르게 분배된다면, 여성들은 굳이 능력 있는 남성을 배우자로 선택하지 않아야 할 것이다. 과연 그런 사회가 실현될 수 있을까? 무능력한 몇몇 남자들은 그런 사회를 선호할 수도 있다. 그러나 그들의 기대는 착각에 지나지 않는다. 그런 남성들은 여성들의 선택을 받을 수 없기 때문이다.

페미니스트들조차 무능한 남성을 배우자로 선택하지 않는다. 남성의 입장에서도 능력 있는 여성의 배우자가 되어 가사노동에 전념하기를 원치 않으며, 사회적 지위를 추구하는 여성 역시 남편이 가정주부로 남아 있기를 원치 않는다. 대개 남자들은 여성의 부에 기대어 사는 것을 수치로 여긴다. 이러한 심리는 생물학적으로도 당연한 것이다. 남성이 생식전략을 구사하는 데 필요한 것은 자신의 부이지 아내의 부가 아니기 때문이다.

03

바람둥이
딜레마

훔친 사과가
맛있다

1978년 미국 플로리다 주립대학교의 심리학자 러셀 클라크Russell D. Clark
와 하와이 대학교의 심리학자 일레인 햇필드Elaine Hatfield는 남성과 여성
의 성인식에 대한 흥미로운 연구 결과를 발표했다. 연구팀은 외모가 매
력적인 남성 네 명과 여성 다섯 명을 모집한 후 대학 캠퍼스로 가서 벤
치에 앉아 있거나 지나가는 이성에게 접근해 세 가지 질문을 던지도록
했다.

　"오늘 밤에 저랑 데이트하시겠어요?"

　"오늘 밤에 제 아파트로 오지 않겠어요?"

　"오늘 밤에 저와 잠자리를 함께하지 않겠어요?"

　처음 보는 이성이 다가와 이런 제안을 한다면 당신은 몹시 설렐 것이

다. 더구나 상대방의 외모가 매력적이라면 꿈인지 생시인지 의심하게 될 것이다. 물론 당신이 남성이라면 말이다. 하지만 당신이 여성이라면 '내가 그렇게 쉽게 보인단 말인가?' 생각하며 불쾌감을 느낄 수도 있다.

예상했던 대로 실험 결과는 남성인가 여성인가에 따라 차이를 보였다. 절반의 여성과 남성이 한밤의 데이트에 동의했다. 아파트로 올 수 있냐는 두 번째 질문에는 6퍼센트의 여성과 69퍼센트의 남성이 그러겠다고 대답했다. 그리고 함께 잠자리를 하지 않겠냐는 세 번째 질문에는 0퍼센트의 여성과 75퍼센트의 남성이 동의했다.

이후 유사한 실험이 여러 번 행해졌지만 실험 결과는 크게 다르지 않았다. 실험 결과가 보여주는 것은 남성이 여성에 비해 바람둥이 기질을 타고났다는 것이다. 단순한 데이트 신청에는 절반의 여성과 남성이 흔쾌히 동의했지만, 성적 접촉이 예상되는 상황에서는 남성이 적극적인 태도를 보인 반면 여성은 거부하는 경향을 보였다. 특히 잠자리를 같이하자는 제의에 동의한 여성은 한 명도 없었다.

남성과 여성이 성을 대하는 태도는 전혀 다르다. 대개 남성은 여성을 헤픈 여자와 잠재적인 아내로 구분한다. 남성은 가족을 제외한 여성을 성적 대상으로 대할 뿐 아니라 상대가 누구든 주어진 기회를 놓치지 않으려고 한다. 하지만 자신과 결혼할 여성에 대해서는 이중적인 태도를 취한다. 자신은 모든 여성과 짝짓기를 하기 위해 노력하지만, 장차 아내가 될 가능성이 있는 여성의 문란한 관계는 철저히 금하는 것이다.

모든 남성이 늑대라는 말은 맞다. 이들은 탐욕스럽게 기회를 노린다. 미국 텍사스 대학교의 제임스 페니베이커James Pennebaker 교수는 1977년 버지니아 대학교 인근 술집에서 재미있는 실험을 진행했다. 그는 학생들을 두 명씩 짝을 지어 술집으로 들여보내 9시, 10시 30분, 자정에 설문

조사를 실시했다. 이들은 혼자 술집에 들른 손님들에게 다가가 양해를 구한 후 술집에 있는 이성에 대해 매력지수를 평가해달라고 부탁했다. 137명의 남성과 80명의 여성이 설문에 응했다.

조사 결과 사람들은 술집 문을 닫을 시간이 가까워질수록 이성을 더 매력적으로 평가한 것으로 나타났다. 그러나 같은 동성들에 대한 매력지수는 자정이 가까워질수록 하락했다. '폐점시간 효과closing time effect'로 불리는 이 현상은 알코올과는 아무런 관계가 없었다. 이는 이성과 성적으로 접촉할 수 있는 기회가 감소하는 것을 예민하게 감지하는 심리적 메커니즘이라 할 수 있다. 인간은 이성이 가까이 있을 때 기회를 놓치면 안 된다는 심리를 진화시켜온 것이다.

우리는 가질 수 없거나 잃어버린 물건에 유독 애착을 갖고 금지된 행위를 시도한다. 사랑도 마찬가지다. 사랑을 방해하는 훼방꾼이 있을수록 사랑의 감정은 강해진다. 또 이루어질 가능성이 거의 없는 짝사랑일수록 더욱 전의를 불태운다. 사랑이 제3자에게 방해받는 문제는 〈로미오와 줄리엣〉이 탄생하기 훨씬 이전부터 있어왔고, 오늘날에도 뿌리 깊게 존재한다. 지금도 대부분의 드라마와 소설은 이 문제를 다룬다. 그러나 드라마는 인생의 끝 장면을 보여주지 않는다.

아무리 사랑의 열병에 걸린 젊은이라도 일단 파트너를 손에 넣으면 마음이 변한다. 대부분의 부부가 그렇듯이 짝짓기가 끝나면 주체할 수 없는 후회가 찾아온다. 백년해로의 꿈은 손아귀의 모래알처럼 하나씩 사라지고, 남자는 다른 이성에 관심을 갖기 시작한다. 이른바 '쿨리지 효과Coolidge effect'가 나타나는 것이다.

미국의 제30대 대통령인 존 캘빈 쿨리지John Calvin Coolidge가 아내와 함께 농장을 방문했다고 한다. 영부인이 먼저 닭장 앞에 도착하자 수탉

이 홰를 치며 암탉을 향해 돌진하더니 이내 교미를 시작했다. 이를 본 영부인이 농장주에게 물었다.

"수탉은 하루에 몇 번이나 교미를 하죠?"

"하루에 열댓 번 정도 합니다."

농장주의 대답에 영부인이 나지막이 대꾸했다.

"대통령한테 그 말 좀 전해주시겠어요?"

영부인이 닭장 앞을 지나간 뒤 이번에는 대통령이 닭들이 교미하는 모습을 보았다. 그러자 농장주는 영부인이 했던 말을 대통령에게 전해주었다. 대통령이 물었다.

"수탉은 매번 같은 암탉하고 교미하나요?"

"아닙니다. 매번 다른 암탉하고 교미하지요."

"그럼, 영부인에게 방금 한 말 좀 전해주시겠소?"

쿨리지 효과란 같은 파트너와 관계할 경우 쾌락이 감소하는 것을 말하는데, 바로 미국 대통령의 이름에서 따왔다. 반대로 말하면 새로운 파트너를 만났을 때 성적 욕구와 쾌락은 증가한다. 실제로 쿨리지 효과는 과학적으로도 증명되었다.

캐나다의 신경과학자 앤서니 필립스Anthony G. Phillips는 생쥐를 대상으로 쿨리지 효과에 대한 검증에 나섰다. 그는 수컷 생쥐 앞에 암컷 생쥐를 차례로 등장시키며 뇌의 변화를 관찰했다. 유리 벽 앞으로 새로운 암컷 쥐가 등장하자 수컷의 도파민 수치가 44퍼센트나 증가했다. 또 교미를 앞두고 있을 때는 정상 수치의 두 배로 증가했고, 교미 순간에 최고치에 이르렀다. 교미가 끝난 다음에는 수컷의 도파민 수치가 급격히 하락했다. 흥미를 잃은 것이다. 특히 한 번 교미를 했던 암컷과 다시 교미할 경우 도파민 수치가 예전처럼 급격히 상승하지 않았으며, 교미가 반복될수록 평소 수치에 근접했다. 그러나 새로운 암컷이 등장하면 도파민 수치는 다시 34퍼센트 상승했다.

이 실험은 수컷이 자신의 정자를 품고 있는 암컷에게는 점차 성적 욕망을 느끼지 않는다는 것을 보여준다. 반면 이전에 한 번도 품어본 적이 없는 암컷이 나타나면 성적 자극을 받는다. 남성도 생쥐와 마찬가지로 낯선 여성에게 더 매력을 느낀다. 자손을 퍼뜨릴 새로운 기회를 만났기 때문이다. 수컷은 놀라울 정도로 낯선 암컷에게 반응하며, 기존의 파트너에게는 냉정한 반응을 보인다. 이전에 교미했던 암컷에게 가면을 씌우거나 냄새를 없애도 성욕은 감퇴했다. 심지어 수컷은 박제된 낯선 암컷에게도 구애했다. 남성들이 왜 실제 여성이 아닌 모조품과 음란한 영상에도 쉽게 흥분하는지 이해할 수 있는 대목이다.

남성은 여성보다 쉽게 성적 환상을 경험한다. 남성은 정서적 교감 없이도 여성의 육체를 떠올리는 것만으로도 흥분한다. 영상이나 그림, 조각, 글을 통한 묘사뿐 아니라 단순한 시각적 상상만으로도 충분하다. 이는 남성이 성적 파트너를 선택하는 과정에서 유독 시각적 측면을 발달시켜왔음을 의미한다. 반면 여성의 성적 환상은 육체적인 것이 아니다. 여성은 부드럽고 친근하며 따뜻하고 익숙한 감정을 더 중시한다. 이러한 차이는 남성과 여성이 서로 다른 짝짓기 전략을 진화시켰기 때문에 생겨난 것이다. 남성은 젊고 건강한 여성을 선택해 재빨리 임신시킬 방도를 찾는 데 골몰하는 반면, 여성은 배우자에게 감정적 헌신과 친밀함을 원한다.

378

우리는 왜 털 없는
원숭이가 되었을까?

이족보행을 시작하면서 인간의 신체기관은 급격한 변화를 겪었다. 이 문제에 대해서는 영국의 동물학자이자 인류학자인 데즈먼드 모리스가 독보적인 설명을 내놓았다. 그는 《털 없는 원숭이》와 《벌거벗은 여자The Naked Woman》에서 인간의 체형 변화를 흥미롭게 다룬 바 있다.

조상들은 왜 이점이 많은 털가죽을 벗게 되었을까? 털은 아프리카처럼 더운 환경에서는 햇볕의 공격을 막아주고 추운 곳에서는 체온을 보호해준다. 그래서 육상 포유동물은 대개 털을 가지고 있다. 코끼리는 털이 없지만 피부가 건조해지는 것을 막기 위해 진흙 목욕을 한다. 대개 털이 없는 포유류는 햇볕이나 추위에 노출되지 않는 동굴에서 생활한다. 또 고래, 해마, 바다표범, 돌고래 등 수생 포유류는 털이 필요 없다. 털이 있는 수생 포유류는 수달이나 비버처럼 땅과 물속을 오가면서 살아간다. 즉 땅 위에서 살아가려면 털이 있어야 유리한 것이다.

물론 코끼리나 코뿔소 같은 예외는 있다. 이들은 비정상적으로 큰 몸집 때문에 체온조절에 문제가 생기자 털을 벗었다. 인간과 유사한 침팬지 역시 털이 있다. 갓 태어난 침팬지는 머리털이 풍성한 반면 몸에는 털이 별로 없다. 반면 인간은 태아 시절에 솜털로 덮여 있다가 태어나기 직전에 벗겨진다.

털은 새끼를 기르는 데도 중요한 역할을 한다. 영장류 새끼들은 어미의 털을 움켜쥠으로써 어미의 몸에 매달린다. 새끼가 털에 매달리면 어미는 자유로이 이동할 수 있고 두 손을 사용하기도 편리하다. 따라서 털은 먹이를 구하거나 적으로부터 도망칠 때 유용한 수단이 될 수 있다.

두 발로 서서 걸으면 새끼가 어미의 털에 매달려 있기 힘들다. 알몸에 매달리는 것은 빌딩에 매달려 있는 것과 같다. 빌딩이 비스듬히 누워 있는 상태라면 새끼는 빌딩에 돋아난 작은 돌기만으로도 충분히 체중을 지탱할 수 있을 것이다. 하지만 완전한 직립 상태라면 새끼는 추락하고 말 것이다. 그럼에도 조상들은 털 대신 직립을 선택했다. 왜 인간은 생존에 유용한 털을 버린 것일까?

인간이 털 없는 원숭이가 된 이유를 기후변화에 적응하는 과정에서 찾는 학자들이 많다. 사바나 초원의 무더위 속에서 서늘한 체온을 유지할 수 있도록 털가죽을 벗고, 땀을 배출하기 위해 매끄러운 피부 밑에 땀샘을 발달시켰다는 것이다. 체온을 유지하기 위해 알몸이 되었다는 가설은 조상들이 사바나 초원을 내달리던 사냥꾼이었다는 사실을 전제하고 있다.

대초원에서 두 발로 걸어다닌 것도, 뇌가 점점 더 커진 것도 체온을 조절하기 위해서였다. 머리가 지면으로부터 멀리 떨어져 있을수록 더 시원한 공기를 접할 수 있다. 또한 두 손을 자유로이 사용할 수 있으므로 훨씬 많은 일을 할 수 있고, 이는 뇌의 진화로 이어졌다.

그러나 영국 출신의 고고인류학자 티머시 테일러Timothy Taylor는 《야한 유전자가 살아남는다The Prehistory of Sex》에서 이 가설에 의문을 제기했다. 뜨거운 태양 아래서는 발가벗고 있는 것이 좋겠지만 밤에는 추위에 취약했다는 것이다. 물속에 살지 않는 한 알몸이 생존에 유리한 점은 거의 없다. 그는 조상들이 털을 포기한 것은 생존의 이점보다 성적 매력 때문이라고 말한다.

이 가설은 찰스 다윈이 《인간의 유래와 성선택》에서 추측한 깃과 일맥상통한다. 찰스 다윈은 여성이 털이 적다는 사실을 바탕으로 남성보다 여성이 알몸을 선호했다고 생각했다. 다윈은 알몸의 진화가 아프리카를 떠나기 전에 이루어졌다고 믿었다. 다윈의 견해에 따르면 여성들의 털이 먼저 없어졌으며, 이는 털이 거추장스러워서가 아니라 알몸을 드러내는 것이 남성들에게 더 매력적으로 보였기 때문이다.

그러나 아직도 남성의 가슴과 팔다리에는 털이 많다. 이러한 사실은 여성이 처음부터 남성의 알몸을 선호하지 않았음을 보여준다. 따라서 여성의 털이 없어지면서 남성의 털도 조금씩 사라지기 시작했다고 볼 수 있다. 생물학자들은 다윈의 아이디어를 확장시켜 '특정 배우자 인식체계specific mate recognition system' 가설을 제시했다.

티머시 테일러는 여기에 문화적 요인을 추가한다. 엉덩이의 털이 없어지면서 엉덩이와 비슷하게 생긴 젖가슴이 몸 앞에 생겨났다. 강력한 성적 신호를 발산했던 음부가 이족보행으로 안쪽으로 숨은 대가였다. 알몸으로의 진화가 '음부의 확장'이라는 그의 생각은 데즈먼드 모리스의 가설과 같다. 하지만 그는 이 과정이 생물학적 요인뿐 아니라 문화적 환경 안에서 비로소 완성되었다고 믿는다. 옷과 미용술이 발달해 털이 없어진 부분을 가리게 되었고, 그에 따라 털이 없는 부분이 점점 더 확장되었다는 것이 그의 생각이다.

여전히 의문이 남는 것은 털 중에서 왜 음모陰毛만 남겨두었느냐는 것이다. 여기에는 세 가지 가설이 존재한다. 첫째는 잠재적인 배우자에게 시각적 신호를 전달하기 위한 광고판이라는 것이다. 즉 음모는 아이를 가질 수 있는 나이가 되었다는 것을 보여준다. 두 번째는 페로몬과 같은 냄새를 가두는 역할을 한다는 것이다. 이 냄새는 잠재적 배우자들을 유혹하는 수단으로 사용할 수 있다. 세 번째는 성행위를 할 때 서로 찰과상을 입지 않도록 한 일종의 보호 장치라는 것이다. 하지만 마지막 가설은 왜 겨드랑이에도 털이 남아 있는지를 설명할 수 없다. 만일 시각적 신호의 전달이라는 가설이 옳다면 먼 미래의 후손들은 음모를 갖지 않게 될 것이다. 의복을 포기하지 않는 한, 옷이라는 방해물이 신호를 차단할 것이기 때문이다.

여자의 몸,
그 성적 부호

여성들은 다이어트에 엄청난 시간과 노력을 투자한다. 여성들이 미모를 가꾸는 데 목을 매는 이유는 당신이 짐작하고 있는 대로 남성들의 선택을 받기 위해서다. 이런 결론이 페미니스트들로서는 달갑지 않겠지만, 다른 이유를 찾기 어렵다.

오늘날 선진국에서는 여성의 체중이 낮을수록 지위가 높은 경향이 있는 반면, 먹을 것이 부족한 빈국에서는 체중이 많이 나갈수록 지위가 높은 경향이 있다. 식량이 풍부한 사회에서 마른 여자가 각광받는 이유는 날씬한 몸매를 유지하기가 그만큼 어렵기 때문이고, 먹을 것이 부족한 사회에서 통통한 여자를 선호하는 것은 살을 불리기가 그만큼 어렵기 때문이다.

노골적으로 표현하면 어떤 목적을 위해 시간과 노력을 투자할 수 있는 사람은 특권을 가진 사람이다. 다이어트나 살찌기에 투자하는 여성은 자신 또는 부모나 남편이 부자라는 의미다. 과거에는 대부분의 사회에서 통통한 여자를 선호했다. 먹고살기가 그만큼 어려웠다는 얘기다.

분명한 것은 어느 시대나 특권계급이 아름다워 보였다는 것이다.

여성들은 남성들이 엄청나게 야윈 여자를 좋아할 거라 생각하지만 사실은 그렇지 않다. 대부분의 남성들은 적당히 날씬하면서도 볼륨 있는 몸매의 여성에게 매력을 느낀다. 또 남성들은 여자들이 근육질의 남성을 좋아할 거라 생각하지만, 여성은 건강한 남성을 좋아할 뿐이다. 지금까지 심리학자들이 연구한 바에 따르면, 남성은 무조건 날씬한 여자를 좋아하는 것이 아니라 적당한 비율의 체형에 매력을 느낀다. 허리둘레가 엉덩이둘레의 70퍼센트쯤인 몸매를 선호하는 것이다.

1993년 미국 텍사스 대학교의 심리학 교수 디벤드라 싱Devendra Singh은 195명의 남성에게 각기 다른 형태의 여성 신체 그림을 주고, 가장 매력적인 신체를 고르도록 했다. 남성들은 다양한 문화적 배경을 가지고 있었음에도 대부분 모래시계처럼 허리가 잘록한 신체를 가장 매력적으로 평가했다. 또 그는 과거 30년간의 미국 미인대회 수상자와《플레이보이》모델을 분석함으로써 여성의 성적 매력이 몸무게나 키와 상관없이 허리 대 엉덩이의 비율이 0.7:1이라는 것을 알아냈다.

이는 여성의 매력이 지방의 양이 아니라 지방의 분포와 관련이 있음을 의미한다. 사춘기 여성은 여성호르몬인 에스트로겐 분비로 엉덩이와 허벅지에 지방이 몰려 있다. 이 부위의 부피는 체중에 비해 여성이 남성보다 40퍼센트나 크다. 사춘기 이전 허리 대 엉덩이의 비율은 0.85~0.95:1로 남녀가 비슷하지만, 사춘기 남성은 0.85~0.95:1인 반면 사춘기 여성은 0.67~0.80:1 정도다. 엉덩이에 비해 허리의 비율이 낮다는 것은 이제 임신할 시기가 되었음을 보여주는 것이다.

먹을 것이 부족했던 과거에 마른 몸매는 빈곤의 표시에 지나지 않았다. 음식을 저장할 냉장고가 없던 시절에는 소비를 하는 것이 미래를 위한 최상의 저축이었다. 어려운 시기에 대비해 가능한 한 많은 음식을 섭취해 몸속에 지방으로 보존하는 것이다.

과거의 아버지들이 날씬한 허리를 좋아했던 것은 가는 허리가 상대적으로 엉덩이를 커 보이게 했기 때문이다. 가는 허리는 엉덩이를 크게 포장하고, 큰 엉덩이는 다산多産의 건강성을 남성에게 알리는 광고판이었던 것이다. 출산 중 아이가 사망하는 일은 다반사였으므로 임신부의 건강은 무엇보다 중요했다. 지금도 마찬가지지만 출산 중에 임신부나 아이가 사망하는 것은 태아의 뇌가 산도를 통과하기에는 지나치게 크기 때문이다. 출산의 위험에도 불구하고 산도가 넓어지지 않은 것은 뇌의 진화가 몸의 진화보다 빨리 진행되었기 때문이다. 남성은 출산의 위험을 최소화하기 위해 큰 엉덩이를 가진 여성을 선호하도록 진화했다.

사춘기 여성은 출산을 촉진하는 호르몬인 릴랙신relaxin이 분비되어 골반의 출구가 1.3센티미터쯤 넓어진다. 반면 사춘기 남성은 남성호르몬이 골반이 넓어지는 것을 억제한다. 여성이 임신을 하면 허리는 굵어지며, 아이를 낳은 뒤에도 마찬가지다. 폐경기에 접어든 여성도 허리가 점차 굵어진다. 따라서 엉덩이 대비 허리 비율이 낮은 것은 젊음, 건강, 생식능력, 임신한 적이 없는 상태를 나타내는 표지다. 즉 허리가 가늘다는 것은 한 번도 임신한 적이 없는 건강한 처녀임을 광고하는 것이다. 반대로 굵은 허리는 임신 중이거나 수유 중임을 의미한다. 이런 여성을 선택한 남성은 자손을 번식시키기 어렵기 때문에 남성은 허리가 굵은 여성을 피하도록 진화했다.

이런 결론을 얻었다고 해서 빙하기에 살았던 조상들이 똑같은 비율을 선호했다고 보기는 어렵다. 식량을 얻기 힘들었던 조상들은 아마도 체중이 더 무거운 여성을 선호했을 것이며, 여성의 엉덩이 대비 허리 비율도 0.7이 넘었을 것이다.

진화적인 이유를 알기 어려운 경우도 있다. 머리카락이 그렇다. 왜 거추장스러운 머리카락이 필요한가? 지금까지 나온 가설은 머리카락이 햇볕으로부터 머리를 보호한다거나 큰 뇌를 보호하기 위해서라는 것이다. 또 하나의 가설은 다른 유사한 동물과 인간을 구분하는 일종의 표식으로 발달했다는 것이다.

머리카락과 달리 얼굴의 변화는 진화적인 이유가 있다. 이마는 뇌가 확장되면서 넓어졌다. 눈썹은 상대방에게 자신의 심리 상태를 전달하기 위해 발달했고, 귓바퀴 뒤쪽에 있는 작은 혹은 뾰족하던 귀의 흔적이다. 또 코는 초원지대로 이주하면서 건조한 기후에서 습기를 흡입할 수 있도록 높고 크게 진화했다. 대개 고온다습한 지역에 사는 동물의 코는 넓고 낮다. 뺨은 건강함을 드러내는 표지판으로 작용하면서 통통하게 진화했고, 이후 자신의 상태를 알려주기 위해 다양한 표정을 지을 수 있도록 근육이 발달했다. 도톰한 입술은 젖을 빨 때 입술과 가슴 사이에 공기가 새어 들어가 압력이 떨어지는 것을 방지하는 역할뿐 아니라 성적 신호로 작동한다. 성적으로 흥분하면 여성의 입술은 음순과 마찬가지로 붉게 변하며 자극에 민감하다.

눈은 주행성 동물에게 매우 중요하다. 영장류는 시각에 대한 의존성이 크다. 사물을 3차원으로 볼 수 있는 입체시의 발달은 초기 영장류에게 장애물을 헤쳐나가는 능력과 손으로 먹이를 잡는 능력을 주었고, 색체를 구분하는 능력은 잘 익은 과일을 선별하게 해주었다. 인간의 눈은 좋은 것을 볼 때 동공이 확장되고 싫은 것을 볼 때 축소된다. 또 눈시울을 덮고 있는 몽고주름은 모든 인류가 갖고 태어나지만 서구인들은 성인이 된 후 사라지는 반면 극동아시아인들은 성인이 되어도 남아 있다. 추위에 적응하기 위해 몽고주름이 필요했을 것이다.

데즈먼드 모리스의 발랄한 재치는 여성의 몸을 설명할 때 빛을 발한다. 그는 여성의 가슴이 반구 모양인 것은 아이에게 젖을 물리는 것과 관련이 없다고 말한다. 그의 설명에 따르면 여성의 가슴이 둥글게 튀어나온 것은 이족보행 때문이다. 이족보행을 하기 전 조상들은 암컷의 성기를 바라볼 수 있었고, 짝짓기도 후배위로 이루어졌다.

그러나 이족보행을 하게 되면서 수컷은 암컷의 앞부분만 볼 수 있었다. 이때 수컷은 암컷이 발산하는 성적 신호를 알아볼 수 없다. 대부분의 동물은 발정기가 있고 암컷은 암내를 풍긴다. 하지만 인간은 발정기가 없고 암컷의 성기가 부풀지도 않는다. 이를 해결할 수 있는 방법은 수컷이 잘 볼 수 있도록 엉덩이를 모방한 부위를 가슴에 장착하는 것이다. 즉 입술을 도톰하게 진화시켜 성기의 대용품으로 삼고, 엉덩이를 본뜬 가슴을 전면에 내세움으로써 수컷의 관심을 끄는 것이다. 이렇게 해서 가슴은 두 개의 반구 모양이 되었다.

그러나 볼록하고 둥글게 튀어나온 엄마의 젖은 수유할 때 아기가 물기 어렵다. 대개 동물의 암컷은 둥근 유방이 아니라 기다란 모양이다. 새끼가 젖꼭지를 물 때 질식사할 위험이 거의 없는 것이다. 그렇지만 인간은 둥글게 튀어나온 가슴 때문에 아기가 젖을 빨 때 질식사할 위험이 있다.

찰스 다윈은 오래전에 이 문제에 의심을 품었다. 그는 《종의 기원》에서 어미가 수유할 때 어린 새끼의 기관으로 젖이 흘러 들어가 질식할 수 있다고 지적했다. 그런 다음 그는 인간에게 아주 특수한 장치가 있음을 찾아냈다. 후두喉頭가 비도鼻道의 뒤끝 깊숙이까지 들어갈 정도로 길다는 것을 알아낸 것이다. 이로 인해 공기가 자유롭게 허파로 들어가고, 젖이 길게 늘어진 후두 양쪽을 통해 식도까지 도달하는 것이다.

엄마들은 아이가 젖을 물 때 숨 쉴 공간을 만들어주기 위해 가슴을 눌러준다. 아이의 생명을 위협할 정도로 유방이 발달한 것은 가슴이 성적 대용품으로 발달했다는 근거가 될 수 있다. 젖가슴이 성적 부호라는 또 다른 증거는, 다른 영장류도 새끼에게 젖을 먹이지만 인간처럼 젖가슴이 크지 않다는 것이다. 포유동물에게는 젖을 먹이는 일이 자손의 생존을 좌우하기 때문에 가슴의 역할이 매우 중요하다.

여러 개의 젖꼭지를 가진 다른 포유동물에 비해 인간의 젖꼭지는 두 개뿐이다. 만약 험악한 환경에서 네 쌍둥이를 낳았다면 적어도 두 명은 생존의 위협에 처했을 것이고, 젖꼭지를 차지하기 위한 형제간 경쟁도 더욱 치열했을 것이다. 하지만 자연선택은 늘 효율성을 추구한다. 네 명의 쌍둥이를 낳는 일은 매우 드물 뿐 아니라 생존 확률도 낮다. 조상들은 양보다 질을 선택했다. 네 명을 낳아 굶겨 죽이거나 허약하게 기르느니 차라리 하나를 낳아 제대로 기르는 방식을 택한 것이다.

가슴이 크다는 것은 피하지방이 그만큼 풍부함을 의미한다. 피하지방이 많은 여성은 많은 젖을 생산할 수 있으므로, 남자들은 적절한 지방질을 가진 여성을 선호하게 되었다. 여성은 지방을 몸 전체에 골고루 분산해놓고 있으며, 특히 가슴이나 엉덩이처럼 눈에 잘 띄는 부위에 축적한다. 젖과 지방을 축적해놓아야 장차 다가올지도 모를 혹독한 환경에서도 아이를 길러낼 수 있기 때문이다.

허리가 잘록해 보이는 것은 결국 가슴과 엉덩이의 지방이 풍부하다는 증거다. 그래서 풍만한 엉덩이는 건강의 상징인 동시에 다산의 상징이 되었다. 여성의 입장에서도 가슴은 자신의 생식 정보를 직접 드러내지 않으면서 남성의 관심을 유발하는 역할을 한다. 만약 임신기간과 수

유기간에만 가슴이 부풀어 오른다면 남성은 그 여성에게 매력을 느끼지 못할 것이다. 이미 임신 중이거나 아이가 딸렸다는 것을 금방 눈치챌 것이기 때문이다.

배는 터부시되는 영역이다. 동물들이 상대방에게 배를 드러내고 눕는 것은 '항복'한다는 의미다. 여성이 배를 드러낸다는 것은 상대방을 성적 파트너로 인정한다는 의미가 될 수 있다. 배꼽은 여성의 성기 모양을 연상시킴으로써 보이지 않는 음부 역할을 한다. 그래서 대부분의 문화권에서 배꼽을 드러내는 것을 금기시한다.

여성의 가슴, 엉덩이, 볼, 입술 등이 직립으로 인한 결점을 보완하기 위해 신체 앞쪽으로 이전했다는 가설에 대한 반론도 있다. 콘라트 로렌츠의 제자 이레네우스 아이블 아이베스펠트Irenäus Eibl-Eibesfeldt는《야수 인간Liebe und Haß》에서 데즈먼드 모리스의 성적 부호화 이론에 거부감을 표시하고 있다.

그는 가슴과 엉덩이의 유사성이 크지 않다며, 여성의 가슴은 젖꼭지를 빠는 행위를 통해 유대감을 형성한다고 주장한다. 즉 성적 부호라기보다는 자식에 대한 부모의 보살핌과 관련성이 더 크다는 것이다. 입술역시 음순의 복사물이 아니라 음식을 입에서 입으로 전달하던 유대관계가 키스와 같은 상징적 신호로 진화했다고 보았다. 그는 남성도 똑같은 입술을 갖고 있다는 사실을 근거로 제시하고 있다.

388

이성에 대한 매력, 좌우대칭성

처음 만난 이성에게 마음을 송두리째 빼앗긴 적이 있을 것이다. 이런 상황을 우리는 '첫눈에 반했다'고 표현한다. 사람마다 상대방의 매력을 평가하는 기준은 외모, 말투, 친절한 태도와 배려, 고운 마음씨 등 다양하다. 하지만 첫눈에 반한 것은 상대방의 외모다. 그렇다면 상대방의 외모 중 무엇에 반한 것일까?

당신은 주저 없이 '미모'라고 대답할 것이다. 하지만 당신이 느끼는 아름다움이란 무엇인가? 헌칠한 키, 조화를 이룬 이목구비, 얼굴형, 몸매의 균형, 아니면 길게 늘어뜨린 머리카락인가? 아마도 어떤 것 때문이라고 꼬집어서 대답하기는 힘들 것이다. 당신이 아름답게 느꼈다면 그냥 아름다운 것이다.

우리는 이성의 아름다움을 평가하는 몇 가지 기준을 가지고 있다. 심리학자들이 찾아낸 가장 객관적인 기준 중 하나는 신체의 좌우대칭성이다. 덴마크 출신의 진화생물학자 안데르스 묄러Anders Møller는 1992년 제비를 연구해 좌우대칭성이 건강을 나타내는 지표라는 사실을 밝혀냈다.

제비의 꼬리 깃털이 자라려면 많은 비용과 에너지가 필요하다. 그러므로 수컷 제비는 꼬리가 길수록 건강하다고 볼 수 있고, 이 때문에 암컷 제비는 꼬리가 긴 수컷을 선호한다. 연구팀의 관찰 결과 수컷 제비의 꼬리가 길면 길수록 모양이 좌우대칭에 가까웠다. 암컷 제비는 짝짓기 상대를 고를 때 꼬리의 길이와 모양을 기준으로 삼는다. 암컷은 수컷의 꼬리가 길수록 더 선호했을 뿐 아니라 좌우대칭일수록 더 좋아했다. 또 대칭적인 꼬리를 가진 수컷은 비대칭적인 꼬리를 가진 경쟁자들보다 더 빨리 짝짓기를 하고 더 많은 새끼를 낳았다.

1994년 미국의 생물학자 랜디 손힐Randy Thornhill은 122명의 남자 대학생을 대상으로 몸의 대칭성과 성생활의 관계를 연구했다. 그 결과 대칭적인 학생들은 덜 대칭적인 학생보다 3~4년 먼저 연인을 만났다. 또 완벽한 대칭성을 가진 학생은 가장 비대칭적인 학생보다 두세 배 많은 연인을 만났다.

연구팀은 1995년에도 20대 초반의 부부 86쌍을 대상으로 오르가슴과 대칭성의 관계를 연구했다. 그 결과 여성들은 대칭적인 외모를 가진 남편에게 가장 큰 만족감을 보였다. 조사 대상의 여성들은 평균 60퍼센트가 오르가슴을 경험했으나 대칭적인 남편을 둔 여성은 75퍼센트까지 상승했으며, 비대칭적인 남편을 둔 여성은 30퍼센트까지 하락했다. 그뿐 아니라 대칭적인 남편을 둔 여성일수록 임신 가능성이 높았다. 반면 여성의 신체 중 가장 비대칭적인 부분은 가슴으로 나타났다. 50명의 유부녀를 대상으로 한 연구에서 여성들은 가슴이 대칭적일수록 임신 가능성이 높았으며, 아이가 없는 여성들은 가장 비대칭적인 가슴을 갖고 있었다.

랜디 손힐은 1999년에도 심리학자 스티브 갠지스태드Steve Gangestad와 함께 1개월 이상 사귄 203쌍의 남녀를 대상으로 대칭성을 연구했다. 연구팀은 남성들에게 샤워와 화장품 사용을 금하고 이틀 내내 같은 티셔츠를 입도록 했으며, 다른 냄새가 나지 않도록 자극적인 음식을 먹지 말라고 지시했다. 이틀 뒤 연구팀은 여성들에게 남성들이 입었던 티셔츠 냄새를 맡도록 하고, 기분 좋은 냄새에 등급을 매겨달라고 부탁했다. 그 결과 여성들은 대칭적인 남성의 셔츠에 높은 등급을 매겼다. 재미있는 것은 이러한 현상이 배란기 여성들에게서만 나타났다는 것이다. 이는 임신 가능성이 높은 여성일수록 균형 잡힌 남성에게 호감을 느낀다는 것을 의미한다. 그뿐 아니라 여성들은 외도 상대로 대칭적인 남자를 선호했다.

여성의 후각은 배란기에 가장 민감하다. 임신할 가능성이 높은 여성이 본능적으로 남성의 대칭성을 감지하는 것은 인류가 오래전부터 성적 파트너의 좌우대칭성에 주목해왔음을 뜻한다. 남성이든 여성이든 건강하고 균형 잡힌 배우자를 원한다. 신체에 대한 심미안은 이로부터 진화했다고 볼 수 있다. 즉 좌우대칭, 기형의 부재, 청결, 깨끗한 피부, 맑은 눈, 건강한 치아, 풍부한 모발 등은 모든 문화권에서 매력을 평가하는 기준이다. 긴 머리 또한 장기간의 건강을 나타내는 지표다.

이 중에서도 우리는 대칭성을 파악하는 능력을 특히 발달시켰다. 좌우대칭성은 발육의 안정성은 물론 세균이나 돌연변이에 대한 저항력이 있다는 것을 나타낸다. 또 영양부족이나 독성물질로부터 안전하고, 유전적 기형이 없다는 것을 나타내는 건강의 표지인 셈이다. 첫인상 역시 좌우대칭성에 좌우된다.

정자들의 전쟁

성적 매력을 평가하는 기준은 젊음이다. 젊음은 남녀 모두에게 높은 번식 가치를 지닌다. 젊은이는 더 많은 아이를 생산할 수 있다. 도톰한 입술, 탄력 있고 매끄러운 피부, 맑은 눈, 윤기 있는 머릿결, 체지방의 적절한 분포 역시 젊음을 나타내는 지표다.

남성이 여성에게 보여줄 수 있는 젊음의 신호는 다양하다. 여성이 돌출된 가슴과 날씬한 허리, 성기를 빼닮은 입술을 갖고 있다면 남성은 단단한 근육과 돌출된 성기를 갖고 있다. 수렵채집 사회에서 단단한 근육은 사냥꾼의 능력을 보여주는 가장 확실한 지표였을 것이다. 그렇다면 돌출된 성기나 지나치게 큰 고환도 성적 매력을 높이는 데 한몫했을까?

남성의 성기가 전면으로 돌출된 것 역시 이족보행에 따라 섹스가 후배위에서 정상위로 변화했기 때문일 것이다. 하지만 성기의 크기는 성관계를 맺을 때 뚜렷한 기능을 하지 않는다. 그럼에도 남성의 성기는 고릴라, 오랑우탄, 침팬지, 보노보의 성기에 비해 지나치게 크다.

남성의 성기가 비대해진 이유와 관련해 몇 가지 가설이 존재한다. 첫째는 수컷들이 남성성을 경쟁하면서 부산물로 얻은 과시용이라는 것이다. 수컷 사슴이 생존에 도움이 되지 않음에도 불구하고 큰 뿔을 진화시킨 이유와 같다. 사슴이 암컷을 차지하기 위해 싸울 때는 뿔이 중요한 무기가 되지만, 인간은 성기의 크기를 두고 경쟁하지 않기 때문에 이 가설의 설득력은 떨어진다. 물론 대중목욕탕에서 성기를 비교하면서 심리적 열등감을 느낄 수는 있다. 하지만 심리적 열등감은 대개 잘못 알려진 속설 때문에 생겨난 것이다.

그나마 설득력 있는 가설은 정자를 암컷의 자궁 깊숙이 밀어넣기 위해 성기의 크기를 확대해왔다는 정자 경쟁 가설이다. 이 가설에도 의문의 여지는 있다. 여성의 질은 신축성이 뛰어나 어떤 크기의 음경도 받아들일 수 있고, 남성은 음경의 크기에 상관없이 사정할 수 있기 때문이다.

따라서 음경의 크기와 수정 가능성이 비례하는 것은 아니다. 성기의 크기보다는 정자의 건강성과 숫자가 더 중요하다. 고릴라나 침팬지 같은 대형 유인원은 고환이 큰 편이지만 음경은 작다. 그렇다고 하더라도 음경 크기는 파트너를 선택하는 데 영향을 미쳤을 가능성이 높다. 이족보행과 함께 털이 사라지면서 남성에게는 성기가 가장 중요한 돌출 광고물이기 때문이다.

고환이 커진 것이 정자 경쟁 때문이라는 설에 대해서는 이론의 여지가 없는 듯하다. 인간은 다른 영장류에 비해 필요 이상으로 많은 정자를 생산한다. 고릴라의 고환은 체중의 0.018퍼센트, 오랑우탄은 0.048퍼센트이지만 인간은 0.079퍼센트나 된다. 인간의 고환이 오랑우탄보다 60퍼센트 이상 크고 고릴라보다는 네 배나 큰 것이다. 그러나 난교를 하는 침팬지는 0.269퍼센트로 인간의 세 배를 넘는다. 암컷을 유혹할 기회가 많고 수컷 경쟁이 심할수록 고환이 크다고 볼 수 있다.

오직 한 개의 정자만이 난자와 결합하기 때문에 한 번 사정할 때 분출되는 수억 마리의 정자는 버려지는 셈이다. 정자 한 마리만 난자와 결합하는 것은 엄청난 비효율인 셈이다. 그러나 버려지는 정자들이 모두 쓸모없는 것은 아니다. 상당수의 정자는 난자를 향해 달려가는 것이 아니라 다른 사람의 정자가 들어오지 못하도록 방어벽을 만든다.

1989년 영국 맨체스터 대학교의 생물학자 로빈 베이커Robin Baker와 마크 벨리스Mark A. Bellis는 이른바 '가미카제 정자 이론'을 발표했다. 이 이론에 따르면 고환에서는 두 종류의 정자가 생산된다. 수정 능력을 가진 정자와 다수의 자살부대 정자가 그것이다. 수정 능력을 지닌 정자들은 사정하는 순간 물불을 가리지 않고 난자를 향해 돌진한다. 하지만 가미카제 정자들은 다른 남성의 정자가 들어오는 것을 막기 위해 자신을 희생한다. 가미카제 정자도 봉쇄정자와 살생정자, 두 종류가 있다. 봉쇄정자는 다른 남성의 정자가 침입하는 것을 방어하고, 살생정자는 다른 남성의 정자를 수색해 섬멸하는 역할을 맡는다. 방어와 섬멸이 필요한 이유는, 정자가 여성의 질 속에서도 며칠 동안 생존할 수 있기 때문이다.

정자는 영악하다. 고환은 시간당 1200만 개쯤 정자를 생산하지만, 무작정 정자를 보충하는 것은 아니다. 아내가 곁에 있다면 고환은 정자 생산을 줄인다. 정자 경쟁을 벌일 필요가 없기 때문이다. 그러나 오랫동안 아내와 떨어져 있어야 한다면 고환은 부지런히 정자를 생산한다. 남편이 집을 비운 사이 다른 남자가 아내에게 접근할 수 있으므로 앞으로 있을지 모를 정자 경쟁에 대비하기 위해서다.

로빈 베이커와 마크 벨리스의 연구 결과에 따르면, 긴 출장에서 돌아온 남성은 아내와 관계를 가질 때 평소보다 30퍼센트나 많은 정자를 방출했다. 아내와 며칠 동안 섹스를 하지 않는다고 정자 수가 증가하지는 않는다. 정자는 귀신같이 당신 곁에 아내가 없다는 것을 알아챈다. 남성은 아내가 불륜을 저지를 가능성이 있는 시점에 정자 수를 늘림으로써 남의 자식을 부양하는 최악의 상황을 방지해왔다.

오랫동안 자위행위는 해결되지 않는 미스터리였다. 쓸데없이 정자를 낭비하기 때문이다. 산부인과 의사들은 초음파검사를 통해 자궁 속의 남자아이도 자위행위를 한다는 것을 발견했다. 또 평범한 남자아이들도 생후 18개월쯤 되면 무의식적으로 자위행위와 유사한 행위를 함으로써 쾌감을 느낀다는 것도 밝혀졌다.

왜 인간은 번식에 아무런 도움이 되지 않는 자위행위를 하는가? 단지 쾌감을 위한 것일까? 성적 쾌감이 번식전략의 부산물로 생겨난 것임을 감안하면 자위행위도 번식에 도움이 되어야 한다.

생물학자들은 자위행위 역시 정자 경쟁을 위한 준비 작업이라고 말한다. 자위행위 후에 생산된 정자는 기존의 정자에 비해 싱싱하고 건강하기 때문에 다른 남자의 정자와 경쟁할 때 유리하다. 경쟁력을 잃은 정자들을 방출하고 싱싱한 정자를 보존하기 위해 자위행위를 진화시켰다는 것이다.

그러나 의문은 남아 있다. 그렇다면 여성들은 왜 자위행위를 하는가? 여성의 자위행위는 생식과 무관하다. 지금까지 알려진 가설은 여성의 자위행위는 다른 정자가 들어올 수 있도록 질 내부를 비워놓기 위해서다. 여성은 고의적으로 정자 경쟁을 유발하고 있는 것이다.

또 한 가지 의문은 생식에서 가장 중요한 역할을 하는 고환이 왜 몸 밖으로 노출되어 있느냐는 것이다. 음낭은 치명적인 급소다. 경쟁자와 싸우다가 음낭을 가격당하면 한동안 움직일 수 없다. 그럼에도 연약한 음낭이 밖으로 노출된 데는 반드시 이유가 있을 것이다. 조지 윌리엄스와 랜돌프 네스는 《인간은 왜 병에 걸리는가》에서 이 의문을 제기한 후, 꽉 끼는 속옷을 입은 남자들이 불임이 되기 쉽다는 점을 예로 들었다.

고대 스키타이족 남자들은 바지를 입고 말을 탔기 때문에 성 기능이 약화되었다고 한다. 고대인들은 추운 지방에 사는 사람들을 제외하고는 바지를 입지 않았다. 바지를 입고 자동차를 타는 시간이 많아진 오늘날의 성인 남자들 중 불임 환자가 늘어나는 것도 결코 우연이 아니다.

착 달라붙는 속옷을 입으면 고환의 온도가 높아진다. 고환에서 나와 몸속으로 들어가는 정맥들은 동맥을 칭칭 둘러싸서 고환의 온도를 낮추는 역할을 한다. 이는 고환의 온도가 높으면 정자 생산량에 문제가 생긴다는 것을 암시한다. 따라서 고환이 밖으로 돌출되어 있는 것은 적정한 온도를 유지하기 위한 것이라 할 수 있다. 하지만 왜 정상적인 체온에서는 정자가 만들어지지 않는지는 아직도 풀리지 않는 미스터리로 남아 있다.

인간에게 큐피드의 화살이 있었다면 중매쟁이는 직업인으로 자리 잡지 못했을 것이다. 화살만 쏘면 문제가 해결되기 때문에 남성들의 경쟁 또한 필요 없었을 것이다. 그러나 큐피드의 화살을 누가 갖고 있느냐에 따라 상황은 달라진다. 만일 남성들만 큐피드의 화살을 갖고 있다면 여성들에게는 매우 불평등한 일이다. 이 경우 남성들은 보다 빠른 화살을 만들기 위해 경쟁할 것이므로 분쟁은 해소되지 않는다.

여성들에게만 화살이 주어졌다면 어떻게 될까? 이때 남성들은 수동적인 존재로 전락하고, 여성들은 전설적인 아마존의 처녀들처럼 세계를 지배할 것이다. 성선택의 주도권을 쥔 자가 생식전략을 좌우한다. 여성들이 주도권을 쥐었을 때도 부계사회의 남성들처럼 모험적인 경쟁을 할지는 알 수 없다. 여성은 생물학적으로 임신능력에 한계가 있다. 그래서 여성들이 남성을 획득하기 위해 피 흘리는 경쟁을 해야 한다면, 그것은 다수의 남성을 차지하기 위해서가 아니라 가장 쓸 만한 남성을 고르기 위해서일 것이다.

남성과 여성 모두 큐피드의 화살을 갖고 있다면 세상은 아수라장이 될 것이다. 이 세계에서는 먼저 화살을 쏘는 자가 임자다. 이 세계의 남성과 여성은 늘 화살을 들고 다니며 파트너를 찾을 것이다. 그뿐 아니라 이들은 원치 않는 이성의 화살을 맞지 않으려고 온몸을 철갑으로 두르고 싶어 할 것이다.

우리는 큐피드의 화살을 갖고 있지는 않지만 사랑의 묘약은 갖고 있다. 사랑을 느끼게 하는 호르몬이 그것이다. 사랑의 호르몬에 대한 연구가 본격화된 것은 1972년 미국 일리노이 대학교의 생물학자 로웰 게츠

Lowell Getz에 의해서였다. 그는 일부일처제를 지키고 있는 미국 들쥐에게 관심을 가졌다. 그 무렵 동료 교수인 신경내분비학자 수 카터Sue Carter도 성호르몬이 행동에 미치는 영향을 연구하면서 들쥐의 일부일처제를 연구 중이었다.

수 카터는 여성호르몬인 옥시토신oxytocin을 암컷 들쥐에게 주입했다. 이 호르몬은 암컷과 수컷, 어미와 자식 간의 결속력을 높여준다고 알려져 있었다. 수 카터는 옥시토신이 일부일처제를 만드는 촉매제일지 모른다고 추측했다. 실제로 옥시토신을 주입한 암컷 들쥐는 수월하게 짝을 고르고, 교미를 한 수컷 쥐와 함께 붙어 다녔다. 더구나 암컷들에게 옥시토신을 억제하는 약물을 주입하자 암컷들은 수컷을 떠났다.

이후 진행된 연구에서 옥시토신이 모성애와 긴밀한 관련이 있다는 것이 밝혀졌다. 옥시토신을 주입한 암컷 쥐가 새끼를 더 잘 돌본 것이다. 옥시토신은 모성애를 유발할 뿐 아니라 남녀 간의 유대감을 강화한다. 또 출산 과정에서 자궁의 수축을 유도하고, 유선을 자극해 젖의 생산을 돕는다. 옥시토신은 여성의 젖꼭지를 자극하거나 아이가 젖을 빨때 분비되며, 엄마는 아이의 울음소리만 들어도 옥시토신을 분비한다. 더구나 옥시토신은 모유를 통해 아이에게도 전달되기 때문에 엄마와 아이의 유대감을 더욱 강화시킬 수 있다. 이 호르몬이 가족의 행복감을 만들어내는 묘약인 셈이다.

사랑의 호르몬이 여성에게만 있는 것은 아니다. 수 카터는 에모리 대학교의 신경과학자 토머스 인셀Thomas R. Insel과 함께 수컷의 사랑 호르몬을 찾아냈다. 이들은 수컷 들쥐가 사정할 때 뇌의 바소프레신 vasopressin 수치가 올라가면서 암컷과 새끼를 보호하도록 자극한다는 것을 알아냈다.

총각 들쥐의 뇌에 바소프레신을 주입하자 이들은 즉각 다른 수컷들이 암컷 주변에 얼씬거리지 못하도록 방어에 나섰다. 그런 다음 자신이 점찍은 암컷을 소유하려는 욕구를 나타냈다. 그러나 바소프레신 생성을 억제하자 수컷들은 전형적인 바람둥이 기질을 보였다. 한 암컷과 교미하고는 금방 다른 암컷과 짝지을 기회를 노린 것이다.

바소프레신은 수컷을 성실한 아빠로 변화시킨다. 자연은 암컷 포유동물에게 어미의 본능을 발산하도록 옥시토신을 부여했고, 수컷 포유동물에게 아비의 본능을 느끼게 하는 바소프레신을 부여했다. 바소프레신은 암컷과 수컷 모두에게서 분비되지만 수컷의 분비량이 훨씬 많다.

약 4억 년 전 조상들은 바다에서 뭍으로 올라왔다. 오늘날에도 물고기는 바소프레신 및 옥시토신과 활성이 유사한 두 종류의 바소토신vasotocin을 갖고 있으며, 개구리 같은 양서류도 이 호르몬을 가지고 있다. 이는 조상들이 바다에서 생활할 때부터 이 호르몬을 갖고 있었음을 의미한다. 오늘날에도 두 호르몬은 소금을 배설하고 수분을 유지하는 기능과 밀접한 관련이 있다. 옥시토신과 바소프레신은 남녀의 성생활에서 중요한 역할을 한다. 오르가슴을 느끼는 순간 남성은 바소프레신 수치가 올라가고 여성은 옥시토신 수치가 상승한다.

이성과 사랑을 나눌 때 우리 뇌는 바쁘게 움직인다. 뇌의 시상하부에서 성욕을 담당하는 영역은 남성이 여성보다 두 배 이상 크다. 동성애를 하는 남성의 경우 이 영역이 작은 것으로 알려져 있다. 이 부분이 제거되면 이성에 대한 관심은 사라진다. 성욕을 느끼면 뇌에서는 도파민, 세로토닌, 옥시토신, 바소프레신이 분비되며, 오르가슴을 느낄 때는 무려 50여 가지의 화학물질이 상호작용한다.

섹스를 할 때는 맨 처음 페닐에틸아민이 변연계를 가득 채우고, 그다음에는 엔도르핀이 다량 분비된다. 페닐에틸아민은 중추신경을 자극하는 일종의 각성제다. 그래서 사랑을 할 때는 마치 마약을 흡입한 것처럼 정신이 몽롱해진다.

남성은 성욕을 채운 후에 재빨리 파트너 곁을 떠나는 파렴치한 존재다. 남성은 짝짓기가 예상되는 시기에 바소프레신이 급격히 증가하지만 오르가슴에 가까울수록 급격히 감소한다. 일단 오르가슴을 경험하면 더 이상 성욕이 생기지 않는 것이다. 이것이 남성이 늑대라고 지탄받는 이유다. 성행위에 관심이 없어진 수컷은 더 이상 여성 곁에 머물러야 할 이유가 없다. 짝짓기를 끝냈으므로 양육의 책임을 지지 않으려면 빨리 떠나는 것이 낫기 때문이다. 반면 여성은 오르가슴을 느낄 때 옥시토신 수치가 최고조에 달한다. 사랑하는 사람의 아이를 낳고 싶은 것이다.

사랑과 배신의 딜레마

> 여자들은 사랑받고 싶어 섹스를 하지만, 남자들은 섹스를 하기 위해 사랑한다.
>
> — 조 쿼크 Joe Quirk, 《정자에서 온 남자, 난자에서 온 여자 *Sperm Are from Men, Eggs Are from Women*》

호혜적 이타주의 가설을 제안했던 로버트 트리버스는 1972년에 〈양육 투자와 성선택 *Parental Investment and Sexual Selection*〉이라는 논문으로 생물학자들의 이목을 집중시켰다. 그가 논문을 통해 제시한 이론은 '양육 투자 이론parental investment theory'으로 불리고 있다.

양육 투자 이론의 핵심은 부모가 여러 명의 자식을 낳을 수 있는 에너지를 한 자식의 생존에 집중적으로 투자한다는 것이다. 다섯 쌍둥이나 여섯 쌍둥이를 낳아 그중 일부가 도태되는 것보다 한 명의 아이를 낳아 생존율을 높이는 것이다. 다섯 쌍둥이를 낳아 세 아이가 도중에 사망한다면 생존율은 40퍼센트지만, 한 아이를 낳아 성인이 될 때까지 기른다면 생존율은 100퍼센트다. 더구나 다섯 쌍둥이 중 살아남은 두 아이는 영양이나 보살핌의 부족으로 외둥이보다 경쟁에서 뒤질 것이다. 부모의 입장에서는 한 아이에게 집중적으로 투자하는 것이 유리하다.

양육 투자 이론은 인간의 본성, 특히 성의 진화를 설명하는 데 많은 도움을 주었다. 남성은 한 번의 수정을 위해 수억 마리의 정자를 방출하는 데 비해 여성은 하나의 난자만 생산한다. 일생으로 따지면 남성은 천문학적인 숫자의 정자를 생산하고, 여성은 단지 400여 개의 난자만 생산한다. 여성은 희소한 자원인 난자를 제공하는 것뿐 아니라 태아에게 영양분을 공급하고 육아까지 책임져야 한다. 유전자만 제공하는 남성과 비교할 때 여성은 엄청난 불이익을 감수해야 하는 것이다. 이것이 남녀 불평등의 첫 단계라 할 수 있다.

여성은 일생 동안 낳을 수 있는 아이가 한정되어 있기 때문에 한 아이에게 집중적으로 투자하는 것이 번식 성공률을 높이는 방법이다. 그러나 수컷은 기회만 있으면 바람을 피울 수 있으므로 암컷보다 더 많은 유전자를 남길 수 있다. 이 때문에 남성은 아이의 양육에 소극적이다. 오히려 남성들은 양육에 시간과 노력을 빼앗기느니 다른 여성을 찾아 더 많은 생식 기회를 노리는 편이 낫다고 여겼을 것이다. 하지만 바람을 피우고자 하는 남성이 많아질수록 수컷 경쟁은 치열해진다. 양육에 소극적인 대신 수컷끼리 피 터지게 싸워야 하는 것이 남성들이 타고난 운명인 것이다.

과거와 달리 오늘날의 남성들은 자녀 양육에 참여하려는 움직임을 보이고 있지만, 조상들이 가졌던 바람둥이 본능은 여전히 남아 있다. 물론 여성도 남성의 난봉꾼 기질에 대응해 나름대로 전략을 진화시켰다. 여성이 선택한 가장 중요한 전략은 믿을 만한 수컷을 파트너로 고르는 것이다. 만약 수컷이 한순간의 욕망만 채우고는 도망쳐버리면 여성은 엄청난 희생을 감수해야 한다. 아비의 보살핌 없이 자란 아이는 경쟁에서 뒤질 가능성이 높다. 따라서 게으르고 난봉꾼 기질을 가진 수컷을 파트너로 두는 것은 여성의 입장에서 최악의 선택이다.

남성은 파트너를 임신시킨 후에도 아무런 손실 없이 떠날 수 있지만 여성은 다르다. 일단 성행위를 허락한 여성은 막대한 투자를 각오해야 하기 때문에 배우자 선택에 신중을 기할 수밖에 없다. 이 때문에 여성들은 처자식을 먹여 살릴 자원이 풍부하고 성격이 관대한 남성을 선호하도록 진화했다.

여성들은 사기꾼들이 판치는 세상에서 그런 남성을 어떻게 알아낼 수 있을까? 여성은 수컷들의 투자 능력과 의지, 보호 능력을 탐색하는 데 많은 시간을 할애한다. 오늘날 이런 자원은 남성의 경제적 부와 사회적 지위, 건강한 신체, 근면과 성실, 사랑과 헌신으로 드러난다. 나이가 많은 남성과 결혼하는 오랜 관습도 이와 관련이 있다. 평균적으로 지위와 부는 연령이 높을수록 증가한다. 그러나 지나치게 나이가 많은 남성은 여성들로부터 외면당한다. 남성이 일찍 사망한다면 지속적인 투자가 어렵기 때문이다. 한 살이라도 젊게 보이려는 남성들의 욕망은 이로부터 비롯되었다.

어떤 게임이든 사기꾼이나 허풍쟁이는 존재하기 마련이다. 여성은 남성의 정보를 보다 확실하게 알아내기 위해 육감을 이용한다. 하지만 육감이 정확한 것은 아니기 때문에 상대방의 정보를 알아낼 시간을 충분히 확보하는 것이 중요하다. 그래서 여성은 남성에 대한 정보를 정확히 알기 전까지는 성행위를 미룬다. 바로 이것이 여성들의 전략이다. 상대방에 대한 정보를 모르는 상태에서 여성들은 대부분 섹스를 거절한다.

오늘날에는 피임법의 발달로 섹스가 임신을 의미하지는 않지만, 과거의 어머니들이 택했던 전략은 지금도 본성에 남아 있다. 남성을 대할 때 수줍어하거나 튕기는 것 역시 이런 전략에서 비롯되었다. 남자의 열렬한 구애를 거절하는 것은 테스트를 거쳐야 비로소 파트너로 받아들이겠다는 의미다.

'열 번 찍어 안 넘어가는 나무 없다'는 속담은 남성들이 흔히 쓰는 표현이다. 만약 이런 과정을 거쳐 여성이 당신을 받아들였다면, 당신은 지난한 테스트를 통과한 것이다. 당신이 못생긴 외모를 가졌더라도 상대방은 당신의 근면함과 성실성, 사랑과 헌신에 높은 점수를 주었다.

하지만 사랑의 약속을 받아냈더라도 방심해서는 안 된다. 연애를 하는 동안 그녀는 당신의 경제적 능력과 진실한 애정을 확인할 때까지 밀고 당기는 게임을 계속할 것이다. 이 지난한 게임을 버티지 못하면 당신은 연인과 잠자리를 같이할 기회를 얻지 못할 것이다.

이 기간이 사랑에 빠진 남성들에게는 가장 애타는 시간이다. 여성의 고통은 잠자리를 같이한 그 순간부터 시작된다. 배신이 시작되는 시점이기 때문이다. 양육에 대한 투자 비용이 큰 종일수록 수컷은 암컷을 배신할 확률이 높다. 이때부터 쫓고 쫓기는 싸움이 시작된다.

여성을 소유했다고 느끼는 순간 남성은 사라질 기회를 노린다. 남성은 여성이 자신에게 관심을 보이지 않을 때, 즉 튕길 때만 접근 욕구를 느낀다. 하지만 여성이 사랑에 보답하는 순간 남성은 떠날 기회만 노린다. 심리학에서는 이를 '약속기피commitment-phobic 효과'라 부른다. 여성은 남성에게 버림받을 때 본능적으로 공포를 느낀다. 버림받는다는 것은 남성이 투자를 멈추는 것을 의미하기 때문이다. 그럼에도 우리는 사랑에 눈이 먼다. 하지만 사랑에는 늘 배신이 따른다.

결혼의 딜레마

결혼할 것인가, 말 것인가?

당신도 결혼을 앞두고 수많은 기혼자들의 충고를 들었을 것이다. 결혼생활이 힘든 것은 의무가 주어지기 때문이다. 결혼은 사랑과 헌신, 자녀 양육의 의무를 다하겠다는 약속이다. 의무는 누구에게나 달갑지 않은 것이다. 물론 우리는 번식 때문에 결혼하는 것이 아니라 사랑하기 때문에 결혼한다.

누군가를 곁에 두고 싶은 감정, 누군가의 곁에 머물고 싶은 감정은 매우 소중한 것이다. 누군가를 선택한다는 것은 배우자에 대한 안정적인 보호, 물적·감정적 자원의 지속적인 투자, 자녀 양육에 대한 의무를 나누어 짊어진다는 것을 의미한다. 하지만 양육의 짐은 여전히 여성들에게 편중되어 있다.

수컷 포유동물에게도 젖꼭지가 남아 있는 것을 보면 먼 과거의 포유동물들은 어느 정도 육아에 참여했던 것으로 보인다. 모유를 생산하는 데는 엄청난 비용이 든다. 그래서 젖은 자식이 태어났을 때만 분비된다. 젖을 생산하려면 풍부한 영양분을 공급받을 수 있어야 하고, 새끼가 딸린 어미는 누군가의 도움 없이는 영양을 보충하기 힘들다.

아마 포유동물은 이 문제 때문에 딜레마에 빠졌을 것이다. 수컷과 암컷이 번갈아 가며 젖을 먹이는 것이 효율적이지만, 비겁한 수컷들은 양육의 짐을 떠맡으려 하지 않는다. 이 문제를 해결할 수 있는 한 가지 방법은 암컷에게만 수유 기능을 주고 수컷이 암컷에게 충분한 먹이를 공급하는 것이다. 이로써 양육은 거의 여성의 몫이 되었다.

여성에게 양육 투자가 편중된 이유에 대해서는 몇 가지 가설이 있다. 첫 번째는 이미 밝힌 대로 아비가 친자를 확인할 수 없다는 것이다. 이 때문에 수컷은 새끼 양육에 소홀하다. 두 번째는 수컷의 양육 포기 가설이다. 수컷이 고의적으로 양육을 포기함으로써 암컷이 양육할 수밖에 없도록 압력을 가했다는 것이다. 세 번째는 이미 알려진 짝짓기 기회비용 가설이다. 수컷으로서는 자식에게 투자하는 것보다 다른 암컷과 짝짓기를 시도하는 것이 비용이 훨씬 적게 든다.

인간사회에서 결혼이 선택된 것은 일부일처제가 그만큼의 이점을 제공하기 때문이다. 가족이 성립할 수 있었던 것 역시 헌신적인 남성들이 바람둥이들을 이겼기 때문이다. 이들은 장기적인 자원 제공과 보호를 약속함으로써 여성들의 선택을 받았다.

바람둥이들은 질병에 노출될 위험이 크며, 나쁜 평판 때문에 좋은 배우자를 만나기도 힘들었을 것이다. 또 양육을 소홀히 함으로써 자손의 생존율도 감소했다. 이들은 위험한 폭력에도 쉽게 노출되었다. 짝짓기 상대를 찾아 나선 남성은 다른 남성과 경쟁해야 하고, 이 과정에서 폭력을 감수해야 한다. 또 바람둥이 남편을 둔 여성은 그에 대한 보복으로 외도를 할 수 있으며, 아예 그의 보호를 포기하고 떠나버릴 수도 있다. 이럴 경우 바람둥이는 자손을 남기지 못한다.

결혼은 자녀의 생존 가능성을 증가시킨다. 이러한 이점이야말로 남성들로 하여금 바람둥이 기질 대신 '아름다운 구속'을 선택하게 만든 이유다. 가족을 이루는 것은 많은 이점을 가져다준다. 서로를 보호하고 위험을 분담함으로써 생존율을 높일 뿐 아니라 생존 기술의 전수와 획득으로 경쟁력도 향상된다. 또 자원의 상속과 공유가 가능하고 친척들의 도움을 받을 수도 있다. 하지만 모든 종들이 가족을 구성하는 것은 아니다. 조류와 포유류의 약 3퍼센트만이 성체가 된 후에도 가족으로 살아가는 것으로 알려져 있다.

사실 부모의 둥지에 남는 것은 엄청난 양육 비용을 부모에게 부담시키는 것이다. 이 때문에 많은 동물들이 새끼가 혼자 먹이를 구할 수 있을 때쯤이면 품에서 쫓아버린다. 이들은 대개 자신의 영역을 가진 동물들로, 한동안 단독으로 생활하다가 짝짓기 철이 되면 배우자를 찾아 나선다. 또 자신만의 영역을 갖고 있기 때문에 먹이가 부족하거나 영역의 한계를 느끼면 아비의 영역까지 침범해 치열한 먹이 경쟁을 벌인다.

인간사회에서 가족의 단점은 구성원 내에서 경쟁이 벌어진다는 것이다. 상속을 둘러싼 형제간의 갈등이나 자원의 분배를 둘러싼 자식과 부모의 갈등은 우리 사회에서 흔히 목격하는 사례다. 또 양육을 둘러싸고 부부 사이의 갈등도 수없이 발생한다. 인간사회는 이런 갈등을 해결하기 위해 이혼과 재산 분배라는 제도적 틀을 마련해놓고 있지만, 때로 갈등은 무서운 폭력과 살인을 부르기도 한다.

사랑이란
무엇인가?

> 신은 우리에게 금욕적인 신성과 영혼의 불멸성을 부여한 대신, 악마는 지극히 세속적인 것들을 약속했다. 바로 죽음과 쾌락이다. 악마의 아름다움은 바로 이 지점에 있다.
>
> — 파트리크 르무안, 《유혹의 심리학》

　사랑은 행복과 불행을 동시에 안겨준다. 생로병사를 겪는 인간에게 영원히 지속되는 행복은 없다. 언젠가 사랑은 식고, 누군가는 죽는다. 중요한 것은 섹스가 없다면 죽음도 없었을 것이라는 점이다. 무성생식을 하는 종에게 죽음은 존재하지 않는다. 똑같은 개체가 무수히 그리고 영원히 복제되기 때문이다. 죽음은 유성생식을 하는 종의 운명인 것이다.

　진화적 관점에서 보았을 때 사랑에 빠지는 것은 엄청난 낭비다. 다른 동물들은 인간처럼 사랑에 빠지지 않는다. 대부분의 동물은 단순히 발정기이기 때문에 성행위를 한다. 섹스를 즐기는 몇몇 종들도 기계적으로 또는 최소한의 전희前戱에 만족한다. 오직 인간만이 장기간에 걸쳐 구애를 하고, 목적을 이룰 때까지 줄기차게 접근을 시도한다. 구애 과정에는 필연적으로 실연의 고통이 뒤따르고, 심지어는 사랑의 실패가 죽음을 부르기도 한다.

　왜 인간은 사랑에 목숨을 거는가? 번식이 목적이라면 발정기에 짧은 섹스를 나누는 것이 경제적이다. 사랑은 고통도 가져다주기 때문에, 누군가를 사랑하는 감정이 반드시 쾌락을 위해서 필요한 것도 아니다. 그럼에도 사랑이 존재하는 것은 양육을 위해 부모의 자기희생이 필요하기 때문이다.

남성의 헌신을 증명할 수 있는 가장 좋은 방법은 사랑을 확인하는 것이다. 여성은 임신한 채 버림받을 때 치러야 할 비용이 너무 크다. 따라서 사랑은 남성의 유기를 방지하기 위한 심리적 메커니즘으로 진화했다. 결국 사랑이란 감정적·경제적·유전적 자원을 기꺼운 마음으로 오랫동안 투자할 의지가 있다는 것을 알려주는 감정인 것이다.

이런 감정을 만든 것은 뇌다. 사랑에 빠진 뇌는 도파민, 아드레날린, 세로토닌과 같은 호르몬을 분비함으로써 행복감과 황홀경을 느끼게 한다. 서로에 대한 헌신에 행복이라는 심리적 보상이 주어지는 것이다. 이 행복감 때문에 우리는 사랑에 투자하고, 섹스를 하며, 아이를 갖는다. 만일 그런 심리적 보상이 없다면 여성은 임신을 기피할 것이고, 남성은 짝짓기를 한 후 재빨리 달아나버릴 것이다. 그러므로 사랑은 유전적으로 프로그래밍되어 있다.

섹스의 쾌락도 같은 맥락에서 이해할 수 있다. 인간은 성적 쾌락의 음미자다. 성적 쾌락은 번식의 효율성과는 거의 관련이 없다. 섹스의 유일한 목적이 정자와 난자의 수정이라면 빨리 사정하고 곧바로 수정이 이루어지는 것이 경제적이다. 서로 몸을 애무하거나 키스하거나 따뜻한 체온을 나누는 것은 수정 시간을 지연시킨다. 또 남녀가 알몸으로 숲에 누워 있는 것은 매우 위험한 행동이다.

이런 위험을 감수할 만큼 가치 있는 대가는 바로 극도의 쾌락이다. 쾌락은 발정기에 관계없이 구애 행위를 유발한다. 이 점이 발정기를 가진 동물과 인간이 다른 점이다. 섹스는 사회적 결속과 관련이 있다. 사회적 결속이 강한 종일수록 정교한 구애 의식을 갖고 있으며, 구애 기간도 길다. 이는 섹스가 생식수단에서 사회적 결합장치로 발전했음을 의미한다.

사랑과 섹스는 분리될 수 없다. 섹스를 하는 이유는 번식이지만, 우리를 섹스로 이끄는 것은 쾌락이다. 본래 쾌락은 섹스의 역할이 아니었다. 인간의 전략은 단지 즐거움을 얻는 것이지만, 그 즐거움을 선사한 것은 유전자의 전략이다. 유전자는 쾌락이라는 보상을 통해 쾌락을 추구하다 보면 저절로 자신의 목적이 달성되도록 우리를 설계했다. 우리는 유전자를 복제하고 싶은 욕망 때문에 아이를 갖는 것이 아니라 누군가를 사랑함으로써 유전자의 목표를 달성하는 것이다.

문제는 인간이 번식을 위한 쾌락 시스템을 무절제한 탐욕으로까지 발전시켰다는 점이다. 통제되지 않은 무한한 욕망이 파괴적인 범죄를 낳는다. 어떤 사람은 쾌락이 번식에 대한 보상이라는 것을 무시한 채 간단한 약물로 뇌를 교란시킨다. 이들이 쾌락 시스템에 무임승차하는 방법을 발견한 순간부터 그들은 지옥을 경험하게 된다. 바로 중독이다.

04

성의
미스터리

처녀막과
동성애

성에는 미스터리가 많다. 풀리지 않는 수수께끼 중 하나는 처녀막에 관한 것이다. 처녀막은 오직 인간에게만 있는 것으로 알려져 있는데, 그 이유가 무엇인지는 아직도 오리무중이다.

1970년대 영국의 과학저술가 일레인 모건Elaine Morgan은 '수생 원숭이 가설aquatic ape theory'을 내놓았다. 이 가설은 인류가 물에서 살던 조상으로부터 진화했다는 이론으로, 당시 처녀막은 모래가 질 속으로 들어가는 것을 막아주는 역할을 했다는 것이다. 하지만 이 가설에는 심각한 문제가 있다. 그의 이론대로라면 모래알은 처녀 시절에만 막을 수 있다.

처녀막이 생긴 이유에 대해 명확히 알 수는 없지만, 그것이 진화상의 이점을 제공했던 것만은 분명하다. 처녀막이 있다는 것은 경쟁자의 정자가 한 번도 침입하지 않았다는 증거다. 따라서 남성은 처녀막을 가진 여성을 선호했을 것이고, 진화는 이를 선택했을 것이다.

또 한 가지 미스터리는 동성애에 관한 것이다. 동성애는 번식에 아무런 이득도 제공하지 않는다. 이는 섹스가 반드시 번식을 목적으로 하지 않는다는 것을 보여준다. 연구자들에 따르면, 수백 또는 수천 종 이상의 포유동물, 조류, 파충류, 양서류, 어류, 곤충 등이 동성애를 한다. 이들은 왜 동성애를 하는 것일까?

동성애는 오늘날 갑자기 출현한 것이 아니라 유사 이래 지속적으로 존재했다는 증거들이 많다. 고대 그리스 시대에는 소크라테스조차 동성애 혐의를 받았으니 당시의 상류층이 얼마만큼 동성애를 즐겼는지는 짐작하고도 남는다. 더구나 동성애와 관련된 기록은 구약성서에서도 찾아볼 수 있을 정도다.

동성애는 인류에게 어떤 이득을 가져다주었을까?

첫 번째 가설은 '친족 이타주의 이론'으로 불린다. 동성애자는 자녀를 낳을 수 없다. 그들이 진화 과정에서 살아남으려면, 자식을 낳을 수 없는 대가를 상쇄할 수 있을 만큼의 유전적 이득이 있어야 한다. 친족 이타주의 이론은 이 점에 착안해, 동성애자들이 자신의 자녀를 양육하는 대신 친족들에게 자원을 투자했을 것으로 추정한다. 꿀벌처럼 자신의 유전자를 공유한 친족들을 위해 봉사한다면, 그의 유전자는 살아남는다.

사회생물학자 에드워드 윌슨 역시 이 견해를 지지하고 있다. 아이가 없는 동성애자들은 가까운 친족들을 위해 노동할 수 있고, 양육을 도울 수도 있다. 그렇게 되면 친족들은 더 많은 아이를 낳아 양육할 수 있을 것이다. 그는 한 걸음 더 나아가 동성애가 이타적 본성의 일부를 운반하는 역할을 했을지도 모른다고 가정한다. 또 이러한 이익 때문에 초기 수렵채집 사회에 동성애가 퍼졌을지 모르며, 그들이 선지자·무당·예술가·지식인 역할을 했을지 모른다고 상상한다.

두 번째 가설은 '동맹 이론'이다. 고대 그리스 사회에서 흔히 볼 수 있듯이 동성애는 나이 든 남성과 어린 남성의 동맹을 형성하도록 한다. 이를 통해 어린 남성들은 사회적 계급을 향상시키고, 여성에게 대한 성적 접근 전략을 습득한다는 것이다. 이 가설은 억지스럽다는 느낌을 지울 수 없다.

자궁 속의 사내아이에게 남성호르몬이 부족하면 훗날 동성애자가 될 가능성이 높다. 또 X염색체가 하나 더 있거나 자궁 속에서 여성호르몬에 노출된 적이 있는 사내아이 또한 동성애자가 될 가능성이 높다.

동성애자의 뇌와 성호르몬에 관한 연구는 그동안 활발하게 진행되어 왔는데, 이 분야의 선구자는 캘리포니아 대학교의 신경과학자 사이먼 러베이Simon Levay일 것이다. 그의 연구 결과가 알려진 1991년 이후 많은 연구자들이 동성애자의 성적 취향과 뇌의 반응에 대한 연구들을 쏟아냈다. 지금까지의 연구 결과를 크게 세 가지로 요약할 수 있다.

첫째, 뇌 구조가 조금 다르다.

둘째, 가족 구성에서 차이를 보인다. 남성 동성애자의 친족들은 평균보다 많은 자녀를 두었다. 이는 앞서 소개한 친족 이타주의 이론을 뒷받침한다. 2001년 캐나다의 심리학자 레이 블랜처드Ray Blanchard는 남성 동성애자가 이성애자 남성보다 더 많은 형을 두고 있다는 사실을 알아냈다. 그는 형들이 사용했던 자궁을 사용하면서 동성애 성향을 갖게 되었을 것이라 추정했다. 이는 태아 시절에 노출된 호르몬이 성적 취향에 영향을 미칠 수 있음을 보여준다.

셋째, 성호르몬에 대한 반응이 다르다. 스웨덴 국립과학아카데미의 이반카 사빅Ivanka Savic 연구팀에 따르면, 동성애자들은 동성이 발산하는 호르몬에 더 민감하게 반응한다. 연구팀은 동성애자들에게 남성호르몬과 여성호르몬 냄새를 맡게 했다. 그러자 남성 동성애자는 남성호르몬 냄새를 맡았을 때 성욕을 관장하는 시상하부가 활성화되었고, 여성 동성애자는 여성호르몬 냄새를 맡았을 때 같은 반응을 보였다.

아직까지 동성애를 설명하는 완벽한 이론은 없다. 한동안 동성애 유전자를 찾으려는 노력이 있었지만 명백한 동성애 유전자는 발견되지 않았다. 동성애자들도 이성애자에게 발견되는 성적 취향을 나타내는 경우가 있고, 양쪽을 모두 선호하는 양성애자도 존재한다. 동성애를 유전적 현상으로 단정짓기에는 아직 근거가 불충분하다.

근친상간
금기

생명체가 근친상간을 통해 번식할 수 있다면 더 쉽게 더 많은 유전자를 남길 수 있을 것이다. 그러나 근친교배는 유전적인 결함을 안고 있다. 그래서 식물도 자가수정을 방지하기 위한 전략을 진화시켰다. 어떤 식물은 자가수정 자체가 불가능하며, 어떤 식물은 수술과 암술이 성숙하는 시기를 다르게 함으로써 자가수정을 방지한다. 동물은 식물처럼 근본적으로 근친교배를 방지할 시스템을 갖추고 있지 않지만, 특별한 상황이 아니면 근친교배를 하지 않는다.

인간 역시 근친상간에 대한 근본적인 거부감을 갖고 있다. 이는 근친상간이 부도덕하기 때문이 아니다. 근친상간은 도덕의 문제가 아니라 생물학적인 문제다. 근친상간에 대한 가장 고전적인 이론은 프로이트의 오이디푸스 콤플렉스Oedipus complex와 엘렉트라 콤플렉스Electra complex다. 프로이트는 인간이 근본적으로 근친상간의 욕구를 가지고 있다고 보았다. 아들은 어머니에게, 딸은 아버지에게 성적 매력을 느끼지만 가족 갈등에 대한 염려 때문에 이를 억압하고 있다는 것이다.

프로이트는 《토템과 터부Totem und Tabu》에서 종교의 기원을 아버지 살해에서 찾고 있다. 그의 설명에 따르면, 아버지는 여자들을 독점하고 자식들을 무리에서 내쫓는 존재다. 쫓겨난 아들들은 힘을 합해 아버지를 죽이고, 그 고기를 나누어 먹음으로써 아버지와 동화되었다. 아들들은 이러한 범죄행위에 죄책감을 느끼고 아버지를 찬미하는 토템 향연을 베풀었는데, 이것이 종교의 시발점이라는 것이다.

프로이트의 가설은 곧바로 오이디푸스 콤플렉스로 이어진다. 아버지가 암컷을 독차지했을 때, 젊은 수컷들은 음모를 꾸며 아버지를 살해하고 근친상간을 감행한다. 젊은 수컷들은 아버지 살해에 대한 수치심과 죄책감 때문에 근친상간에 대한 금기를 만들었다.

다음으로는 《미개사회의 성과 억압Sex and Repression in Savage Society》으로 잘 알려진 폴란드 출신의 문화인류학자 브로니슬라브 말리노프스키Bronislaw Malinowski의 '가족 갈등 이론'을 들 수 있다. 그는 모계사회에는 오이디푸스 콤플렉스가 존재하지 않는다는 것을 확인함으로써 프로이트의 가설에 타격을 가했다. 그는 근친상간이 가족 간 질투심과 적개심을 형성하고, 신분제도의 혼란을 야기해 공동체의 붕괴를 촉진한다고 보았다. 따라서 그는 근친상간이 사회를 존속하는 데 방해가 되기 때문에 금기가 되었다고 주장했다.

또 다른 이론으로 프랑스의 인류학자 클로드 레비스트로스Claude Lévi-Strauss의 '동맹 이론'을 들 수 있다. 선사시대의 인류는 이웃 부족과의 갈등을 방지하기 위해 교환을 통한 동맹관계를 형성했다. 여성도 교환품목 중 하나였다. 조상들은 족외혼族外婚을 통해 동맹관계를 구축해왔다. 이 교환은 일종의 호혜적 교환이라 할 수 있는데, 이로부터 구성원들이 근친상간에 대한 금기를 공유했다는 것이다. 그 외에도 친족끼리 결혼해 쉽게 부를 축적하지 못하도록 남성들이 근친상간을 금했다는 가설이 있다.

가장 지지를 받는 이론은 핀란드의 인류학자 에드바르트 베스터마르크Edward A. Westermarck가 1891년에 제시한 이른바 '베스터마르크(웨스터마크) 효과'다. 이 가설은 근친상간 금기의 기원에 대해서 답을 주지는 않지만, 금기가 어떻게 생겨났는지 그 단서를 제공한다. 그는 유아기부터 함께 자란 남녀는 서로에게서 성적 매력을 느끼지 못한다고 주장했다.

이후 그의 가설은 여러 연구자들의 조사를 통해 입증되었다. 대표적인 사례는 이스라엘의 키부츠와 대만의 민며느리제도를 대상으로 한 연구다. 키부츠에서는 남녀 아이들이 어린 시절부터 함께 공동 보육시설에서 자란다. 키부츠에 대한 연구는 1950년대부터 시작되어 최근까지 이어졌다.

그중에서 가장 주목할 만한 것은 1970년대 초반 인류학자 조지프 셰퍼의 연구일 것이다. 이미 결혼한 키부츠 출신 남녀 2769쌍을 분석한 결과 어린 시절을 키부츠에서 함께 보낸 부부는 13쌍에 불과했으며, 이마저도 여섯 살 이전에 함께 지냈던 부부는 한 쌍도 없었다. 이는 여섯 살까지가 성적 선호도를 결정하는 가장 중요한 시기임을 보여준다.

이러한 결과는 대만의 민며느리제도를 통해서도 확인되었다. 민며느리제도는 생후 30개월 이전에 여자아이를 입양해 가족처럼 지내다가 성인이 되면 아들과 결혼시키는 풍습을 말한다. 1990년대 초반 스탠퍼드 대학교의 아서 울프Arthur P. Wolf 교수는 민며느리제도를 통해 결혼한 대만 부부 132쌍을 20년 동안 연구한 바 있다.

연구 결과 민며느리제도를 통해 결혼한 대부분의 부부가 결혼생활에 흥미를 느끼지 못했다. 12쌍은 결혼 후 한 번도 성관계를 하지 않았으며, 일반 부부에 비해 이혼율은 세 배 높았고, 아내의 외도는 두 배 이상 높았다. 그뿐 아니라 그들은 평균보다 40퍼센트 정도 적은 수의 자녀를 낳았다. 아서 울프는 남녀가 생후 30개월이 되기 전부터 한집에서 살면 성인이 되어도 서로에게 성적 관심을 갖지 않는다는 결론을 내렸다.

유전적으로 관계가 없는 남녀가 어린 시절을 함께 보냈다는 이유만으로 근친상간에 강한 거부감을 보이는 것은 근친상간 금기가 후천적으로 발생할 수 있음을 보여주는 예다. 하지만 다양하게 이루어진 연구에서는 근친상간 금기가 유전적으로 가까울수록 더욱 강력하게 작용한다는 사실을 보여주고 있다.

05

늑대인간,
남자의 번식 전략

섹시한 남자,
터프가이

대부분의 범죄는 남성이 저지른다. 반면 여성은 타인의 신체에 가하는 공격성 대신 상대방의 심리에 가하는 공격성을 진화시켜왔다. 야성적이고 거친 사내는 여성들에게 늘 경계의 대상이었다. 남성은 여성이 나체를 드러내면 자신을 유혹한다고 믿지만, 여성은 남성의 벌거벗은 육체를 보았을 때 심각한 위협으로 판단한다. 그럼에도 여성들은 거친 사내에게 매력을 느낄 때가 있다.

　남성을 야성적으로 만드는 것은 남성호르몬 테스토스테론이다. 통계적으로 보면 테스토스테론 수치가 높은 남성은 결혼 횟수가 잦고, 간통을 더 많이 하며, 배우자를 더 학대하고, 이혼을 자주 하는 경향을 보인다. 남성은 결혼생활이 불안정해지면 테스토스테론 수치가 올라가고, 이

416

혼을 하면 더 높아진다. 또 독신 남성은 결혼한 남성보다 테스토스테론 수치가 높은 경향을 보이며, 포르노를 볼 때도 수치가 올라간다.

반면 가족에게 애착을 느끼거나 아이가 태어났을 때 테스토스테론 수치는 떨어진다. 즉 남성은 심리적으로 불안정한 상태에 있을 때, 배우자가 떠날 가능성이 높을 때, 성적 파트너가 없을 때 늑대로 변한다. 반면 가족에게 유대감을 느끼거나 아이를 양육할 때는 자상한 아빠로 돌아온다.

남성은 여성보다 열 배나 많은 테스토스테론을 생성한다. 테스토스테론 수치가 높은 여성은 그렇지 않은 여성에 비해 털이 많고 더 많은 파트너와 섹스를 한다. 대개 감옥에 갇힌 죄수들은 높은 테스토스테론 수치를 나타내는데 여성도 예외는 아니다. 이로 미루어볼 때 테스토스테론 수치가 높은 사람이 더 폭력적인 성향을 보인다고 할 수 있다. 암컷이 무리를 지배하는 하이에나 암컷은 테스토스테론 수치가 상당히 높고, 수컷보다 몸집도 크다.

남성이 폭력성을 타고난 것은 결코 그의 죄가 아니다. 암컷을 차지하기 위한 경쟁에는 거대한 보상이 걸려 있기 때문에 수컷은 위험을 무릅쓰도록 진화했다. 위험을 감수하는 것은 오늘날에도 남성성의 상징이다. 이 때문에 수많은 남성들이 극한의 체력을 시험하는 스포츠에 목숨을 건다. 대부분의 사람들은 소량의 도파민으로도 스릴을 느낄 수 있다. 하지만 비정상적인 도파민 수용체를 가지고 태어난 사람들이 있다. 이들은 웬만한 모험으로는 쾌감을 느끼지 못한다. 그래서 이런 사람들은 더 강력한 쾌감을 경험하기 위해 더 극단적인 모험을 감행한다.

간혹 뇌의 스릴만을 경험하고자 하는 사람들이 있다. 이들은 대개 약물중독자, 도박중독자, 알코올중독자들이다. 엄밀히 말하면 우리는 모두 도박꾼이다. 우리 조상들은 위험한 도박에 몸을 던져 성공을 거둔 사람들이기 때문이다. 보상에 대한 기대가 높을 때 사람들은 도박꾼처럼 위험을 감수한다. 몸을 사린 자가 어떻게 건강한 암컷을 얻을 수 있을 것인가? 수컷 경쟁에서 밀려난 패배자는 자손을 낳지 못할 것이고, 그의 유전자는 영원히 사라지게 될 것이다. 승자만이 위험을 감수할 수 있는 본성을 후대에 전하는 것이다.

수컷 경쟁이 치열할수록 소수만이 승리자가 되고 나머지는 패자가 된다. 승자는 여러 암컷과 교미할 권리를 보장받는다. 이 기회를 놓치는 것은 생물학적 도태나 다름없다. 수컷들은 공격적이고, 성급하며, 변덕스럽고, 무차별적일수록 유리하다. 남성의 수명이 여성보다 짧은 것도 위험을 감수하는 본능 때문이다. 반면 암컷들은 가장 강한 유전자를 가진 수컷을 확인할 때까지 수줍어하고 주저하는 것이 유리하다.

남성들은 마음에 드는 여성을 보면 시간과 장소를 가리지 않고 집적거린다. 휘파람을 불고, 놀리고, 때론 위협을 가한다. 여성 앞에서 불량한 행동을 하는 것은 매우 어리석은 짓이다. 여성은 불량한 터프가이를 원하는 것이 아니라 건강하고 믿음직한 터프가이를 원하기 때문이다. 소극적인 남성은 색다른 전략을 구사한다. 꽃을 선물하거나 노예처럼 헌신한다. 완력으로 남성의 우위를 평가하지 않는 요즘에는 이런 전략이 오히려 효과가 있다.

남성은 여성이 보내는 신호를 잘못 해석하기도 한다. 카페에서 커피를 마시다가 건너편에 앉아 있던 여성이 우연히 자신을 바라보고 있으면, 자신에게 관심이 있는 것이라고 착각한다. 또 여성이 급박한 문제를 상의하기 위해 밤에 불러낸다면, 그 여성이 자신을 유혹하고 있다고 믿는다. 함께 술을 마신 여성이 12시가 넘도록 술자리에 남아 있어도 남성은 그녀가 잠자리를 원할지 모른다고 착각한다. 이런 착각에 빠진 남성은 불량한 터프가이가 될 가능성이 높다. 여성이 자신을 원하고 있다는 착각이 성범죄를 유발한다.

진화심리학자 데이비드 버스는 남성의 이런 심리를 '착오관리 이론'으로 설명했다. 이 이론의 핵심은 남성의 착각이 최악의 손실을 방지하기 위한 전략이라는 것이다. 착오에는 긍정적 착오와 부정적 착오가 있다. 실재하지 않는 것을 본 것은 긍정적 착오지만, 실재하는 것을 보지 못한 것은 부정적 착오다. 다시 말해 뱀처럼 생긴 나뭇가지를 보고 놀란 것은 긍정적 착오지만, 진짜 뱀을 나뭇가지로 착각한 것은 부정적 착오다. 긍정적 착오는 손실이 거의 없지만 부정적 착오는 엄청난 희생을 불러올 수 있다.

당신이 사냥꾼 시절의 원시인이라고 하자. 들짐승을 쫓다가 계곡을 지나게 되었는데, 마침 개울에서 목욕을 하고 있던 아름다운 아가씨와 마주쳤다. 아가씨는 당황한 나머지 그 자리에 얼어붙은 채 당신을 멀거니 바라보고 있다. 당신은 아가씨에게 수작을 걸고 싶은 욕망을 억누른다. 만일 아가씨가 소리라도 질러 사람들이 몰려오면 무사하지 못할 것이기 때문이다. 막 발길을 돌리려다가 문득 이런 생각이 든다.

'저 여자가 왜 안 도망가지?'

물론 당신의 착각이다. 그녀는 너무 놀란 나머지 그대로 서 있을 뿐이다. 하지만 당신의 착각은 더욱 깊어진다.

'저 여자가 내게 알몸을 보여주고 있잖아!'

착각이 여기에 이르면 당신은 문득 용기를 내게 될 것이다. 당신의 판단에 따르면 알몸의 여성은 당신을 유혹하고 있는 것이다. 이제 행동할 일만 남았다. 이 기회를 놓치면 당신에게는 영원히 짝짓기의 기회가 오지 않을지도 모른다. 당신은 그녀에게 다가가 은근히 수작을 건다. 이것이 긍정적 착오다. 착한 당신은 그녀가 수작을 받아주지 않으면 그냥 발길을 돌릴 생각이었다. 그러나 그녀가 수작을 받아줄 마음이 있는데도 그냥 물러선다면, 당신은 평생 만나지 못할 소중한 기회를 잃는 것이다. 이때 당신이 수작조차 걸어보지 않는 것은 부정적 착오다.

남성은 여성의 사소한 표정과 행동을 자신에 대한 관심의 신호라고 잘못된 추론을 한다. 설령 오류로 판명된다 하더라도 남성은 별로 손해볼 것이 없다. 오류를 반복할수록 이득과 손해가 비슷해지기 때문이다. 화재경보기가 잘못 작동해서 놀라기도 하지만, 불이 난 것보다는 낫다.

반면 여성의 긍정적 착오는 방어적이다. 여성은 배우자를 신중하게 선택하려는 심리적 메커니즘 때문에 늘 파트너의 사랑을 의심한다. 여성은 남성들의 헌신을 실제보다 과소평가한다. 즉 남자들은 모두 바람둥이며 일시적인 성관계만 추구한다는 편견을 갖는 것이다. 그래서 여성들은 늘 남성에게 사랑을 확인받고 싶어 한다. 비록 사탕발림일지언정 사랑한다는 말을 끊임없이 듣고 싶어 하는 것도 이 때문이다. 수줍음도 이런 심리로 해석할 수 있다.

여성이 남성의 구애를 거절하는 것은 '너의 진심과 능력을 보여줘'라고 말하는 것이다. 또 벌레를 보고 화들짝 놀라거나 겁이 많은 것처럼 행동하는 것은 남성의 보호본능을 자극하는 동시에, 자신은 한 번도 험악한 세상에서 때가 타지 않았다는 사실을 과시하기 위한 것이다.

긍정적 착오가 잦은 터프가이들은 파트너를 구할 가능성이 높다. 그만큼 여성이 자신에게 갖는 호감을 시험할 기회가 많기 때문이다. 더구나 이들은 상대방의 거절에도 큰 상처를 받지 않기 때문에 반복해서 도전할 수 있다. 터프가이는 근육질의 몸매와는 그다지 관련이 없다. 근육질의 몸매를 가진 사람이 남성호르몬 수치가 높고 더 용기를 낼 가능성은 있지만, 이들이 남들에 비해 긍정적 착오에 민감하다고 할 수는 없다.

여성들이 남성의 몸매에 민감한 것은 그것이 부와 신분의 상징이 되었기 때문이다. 과거에는 허리에 지방질이 많은 배불뚝이가 부와 신분을 나타냈지만, 오늘날 비만인 사람은 게으르고 무능한 인간으로 취급받는다. 능력 있는 남성은 늘 자기관리에 철저하다. 몸매가 좋다는 것은 고가의 저지방 식품을 섭취하며, 몸매에 투자할 시간과 돈이 충분하다는 것을 보여주는 것이다.

타고난
사기꾼

2007년 샌프란시스코 대학교의 모린 오설리번Maureen O'Sullivan은 남성과 여성이 평소 잘할 것 같은 거짓말 일곱 가지를 대학생들에게 제시하고 의견을 물었다. 그랬더니 남녀 모두 잘할 것 같은 거짓말은 동정 및 처녀성에 관한 거짓말, 상대방의 감정을 상하지 않게 하려는 거짓말, 상대방의 외모가 얼마나 훌륭한지에 대한 거짓말이었다. 이 세 가지 거짓말이 널리 행해지고 사람들에게 수용되는 이유는 무엇일까?

첫째, 남성의 동정과 여성의 처녀성에 관한 거짓말은 이성을 향한 거짓말이다. 남성이 다른 여성과 잠자리를 같이한 적이 없다고 거짓말을 하는 것은 여성에 대한 헌신을 보여주기 위한 것이다. 또 여성이 처녀성에 대해 거짓말을 하는 것은 자신의 번식자원이 전혀 훼손되지 않았음을 믿게 하려는 것이다.

둘째, 상대방의 감정을 상하지 않게 하려는 거짓말을 보통 '하얀 거짓말'이라고 부른다. 하얀 거짓말은 상대방에게 피해를 주지 않는다. 미국 버지니아 대학교의 심리학자 벨라 데 파울로Bella De Paulo는 자신이 가르치는 학생들에게 일주일 동안 거짓말 일기를 쓰도록 했다. 일기를 분석한 결과 이기적인 거짓말은 50퍼센트, 남을 돕기 위한 이타적 거짓말은 25퍼센트였다. 그리고 나머지 25퍼센트의 거짓말은 상대방과 사회적 관계를 유지하기 위한 거짓말이었다. 사회적 관계를 유지하기 위한 거짓말은 이기적이기도 하고 이타적이기도 하다. 상사에게 거짓으로 아부하는 것이 여기에 해당한다. 아부는 상대방을 기분 좋게 하는 대신, 잘 보이기 위한 이기적 목적을 갖는다.

미국의 심리학자 폴 에크만은 거짓말과 표정 연구 분야에서는 일가를 이룬 사람이다. 그의 연구에서는 처벌을 피하기 위한 거짓말이 가장 많았고, 그다음으로 이기적 거짓말과 이타적 거짓말 순이었다. 여자들은 하루 180번, 남자들은 220번 정도 거짓말을 한다고 한다. 인간은 입만 열면 거짓말을 해대는 것이다. 그러나 여성은 '하얀 거짓말'을 하는 성향이 강했다. 여성은 선의의 거짓말을 통해 집단 내 공격적 태도와 갈등을 방지하고, 구성원을 보호함으로써 집단의 안정과 결속을 강화하는 역할을 한다. 공격적인 남성의 비위를 맞추기 위해 자신의 의견을 숨기는 것이다.

셋째, 상대방의 외모가 얼마나 훌륭한지에 대한 거짓말은 두 번째 거짓말과 유사해 보이지만, 거짓말에 대한 대가를 원한다는 점에서 다르다. 미용실에서 나온 두 여성이 서로에게 예쁘다고 칭찬하는 경우가 그렇다.

친구에게 "내 머리, 엉망이지?"라고 질문한 여성은 자신에게 예쁘다는 말을 해달라는 것이고, 그 질문에 거짓으로 "아냐, 예뻐!"라고 답한 여성은 거짓의 대가로 자신의 머리도 칭찬해달라는 것이다.

독일의 심리학자이자 칼럼니스트인 클라우디아 마이어Claudia Mayer는 《거짓말의 딜레마Lob der Lüge》에서 여성이 남성에게 가장 많이 하는 거짓말은 몸무게를 속이는 것이라고 지적한다. 두 번째는 나이, 세 번째는 처녀성, 네 번째는 쇼핑에 관한 거짓말이다.

몸무게, 나이, 처녀성에 대한 거짓말은 모두 번식자원을 과대포장하기 위한 것이다. 쇼핑에 관련된 거짓말은 100만 원짜리 명품 가방을 사고도 5만 원짜리라고 속이는 것이다. 이 거짓말 역시 배우자로서의 자격을 포장하기 위한 것이다. 남성은 자원을 아껴 쓰는 여성을 선호할 뿐 아니라 그런 여성이 자녀 양육에도 성공적일 것이라 믿기 때문이다.

반면 남성들이 하는 거짓말 중 상위를 차지한 것은 충분한 자원을 보유하고 있다는 거짓말이다. 미국 남성들은 처음 보는 여성들에게 자신이 보유하고 있는 자동차에 대해 가장 많은 거짓말을 했으며, 2위는 직업, 3위는 여가에 대한 거짓말이었다. 이는 자신의 지위를 과장함으로써 배우자에게 제공할 자원이 충분하다고 속이는 것이다. 남자는 번식 성공률을 높이기 위해 돈이 많고 장기적인 헌신이 가능하다는 것을 과시한다. 반면 여자들은 남자에게 임신 능력과 함께 정절을 과시한다.

우리는 타고난 거짓말쟁이다. 엄밀히 말하면 자연계에 존재하는 모든 생물체는 거짓말쟁이다. 생물은 포식자의 먹이가 되지 않으려고 겉모습을 위장한다. 이들의 속임수가 정교한 것은 속이는 쪽과 속지 않으려는 쪽이 함께 진화했기 때문이다. 예컨대 대벌레는 나뭇가지를 모방해야만 자신을 쪼아 먹으려는 새들을 피할 수 있다. 하지만 새들은 속지 않기 위해 시각을 발달시켰고, 대벌레는 더 완벽한 나뭇가지가 되기 위해 노력한다.

속이려는 자와 속지 않으려는 자의 싸움은 인간에게도 적용된다. 아이는 만 네 살 전까지 거짓말을 하지 못한다고 한다. 여섯 살이 되면 거짓말이 나쁜 것이라는 사실을 인식하고, 여덟 살이 되면 자연스럽게 거짓말을 한다. 우리가 거짓말쟁이가 된 것은 거짓말이 때로 생존에 유리하기 때문이다. 이웃 부족의 처녀를 농락한 죄로 감금당했을 때 순순히 자백하는 것은 살아 있는 시간을 단축하는 것이다. 일단 거짓말로 위기를 모면한 후 살아날 방도를 모색하는 것이 낫다. 그 순간에 순진하게 자백한 조상들은 살아남지 못했고 자손도 남기지 못했다. 우리는 모두 거짓말쟁이의 후손인 셈이다.

남녀 간의 거짓말도 마찬가지다. 사랑이 늘 행복한 결말을 맺는 것은 아니다. 진화는 번식 가치가 있는 행동이라면 무엇이든 지지하고 선택한다. 여기에 도덕성이 개입할 여지는 없다. 타인에게 무자비한 손해를 끼치더라도 조상들은 암컷을 차지하기 위해 수많은 속임수를 진화시켰다. 남성의 속임수에 대비하기 위해 여성은 사기꾼을 구별하기 위한 심리적 장치들을 개발했다. 남성에게 긴 시간의 구애 과정을 요구하고, 육감을 발달시킨 것이다.

생존을 위한 생물체의 속임수를 도덕적으로 문제 삼을 수는 없다. 그러나 인간이 거짓말을 하는 동기 중 하나는 '거짓말을 하고 싶은 욕구' 때문이다. 동물이 포식자를 속이는 것은 거짓말을 하고 싶은 '욕구' 때문이 아니다. 새끼를 노리는 포식자를 자신에게로 유인하기 위해 절름발이 행세를 하는 새는 목숨을 건 생존 게임을 벌이는 것이다. 오직 인간만이 의도와 욕구를 가지고 남을 속인다.

폴 에크만은 《거짓말 잡아내기 *Telling Lies*》에서 상대방을 속일 의도가 있었는지를 기준으로 거짓말의 수준을 판단한 바 있다. 우리는 거짓말을 할 것인지 말 것인지 선택할 수 있다. 속이는 것은 고의적인 행동이며, 상대방을 속이겠다는 의도를 미리 계획한 것이다. 그는 이런 거짓말이 진짜 거짓말이라고 말한다. 인간이 언어로 발설하는 거짓말은 정말 감쪽같다. 그래서 수사관들은 범죄 용의자들을 수사할 때 애를 먹는다.

1991년 폴 에크만과 모린 오설리번은 특정 직업을 가진 사람들의 거짓말 판별 능력을 실험했다. 이들의 직업은 정보기관 요원, 강력계 형사, 판사, 정신과 의사였다. 연구팀은 일반인과 대학생도 실험에 포함시켜 특정 직업을 가진 사람들과 비교했다. 실험 결과 성적이 가장 좋은 집단은 정보기관에 종사하는 사람들이었다. 이들이 거짓말을 판별하는 비율은 64퍼센트로 대학생 53퍼센트, 나머지 집단 55~57퍼센트에 비해 약간 높은 것으로 나타났다. 그러나 정보기관에 소속된 사람들은 일정한 훈련을 받았다는 점에서 일반인보다 탁월한 감별 능력을 가졌다고 보기는 어렵다.

흥미로운 사실은 폴 에크만이 1980년대에 탁월한 감별 능력을 가진 사람을 찾아냈다는 것이다. 그가 찾아낸 사람은 전직 재무부 수사요원 제임스 뉴버리James J. Newberry였다. 그는 수십 년간 FBI와 재무부에서 조직범죄 수사요원으로 근무했는데, 거짓말 판별 테스트에서 거짓말쟁이를 100퍼센트 적발해냈다. 이후 폴 에크만은 1만 4000여 명에 달하는 피험자를 테스트한 후 탁월한 거짓말 감별 능력을 가진 29명을 찾아냈다. 이들의 공통점은 알코올중독자인 부모 밑에서 방치된 어린 시절을 보냈다는 것이다. 안타깝게도 이들의 능력은 폭력적인 아버지의 눈치를 살피고, 아버지와 어머니 사이에 일어나는 감정적 골을 민감하게 이해할 줄 아는 데서 생겨난 것이다.

우리는 표정으로도 거짓말을 한다. 이 가운데 미소는 가장 많이 사용하는 가면이다. 인간은 거짓 미소를 통해 공포, 분노, 좌절, 역겨움 같은 부정적 감정들을 위장할 수 있다. 거짓 미소와 진짜 미소는 사용하는 근육뿐 아니라 이를 통제하는 뇌의 신경회로도 다르다. 진짜 미소는 뇌의 신호로 인한 반사적 동작이지만, 거짓 미소는 의지의 힘으로도 이끌어낼 수 있다.

폴 에크만은 간호학과 학생들을 대상으로 한 가지 실험을 진행했다. 간호사 지망생들을 실험 대상으로 선정한 것은 병원에서 부정적인 감정들을 능숙하게 숨겨야 하는 경우가 많기 때문이다. 또 간호사나 의사의 거짓말은 때로 도덕적인 행위로 평가받을 수도 있다.

연구팀은 간호학과 학생들에게 손가락이 잘린 어린 응급환자를 맞거나 환자의 배설물을 치워야 하는 경우처럼 부정적 감정을 느낄 때 감정을 숨겨야 한다고 요구했다. 그러고는 아름다운 자연을 담은 장면을 보여준 후, 이번에는 끔찍한 화상을 입은 상처나 신체 절단 장면을 보여주었다. 학생들은 자신이 느낀 감정이 어떠하든 연구팀에게 아주 멋진 장면을 보았다고 거짓말을 해야 했다.

실험 결과 학생들은 자신의 감정을 숨기는 능력에서 많은 차이를 보였다. 몇몇 학생은 능숙하게 연구팀을 속인 반면, 몇몇은 거짓말을 지어내느라 쩔쩔맸다. 전체 학생들을 대상으로 인성검사를 실시한 결과 거짓말을 잘하든 못하든 인성에는 거의 차이가 없었다. 그러나 거짓말을 능숙하게 하는 학생은 자신이 발각될 수도 있다는 두려움을 전혀 느끼지 않았고, 심지어 속임수에 대한 자신의 능력을 어느 정도 확신하고 있었다.

거짓말을 해도 잃을 것이 없다면 거짓말을 하고 싶은 유혹에 쉽게 넘어갈 것이다. 또 거짓말 때문에 입을 피해보다 솔직해서 입게 될 피해가 더 크다면 거짓말을 하고 싶은 유혹은 더욱 강해질 것이다. 그래서 범죄 수사관들은 진실과 거짓 게임에서 승리하기 위해 거짓말탐지기를 사용한다. 범죄자의 말이나 표정으로 범죄 여부를 판단하는 것은 늘 오류의 가능성이 높기 때문이다.

우리는 모두 편견을 가진 존재다. 선입관이나 상대방에 대한 첫인상이 이런 오류 가능성을 높인다. 이럴 땐 오히려 기계가 낫다. 폴 에크만의 실험에 따르면, 남의 말을 거의 이해하기 힘든 좌뇌 손상 환자들은 보통 사람들보다 거짓말쟁이를 더 잘 찾아냈다. 이는 거짓말쟁이의 언어나 표정보다 몸짓이 더 중요한 단서를 제공한다는 것을 의미한다.

거짓말탐지기는 바로 이런 역할을 수행한다. 거짓말에는 발각의 두려움, 죄책감, 남을 속이는 데서 오는 쾌감 같은 감정이 개입되는데, 범죄자는 거짓말이 탄로 나지 않도록 자신의 감정을 숨겨야 한다. 거짓말탐지기는 거짓말을 탐지하는 것이 아니다. 단지 거짓말하는 사람의 감정 징후를 찾아낼 뿐이다. 즉 용의자의 땀, 호흡, 혈압 같은 것을 탐지해내는 것이다.

사실 거짓말탐지기는 타고난 거짓말쟁이에게는 별 효과가 없고, 탐지 결과는 법원에서 증거로도 채택되지 않는다. 그런데도 우리는 거짓말탐지기가 거의 100퍼센트 효과가 있다고 믿는다. 이는 수사관들이 늘 그 효과를 부풀려왔기 때문이다. 거짓말탐지기의 효과를 의심받게 되면 정말로 아무런 기능을 발휘할 수 없다. 그래서 수사관들은 심문을 하기 전에 용의자로 하여금 거짓말탐지기 검사가 한 번도 실패한 적이 없다고 믿도록 만든다. 수사관들이 가장 흔히 사용하는 방법은 카드 맞히기 게임이다. 여러 장의 카드 중 한 장을 뽑은 용의자를 상대로 거짓말탐지기를 실험한다. 용의자가 거짓말을 하면 거짓말탐지기는 100퍼센트 알아낸다. 하지만 이 카드 묶음에는 수사관만 알아볼 수 있는 특별한 표시가 되어 있다.

미소도 때로는 '악어의 눈물'이 될 수 있다. 사람들은 곧잘 거짓 미소에 속아 넘어가기 때문이다. 대부분의 사기꾼들은 범행을 저지르기 전에 주변 사람들을 자기편으로 만든다. 그는 돈이 많을 뿐 아니라 늘 친절하며 이웃을 돕는 사람처럼 행동한다. 신뢰를 얻지 못하면 사기를 칠 수 없기 때문이다. 주위에서 이런 사실을 뻔히 경고하는데도 많은 사람들이 사기를 당한다. 우리는 이런 사람을 '바보'라고 부르지만, 실제 그런 상황에 처해보면 사기꾼의 손아귀에서 벗어나기가 쉽지 않다.

우리가 거짓 미소에 쉽게 속아 넘어가는 이유는 뇌가 외부의 자극에 신속하게 반응하도록 프로그래밍되어 있기 때문이다. 위협적인 상황에서는 이성적인 판단보다 순간적인 직감이 생사를 좌우한다. 조상들이 숲에서 낯선 부족과 마주쳤을 때 상대방의 얼굴에서 미소를 보았다면 안도의 한숨을 내쉬었을 것이다. 만약 미소를 짓는 상대방에게 창을 던졌다면 어떻게 될까? 상대방을 먼저 제압할 수는 있지만 나머지 부족민들에게 살해당할 수도 있을 것이다. 반대로 상대방이 미소를 짓는 상황에서 바로 화답하지 않고 망설였다면 오히려 상대방의 창에 찔렸을 것이다. 그래서 우리는 미소를 짓는 사람에게 미소로 화답하도록 프로그래밍되어 있다.

사기꾼들은 이러한 심리를 악용한다. 사기꾼처럼 뛰어난 심리학자는 찾아보기 힘들다. 이들은 자신의 행동, 말, 표정에 사람들이 어떻게 반응하리라는 것을 훤히 알고 있다. 또 뛰어난 거짓말쟁이는 사람들에게 정직한 인상을 심어주는 방법을 잘 알고 있다. 이들은 타고난 사기꾼일 뿐 아니라 능수능란한 바람둥이다. 병적인 거짓말쟁이들은 뇌 구조가 정상인과 다르다. 연구자들에 따르면 이들은 뇌의 백질이 정상인보다 25퍼센트 많고, 회백질은 14퍼센트 적다.

사기꾼들이 활개를 치는 것은 속는 사람들이 널려 있기 때문이다. 우리는 거짓 미소와 사탕발림에도 쉽게 넘어간다.

2004년 미국 몽클레어 주립대학교의 줄리언 폴 키넌Julian Paul Keenan은 여대생 34명에게 매력적이고 성공한 것처럼 보이는 남자들을 만나게 한 후 첫 느낌을 평가하도록 했다. 실험 결과 애인이 있는 여성들보다 애인이 없는 여성들이 훨씬 남자들의 거짓말을 잘 알아차렸다. 이는 모든 여성들이 사기꾼을 감별하는 안테나를 갖고 있지만, 필요할 때만 작동한다는 것을 보여준다. 애인이 있는 여성은 상대 남자를 잠재적 배우자로 인식하지 않기 때문에 거짓말 탐지장치를 작동시킬 동기가 감소하는 것이다.

기혼 여성은 거짓말 탐지 능력이 더 감소할 수 있다. 일상에 익숙해지다 보면 배우자에 대한 감시 장치가 무뎌지기 때문이다. 또 배우자의 태도가 미심쩍어도 관계가 위태로워지는 것을 두려워해 거짓말 탐지장치를 아예 꺼버릴 수도 있다.

강제와 폭력

남녀의 골격을 비교해보면 남성의 신체는 폭력에 적응해왔음을 쉽게 짐작할 수 있다. 남성들 사이에서 벌어지는 살인행위는 여성들 사이에서 벌어지는 살인행위보다 훨씬 많다. 살인은 원시시대에도 위험한 전략이었다. 타인을 살해하는 사람은 살해당할 위험도 증가한다. 이러한 위험을 피하기 위해 조상들은 동맹과 협력이라는 방어 전략을 진화시켰다. 이로부터 사회, 국가, 법률, 사회적 제도들이 출현했다.

오늘날의 남성들은 돌멩이와 몽둥이로 경쟁자들과 싸우지는 않지만 폭력적 본성까지 사라진 것은 아니다. 이제 남성은 완력 대신 부와 권력을 가지고 경쟁하며, 손에는 몽둥이 대신 펜과 마우스를 들고 있다. 여성을 차지하기 위한 경쟁에서 폭력은 그다지 유효한 수단이 아니다. 현대에는 부와 지위의 확보가 여성을 유혹할 수 있는 가장 효과적인 수단이다. 그럼에도 남성의 야만성은 여전히 남아 있으며, 어느 사회든 성폭력이 존재한다.

물론 성폭력이 인간사회에만 존재하는 것은 아니다. 모든 동물이 짝짓기를 위해 완력을 사용한다. 암컷은 원하지 않는 수컷과의 짝짓기를 한사코 거부한다. 낯선 수컷과의 강압적인 교미는 암컷의 입장에서 보았을 때 목숨을 잃는 것만큼이나 위험하기 때문이다. 강간범의 아이를 임신한 여성은 폭력 그 자체보다 더 큰 고통을 장기간 겪어야 한다.

강도 높은 처벌에도 불구하고 강간이 횡행하는 이유를 '짝짓기 기회 박탈 가설'로 설명하는 학자들도 있다. 강간은 살인만큼이나 위험한 전략이었을 것이다. 강간범은 여성의 친척들에게 살해당하거나 집단에서 추방될 수 있기 때문에 강간은 목숨을 건 도박이었다. 그럼에도 목숨을 담보로 강간을 감행한 무모한 도박꾼 중 일부는 성공적으로 살아남았다.

짝짓기 기회를 갖지 못한 수컷이 유전자를 남길 수 있는 방법은 폭력에 의존하는 것이다. 이들은 대개 매력이 없거나 아무런 자원도 소유하지 못했을 것이다. 이 가설에 동의하지 않는 연구자들도 있다. 몇몇 인류학자들은 강간이 유전자를 퍼뜨리기 위한 행위가 아니라 수컷들이 힘을 과시하고 쾌락을 얻기 위한 행위라고 주장한다.

오늘날 남성의 폭력성은 다양한 형태로 나타난다. 집요한 집착과 폭력은 '사랑하기 때문'이라는 이상심리와 결부되어 있다. 여성을 살해한 범죄자들조차 체포된 후에도 여전히 희생자를 사랑한다고 주장하기도 한다. 실제로 많은 여성들이 자신을 사랑하는 남성에게 살해된다. 여성은 낯선 강간범에게 살해당할 위험성을 더 과장하는 경향이 있지만, 실제로 성폭행이나 살인은 낯선 이방인보다 가까이 지내던 사람이 저지르는 경우가 많다.

수컷의 폭력행위 중에는 유아 살해도 있다. 인간뿐 아니라 상당수의 포유동물이 유아 살해를 빈번하게 저지른다. 사자나 곰은 다른 암컷이 거느린 새끼들을 보면 죽이려 든다. 특히 아프리카 사자는 계획적이고 의도적으로 새끼를 살해한다. 사자 무리에서 암컷들은 가까운 친족과 무리를 이룬다. 이들에게 가장 큰 위협은 떠돌이 수컷이다. 떠돌이 수컷은 무리를 지배하고 있는 수컷을 몰아내고 그 자리를 차지하기 위해 호시탐탐 기회를 노린다. 암컷은 출산 후 18개월 정도까지 새끼를 돌보는데, 이 기간 동안 배란이 멈추기 때문에 다시 임신을 하려면 2년 정도의 시간이 필요하다. 하지만 새끼가 없으면 암컷의 젖은 마르고 곧바로 임신할 수 있다. 이 때문에 무리를 정복한 수컷은 새끼를 살해한 후 암컷과 교미함으로써 자신의 자손을 늘려가는 것이다.

암컷의 모유 생산을 정지시킴으로써 임신 시기를 앞당긴다는 이론은 1970년대 하버드 대학교의 대학원생인 세라 블래퍼 허디Sarah Blaffer Hrdy

가 제시했다. 허디는 랑구르원숭이를 관찰하다가 수컷이 다른 수컷의 새끼를 죽이려 한다는 사실을 알아냈다. 허디는 새끼를 죽이면 암컷의 수유가 중단되어 배란이 시작되고 결국 자기 새끼를 죽인 수컷의 새끼를 임신한다는 가설을 세웠다. 그리고 이러한 행위는 번식 성공률을 높이기 위한 진화적 적응이라고 주장했다.

동물학자들은 이 가설을 믿지 않았다. 새끼를 죽인다는 것은 어느 모로 보나 진화에 불리해 보였기 때문이다. 당시 동물학자들은 도시에 사는 원숭이가 급증해 경쟁이 심해짐에 따라 새끼를 죽이는 것이라고 생각했다. 하지만 이후 진행된 수많은 연구들은 허디의 가설을 입증하기에 충분했다.

오늘날 인간사회에서는 유아 살해가 드물게 발견된다. 하지만 아동학대는 광범위하게 이루어지고 있다. 특히 계부모 밑에서 자라는 아동이 심각한 학대에 노출되어 있는 경우가 많다. 또 한 부모 가정의 아이들도 일반 가정의 아이들보다 더 많은 학대를 경험한다.

계모는 늘 끔찍한 존재로 묘사되어왔다. 신데렐라 이야기가 대표적일 것이다. 서울대학교 서양사학과 주경철 교수는 《신데렐라, 천년의 여행》에서, 세계 곳곳에 350여 종의 신데렐라 이야기가 존재한다고 말한다. 우리나라의 '콩쥐팥쥐 이야기'도 넓은 의미에서 신데렐라 이야기에 속한다.

동화는 상징으로 가득하다. 프로이트에 따르면 딸은 아버지의 사랑을 놓고 계모와 경쟁을 벌인다. 하지만 계모와 의붓언니들이 주인공을 괴롭히는 것은 아버지의 자원이 전처의 자식에게 분배되는 것을 원치 않기 때문이다. 계모가 누릴 수 있는 최고의 이득은 남편의 모든 자원을 그녀와 그녀의 자식들에게만 투자하도록 하는 것이다. 반면 아버지의 친

자식은 계모가 모든 자원을 빼앗아가지 못하도록 막는 것이 최선이다. 사랑을 놓고 경쟁을 벌인다는 것은 곧 자원을 놓고 경쟁을 벌인다는 말과 같다.

대개 동화의 주인공은 저주를 받아 어려움에 처한다. 백설공주 이야기에서는 마녀의 사과가 그 역할을 맡는다. 이것이 상징하는 바는 낯선 사람의 친절을 조심하라는 것이다. 세상은 위험으로 가득 차 있다. 만일 낯선 이의 사소한 친절에 넘어가면 자신의 운명이 바뀔 수도 있다. 주인공이 어려움에 처해 있을 때 도움을 주는 존재도 있다. 신데렐라 이야기에서는 마법을 부리는 요정이 이 역할을 맡는다.

하지만 동화는 왕자를 만나는 것으로 끝난다. 이는 사랑의 대상이 아버지로부터 청년으로 옮겨가는 것을 의미한다. 주인공이 겪는 고난은 사춘기에서 벗어나 임신할 능력을 가진 처녀로 전환할 때 겪는 성장통인 것이다. 대개 신발은 여성의 성기를 상징하며, 신발을 찾는 것은 자신에게 알맞은 배우자를 만나는 것이다. 또 유리 구두는 깨어지기 쉬운 처녀성을 뜻한다. 따라서 유리 구두를 가진 남성이 찾아오는 것은 여성의 보호자가 나타났음을 의미한다고 볼 수 있다.

혼인을 통한 신분 상승은 지금도 유효하다. 사회적 지위를 가진 남성을 만나려면 성적 매력을 지닌 처녀로 거듭나야 한다. 동화 속의 처녀는 이리저리 나대지 않는다. 처녀 주인공은 늘 수줍어하고 매사에 소극적이다. 이런 여성만이 처녀성을 인정받을 수 있기 때문이다.

계부모는 친자식이 아니면 장기적으로 투자할 필요성을 느끼지 못한다. 따라서 계부모 밑에서 자란 아이들은 부모의 품에서 일찍 떠날 가능성이 있다. 심리학자 마틴 데일리Martin Daly와 마고 윌슨Margo Wilson은 《신데렐라의 진실: 낳은 정과 기른 정은 다른가?The Truth about Cinderella》

에서 계부모가 친부모보다 두 살 이하의 어린이를 살해할 가능성이 약 70배 높다고 말한다. 또 아이가 10대에 이르러서도 계부모에게 살해될 가능성은 친부모에게 살해될 가능성보다 약 15배나 높다. 특히 계부에 의한 살해는 계모에 의한 살해보다 12배나 높았다.

하지만 아동을 학대하는 데는 큰 차이가 없었다. 그렇다면 동화에는 왜 계부는 등장하지 않고 표독한 계모만 등장하는 것일까? 마틴 데일리와 마고 윌슨은 두 가지 이유를 제시하고 있다.

첫째, 의붓아버지보다 의붓어머니의 존재가 더 많다. 의붓어머니가 많았던 이유는 출산 중 사망하는 일이 잦았기 때문이다. 둘째, 아이에게 이야기를 들려주는 주체가 친어머니였다. 어머니는 남편이 자신을 버리고 재혼하는 것에 대한 위험성을 아이들에게 경고할 필요가 있다. 그래서 철없는 아이들도 아버지가 다른 여자와 가까이하는 것을 본능적으로 혐오한다. 어린아이들의 낯가림은 낯선 침입자에 대한 일종의 방어기제인 셈이다. 이 방어기제가 배우자를 잃은 친부모가 계부모를 선택하는 데 영향을 미칠 수도 있다.

유아 살해는 여성에 의해서도 행해진다. 열악한 생존환경에서 가능성 없는 자식에게 투자하느니 기존의 아이에게 투자하는 것이 낫다. 특히 아이가 선천적 결함을 갖고 태어났다면 더욱 그렇다. 또 강간으로 임신하거나 아비가 일찍 사망했을 때는 혼자서 아이를 기르기 어렵다. 투자받을 파트너가 없다면 고단한 앞날은 이미 예정된 것이다. 그래서 미혼모들 중에는 갓난아이를 유기하거나 살해하는 경우가 있다.

아이가 새로운 배우자를 얻는 데 방해가 될 때도 살해의 동기가 생겨난다. 특히 젊은 여성일수록 유아를 살해할 가능성이 높다. 다른 남자의 아이를 낳을 시간적 여유가 많을수록 기존의 아이는 더 큰 장애가 되기 때문이다. 실제로 유아 살해는 10대 미혼모에게서 자주 나타나는 경향이 있다.

인간사회에서는 유아 살해와는 전혀 성격이 다른 '아비 살해'도 존재한다. 전통적인 프로이트 이론은 이를 '오이디푸스 콤플렉스'로 설명한다. 아들은 어머니의 사랑을 놓고 아버지와 경쟁하기 때문에 심리적 근저에 아버지를 살해하고픈 욕구가 존재한다는 것이다. 하지만 이를 성적욕구로 해석하는 것은 무리다. 오늘날 아들이나 아내가 저지르는 아비살해는 아버지의 육체적 학대가 주요한 원인이기 때문이다.

서열 경쟁과 복종

남성의 헌신을 나타내는 지표는 파트너를 향한 사랑과 물질적 지원이다. 그래서 남성은 경제적 자원을 과시하는 데 여념이 없다. 진화적 측면에서 나쁜 사회적 평판은 부상을 당하는 것보다 좋지 않은 결과를 가져올 수 있다. 지위가 낮고 형편없는 존재라는 평판은 집단의 구성원으로 활동하는 데 중대한 영향을 미친다. 그래서 공개적인 장소나 여성 앞에서 남성을 모욕하는 것은 중대한 도발이다. 만약 모욕을 감수한다면 그것은 모욕한 자에 대한 복종의 신호다. 공개적인 모욕은 도와줄 동맹자가 없다는 것을 의미하기 때문에 남성은 손상된 평판을 회복하기 위해 목숨을 건다. 그래서 남자들은 오래전부터 명예 문화를 발전시켜왔고, 도전에 응답하기 위해 결투에 나서기도 했다.

오늘날의 남성은 결투 대신 주택과 자동차 또는 명품 시계나 휴대폰을 가지고 경쟁한다. 그가 소유하고 있는 자산들은 공작새의 크고 화려한 꼬리와 같다. 공작새의 꼬리에 대해서는 '핸디캡 원리'로 소개한 바 있지만, 그 외에도 두 개의 가설이 더 있다.

하나는 1930년 영국의 생물학자 로널드 피셔Ronald Fisher가 제안한 '섹시한 아들 가설sexy son hypothesis'이다. 그는 수컷 공작의 꼬리가 길고 화려해진 것은 암컷들이 그런 꼬리를 좋아하기 때문이라고 생각했다. 암컷들이 긴 꼬리를 좋아하게 되면 꼬리가 큰 수컷은 더 많은 자손을 낳을 것이고, 그 자손들 역시 긴 꼬리 덕분에 더 많은 암컷들이 선망을 받을 것이다. 따라서 긴 꼬리를 가진 수컷의 유전자는 선택된다. 암컷 역시 더 긴 꼬리를 가진 수컷과 짝짓기를 하기 위해 경쟁할 것이다.

다른 하나는 이른바 '좋은 유전자 가설'이다. 이 가설은 좌우대칭성 이론과 유사하다. 즉 길고 좌우대칭적인 꼬리가 수컷의 건강과 능력을 보증해준다는 것이다. 어느 가설이든 공작의 긴 꼬리가 암컷의 관심을 끌기 위해 고안되었다는 전제는 같다.

먼 과거의 조상들은 근육질이나 뇌의 크기를 기준으로 배우자를 선택했을 수도 있다. 그러나 인류가 대규모 사회를 형성하면서 조상들은 선택의 기준을 균형 잡힌 몸매와 큰 키 그리고 지능으로 삼았다. 충분한 영양 상태와 우수한 뇌가 새로운 기준이 된 것이다. 이러한 조건들이 가져다주는 마지막 결과물은 부와 지위다.

배우자에 대한 헌신을 나타내는 지표인 '사랑'은 검증하는 데 오랜 시간이 걸린다. 하지만 부와 지위는 한눈에 알아볼 수 있다. 이로부터 지위를 나타내는 각종 상징과 장치들이 고안되었다. 상위계층을 모방하고 싶어 한다는 점에서 인간은 어느 정도 권력중독자들이다. 우리는 지위를 상징하는 것이라면 무엇이든 모방한다. 우리는 상위계층의 옷과 장식은 물론, 그들이 먹고 마시고 즐기는 것까지 흉내 내지 못해 안달이다. 이러한 흉내가 신분 상승의 착각을 불러일으킨다.

오랫동안 경제학자들은 인간이 왜 과소비를 하는지 설명하지 못했다. 또 사회학자들은 남성이 왜 여성보다 재물과 권력을 탐하는지 알지 못했다. 그 이유가 밝혀진 것은 결국 신분의 과시가 암컷에게 잘 보이기 위한 행동의 진화라는 성선택 이론을 수용하면서부터였다.

> 훌륭한 예절을 갖추는 데는 그만큼 많은 시간, 열성, 비용이 필요하다. 하지만 자신의 시간과 에너지를 노동에 빼앗기는 사람들이라면 예절을 습득하기 힘들다. 따라서 세련된 취미, 예절, 생활습관은 상류계급에 속한다는 것을 증명하는 유용한 증거이다. 훌륭한 예절에 관한 지식은 상류층 사람들이 일반인들의 시선에 띄지 않게 숨긴 생활의 일부를 아무런 돈벌이도 안 되는 성과물들을 획득하기 위한 가치 있는 활동에 소비했다는 자명한 증거이다.
>
> – 소스타인 베블런Thorstein Veblen,
> 《유한계급론The Theory of the Leisure Class》

1899년 노르웨이 출신의 경제학자 소스타인 베블런은 여가, 문화, 예술이 사회적 신분의 표지라는 주장을 내놓았다. 베블런에 따르면, 우리가 누리는 여가는 노동을 하지 않아도 되는 신분의 사람들이 과시하고 싶은 일종의 표지다. 노동에 종사하는 것은 가난과 예속의 징표다.

가난한 사람들은 부자를 시샘하면서도 선망하는 이중심리를 갖고 있기 때문에 상위계급을 따라잡기 위한 고통스런 경쟁을 선택한다. 하지만 부자를 따라잡는 길은 멀고 험하다. 그래서 쉽게 따라 할 수 있는 유행에 민감하다. 사람들은 강남 아파트를 구입할 능력이 없으면서도 강남 아파트 값이 올랐다는 사실에 분노한다. 이러한 분노는 경제적 부에 대한 시샘과 함께, 그들을 따라잡을 기회가 점점 더 희박해지는 것에 대한 분노다.

상류계층에 대한 모방은 늘 한계에 부딪힐 수밖에 없다. 나비의 화려한 날개는 짝짓기를 위해서가 아니라 포식자를 향한 일종의 경고신호로 진화했다. 자연계에서는 대개 화려한 종일수록 독을 품고 있다. 어떤 나비가 화려한 색깔을 이용해 생존율을 높였다면, 다른 나비들도 이를 모방한다. 만약 포식자가 노리지 않던 나비들까지 화려한 색깔을 갖는다면, 포식자들은 색깔에 관계없이 모든 나비들을 공격하도록 진화할 것이다. 따라서 모방자들이 많아지면 광고물은 아무 효과가 없다.

인간사회도 마찬가지다. 상류사회의 행태가 유행을 통해 확산되면 상류계층은 더 이상 그런 성향을 보이지 않는다. 광고물로서의 기능을 상실했기 때문이다. 이들은 다시 새로운 성향을 찾아내고, 시장이 이를 뒷받침한다. 그래서 유행은 새로운 유행이 나타날 때까지 일정 기간 동안만 수명을 누린다. 고가의 명품을 구매하는 것은 실질적 가치를 구입하는 것이 아니라 그것을 소유함으로써 얻게 되는 사회적 평판을 구입하는 것이다. 따라서 어떤 물건이 구매 욕구를 자극하려면 아름다운 동시에 비싸야 한다. 아름답지만 비싸지 않은 물건은 명품으로 인정받지 못하는 것이다.

남성은 경쟁자가 자신보다 우월할 때 부담을 느낀다. 그래서 많은 남성들이 부유하게 보이기 위해, 강해 보이기 위해, 유행을 따르기 위해, 또 동맹을 맺을 수 있는 어떤 집단의 회원 자격을 얻기 위해 부단히 노력한다.

데즈먼드 모리스는 《인간 동물원》에서 지위를 추구하는 사람들의 전략 중 하나로 '의사부족擬似部族 형성'을 들었다. 오늘날에도 많은 정치지도자들이 지연, 학연, 혈연을 통해 부족을 형성한다. 이 집단들은 족보와 학벌, 혈통을 매우 중시하며 타 집단에 배타적이다. 데즈먼드 모리스는 의사부족의 구성 형태를 친구와 친지, 지역공동체, 특수 전문분야, 계급 및 연령대로 구분했다.

이 중에서 관심을 끄는 것은 특수 전문분야와 계급이다. 계급적 배타성은 상류사회를 중심으로 형성되지만, 특수 전문분야는 상류사회로 진입하고자 하는 사람들 사이에서도 형성될 수 있다. 의사단체나 변호사단체가 여기에 해당된다. 이들은 어느 사회에서나 이익을 고리로 강고한 연대를 형성하고 있다.

이들 이익단체에 가입하려면 특별한 면허가 필요하기 때문에 가입 자체가 배타적이다. 이들은 면허제도를 이용해 유사한 능력을 가진 사람들이 시장에 진입하지 못하도록 압력을 행사한다. 이를 통해 시장에서의 경쟁을 방지하고, 회원들 간에 적절한 이익을 누릴 수 있도록 배려한다. 이들이야말로 집단 권력을 이용해 상류계층을 따라잡기 위해 눈물나게 노력하는 사람들이다.

경쟁은 남성의 운명이다. 남성은 여성을 유혹하기 위해 경제적 자원을 제공하고, 육체적 매력을 향상시키고, 선물과 아량을 베푼다. 남성은 여성보다 성적으로 평균 2년 늦게 성숙한다. 이는 경쟁에 참여하기 전에 힘을 보강할 시간이 필요하기 때문이다. 사춘기가 지나면 남성은 위험한 경쟁에 참여해야 한다. 남성들은 경쟁에 따른 스트레스 때문에 여성보다 평균적으로 7년 먼저 사망한다.

대부분의 사회에서 남녀는 보통 107:100 비율로 출생한다. 이는 경쟁에 모험적으로 뛰어든 남성들의 사망률이 높기 때문이다. 그러나 결혼적령기에 이르면 남녀 비율은 거의 같아진다. 남아 출생률이 높은 것은 진화 과정에서 남성들의 높은 사망률을 반영했기 때문이다. 하지만 오늘날에는 의학의 발달과 피임, 낙태 등으로 불균형이 심화되고 있다.

남성은 권력중독자다. 권력으로부터 소외되는 것은 엄마 젖을 뗐을 때 겪는 퇴행현상과 흡사하다. 그래서 권력을 가진 사람 중 상당수는 미래에 권력으로부터 소외되지 않을까 두려워하며, 일단 권력을 잡으면 놓지 않으려고 발버둥 친다. 이들은 권력의 속성을 잘 아는 사람들이다. 이들이 '완장'을 차게 되면 그가 이끄는 집단은 지옥으로 변한다.

권력은 최음제와 비교된다. 일단 권력에 맛을 들인 사람은 마약에 중독된 사람처럼 쉽게 포기하지 않는다. 그래서 남성들은 외모 경쟁보다 지위 경쟁에 더 몰두한다. 남성은 경쟁자의 성공을 무시하거나 과소평가하며, 지위가 손상될 때 자동차 사고로 얼굴이 망가진 것보다 더 분노한다. 지위에서 퇴출되었을 때 살인을 저지를 가능성도 높다. 여성은 열악한 조건에서도 번식에 성공할 가능성이 높지만, 남성은 짝짓기 시장에서 완전히 배제될 가능성이 있기 때문이다.

권력 서열은 피라미드 구조로 이루어져 있다. 권력자가 많다는 것은 아무도 권력자가 아니라는 것과 같다. 이 때문에 권력자는 늘 소수다. 거대 공동체에는 지도자가 될 가망성이 전혀 없는 수많은 실패자가 있다. 하지만 이들은 실패에도 불구하고 경쟁 대열에서 이탈하지 않는다. 그들은 집단을 이탈하는 것이 아니라 하위집단으로 내려가 작은 권력을 획득하려고 노력한다. 가장 뛰어난 도축업자는 그 세계에서 권력자가 누리는 황홀함을 느낄 수 있다. 스포츠나 취미 집단에서도 최고가 될 수 있다면 그런 황홀함을 느낄 수 있다.

사회성 동물은 강한 서열구조를 갖고 있다. 농장에서 사육하는 닭들도 서열을 만든다. 닭을 한곳에 몰아넣으면 서로 싸움을 벌여 서열을 정한다. 일단 서열이 정해지면 대부분의 동물들은 이를 받아들인다. 서열을 수용하지 않고 매번 싸우는 것은 어리석은 전략이기 때문이다. 패자는 부상을 당해 죽을 수도 있기 때문에 일시적인 복종이 훨씬 유리하다. 부상을 피해야만 다음 기회를 노릴 수 있다.

동물은 직접 피를 흘리며 싸우기보다 상대방의 능력을 가늠하는 심리적 메커니즘을 진화시켰다. 뿔이나 입, 몸집의 크기를 비교해보고 서둘러 싸움을 끝내는 것이다. 하지만 인간은 매우 복잡한 비교심리를 가졌다. 신체적 조건뿐 아니라 동맹과 협력, 사회적 평판 등 평가해야 할 항목들이 많다. 만일 돌도끼를 움켜쥐고 섣불리 도전했다가 상대방의 가족이 100명이라는 것을 뒤늦게 알았다면, 그의 도전은 무참한 패배로 끝날 것이다.

그래서 지위에 대한 욕망을 가진 사람들은 다른 사람에게 선의를 베풀려고 노력한다. 비위를 맞추고 우군을 확보함으로써 미래의 서열 경쟁에 대비하는 것이다. 선의를 베푸는 것이 반드시 서열 경쟁을 위해서만은 아니다. 보다 근본적인 이유는 고립의 두려움이다. 구성원들로부터 나쁜 평판을 얻으면 도와줄 우군을 확보할 수 없고 결정적인 순간에 추방될 수도 있다.

인간사회에서 서열은 직장이나 군대 같은 조직에서만 통용되는 것이 아니다. 자유롭게 형성된 모임에서도 서열은 형성된다. 한 심리학 실험에서 낯선 사람 59명을 대상으로 세 명 단위로 모임을 만들도록 하자 1분 안에 50퍼센트의 사람들이 서열을 형성했고, 다른 50퍼센트는 5분 안에

서열을 만들었다.

남성들은 서열을 파악하는 능력을 타고났다. 대개 남성들의 술자리에서는 제일 먼저 술잔을 채워주는 방식으로 서열을 표시한다. 낯선 사람과의 만남에서도 서열을 확인할 수 있다.

미국의 심리학자 앤서니 둡Anthony Doob은 1968년 동료들과 함께 캘리포니아의 팰로앨토와 멘로파크의 교차로에서 재미있는 실험을 진행했다. 그는 실험 참가자들을 크라이슬러 1967년형 임페리얼 하드톱과 낡고 볼품없는 1961년형 회색 램블러 승용차 두 대에 나눠 타게 한 후, 신호등 앞에 서 있다가 파란불이 들어오면 고의적으로 늦게 출발하도록 했다. 그런 상황이 오면 대부분의 운전자들은 앞차가 일찍 출발하도록 신경질적으로 경적을 울릴 것이다. 그런데 낡은 램블러 뒤에 서 있던 운전자의 84퍼센트가 12초 이내에 경적을 울린 반면, 신형 크라이슬러 뒤에 서 있던 운전자는 50퍼센트만이 경적을 울렸다. 자동차 소유자의 서열과 권위에 영향을 받은 것이다.

사람들은 강자 앞에서 비열한 복종 전략을 구사한다. 1950년대 미국 10대들의 반항과 갈등을 그린 영화 〈이유 없는 반항Rebel Without a Cause〉은 제임스 딘을 일약 세계적인 스타로 만들었다. 이 영화 속에서 청소년들은 이른바 치킨게임chicken game을 벌인다. 여자 친구를 사이에 두고 경쟁을 벌이던 두 청년이 자동차를 몰고 절벽을 향해 전력질주하다가 먼저 멈추는 사람이 지는 게임이다.

실제 치킨게임은 마주보고 달리는 것이다. 이 게임에서는 먼저 핸들을 돌리는 쪽이 패배한다. 이 게임에서 승리할 수 있는 전략은 미국 메릴랜드 대학교의 경제학자이자 게임이론가인 토머스 셸링이 제시했다. '투쟁 전략'으로 불리는 그의 해결책은 상대방이 볼 수 있는 곳에서 핸들을 뽑아 창밖으로 던져버리는 것이다. 이른바 배수진 전략이다. 중요한 것은 반드시 그 사실을 상대방이 알아야 한다는 것이다. 하지만 이런 전략이 성공을 보장할 수는 없다. 상대방은 당신이 핸들을 뽑아버렸다는 사실을 모를 수도 있기 때문이다. 만약 이런 상태에서 공격적인 적수를 만났다면, 둘 다 죽는다.

진화는 지나치게 공격적인 수컷들이 일찍 죽었다는 것을 증명한다. 서열 경쟁에서도 똑같은 논리를 적용할 수 있다. 피 흘리며 싸우기 전에 자신의 능력을 과대광고함으로써 경쟁자의 의지를 꺾어놓는 자가 승리하는 것이다.

자살 테러리스트를 예로 들어보자. 이들을 막는 것은 불가능하다. 이들은 오직 죽기 위해 존재한다. 이들은 대중이 보는 앞에서 핸들을 뽑아버린 것이다. 사람들은 테러범들이 한 번도 살아 돌아간 적이 없이 모두 신의 품에 안겼다는 것을 알고 있다. 이것이야말로 가장 효과적인 광고 수단이다. 이런 자를 이길 사람은 없다.

동물들이 치명적인 상처를 입지 않을 정도로 경쟁하듯이, 인간도 상대방의 힘을 가늠하는 방식으로 서열을 정함으로써 손실을 최소화한다. 출혈경쟁은 승자나 패자 모두에게 타격을 주기 때문이다. 약자가 조용히 물러서면 아무도 손해를 보지 않는다.

침팬지는 경쟁자끼리 혈투를 벌이기보다 2인자끼리 공모해 우두머리를 폐위시킨다. 연대와 동맹은 확실한 승리를 거머쥘 수 있는 수단이다. 승자는 암컷들의 선망을 한 몸에 받는다. 암컷들이 우두머리와 짝짓기를 하는 이유는 서열이 높은 새끼를 낳을 수 있기 때문이다. 서열이 높으면 번식 성공률도 증가한다.

인간사회의 연대는 더 치밀하고 조직적이며 비열하다. 서열 경쟁이 치열한 사회에서 무능한 개체가 살아남을 수 있는 방법은 복종하는 것이다. 복종하는 침팬지는 간혹 우두머리의 관심 밖에 있는 늙은 암컷들과 교미를 즐길 수 있다. 인간에게도 복종은 훌륭한 전략이다. 늑대와 같은 갯과 동물들은 복종을 표시할 때 강자의 이빨 앞에 목을 들이댄다. 강자는 약자의 목을 살짝 깨무는 시늉을 함으로써 이를 승인한다.

인간사회에서도 복종의 표시는 흔하게 볼 수 있다. 의례적인 인사치레, 축제 초대, 선물, 노래와 춤은 유대감을 형성하는 중요한 수단이다. 하지만 단 한 차례의 타격만으로 상대방의 목숨을 빼앗을 수 있는 돌도끼를 발명하는 순간, 유대와 복종의 신호를 전달할 수 있는 시간적 여유는 사라져버렸다. 이런 상황에서는 상대방이 공격하기 전에 빨리 복종의 신호를 보내야 한다.

항복 또는 복종의 신호는 다양하다. 가장 눈에 띄는 방법은 자신의 신체를 실제보다 작아 보이게 하는 것이다. 무릎을 꿇거나 머리를 조아리는 것이 여기에 해당한다. 표정도 중요한 역할을 한다. 악의 없는 미소를 짓거나 유아적인 제스처를 취하는 것은 동정심을 유발한다. 이는 저항하지 않겠다는 확실한 의사표시다.

때로는 아기를 이용하기도 한다. 아기를 이용하면 상대방의 공격성을 누그러뜨릴 수 있다. 아기가 있다는 것은 공격할 의사도 없고 공격할 형편도 아니라는 것을 보여주는 것이기 때문이다. 그래서 걸인들은 곧잘 어린아이를 주위에 방치한 채 구걸행위를 함으로써 동정심을 유발한다.

팔을 들어 올리는 행위는 두 가지 의미가 있다. 승리를 환호하기 위해 팔을 들어 올릴 때는 수직으로 뻗지만, 항복을 표시할 때는 팔을 굽힌 상태에서 수직으로 올린다. 항복할 때 팔을 굽혀 들어 올리는 것은 자신의 손이 무력하며, 어떤 무기도 갖고 있지 않다는 인상을 주기 위한 것이다. 반지를 끼는 것 역시 복종의 표시다. 반지를 끼는 약지는 독립적으로 뻗기 힘들다. 곧 주인에게 덜 독립적인 개체로 살겠다는 약속을 하는 셈이다.

공식적인 관계에서는 복종의 표시로 충성을 서약한다. 조직에서 요구하는 대부분의 계약서는 복종을 맹세하는 것이다. 직장에 취업하는 것 역시 일종의 충성 서약이다. 입사 시험을 치르는 순간 당신은 회사의 규약에 충실히 따를 것을 서명하는 것이다.

정치권력의 경우에도 누군가의 사람이 된다는 것은 충성스런 하수인으로 살겠다는 의사표시다. 때로 독재자는 가공할 만한 폭력을 행사함으로써 하수인들의 충성심을 확인한다. 독재자는 당근과 채찍을 통해 아랫사람을 다룬다. 개는 주인의 채찍질에 피를 흘리면서도 채찍을 잡은 주인의 손을 핥는다. 인간도 지배자가 잔인할수록 더 낮게 무릎을 꿇고 충성을 맹세한다.

우리는 선천적으로 지위에 대한 열망을 품고 있다. 지위를 나타내기 위한 일차적 충동은 이웃보다 돋보이게 돈을 쓰는 것이다. 이 욕구는 굶주림만큼이나 본능적인 욕구다. 아마 여성이 존재하지 않았다면 이 세상의 모든 돈은 아무런 가치도 없었을 것이다.

06

구미호,
여자의 번식 전략

남성과 여성은 원하는 것이 다르다. 이 때문에 연애를 하거나 결혼생활을 하면서 남녀는 끊임없이 갈등을 겪을 수밖에 없다. 남성은 돈이 많으면 많을수록 젊고 아름다운 여성을 원하고, 여성은 외모가 빼어날수록 재력이 튼튼한 남성을 원한다. 남성은 여성의 성적인 매력에 끌리고, 여성은 남성의 부에 끌리는 것이다. 남녀 모두 원하는 것이 있다면 지성과 헌신일 것이다.

여성들은 나이가 들수록 배우자 선택 기준이 조금씩 낮아지고, 남성들은 부유해질수록 기준을 점차 높여간다. 결혼을 하는 시점은 서로 선택의 여지가 별로 없을 때다. 원하는 것을 얻을 수 없다는 것을 아는 시기에 현실과 타협하는 것이다.

일리노이 대학교의 스탠리 와서먼Stanley Wasserman은 1988년 동료와 함께 수영복 차림의 남녀 사진을 이용해 남녀 간 심리 차이를 실험했다. 남성은 여성의 신체만 보고 성적 파트너를 선택했다. 그러나 여성은 사

446

진만으로는 성적 파트너를 선택하지 못했다. 여성들은 신체적 정보뿐 아니라 지위와 성격 같은 정보를 요구했다. 남성은 여성의 신체 정보에 민감하다. 매력적인 여성을 보면 남성은 뇌의 쾌감센터가 활성화하면서 눈의 동공이 팽창한다. 여성은 같은 인물이라도 처음 본 사진을 선호하는 경향이 있다. 제일 먼저 접근한 남성을 더 친근하게 여기는 것이다. 여성들이 첫사랑에 대한 미련이 깊은 것도 이 때문일지 모른다. 또 남성 간에는 지위와 부에 대한 경쟁의식이 강하고, 여성 간에는 외모에 대한 경쟁심이 강하다.

여자는 왜 외도를 할까?

남성은 늘 간통의 기회를 노린다. 남성의 입장에서 최적의 간통은 유부녀와 관계를 맺는 것이다. 자신의 아이를 임신시키고 아이의 양육을 바보 같은 그녀의 남편에게 떠넘길 수 있으므로, 유부녀와의 간통은 손 안 대고 코를 푸는 격이다. 그렇다면 여성은 바람둥이 남편에게 당하고만 사는 것일까?

여성의 외도는 어느 사회에나 존재한다. 여성들은 왜 이토록 위험한 전략을 구사하는 것일까? 여성들이 간통을 원하지 않았다면, 여성을 유혹하려는 남성의 충동 역시 진화하지 못했을 것이며, 고환도 커지지 않았을 것이다. 또 아내에 대한 질투심과 감시도 존재하지 않았을 것이다. 여성의 외도가 진화한 이유를 설명하는 몇 가지 가설을 소개하면 다음과 같다.

첫째, 외도를 통해 다른 남성에게 자원을 제공받는다. 간통을 통해 남성이 사냥으로 얻은 고기를 보상받는 것이 이 가설의 핵심이다. 성은 배타적이지만 음식은 공유의 대상이다. 고기를 제공함으로써 여성의 관심을 얻으려는 남성들의 성향은 오늘날에도 남아 있다. 남성들은 여성에게 선물과 돈을 제공하는 것에 대단한 자긍심을 느낀다. 여성이 한 남성으로부터 고기를 획득하는 것은 아니다. 여성들은 다수의 남성들과 교제함으로써 더 많은 자원을 획득하는 편이 유리했을 것이다. 여성이 고기를 얻은 대가로 성적 서비스를 제공했을 가능성은 있다. 하지만 이 가설을 매춘의 기원으로 파악하려는 시도에 대해서는 여러 인류학자와 여성학자들이 반발하고 있다.

둘째, 간통을 통해 유전자의 질을 향상시킨다는 가설이다. 여성이 남성의 성공에 주목하는 것은 자녀에게 투자할 자원이 풍부하기 때문이다. 여성의 성공은 배우자의 수가 아니라 배우자의 유전적 자질과 자원 그리고 투자 의지에 달려 있다. 하지만 남성은 가능하면 양육에 대한 책임을 지지 않는 쪽을 선호한다. 따라서 투자에 대한 부담만 없다면 조건이 좋은 남성도 지위가 낮거나 매력이 없는 여성과 기꺼이 관계를 맺으려 할 것이다.

가령 수컷 제비는 외모가 매력적일수록 생식에 관심이 없다. 그래서 암컷 제비는 못생겼지만 생식에 관심이 많은 짝을 찾는다. 인간도 마찬가지일지 모른다. 돈은 많지만 못난 남자와 결혼한 후 잘난 남성을 애인으로 두는 것이다. 여성의 입장에서 이런 남성과 관계를 맺는 것은 번식 차원에서 전혀 손해가 아니다. 여성에게 최선의 전략은 간통을 통해 능력 있는 유전자를 가진 자식을 낳고, 성실한 현재의 배우자로 하여금 양육하도록 하는 것이다.

셋째, 이미 소개한 바 있는 '섹시한 아들 가설'이다. 이 가설의 핵심은 여성들이 성적으로 매력적인 남성과 외도를 함으로써 섹시한 아들을 낳는 것을 선호한다는 것이다. 섹시한 아들이 성장하면 유전적 우위를 확보하게 되고, 더 많은 자손을 퍼뜨릴 수 있다. 그래서 여성들은 성실한 투자자 대신 성적 매력이 있는 바람둥이를 외도 상대로 선택하는 경향이 있다. 이때 여성은 남성의 교육 수준이나 지위에 신경 쓰지 않는다. 무도장에서 '제비'들이 성공할 수 있는 이유도 이 때문일 것이다. 이 가설은 여성들이 배란기에 이르러 성욕이 증가하고, 다른 남성을 선호하는 이유를 설명해준다.

연구자들에 따르면, 비대칭적인 외모를 가진 남편을 둔 여성일수록 간통의 유혹을 더 느낀다. 여성들은 '제비'뿐 아니라 '나쁜 남자'에게도 매력을 느낀다. 나쁜 남자는 대다수 여성들에게 마음의 상처를 주지만, 여성은 다른 여성들이 그를 선호하기 때문에 더 매력을 느낀다. 그의 유전자를 물려받을 수 있다면, 자식들 역시 뭇 여성들의 선망을 받을 가능성이 높기 때문이다.

넷째, 배우자 보험 가설이다. 이는 첫 번째에서 제시한 자원 획득 가설과 유사하다. 여성들이 보다 많은 자원을 확보하기 위해 배우자 외의 다른 남성에게 일종의 보험을 들어놓는다는 것이다. 즉 배우자가 사망하거나 자신을 버렸을 때를 대비해 도움을 받을 수 있는 대리자와 관계를 돈독히 한다는 것이다.

다섯째, 유아 살해 방지 가설이다. 이는 여성이 간통을 통해 아이의 친아버지가 누군지 모르게 함으로써 유아 살해를 방지한다는 이론이다. 만약 여성이 다수의 남성과 성관계를 갖는다면, 남성들은 태어난 아이를 자신의 친자로 여길 것이다. 따라서 유아를 살해하는 일은 일어나지 않는다.

여섯째, 성적 쾌락 가설이다. 이는 인류학자들이 선호하는 가설로, 여성이 자발적으로 성적 쾌락을 음미하기 위해 외도를 한다는 이론이다. 이 가설은 여성이 외도할 때 오르가슴을 느끼는 경우가 더 많다는 사실이 뒷받침한다.

그 외에도 간통을 통해 여성이 얻는 이익은 여러 가지가 있다. 간통은 배우자가 사라졌을 때 더 좋은 배우자를 선택할 기회를 늘리고, 남편의 부정한 행위에 처절하게 복수할 수 있는 수단이기도 하다. 이는 남편의 외도를 통제하는 동시에 강한 보호의식을 자극한다. 그러나 외도가 발각된 여성은 가혹한 대가를 치러야 한다. 그럼에도 무능한 남성의 곁을 끝까지 지켰던 여성들은 우리의 조상이 되지 못했다. 우리는 남편에게 발각당하지 않고 배우자를 바꿨던 어머니들의 후손인 것이다.

여성은 남편을 고를 때 지위와 부를 중시하지만, 애인을 고를 때는 외모를 중시한다. 지위와 외모는 둘 다 유전자의 품질과 관련이 있다. 여성은 외도 상대가 남편보다 우수하다고 느끼기 때문에 간통을 한다. 지위, 부, 외모, 지성, 헌신 중 무엇이 우수한가에 대해서는 여성이 처한 상황에 따라 다르다.

숨겨진
배란기

대부분의 동물들은 발정기가 있지만 인간은 발정기가 없다. 배란기를 모른다는 것은 굉장히 비효율적이다. 배란기가 알려지면 그 기간만 짝짓기를 하면 되기 때문에 불필요한 노력과 비용을 줄일 수 있다. 남성들은 암컷을 차지하기 위해 1년 내내 경쟁하지 않아도 되고, 무모한 도전도 하지 않을 것이다. 그럼에도 인간의 배란기는 왜 숨겨져 있는 것일까?

미국 캘리포니아 대학교의 재러드 다이아몬드Jared Diamond는 《제3의 침팬지The Third Chimpanzee》에서 숨겨진 배란기를 설명하는 몇 가지 이론을 소개하고 있다. 이 중 일부는 의미가 중복되기도 한다.

첫째, 지나친 수컷 경쟁을 예방함으로써 협력을 증진시키고 공격성을 억제한다. 어떤 여성이 자신이 배란기임을 광고하고 다닌다면, 많은 수컷들이 그녀를 차지하기 위해 치열한 경쟁을 벌일 것이다. 그러나 여성의 배란기를 모른다면 남성들은 여성을 공격하기보다 일단 호감을 얻기 위해 노력할 것이다.

둘째, 양육 투자에 섹스로 보상함으로써 배우자와의 유대를 강화한다. 배란기를 알지 못하면 남성들은 친자를 낳기 위해 더 많은 섹스를 해야 한다. 그러기 위해서는 아내 곁에 머물러야 하고, 어쩔 수 없이 자녀를 돌보는 일을 함께해야 한다.

셋째, 성적 서비스를 대가로 음식을 획득한다. 여러 남성들로부터 자원을 투자받으려면 태어난 자식이 누구의 친자인지 몰라야 한다. 따라서 배란기를 숨김으로써 남성이 친자를 확인할 수 없도록 했다는 것이다.

넷째, 배우자의 이탈을 방지한다. 이는 배우자와의 유대를 강화한다는 두 번째 가설과 유사하다. 배란기는 월경주기 전체에 걸쳐 균등하게 분산되어 있다. 성관계를 한 후 여성이 임신할 확률은 배란 5일 전부터 점차 증가해 배란일에 최대 33퍼센트에 이른다. 그러나 배란 후 24시간 내에 임신할 확률은 거의 없다. 하룻밤 관계를 한 후 임신할 확률이 매우 낮은 것이다. 따라서 남성은 배란일이 언제인지 알지 못한 채 부지런히 성관계를 시도해야 하고, 아이를 갖게 될 때까지 가능한 한 여성과 잠자리를 함께해야 한다. 잦은 성관계는 남편으로 하여금 딴마음을 먹지 못하도록 한다.

다섯째, 배란기를 알면 여성 스스로 출산을 회피할 수 있으므로, 진화는 이를 선택하지 않았다. 출산에는 위험이 따른다. 따라서 일부 여성은 배란기를 이용해 임신을 회피했을 가능성이 있다. 하지만 이런 여성들은 자손을 낳지 못했다. 결국 배란기를 아는 여성들이 도태되고, 배란기를 모르는 여성들이 선택되었다.

여섯째, 유아 살해를 방지한다. 배란기를 알 수 없으면 남성은 아이를 살해할 수 없다. 자기 자식일 수도 있기 때문이다. 배란기를 감추는 것이 인간만은 아니다. 침팬지는 배란기를 완전히 드러내지만 고릴라는 약간만 드러낸다. 침팬지는 발정기를 드러내는 대신 유아 살해 방지를 위한 다른 전략을 개발했다. 암컷이 외도를 함으로써 누구의 친자인지 모르게 하는 것이다.

지금 제시한 다양한 가설들이 지향하는 바는 거의 같다. 여성이 배란기를 숨긴 것은 남성을 곁에 머물게 만들고, 만약 그 남성이 열등하다면 외도를 통해 우수한 유전자를 확보하기 위한 전략 중 하나라는 것이다. 이를 통해 여성은 수컷 경쟁을 최소화해 가족의 안전을 지키고, 유아 살해를 예방하며, 사내에게 부양의 책임을 지울 수 있었다.

배란과 관련해서는 몇 가지 미스터리가 존재한다. 그중 하나는 여성의 폐경이다. 번식이 그토록 중요하다면 폐경은 존재할 이유가 없다. 이 문제에 대해 가장 유력한 가설은 '수명 연장 이론'이다. 이 가설은 처음에는 폐경이 존재하지 않았으나 수명이 연장됨에 따라 폐경이 생겨났다고 설명한다.

여성은 거의 모든 자원을 양육에 투자한다. 그런데 양육 투자에 대한 유전적 보상을 받으려면 자식이 건강하게 성장해 자손을 낳아야 한다. 그러나 나이가 많은 여성이 아기를 낳으면 양육을 책임지기 어려울 뿐 아니라 기존의 아이들한테도 소홀해질 수밖에 없다. 그러므로 여성의 입장에서는 더 이상 아기를 낳지 않고 이미 키우고 있는 아이들을 열심히 보살피는 것이 유전적으로 이득이다. 더구나 늦은 나이의 출산은 산모와 아기 모두를 위험에 빠뜨릴 수 있다. 과거에는 40세가 되기 전에 거의 사망했기 때문에 폐경을 경험하지 못했다. 그러나 수명이 늘어나면서 좀 더 이른 나이에 출산을 끝내야 할 필요성이 생긴 것이다.

하지만 재러드 다이아몬드는 《섹스의 진화*Why is Sex Fun?*》에서 이 가설에 맞서는 몇 가지 반론을 소개한 바 있다. 우선 일정한 나이가 되었을 때 생식기능이 작동하지 않도록 진화했다면, 왜 다른 기관은 정상적으로 적응했느냐는 의문이 있을 수 있다.

또 인간만이 폐경을 경험하는 것은 아니라는 주장도 있고, 난자의 공급량이 유전적으로 정해져 있기 때문에 유효기간이 만료되었다는 주장도 있다. 하지만 오늘날의 여성들은 길어진 수명 때문에 더 많은 난자를 생산한다. 그래도 여전히 의문은 남는다. 남자는 출산의 위험이 없고 아이를 보살피지 않는데도 여성만큼 생식능력이 빨리 퇴화하지 않는다. 남자에게 폐경이 없다는 것은 이 가설에 어딘가 빈틈이 있다는 것을 의미한다.

배란의 두 번째 미스터리는 여성들 사이에서 흔히 발견되는 생리주기의 일치 현상이다. 1969년 매사추세츠주 웰즐리 칼리지에 재학 중인 마사 매클린톡Matha K. McClintock은 기숙사에서 생활하던 동료 135명의 생리주기 일치 현상을 연구해, 2년 후 주목할 만한 결과를 발표했다. 1년 동안 동료들의 생리주기를 분석한 결과 9개월이 지나자 여학생들의 생리주기가 거의 일치했다. 재미있는 것은 가까운 친구일수록 생리주기가 더 일치했다는 사실이다. 7개월이 지나자 33퍼센트가 일치했는데, 같은 방을 쓰지 않는 여학생들에게는 그런 현상이 나타나지 않았다. 그녀는 이러한 생리주기 일치 현상을 친구들이 서로 접촉하면서 페로몬이 전달되어 나타나는 것이라고 추론했다.

20여 년이 지난 1998년, 그녀는 인간에게도 페로몬이 있다는 내용의 연구 결과를 내놓았다. 그녀는 규칙적인 생리주기를 가진 20~35세 여성 29명 중 아홉 명을 골라 깨끗이 씻도록 한 다음 겨드랑이에 패드를 붙였다. 그런 다음 생리주기에 패드의 시료를 채취하고, 알코올로 냄새를 없앤 뒤 나머지 20명의 코 밑에 발랐다. 그러자 상당수의 여성에게서 배란 주기가 빨라지거나 느려지는 현상이 나타났다. 이 실험은 여성이 페로몬과 같은 물질을 분비한다는 것을 입증하는 것이었다.

함께 머무는 여성들의 생리주기가 일치하는 현상은 널리 보고되고 있지만, 이런 현상이 왜 일어나는지는 아직 명확한 답을 알지 못한다. 후각이 짝짓기 수단 중 하나라는 것은 동물사회에서 흔히 볼 수 있다. 또 남성들이 배란기 여성의 냄새에 반응한다는 것도 이미 알려진 사실이다. 이러한 사실은 먼 과거에는 짝짓기 과정에서 후각이 중요한 역할을 담당했으나 배란기가 은폐되면서 후각이 퇴화했다는 것을 암시한다. 하지만 왜 여성들은 생리주기를 일치시키는가?

이스트런던 대학교의 크리스 나이트Chris Knight는 '섹스 파업sex strike' 가설을 제시했다. 여성은 가족을 부양할 남자를 원하지만 남성은 부양의 책임을 회피하며 난봉꾼으로 살아가길 원한다. 여성들은 못된 사내들의 버릇을 고치기 위해 생리주기를 일치시켜 동시에 임신을 시도한다. 여성들이 모두 임신하자 남성들은 바람을 피우기 어려워졌으며, 여러 아내를 거느릴 수도 없었다. 여성들이 난봉꾼들을 혼내주기 위해 생리주기를 일치시켰다는 것이다. 아무리 생각해도 만족할 만한 대답은 아닌 것처럼 보인다.

아마도 수렵채취 사회에서는 수유기간이 길었기 때문에 생리가 없는 기간이 수년 동안 지속되었을 것이다. 생리가 오랫동안 없다는 것은 임신할 가능성이 그만큼 줄어든다는 뜻이다. 농경생활로 접어들면서 조상들은 안정적으로 식량을 확보할 수 있었고, 이 때문에 출산 간격도 훨씬 짧아졌을 것이다.

함께 모여 사는 여성들끼리 생리주기가 일치하면 몇 가지 장점이 있다. 우선 생리가 뜸하던 여성들도 임신이 가능해진다. 또 공동체 안에 있는 여성들이 동시에 배란기에 접어들기 때문에 무능한 남성에게도 자식을 낳을 수 있는 기회가 찾아올 수 있다. 그뿐 아니라 무리 내에서 여성들의 생리주기가 일치하면 아이를 키우는 데 서로 도움을 줄 수도 있다.

오르가슴의
비밀

성적 쾌락은 성행위를 유인하기 위한 유전자의 전략이다. 그런데 여성이 느끼는 오르가슴은 남성이 느끼는 쾌락과 달리 생식을 위해 필요한 것처럼 보이지 않는다. 남성의 쾌락은 여성과의 접촉을 열망하게 만들고 곁에 붙잡아두는 역할을 한다. 그러나 여성의 오르가슴은 남성의 쾌락과 달리 모든 여성이 느끼는 것은 아니다.

최근에 이르러서야 여성의 오르가슴이 생물학적으로 반드시 필요하다는 주장이 제기되었다. 한 가지 가설은 '폴—도끼pole-ax 이론'이라는 이름이 붙여졌다. 오르가슴을 느낀 여성은 한동안 누워 있을 수밖에 없으므로 정자를 보존하는 데 도움이 된다는 것이다. 또 다른 가설은 '흡인 up-suck 이론'으로, 오르가슴이 정자를 질 속으로 빨아들이는 역할을 한다는 것이다. 그 외에도 남성의 쾌락에 대응하기 위한 부산물로 진화했다는 가설이 있다.

대개 여성들은 아이를 낳은 후에야 성적으로 더욱 민감해지며 오르가슴도 쉽게 경험한다. 이는 오르가슴이 출산과 관계있음을 암시한다. 여성은 굳이 성교가 아니더라도 부드러운 접촉과 전희만으로 오르가슴을 느끼는 경우가 많다. 전희는 파트너의 성실성을 확인할 수 있는 일종의 테스트일 수 있다. 전희 없이 섹스를 허락한 여성은 위험한 짝을 만날 확률이 높다. 강간이 대표적인 경우다. 따라서 전희는 낯선 사내에게 쉽게 몸을 허락하지 않는 대신 믿을 만한 파트너와 유대감을 강화하기 위해 진화했을 수 있다.

인류학자들이 제기한 폴—도끼 이론은 여성이 반드시 오르가슴에 도달하지는 않기 때문에 설득력이 떨어진다. 진화생물학자 세라 블래퍼 허디는 모든 여성이 오르가슴에 도달하지 않는 것도 진화적 적응이라고 주장한 바 있다. 오르가슴은 남편과의 성생활에 만족하지 못했던 여성들이 마음에 드는 다른 남성과 관계를 맺을 때 효과를 발휘한다는 것이다. 실제로 지금까지 이루어진 많은 연구들은 여성이 외도를 할 때 오르가슴을 더 잘 느끼는 것으로 나타났다. 한 조사에서는 여성의 40퍼센트가 남편과 관계할 때 오르가슴을 느끼지만, 애인과 관계할 때는 70퍼센트가 오르가슴을 느낀 것으로 나타났다. 남편보다는 애인과 관계할 때 임신 가능성이 더 높은 것이다.

흡인 이론은 가장 많은 지지를 받고 있는 가설이다. 오르가슴을 느끼면 자궁 내부의 압력이 상승해 자궁경부가 정액을 강하게 흡인한다. 영국 맨체스터 대학교의 로빈 베이커와 마크 벨리스는 남성의 음경 끝에 마이크로 비디오카메라를 달아, 여성이 오르가슴에 도달할 때 정액을 더 많이 받아들인다는 사실을 발견했다. 이것은 오르가슴이 매력적인 남자와 관계를 할 때 정액을 빨리 받아들이도록 진화했다는 사실을 뒷받침한다. 오르가슴에 이르면 질의 끝부분이 풍선처럼 부풀어 정액을 수용하는 주머니가 된다. 그런 다음 자궁경부가 그 안으로 들어가 정액을 자궁 안으로 빨아들인다. 이때 정액에 함유되어 있는 지방산이 질의 수축작용을 일으켜 흡인을 돕는다.

두 사람의 연구에 따르면 여성은 마음에 들지 않는 남성의 정액을 밖으로 배출하고, 마음에 드는 남성의 정액을 빨아들인다. 절반 정도의 정액을 밖으로 방출함으로써 다음에 들어올 정자를 위해 빈 공간을 마련해두는 것이다.

자궁경부를 따라 나 있는 작은 홈과 돌기들은 남은 정자를 저장한다.

여성의 난자는 24시간 안에 생식능력을 상실하지만, 정자는 7일 이상 여성의 질 안에서 생존할 수 있다. 문제는 여성의 질 내부는 산성도가 높아 정자의 생존을 위협한다는 것이다. 질이 정자를 가려내는 일종의 체 역할을 한다는 의미다. 만약 일주일 내에 두 명의 남성과 관계를 맺었다면, 여성의 몸은 원하는 정자를 받아들이고 원하지 않는 정자를 배출할 가능성이 있다. 살아남은 정자들도 여성의 질 안에서 경쟁을 벌여야 한다. 질의 공격뿐 아니라 다른 남성의 자살특공대 정자와도 전투를 벌여야 한다.

배란기 여성은 외도에 대한 욕구가 증가하고 수정 가능성도 높기 때문에, 이때가 원하는 남성의 정자를 받아들일 수 있는 최적의 시기다. 여성은 이 시기에 정자 경쟁을 유도함으로써 최상의 유전자를 선택한다고 볼 수 있다. 반면 남성은 치열한 정자 경쟁을 피해 항상 싱싱한 정자를 채워놓음으로써 언제일지 모르는 배란에 대비한다. 또 배우자의 질 안에 남아 있을 경쟁자의 정액과 전쟁을 벌이기 위해 시도 때도 없이 섹스를 한다. 섹스를 한 후 힘이 빠져 여성과 함께 자는 것은 여자의 외도를 감시하기 위한 전략일 수 있다.

이혼의 딜레마

결혼이란, 남성이 아내와 자녀에게 투자를 하는 대가로 한 여성과 섹스를 할 수 있는 독점적인 권리를 갖는 것이다.

- 테리 버넘·제이 펠런,《비열한 유전자》

남성은 아내가 외도했을 때 이혼을 요구할 가능성이 높고, 여성은 남편이 무능력할 때 이혼을 요구할 가능성이 높다. 아내가 낳은 자식들이 자기 자식이 아니라면 그는 인생을 헛되이 산 것이다. 또 임신을 했는데 남편이 무책임하게 도망쳐버린다면, 그녀는 당장 도움을 줄 수 있는 새로운 남자를 곁에 두고 싶어 할 것이다.

　　수컷이 암컷을 지킬 필요가 있는 시기는 오직 암컷의 임신이 가능할 때뿐이다. 암컷이 수정하는 순간, 즉 섹스를 끝낸 순간 수컷의 독점욕은 사라진다. 이때부터 남성은 호시탐탐 외도의 기회를 노린다. 반면 여성은 배란기에 해당하는 며칠 동안 외도할 가능성이 높다.

　　남성이 아내에게 헌신하는 것은 다른 여성을 유혹할 기회를 포기하는 것이다. 따라서 아내가 바람을 피우면 남성은 미련 없이 그 곁을 떠날 것이다. 여성에게도 결혼은 한 남성에게 모든 자원을 내주는 것이며, 더 훌륭한 유전자를 얻을 기회를 포기하는 것이다. 그러므로 무력하고 무능한 남편과는 당장 결별하고 싶을 것이다. 남편과 아내 중에서 보다 매력적인 쪽이 외도 가능성이 높다. 더 좋은 대안과 기회가 주변에 널려 있기 때문이다.

　　남성은 사회적으로 안정적인 지위를 확보하고 경제적으로도 가장 여유가 생기는 40대 이후에 주로 한눈을 판다. 여성 역시 육아에서 어느 정도 해방되는 30대 후반에서 40대에 이르렀을 때 주로 외도를 시작한다. 외도하는 여성들은 대부분 자신의 결혼생활이 불행하다고 느낀다. 불행에는 남편의 무능력과 가족에 대한 방기, 사랑받지 못한다는 감정, 다른 남성과 비교해 남편이 열등한 존재라는 느낌 등이 포함된다. 이런 심리에는 결국 자신의 가치가 실제보다 저평가되어 있다는 반발심이 자리 잡고 있다. 반면 외도하는 남성들은 자신이 대단히 능력 있는 남자라고 착각한다.

남녀를 통틀어 가장 흔한 이혼 사유는 불임, 외도, 돈이다. 불임은 남녀 모두에게 생존의 이유를 박탈한다. 따라서 어느 사회나 아이가 없는 부부는 이혼할 확률이 높고, 아이가 많을수록 이혼할 확률은 낮아진다. 또 여성이 남성보다 우월한 존재라고 느낄 때 이혼율이 높다. 사회가 성숙해질수록 이혼율이 증가하는 것은 가족의 가치가 해체되었기 때문이 아니라 여성들에게 기회가 증가했기 때문이다. 여성이 경제적 자원을 스스로 획득한다면 남편의 투자에 전적으로 의존하지 않아도 된다. 양육 투자에 대한 기대가 사라져버리면 남편은 쓸모없는 존재가 된다.

이혼을 가장 많이 하는 시기는 결혼한 지 4년째가 되는 해라고 한다. 이 시기에 이혼이 잦은 것은 상대방의 정체를 완전히 파악한 시점이기 때문이다. 결혼 초기에는 상대방의 약점을 어느 정도 용인하지만, 자녀가 하나 이상 생겼을 때는 중대한 결심을 해야 한다. 배우자를 포기하고 혼자 아이를 양육할 것인지, 아니면 고깝더라도 아이의 양육을 위해 참을 것인지를 놓고 선택해야 하는 것이다.

일단 배우자를 포기하기로 결심했다면, 아이가 하나라도 더 생기기 전에 결정하는 것이 좋다. 이 시기가 바로 결혼 3~4년째 되는 해이다. 이 시기의 결별은 유전자의 입장에서 보았을 때도 서로에게 가장 적절하다. 이 나이가 남녀에게는 출산의 절정기이기 때문이다. 이 시기를 놓치면 짝짓기 시장에서 제 가치를 인정받지 못할 수도 있다.

외도가 유전자에게 이득이 된다면, 앞으로 인류는 더 자주 배신의 길을 택할 것이다. 그러나 모든 남성과 여성이 외도를 하는 것은 아니다. 사회는 인간의 본능을 강력히 통제하고 있으며, 대부분의 사람들은 자발적으로 이 통제에 응하는 것이 이익이라는 것을 알고 있다. 만일 도덕적 통제 없이 행동한다면 상대방도 그렇게 할 것이다. 이는 끝없는 투쟁과 갈등만을 조장할 뿐이다. 또 외도의 길이 모든 사람을 위해 준비되어 있는 것도 아니다. 무능한 남성이나 성적 매력이 없는 여성은 외도에서 소외되기 십상이다.

외도를 유혹하는 것은 결국 섹스다. 자연계에 존재하는 모든 수컷은 늙어서까지 성욕을 포기하지 않는다. 기회만 주어진다면 수컷들은 암컷에게 자신의 몸을 공양하는 사마귀처럼 죽는 순간까지 성적 쾌락을 음미하고 싶을 것이다. 여성도 예외는 아니다. 임신 중이거나 폐경 이후까지 성욕을 느끼는 종은 오직 인간뿐이다.

이 욕망의 근원은 생존과 번식이지만 인간은 그 차원을 넘어섰다. 인간은 생존과 번식 그 이상을 원한다. 더 많은 자원이 생존 가능성을 높여준다면 사회는 결국 물질적 욕망과 그것을 성취하려는 자들이 지배하게 될 것이다. 또 사람들은 지배자들을 닮기 위해 부단히 욕망의 수레바퀴를 굴리며 앞으로 나아갈 것이다. 우리가 진화에 성공한 탐욕스런 생존자의 자손인 한, 높은 산꼭대기를 향해 돌을 밀어 올리는 시시포스 Sisyphos의 운명을 벗어날 수는 없다.

이 욕망을 해결할 수 있는 방법은 성자들이 제시한 종교적 삶을 살아가는 것이다. 그러나 거기에는 비싼 대가가 따른다. 당신이 순결한 독신자로서 치러야 할 대가는 당신의 유전자를 잃는 것이다. 이제 선택은 당신의 몫이다. 하지만 그리 쉬운 선택이 되지는 않을 것이다. 당신의 유전자가 하나씩 소실되고 나면, 당신의 이타적 유전자는 사라지고 이기적 유전자들이 세상을 지배할 것이다. 따라서 당신이 세상을 바꾸기 위해 할 수 있는 최선의 방법은, 이타적 인간이 성공할 수 있다는 사실을 보여주는 것뿐이다.

사랑은 본능으로부터 시작되었지만, 지금 우리는 전혀 다른 방식으로 사랑을 이해한다. 먼 옛날 들판에서 나물을 캐고 있는 한 여성을 유혹하기 위해 사슴고기를 등에 지고 나타난 사내는 분명 있었을 것이다. 하지만 누군가는 그녀의 마음을 흔들기 위해 새소리를 흉내 내어 노래를 불렀을 것이고, 또 다른 누군가는 들판에 흐드러지게 피어 있는 꽃 한 송이가 그녀의 관심을 끌지도 모른다고 생각했을 것이다. 그래서 사랑은 아름다운 것 아닌가!

알아두면 잘난 척하기 딱 좋은 **인간 딜레마의 모든 것**

초판 1쇄 인쇄 · 2021년 7월 20일
초판 1쇄 발행 · 2021년 7월 25일

지은이 · 이용범
펴낸이 · 이춘원
펴낸곳 · 노마드
기   획 · 강영길
편   집 · 이경미
디자인 · 블루
마케팅 · 강영길

주   소 · 경기도 고양시 일산동구 무궁화로120번길 40-14(정발산동)
전   화 · (031) 911-8017
팩   스 · (031) 911-8018
이메일 · bookvillagekr@hanmail.net
등록일 · 2005년 4월 20일
등록번호 · 제2014-000023호

ISBN 979-11-86288-47-4 (03100)